全国高校安全工程专业本科规划教材

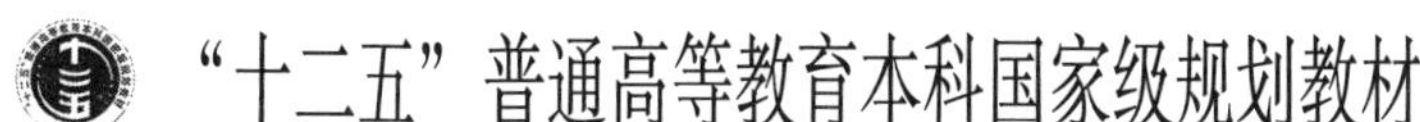

"十二五"普通高等教育本科国家级规划教材

河南省"十四五"普通高等教育规划教材

安全管理学

(第三版)

教育部高等学校安全工程学科教学指导委员会组织编写

杨玉中　景国勋　主　编

中国劳动社会保障出版社

图书在版编目（CIP）数据

安全管理学/教育部高等学校安全工程学科教学指导委员会组织编写. -- 3版. -- 北京：中国劳动社会保障出版社，2022

全国高校安全工程专业本科规划教材

ISBN 978-7-5167-5376-7

Ⅰ.①安… Ⅱ.①教… Ⅲ.①安全管理学-高等学校-教材 Ⅳ.①X915.2

中国版本图书馆 CIP 数据核字（2022）第 059178 号

中国劳动社会保障出版社出版发行

（北京市惠新东街 1 号　邮政编码：100029）

*

北京市科星印刷有限责任公司印刷装订　　新华书店经销

787 毫米×960 毫米　16 开本　27.75 印张　483 千字

2022 年 5 月第 3 版　　2024 年 8 月第 2 次印刷

定价：49.00 元

营销中心电话：400-606-6496

出版社网址：http://www.class.com.cn

内 容 简 介

本书系统地阐述了安全管理学的基本理论和基本方法，主要包括安全管理基础、事故统计与分析、事故调查及处理、事故预防与控制、灾难性事件及应急管理、人员安全管理、系统安全管理、安全目标管理、企业安全文化和系统安全评价与危险控制技术。

本书是“全国高校安全工程专业本科规划教材”“‘十二五’普通高等教育本科国家级规划教材”“河南省‘十四五’普通高等教育规划教材”，可作为高等院校安全工程专业及其相关专业的教材，还可作为安全工程技术人员、企业管理人员、生产技术人员和研究人员的参考用书。

前　言

安全生产事关人民群众生命财产安全，事关国家改革发展稳定大局，事关党和人民政府的形象声誉。安全生产是国家安全的重要内容，是社会公共安全的重要组成部分，是企业生产经营的重要保障，是民生的具体需求。

党中央、国务院历来高度重视安全生产工作，党的十八大以来作出了一系列重大决策部署，推动全国安全生产工作取得了积极进展。2016 年 12 月 9 日公布实施的《中共中央国务院关于推进安全生产领域改革发展的意见》，是中华人民共和国成立以来第一个以党中央、国务院名义出台的安全生产工作的纲领性文件，对推动我国安全生产工作具有里程碑式的重大意义。文件提出的一系列改革举措和任务要求，为当前和今后一个时期我国安全生产领域的改革发展指出了方向和路径。明确指出坚守“发展决不能以牺牲人的生命为代价”，这是不可逾越的红线，具体提出了“安全生产理论创新、制度创新、体制机制创新、科技创新和文化创新”的五大创新要求；深化安全生产监管执法体制改革，增强监管执法效能，提高安全生产法治化水平；严格安全生产市场准入，构建风险分级管控和隐患排查治理双重预防工作机制，实现安全生产源头防范；严密层级治理和行业治理、政府治理、社会治理相结合的安全生产治理体系，坚持系统治理，提升全社会安全生产治理能力。力争到 2030 年，实现安全生产治理体系和治理能力现代化，全民安全文明素质全面提升，安全生产保障能力显著增强，为实现中华民族伟大复兴的中国梦奠定稳固可靠的安全生产基础。

本书共分 10 章，系统地介绍了安全管理学的主要内容，主要包括安全管理基础、事故统计与分析、事故调查及处理、事故预防与控制、灾难性事件及应急管理、人员安全管理、系统安全管理、安全目标管理、企业安全文化和系统安全评价与危险控制技术。总结了近几年国内外的研究成果和应用经验，尽力做到理论联系实际，突出实用性的特点。

本书由河南理工大学的杨玉中教授和景国勋教授主编并统稿，具体编写分工如下：第三章、第四章和第八章由杨玉中教授编写，第一章、第二章和第七章由景国勋教授编写，第五章、第六章、第九章和第十章由河南理工大学的吴立云教授编写。

在本书编写过程中参阅了大量的有关资料，得到了多方的帮助和支持，在此一并表示衷心的感谢！

由于编者的水平所限，书中难免有不当之处，敬请读者不吝赐教！

编　者

2022年4月

目　　录

第一章　安全管理基础

本章学习目标

1. 理解安全的定义及重要性，掌握安全、职业安全健康、安全生产、劳动保护、安全性的概念。

2. 理解管理的基本原理，掌握管理的定义。

3. 了解安全管理的发展历史和我国安全生产的现状，掌握安全管理的概念、分类、作用和性质。

安全管理是企业管理的重要组成部分，工业企业安全管理的主要任务是在我国安全生产方针的指导下分析和研究生产过程中存在的各种不安全因素，从技术上、组织上和管理上采取有效措施，解决和消除不安全因素，防止事故发生，保障职工的人身安全和健康以及国家财产安全，保证生产顺利进行。

第一节　安　全

一、安全的定义及重要性

安全（safety），顾名思义，“无危则安，无缺则全”，即安全意味着没有危险且尽善尽美，这是与传统的安全观念相吻合的。随着对安全问题研究的逐步深入，人类对安全的概念有了更深的认识，并从不同的角度给它下了各种定义。

其一，安全是指客观事物的危险程度能够为人们普遍接受的状态。

可以看出，该定义明确指出了安全的相对性及安全与危险之间的辩证关系，即安全与危险不是互不相容的。当将系统的危险性降低到某种程度时，该系统便是安全的，而这种程度即为人们普遍接受的状态。例如，骑自行车的人不戴头盔并非没有头部受伤的危险，只是人们普遍接受了该危险发生的可能性；对于骑摩托车，交通法规明确规定骑乘者必须戴头盔，是因为发生事故的严重性和可能性都难以接受；自行车赛车运动员必须戴头盔，也是国际自行车联盟在经历了一系列事故及伤害之后所做出的决策。同样是骑车，要求却不一样，体现了安全与危险的相对性。

其二，安全是指没有引起死亡、伤害、职业病或财产、设备的损坏、损失或环境危害的条件。

此定义来自美国军用标准 MIL—STD—882C《系统安全大纲要求》。该标准是美国军方与军品生产企业签订订购合同时约束企业保证产品全生命周期安全性的纲领性文件，也是系统安全管理基本思想的典型代表。该标准从 1964 年问世以来，历经 882、882A、882B、882C、882D、882E 若干个版本，对安全的定义也从开始时仅仅关注人身伤害，进而关注职业病、财产或设备的损坏、损失，直至关注环境危害，体现了人们对安全问题认识进化的全过程，也从一个角度说明了人类对安全问题研究的不断扩展。

其三，安全是指不因人、机、媒介的相互作用而导致系统损失、人员伤害、任务受影响或造成时间损失。

可以看出，第三种定义进一步把安全的概念扩展到了任务受影响或时间损失，这意味着系统即使没有遭受直接的损失，也可能是安全科学关注的范畴。

综上所述，随着人们认识的不断深入，安全的概念已不是传统的职业伤害或疾病，也并非仅仅存在于企业生产过程之中，安全科学应关注涉及人类生产、生活等活动中的各个领域。职业安全问题是安全科学研究关注的最主要的领域之一。如果安全科学研究仅仅局限于企业生产安全之中，会在某种程度上影响人们对安全问题的理解与认识。

安全问题对于人类的重要性是在社会的不断发展中被人们所认识的，它主要体现在发生事故后有以下 3 个方面的影响：

一是经济损失大。事故是安全问题最主要的表现形式，无论是企业、家庭还是整个人类社会，事故所造成的经济损失都是相当巨大的，有些甚至是无法弥补的。许多重大事故更是损失惊人。例如，2015 年 8 月 12 日，天津市滨海新区天津港的瑞海国际物流有限公司危险品仓库发生特别重大火灾爆炸事故，造成 165 人遇难、8 人失踪、798 人受伤住院治疗，截至当年 12 月 10 日，已核定直接经济损失 68.66 亿元，其他损失尚需最终核定。1984 年 12 月 3 日，美国联合碳化物公司在印度博帕尔发生的化学气体泄漏事故，造成 575 000 人死亡，近 20 万人受到不同程度的伤害，直接经济损失近 10 亿美元。

二是社会影响大。事故的发生会对社会造成不良影响，特别是重大、特别重大事故的发生，对家庭、企业甚至国家所造成的负面影响都是相当大的。事故造成的家庭破裂、企业解体等悲剧数不胜数；事故曾使一些企业的信誉、经济效益等受到影响，有些甚至引起社会的不稳定，使国家在国际上的声誉下降。

三是影响周期长。俗话说，“一朝被蛇咬，十年怕井绳”。事故所造成的影响绝非短期内就能消除的，往往会在人们心头留下抹不去的烙印，给相关人员留下心理上的阴影。重大、特别重大事故所造成的社会影响更是久久难平，1994 年克拉玛依友谊馆的大火虽已过去多年，但受害者家属心中的悲痛至今依然难以平息。

此外，值得指出的是，事故的发生不仅仅对企业、社会造成损失和影响，还意味着企业管理水平不佳，意味着企业工作效率及经济效益没有达到最佳水平。任何一个企业，无论大小，都存在管理系统，这个系统是由财务、人事、生产、采购、销售、安全等多个子系统构成的。许多事故都是由于管理者疏忽、失误或管理系统存在缺陷所造成的，而这种疏忽、失误或缺陷不仅会造成事故及损失，还会产生其他问题，进而直接或间接影响企业的经济效益。从这个角度讲，事故是企业管理不佳的一种表现形式，即通过发生的事故，告知人们企业中还存在着管理上的缺陷。因而，搞好安全管理，控制事故，不仅可通过减少事故损失直接提高企业的经济效益，而且可通过提高管理水平间接提高企业的经济效益。在绝大多数情况下，后者比前者的影响和作用更大、更有意义。只有企业管理者深刻地认识到这一点，安全生产水平才有可能提高。

二、职业安全健康、安全生产与劳动保护

职业安全健康（occupational safety & health）是安全科学研究的主要领域之一，通常是指影响作业场所内人员安全与健康的条件和因素。美、日、英等国均采用这种说法并设有相应的管理机构和法规体系，如美国的职业安全健康管理局（OSHA）和《职业安全健康法》（OSH Act）等。而俄罗斯、德国、奥地利和我国等则称之为劳动保护（labor protection），并将其定义为：为了保护职工在劳动、生产过程中的安全、健康，在改善劳动条件、预防工伤事故及职业病，实现劳逸结合和女职工、未成年工的特殊保护等方面所采取的各种组织措施和技术措施的总称。

可以看出，上述两个定义基本含义虽有所差异，但总体上基本一致，在各个国家实施时工作内容也基本相同，因而可认为是同一概念的两种不同命名。

安全生产是指在生产过程中消除或控制危险和有害因素，保障人身安全健康、

设备完好无损及生产顺利进行。

在安全生产中，消除危害人身安全和健康的因素，保障职工安全、健康、舒适地工作，称为人身安全；消除损坏设备、产品等的危险因素，保障生产正常进行，称为设备安全。总之，安全生产就是使生产过程在符合安全要求的物质条件和工作秩序下进行，以防止人身伤亡和设备事故及各种危险的发生，从而保障职工的安全和健康，促进劳动生产率的提高。

安全生产和劳动保护二者从概念上看有所不同，但在内容上有所交叉：前者是从企业的角度出发，强调在发展生产的同时必须保障职工的安全、健康和企业的财产不受损失；后者是站在政府的立场上，强调为职工提供人身安全与身心健康的保障，属于职工权益的范畴。二者可统称为“职业安全健康”或“劳动安全卫生”。但从与国际接轨考虑和我国正在推行职业安全健康管理体系（OHSMS）的现状来看，“职业安全健康”一词可能更具代表性。

三、安全与安全性

安全一词在英语中主要对应两个单词，即 safety 和 security。前者是保护的意思，主要指职业安全、意外伤害、家庭安全等安全问题，即大多为安全科学工作者所关注的领域；后者是保卫的意思，主要涉及国家安全、刑事犯罪、防抢防盗等安全问题。虽然现在对这两个词有混用的现象，但总体上两者之间存在明显的区别。

必须指出的是，safety 一词在英语中还有另一个含义，即安全性，这是个不同于“安全”的概念。所谓安全性，与可靠性、可维修性等一样，是系统所具备的一种性能。可以给出这样的定义：安全性是系统在可接受的最小事故损失条件下发挥其功能的一种品质。

也有的将安全性定义为“不发生事故的能力”。但无论如何，安全与安全性的概念存在很大区别，前者是系统的状态或条件，后者则是系统的一种性能，而安全科学工作者最主要的任务，就是结合管理和技术等各种手段和措施，努力提高系统的安全性，减少因事故造成的损失。

由于安全性是系统的重要品质之一，且与可靠性联系密切，在某些特定条件下，二者有时是一致的。因而，常有人将两个概念混淆，错误地认为“系统可靠，就一定安全”，无须专门对安全性进行分析，这显然是错误的。

系统的可靠性（reliability）与安全性是两个不同的概念。通常，可靠性是指系统在规定的条件下，在使用期间实现规定性能的可能程度。可靠性是针对系统的功能而言，可靠性技术的核心是失效分析；安全性是针对系统损失而言，安全性技术的核心是危险分析。危险与损失有关，而失效仅是某一项目的某些功能的丧失(或称非预期状态)，可能不会造成损失。例如，室内裸露的电线，没有失效时是可靠的，仅存在着人触电的危险，是不安全的。所以失效不等于危险，可靠不等于安全，可靠性与安全性不能等同。当然，失效或故障有时也会造成损失，甚至导致系统发生灾难性的事故。例如，飞机在空中飞行时，发动机因故障停车就可能发生飞机坠毁的严重事故，这时失效或故障就成为危险了。也就是说，当故障或失效的发生会导致事故时，提高系统的可靠性会同时提高系统的安全性。所以，系统安全性与可靠性有着极其密切的关系，在进行系统安全性分析时，也需要应用可靠性的数据，某些安全性分析方法也源于可靠性分析。

第二节　管理的基本理论

一、管理的定义

任何集体活动都需要管理，在没有管理协调时，集体中每位成员的行动方向并不一定相同，甚至可能互相抵触；即使目标一致，由于没有整体的配合，也达不到总体的目的。

那么什么是管理呢？在管理理论的发展过程中，曾先后出现过许多学派，对管理（management）的概念做过各种解释。

科学管理学派的泰罗、法约尔等认为，管理就是计划、组织、指挥、协调和控制等职能活动。

行为科学学派的梅奥等认为，管理就是做人的工作，它是以研究人的心理、生理、社会环境影响为中心，激励职工的行为动机，调动人的积极性。

现代管理学派的西蒙等认为，管理的重点是决策，决策贯穿于管理的全过程。

目前，管理学者比较一致地认为：管理是为实现预定目标而组织和使用人力、物力、财力等各种物质资源的过程。

二、管理的基本原理

管理是一门科学，这一点已得到各界的一致认同。作为一门科学，管理自然就要遵循一些基本的原理，这些原理表述了管理科学的实质内容及其基本规律。

一般来说，管理基本要素包括人、财、物、信息、时间、机构和章法等，前 5 项是管理内容、后 2 项是管理手段。基本要素中的人既是被管理者，又是掌握管理手段的管理者，是身兼二任的。人有巨大的能动性，是现代化管理中最为重要的因素。

管理的基本原理就是研究如何正确有效地处理上述要素及其相互关系，以达到管理的基本目标。

1. 系统原理

（1）系统原理的概念。所谓系统，是由若干相互作用又相互依赖的部分组合而成，具有特定的功能，并处于一定环境中的有机整体。

系统原理则是指人们在从事管理工作时，运用系统的观点、理论和方法对管理活动进行充分的分析，以实现管理的优化目标，即从系统论的角度来认识和处理管理中出现的问题。系统原理是现代管理科学中的一个最基本的原理。

安全管理系统是企业管理系统的一个子系统，其构成包括各级专、兼职安全管理人员，安全防护设施、设备，安全管理与事故信息，安全管理规章制度，安全操作规程以及企业中与安全相关的各级职能部门及人员，其主要目标是防止意外的劳动（人、财、物）耗费，保证企业系统经营目标的实现。

（2）系统分析。根据系统原理，在研究安全管理问题时，必须对管理对象进行系统分析，即从系统观点出发，利用科学的分析方法，对所研究的问题进行全面的分析，确定系统目标，列出实现目标的若干可行方案，通过分析对比提出可行建议，为决策者选择最优方案提供依据。

1）系统分析内容。系统分析主要包括如下几个方面：

①系统界定，即把系统与环境划分清楚，确定所研究的对象系统。

②系统要素，即分析系统由哪些要素组成，这些要素又可构成怎样的一些子系统。

③系统结构，即系统的内部组织结构，以及组成系统的各要素相互作用的方式。

④系统功能，即明确系统的目的，为达此目的系统应完成的任务，如何完成这些任务，以及系统及其要素应具有哪些功能。

⑤系统联系，即分析系统内各环节之间、系统与环境之间的联系。

⑥系统目标，即明确系统运行所要实现的目标。

⑦系统变革，即弄清系统历史发展的过程、发展的由来，并预测发展的前景。

2）管理系统的特性。在进行系统分析时，应特别注意抓住管理系统的 3 个主要特性：

①目的性。每个系统的存在和运行都应有其明确的目的，目的不明确，或者目

的发生了混淆，都必然导致管理混乱，安全管理系统也是如此。一般来说，不同的管理系统有不同的目的，每个管理系统的目的不是单一的，但通常只能有一个中心目的。

②整体性。系统原理强调整体效应，认为企业不是若干要素的堆砌，而是具有一定功能的整体。企业系统各要素或子系统实现最佳效益并不一定能保证系统整体的效益。企业管理必须有全局的观点，统筹规划，实现整体最优。

③层次性。任何复杂系统都有一定的层次结构，各层次具有相对的独立性，有自己的目的和责任。管理是否有效与能否分清层次有很大关系。不但要在结构上分清层次，更重要的是确定目标，明确责任。

（3）系统原理的基本原则。为了充分发挥系统原理的作用，必须运用好以下几个基本原则：

1）整分合原则。现代高效率的管理必须在整体规划下明确分工，在分工基础上进行有效整合，这就是整分合原则。

整体规划就是在对系统进行深入、全面分析的基础上，把握系统的全貌及其运动规律，确定整体目标，制定规划与计划及各种具体规范。

明确分工就是确定系统的构成，明确各个局部的功能，将整体目标分解，确定各个局部的目标以及相应的责、权、利，使各局部都明确自己在整体中的地位和作用，从而为实现最佳的整体效应发挥最大作用。

有效整合就是对各个局部必须进行强有力的组织管理。在各纵向分工之间建立起紧密的横向联系，使各个局部协调配合，综合平衡地发展，从而保证最佳整体效应的圆满实现。

整体把握、科学分解、组织整合是整分合原则的主要含义。

在企业安全管理系统中，整，就是企业领导在制定整体目标，进行宏观决策时，必须把安全纳入，作为一项重要内容加以考虑；分，就是安全管理必须做到明确分工，层层落实，建立健全安全组织体系和安全生产责任制度；合，就是要强化安全管理部门的职能，保证强有力的协调控制，实现有效整合。

2）反馈原则。成功的高效管理，离不开灵敏、准确、有力、迅速的反馈，这就是反馈原则。

反馈是控制论和系统论的基本概念之一，它是指被控制过程对控制机构的反作用。反馈大量存在于各种系统之中，也是管理中的一种普遍现象，是管理系统实现预期目标的主要条件。由于负反馈能够抵消外界因素的干扰，维持系统的稳定性，因此，为了使系统做合乎目的的运动，一般均采用负反馈。

现代企业管理是一项复杂的系统工程，其内部条件和外部环境都在不断变化。所以，管理系统要实现目标，必须根据反馈及时了解这些变化，从而调整系统的状态，保证目标的实现。

3）封闭原则。任何一个系统的管理手段、管理过程必须构成一个连续封闭的回路，才能形成有效的管理运动，这就是封闭原则。

封闭，就是把管理手段、管理过程加以分割，使各部分、各环节相对独立，各行其是，充分发挥自己的功能；同时，各部分、各环节又互相衔接，互相制约并且首尾相连，形成一条封闭的管理链。

对于企业管理，其管理系统的组织结构体系必须是封闭的。任何一个管理系统，仅具备决策指挥中心和执行机构的功能还不足以实施有效的管理，必须设置监督机构和反馈机构，监督机构对执行机构进行监督，反馈机构感受执行效果的信息，并对信息进行处理，再送回决策指挥中心。决策指挥中心据此发出新的指令，这样就形成了一个连续封闭的回路，如图 1–1 所示。

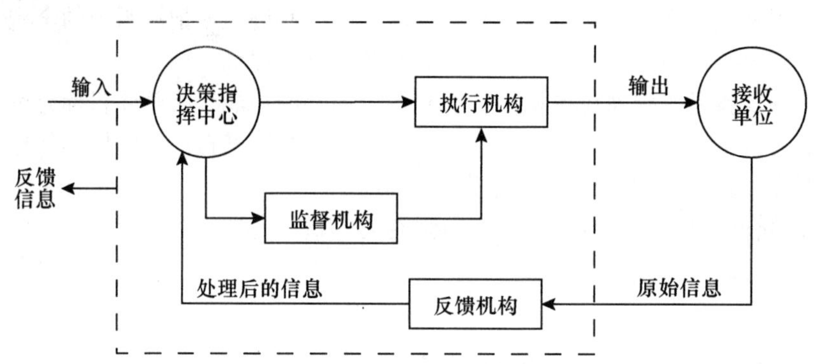

图 1–1　管理系统的基本封闭回路

管理制度的建立和实施也必须封闭。不仅要建立尽可能全面的执行制度，还应建立对执行的监督制度，同时必须有反馈制度，这样才能发挥制度的威力。

当然，管理封闭是相对的，封闭系统不是孤立系统。从空间上看，它要受到系统管理的作用，与环境之间存在着输入与输出关系，有着物质、能量、资金、人员、信息等的交换，只能与它们协调平衡地发展；从时间上讲，事物是不断发展的，依靠预测作出的决策不可能完全符合未来的发展。因此，必须根据事物发展的客观需要，不断以新的封闭代替旧的封闭，求得动态的发展，在变化中不断前进。

4）动态相关性原则。构成系统的各个要素是运动和发展的，而且是相互关联的，它们之间相互联系又相互制约，这就是动态相关性原则。

该原则是指任何企业管理系统的正常运转，不仅要受到系统本身条件的限制和制约，还要受到其他有关系统的影响和制约，并随着时间、地点以及人们的不同努力程度而发生变化。企业管理系统内部各部分的动态相关性是管理系统向前发展的根本原因。所以，要提高管理的效果，必须掌握各管理对象要素之间的动态相关特征，充分利用相关因素的作用。

2. 人本原理

人本原理就是在管理活动中必须把人的因素放在首位，体现以人为本的指导思想。

所谓以人为本，一是指一切管理活动均是以人为本展开的。人既是管理的主体（管理者），也是管理的客体（被管理者），每个人都处在一定的管理层次上。离开人，就无所谓管理。因此，人是管理活动的主要对象和重要资源。二是在管理活动中，作为管理对象的诸要素和管理过程的诸环节（组织机构、规章制度等），都是需要人去掌管、动作、推动和实施的。因此，应根据人的思想和行为规律，运用各种激励手段，充分发挥人的积极性和创造性，挖掘人的内在潜力。

为了发挥人本原理的作用，充分调动人的积极性，就必须贯彻实施以下几条原则：

（1）能级原则。一个稳定而高效的管理系统必须是由若干分别具有不同能级的不同层次有规律地组合而成的，这就是能级原则。

能级原则确定了系统建立组织结构和安排使用人才的原则。稳定的管理能级结构如图 1–2 所示。该管理三角形一般分为 4 个层次，即经营决策层、管理层、执行层、操作层。4 个层次能级不同，使命各异，必须划分清楚，不可混淆。

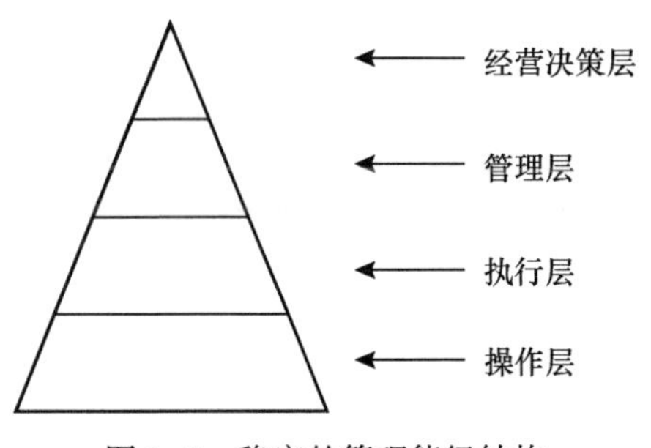

图 1–2　稳定的管理能级结构

在运用能级原则时应该做到 3 点：一是能级的确定必须保证管理结构具有最大

的稳定性，即管理三角形的顶角大小必须适当；二是人才的配备必须与能级对应，使人尽其才，各尽所能；三是责、权、利应做到能级对等，在赋予责任的同时授予权力和给予利益，才能使其能量得到充分发挥。

（2）动力原则。所谓动力原则，是指管理必须有强大的动力，而且要正确地运用动力，才能使管理活动持续而有效地进行下去，即管理必须有能够激发人的工作能力的动力。

基本动力有 3 类：

1）物质动力。以适当的物质利益刺激人的行为动机。

2）精神动力，运用理想、信念、鼓励等精神力量刺激人的行为动机。

3）信息动力，通过信息的获取与交流产生奋起直追或领先他人的动机。

动力原则的运用一是要注意综合协调地运用 3 种动力，二是要正确认识和处理个体动力与集体动力的辩证关系，三是要处理好暂时动力与持久动力之间的关系，四是要掌握好各种刺激量的阈值。只有这样，管理才能产生良好的效果。

（3）激励原则。所谓激励原则，就是以科学的手段，激发人的内在潜力，充分发挥出积极性和创造性。在管理中就是利用某种外部诱因的刺激调动人的积极性和创造性。

人发挥积极性的动力主要来自 3 个方面：一是内在动力，指人本身具有的奋斗精神；二是外在压力，指外部施加于人的某种力量；三是吸引力，指那些能够使人产生兴趣和爱好的某种力量。因而运用激励原则时，要采用符合人的心理活动和行为活动规律的各种有效的激励措施和手段，并且要因人而异、科学合理地采取各种激励方法和激励强度，从而最大限度地发挥出人的内在潜力。

3. 弹性原理

所谓弹性原理，是指管理是在系统外部环境和内部条件千变万化的形势下进行的，管理必须要有很强的适应性和灵活性，才能有效地实现动态管理。

管理需要弹性是企业所处的外部环境、内部条件以及企业管理活动的特性所决定的。在应用弹性原理时，第一要正确处理好整体弹性与局部弹性的关系，即处理问题必须在考虑整体弹性的前提下进行，这样才能更好地解决、协调或调整局部弹性问题；第二要严格分清积极弹性和消极弹性的界限，倡导积极弹性，切忌消极保留；第三要合理地在有限的范围内运用弹性原理，不能绝对地、无限制地伸缩张弛。只有恰到好处地运用弹性原理，才能较大程度地充分发挥现代化管理的作用。

第三节　安全管理

一、安全管理的定义及分类

1. 定义

企业管理系统包含多个具有某种特定功能的子系统，安全管理就是其中的一个。这个子系统是由企业中有关部门的相应人员组成的。该子系统的主要目的就是通过管理的手段，控制事故、消除隐患、减少损失，使整个企业达到最佳安全水平，为职工创造一个安全舒适的工作环境。因而可以给安全管理（safety management）下这样一个定义，即以安全为目的，进行有关决策、计划、组织和控制方面的活动。

控制事故可以说是安全管理工作的核心，而控制事故最好的方式就是实施事故预防，即通过管理和技术手段，消除事故隐患，控制不安全行为，保障职工的安全，这也是“预防为主”的本质所在。

由事故的特性可知，由于受技术水平、经济条件等各方面的限制，有些事故是不可能完全消除的。因此，控制事故的第二种手段就是应急措施，即通过抢救、疏散、抑制等手段，在事故发生后控制事故的蔓延，把事故的损失减少到最小。

事故必然会导致经济损失。对于一个企业来说，一个重大事故在经济上的打击是相当沉重的，有时甚至是致命的。因而在实施事故预防和采取应急措施的基础上，通过购买财产、工伤、责任等保险，以保险补偿的方式，保证企业的经济平衡和在发生事故后恢复生产的基本能力，也是控制事故的手段之一。

所以，也可以说，安全管理就是利用管理的活动，将事故预防、应急措施与保险补偿三种手段有机地结合在一起，以达到保障安全的目的。

在企业安全管理系统中，安全科学工作者发挥着非常重要的作用。他们既是企业内部上下沟通的纽带，更是企业领导者在安全方面的得力助手。安全科学工作者在掌握充分资料的基础上，为企业安全生产实施日常监管工作，并向有关部门或领导提出安全改造、管理方面的建议。归纳起来，安全科学工作者的工作可分为以下4个部分：

（1）分析。对事故与损失产生的条件进行判断和估计，并对事故的可能性和严重性进行评价，即进行危险分析与安全评价，这是事故预防的基础。

（2）决策。确定事故预防和损失控制的方法、程序和规划，在分析的基础上制定出合理可行的事故预防、应急措施及保险补偿的总体方案，并向有关部门或领导提出建议。

（3）信息管理。收集、管理并交流与事故预防和损失控制有关的资料、情报信息，并及时反馈给有关部门和领导，保证信息的及时交流和更新，为分析与决策提供依据。

（4）测定。对事故预防和损失控制系统的效能进行测定和评价，并为取得最佳效果做出必要的改进。

2. 分类

可以从宏观和微观、狭义和广义层面，对安全管理加以分类。

（1）宏观的安全管理。从总体上看，凡是保障和推进安全生产的一切管理措施和活动都属于安全管理的范畴，即泛指国家从政治、经济、法律、体制、组织等各方面所采取的措施和进行的活动。作为一个安全科学工作者，应对国家有关安全生产的方针、政策、法规、标准、体制、组织结构以及经济措施等有深刻的理解、全面的掌握。

（2）微观的安全管理。经济和生产管理部门以及企事业单位所进行的具体的安全管理活动。

（3）狭义的安全管理。在生产过程或与生产有直接关系的活动中防止意外伤害和财产损失的管理活动。

（4）广义的安全管理。泛指一切保护职工安全健康、防止国家财产受到损失的管理活动。从这个意义讲，安全管理不但要防止劳动中的意外伤亡，也要与危害职工健康的一切因素进行斗争（如尘毒、噪声、辐射等物理化学危害，以及对女职工的特殊保护等）。

二、安全管理的作用及性质

1. 作用

安全工作的根本目的是保护广大职工的安全与健康，防止伤亡事故和职业危害，保护国家和集体的财产不受损失。为了达到这一目的，需要开展 3 方面的工作，即安全管理、安全技术、职业健康。而这三者之中，安全管理起着决定性的作用，其重要意义主要体现在以下几个方面：

（1）搞好安全管理是防止伤亡事故和职业危害的根本对策。造成伤亡事故的直接原因概括起来不外乎人的不安全行为和物的不安全状态。然而在这些直接原因的背后还隐藏着若干层次的背景原因，直到最深层的本质原因，即管理上的原因。

发生事故以后，人们往往把事故的原因简单地归咎为“违章”二字。殊不知，之所以造成“违章”，还有许多更深层次的本质原因。不找出这些原因，并采取措施加以消除，就难免再次发生类似的事故。防止伤亡事故和职业危害，归根结底应从改进管理做起。

（2）搞好安全管理是贯彻落实“安全第一、预防为主、综合治理”安全生产方针的基本保障。“安全第一、预防为主、综合治理”是我国安全生产工作的指导方针，是多年来做好劳动保护工作，实现安全生产的实践经验的科学总结。为了贯彻这一方针，一方面需要各级领导有高度的安全责任感和自觉性，在各工作中实施防止事故和职业危害的对策；另一方面需要广大职工提高安全意识，自觉贯彻执行各项安全生产规章制度，不断增强自我防护能力。所有这些都有赖于良好的安全管理工作。因此，只有设定目标、建立制度、计划组织、加强教育、督促检查、考核激励、综合各方面的管理手段，才能够调动起各级领导和广大职工的安全生产积极性。

（3）安全技术和职业健康措施要靠有效的安全管理才能发挥应有的作用。安全技术是指各行业有关安全方面的专门技术，如电气、锅炉与压力容器、起重、运输、防火、防爆等安全技术。职业健康指对尘毒、噪声、辐射等各方面物理化学危害因素的预防和治理。安全技术和职业健康措施对于从根本上改善劳动条件，实现安全生产有着巨大的作用。然而这些纵向单独分科的硬技术，基本上是以物为主的，是不可能自动实现的，需要人们计划、组织、督促、检查，进行有效的安全管理活动，才能发挥它们应有的作用。再者，单独某一方面的安全技术和职业健康措施，其安全保障作用是有限的。当代生产的高度发展，要求应用各方面的安全技术，才能求得整体的安全。而这种横向综合的功能，只有依靠有效的安全管理才能得以实现。因此，可以认为硬技术的发挥，有赖于软科学的保证。“三分技术，七分管理”，这已经成为当代社会发展的必然趋势，安全领域当然也不能例外。

（4）在技术、经济力量薄弱的情况下，为了实现安全生产，更加需要突出安全管理的作用。防止伤亡事故和职业危害，最根本的措施是提高技术装备本质安全水平，即从物质条件上根本消除、控制危险和有害因素。然而，技术装备本质安全水平的提高有赖于国家经济和科学技术的高度发展，不是在短期内就能够办到的。当前，我国的许多企业还无力更新所有陈旧的设备和设施，这些设备和设施存在着较多的事故隐患。即便是新添置的设备，包括一些最先进的设备，也未必都能达到实现本质安全的水平。在这种情况下，为了实现安全生产，就只能从改善安全管理、调动人的安全生产积极性上解决问题。从长远看，随着经济的发展，生产规模不断扩大，技术不断更新，新设备、新材料、新工艺不断被采用，也会不断出现新的危险和危害。因此，本质安全永远是相对的。从这个意义上说，有效的安全管理措施和手段所发挥的作用，在任何时候都是不可低估的。物质力量和人的作用相辅相成，在物质力量薄弱的情况下，尤其要强调发挥人的作用。而人的作用的发挥则依靠有效的管理活动。

（5）搞好安全管理，有助于改进企业管理，全面推进企业各方面工作，促进经济效益提高。安全管理是企业管理的一个组成部分，与生产管理二者密切联系，互相影响、互相促进。为了防止伤亡事故和职业危害，必须从人、物、环境这几方面采取对策措施，包括提高人员的素质，整治和改善作业环境，检查、维修、改造和更新设备与设施，使劳动组织科学化，以及改善作业方法等。为了落实这些方面的对策措施，势必对生产管理、技术管理、设备管理、人事管理等企业各方面工作提出越来越高的要求，从而推动企业管理的改善和各方面工作的进步。企业管理的改善和各方面工作的进步反过来又为改进安全管理创造了条件，促使安全管理水平不断得到提高。

实践表明，一个企业安全生产状况的好坏可以反映出企业管理水平。企业管理得好，安全工作也必然受到重视，安全管理也比较好。反之，安全管理混乱，事故、伤亡不断，职工则无法安心工作，领导者也经常要分散精力去处理事故。在这种情况下，不可能建立正常、稳定的工作秩序，改善企业管理就成为一句空话。

安全管理的改善、职工积极性的发挥，必然大大促进劳动生产率提高，从而使企业经济效益不断增长。反之，如果事故频繁，不但会影响职工的安全与健康，挫伤职工的安全生产积极性，导致生产效率降低，而且还会造成设备、设施的损坏，消耗许多人力、财力、物力，带来经济上的巨大损失。事故严重时，厂房、设备毁于一旦，生产都不能进行，哪里还谈得上经济效益。

2. 性质

安全生产是按照社会化大生产的客观要求，科学地从事企业的安全文明生产活动。安全管理是为保障企业的安全生产活动而进行的计划、组织与控制工作，它是企业管理基础、重要的组成部分。安全管理具有下列性质：

（1）长期性。安全生产问题产生和存在于生产活动的始终。企业只要有生产活动，就必须做好安全管理工作。因此，安全管理是一项经常的、艰苦细致的、长期性的工作。

（2）科学性。安全生产有其自身规律性，需要人们探索、认识和实践，因为它涉及广阔的知识领域。例如，可燃气体遇到火源会燃烧，一定浓度的有毒气体被人吸入体内便会引起中毒。人们在生产实践中，必须尊重客观规律，尊重科学，不断积累经验，否则，会导致事故发生。因此，只有尊重科学，学习和掌握有关安全生产的科学知识，逐步掌握它的规律性，抓好安全管理，才能取得安全生产的主动权。

（3）层次性。安全管理的纵向层次和横向功能之间的联系是非常清晰的。安全管理层次如图 1–3 所示。

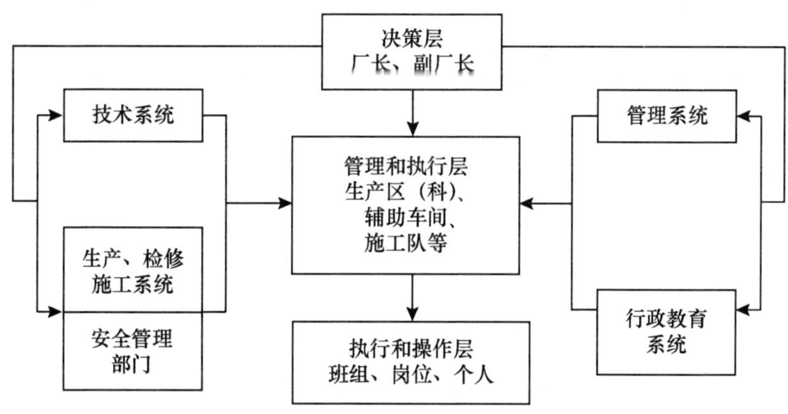

图 1–3　安全管理层次

在图 1–3 中，决策层是厂长（经理）和分管各项业务的副厂长（副经理），区（科、队）是管理和执行层，班组、岗位和个人是执行和操作层，具有稳定的组织基础。

（4）预防性。预防性也称超前工作性。安全管理就是保障安全生产，防止事故发生。事故一旦发生，就会造成职工身心受到伤害、社会财富受到损失，其中绝大部分的损失和破坏是不可逆的。因此，安全管理的重点就在于做好预防事故的工作，立足于事故的防范，预防在先，早抓防止和避免事故的措施，以减少或控制事故的发生。否则，就会事倍功半。可见，提高对安全管理预防性的认识，对做好企业的安全管理工作是极其重要的。

（5）专业性。安全管理能形成一门专业管理学科，是工业生产对安全提出的特殊需要，也是安全技术不断发展和完善的产物。当今，安全管理工作的内容，远非简单的技术工作和一般事务性管理工作所能满足的。一个现代工业企业要实现安全生产目标，广大职工和各专业管理部门都必须遵循与安全生产有关的规章制度和规程、标准、规范，按安全生产的规律办事，使安全管理形成带有专业内容和自身特点的完整的科学技术和知识体系。

(6) 群众性。安全生产是一项与广大职工的行为和切身利益紧密相连的工作，靠少数人是不行的。必须依靠广大群众，增强其安全意识，不断提高其安全知识水平和技能，自觉遵守规章制度，全员参与安全管理，以形成自我保护的坚实基础。

三、安全管理发展历史

1. 安全管理的发展

安全问题是伴随着社会生产而产生和发展的。我国古代在生产中就积累了一些安全防护的经验。隋代医学家巢元方所著《病源诸候论》一书中就记有凡进古井深洞，必须先放入羽毛，如观其旋转，说明有毒气上浮，便不得入内。明代科学家宋应星所著《天工开物》中记述了采煤时防止瓦斯中毒的方法，“深至丈许，方始得煤，初见煤端时，毒气灼人，有将巨竹凿去中节，尖锐其末，插入炭中，其毒烟从竹中透上”，其中就有着安全管理的雏形。而宋代孟元老所著《东京梦华录》一书记述的北宋首都汴京（现河南开封）严密的消防组织就已显示出较高的安全管理水平了。“每坊巷三百步许，有军巡铺屋一所，铺兵五人，夜间巡警收领公事，又于高处砖砌望火楼，楼上有人卓望，下有官屋数间，屯住军兵百余人。及有救火家事，谓如大小桶、洒子、麻搭、斧锯、梯子、火叉、大索、铁锚儿之类。每遇有遗火去处，则有马军奔报。”

国际上，18 世纪中叶，蒸汽机的发明引发了工业革命。传统的手工业劳动逐渐被大规模的机器生产所代替，生产率大大提高。但工人们在极其恶劣的环境下，每天劳动 10 小时以上，伤亡事故接连发生，工人健康受到严重摧残。这迫使工人奋起反抗，维护自身的安全和健康。此举得到了社会进步人士的同情与支持。19 世纪初，英、法、比利时等国相继颁布了安全法令，如英国 1802 年通过的《纺织厂和其他工厂学徒健康风险保护法》、1820 年比利时制定的《矿场检查法案》及《公众危害防止法案》等。此外，事故造成的巨大经济损失以及在事故诉讼中所支付的巨额费用，使资本家出于自身利益，也要考虑和关注安全问题，这些都在一定程度上促进了安全技术和安全管理的发展。

进入 20 世纪，工业发展速度加快，环境污染和重大工业事故相继发生，职业危害日益严重。如 1984 年 12 月 3 日，美国联合碳化物公司在印度博帕尔市的农药厂发生毒气泄漏事故，45 t 剧毒物质甲基异氰酯使 575 000 人丧生，20 万人受到不同程度的伤害，空气、水等被严重污染，直接经济损失近 10 亿美元。1986 年 1 月 28 日，美国航天飞机挑战者号在起飞 73 秒后由于机械事故不幸爆炸，7 名宇航员遇难。1986 年 4 月 26 日，苏联基辅的切尔诺贝利核电站第 4 号反应堆爆炸起火，大量放射性物质外溢，造成 31 人死亡、35 人重伤、229 人受到严重的核辐射，之后 15 年有 6 万~8 万人死亡，13.4 万人遭受各种程度的疾病困扰。这些震惊世界的惨祸，在社会上引起强烈的反响，也使对安全的呼声日益高涨。

与此同时，一系列恶性事故的发生，使得人们对劳动安全与卫生这一在现代科学技术和工业发展中的重大课题，给予越来越广泛的关注。1929 年，美国的海因里希出版了著名的《工业事故预防》一书，比较系统地阐述了安全管理的思想和经验。美、英等发达国家，相继在 20 世纪 70 年代初建立了职业安全健康法规，设立了相应的执法机构和研究机构，加大了安全卫生教育的力度。例如，在高等院校设立安全类专业，开设安全类课程等，并通过各类组织对各类人员开展形式多样的培训；重视安全技术开发工作，提出了一系列有关安全分析、危险评价和风险管理的理论和方法，使得安全管理水平有了较大的提高，也促进了这些国家安全工作的飞速发展，取得了较好的效果。

20 世纪 90 年代以来，国际上又进一步提出了“可持续发展”的口号，人们也充分认识到了安全问题与可持续发展间的辩证关系，进而又提出了职业安全健康管理体系（OHSMS）的基本概念和实施方法，使安全管理工作走向了标准化和现代化。

从安全管理的发展过程可以看出，安全管理的发展是随着工业生产的发展和人们安全需求的逐步提高而发展的。初期阶段的安全管理，可以说是纯粹的事后管理，即完全被动地面对事故，无奈地承受事故造成的损失；在积累了一定的经验和教训之后，管理者采用了条例管理的方式，即事故后总结经验教训，制定出一系列的规章制度来约束人的行为，或采取一定的安全技术措施控制系统或设备的状态，避免事故再次发生，这时已经有了事故预防的概念。而职业安全健康管理体系的诞生则成为现代化安全管理的重要标志。

我国的安全管理工作也经历了类似的过程。中华人民共和国成立以来，党和政府一直重视安全卫生工作，在劳动条件不断改善的同时，制定了一系列的安全法规和标准及较为严谨完善的安全管理体制，如安全生产责任制、安全一票否决制等，确立了“安全第一、预防为主、综合治理”的安全生产方针，建立、健全了各级安全管理组织机构。这些对促进我国安全工作的发展起到了重要的作用，也使我国的安全管理水平及职业安全健康研究工作有了较大提高。

20 世纪 70 年代末以来，为适应改革开放形势下企业管理工作的需求，人们努力探索新的管理原则和方法，引进了国外一些先进的安全管理理论、方法，并积极研究适合我国国情的安全管理模式，探索和推广了一系列的安全管理方法，如危险源辨识与管理、企业安全评价等。特别是以鞍山钢铁公司“0123 安全管理模式”为代表的、符合我国工业安全生产实际的安全管理模式的出现，反映了我国在安全管理理论和实践方面的迅速进步。

2. 影响我国安全工作形势的因素

除了国际上共性的问题之外，以下因素对我国安全工作形势有着相当大的影响：

（1）社会舆论。在任何一个国家，以新闻媒介为主的社会舆论所产生的影响都是相当巨大的。记者之所以被称为“无冕之王”，正是因为其能了解并利用新闻媒介的导向作用披露更多的社会现象，影响人们对于某些问题的认识与看法。所以社会舆论对安全问题的关注程度和剖析深度，直接影响人们，当然也包括各级领导对安全问题的重视程度。比如，新闻媒体对事故隐患较大的环节予以曝光，就会使领导者或当事者不顾安全的行为有所收敛，使政府和企业更加重视安全。

（2）人的价值。生命是无价的，但在实际工作中，有些人却以金钱来衡量生命的价值，决定安全问题的取舍。可喜的是，近年来我国工伤索赔的案例中，大额赔偿案例屡见不鲜，相信假以时日，尊重生命、重视人的价值一定会有所成效。

（3）人员素质。人的素质，特别是安全素质对于安全管理的影响是不言而喻的，而产品及其工艺设计人员、管理人员、政府有关部门人员的安全素质最为重要。安全素质的高低也会在紧急状态下的反应能力上得到体现。冷静地面对正在发生的意外事故，采取正确的应对措施，与束手无策、听天由命相比，其结果可能会大相径庭。我国大多数恶性事故之所以造成重大伤亡，与这一点不无关系。

（4）法律的完善。在当今社会，法律对于约束人的行为，维护社会稳定起着至关重要的作用，对安全问题也是如此。没有完整的安全法律法规体系，就不会有公正的竞争环境，就会助长短期行为，产生恶性事故。

（5）总体管理水平。安全管理系统是整个企业管理系统中的一个子系统，与企业管理水平，甚至政府的管理水平密切相关。如果企业总体管理水平低下，势必会影响安全管理水平。国内传统上重技术轻管理的观念对安全管理影响巨大。不改进管理水平，安全管理水平也不可能有根本性的变化；而安全管理中安全与经济效益相脱节的问题就是管理水平较低的一种表现方式。

随着世界经济一体化潮流的冲击和信息社会与知识经济的到来，我国的安全管理工作将不得不面对比以往更大的挑战。尽快解决包括上述问题在内的相关问题，尽快缩短我国在安全管理工作方面与发达国家的差距，无疑是安全科学界今后一段时期最重要的工作之一。只有做到了这一点，我国才能真正保持可持续发展，安全水平才能跃上新的台阶，接近世界先进水平。否则，就会拖整个国民经济的后腿，甚至影响社会安定。

四、我国安全生产的现状

安全生产工作历来为党和国家所重视，也为全社会和民众所关注。安全生产为保障我国生产建设、经济发展和社会政治稳定发挥着重要作用。在安全生产管理工作中，已经建立起了比较完善的法律法规体系，相应的安全监管执法保障体系也日趋完善，全社会乃至个人对安全生产重要性的认识达到了空前的高度，为安全生产管理工作创造了良好氛围。

党的十六大以来，党和国家进一步健全完善了安全生产方针政策和法律法规，并从体制、机制、规划、投入等方面，采取了一系列举措加强安全生产；各级党委和政府高度重视，加强领导、落实责任；各重点企业和广大生产经营单位依法依规、履行职责；社会各界关注支持、参与监督。经过努力，安全生产的理论、法律、政策体系得到建立和形成，安全监管体制机制不断健全完善，安全生产状况趋于稳定好转。

1. 安全生产理论体系初步建立

党的十六届五中全会确立了“安全发展”的指导原则，十六届六中全会把坚持和推动“安全发展”纳入构建社会主义和谐社会应遵循的原则和总体布局。2013 年，习近平总书记提出了“安全生产红线观”；2016 年提出加快推进安全生产双重预防机制建设；2016 年 12 月 9 日公布实施的《中共中央　国务院关于推进安全生产领域改革发展的意见》为安全生产工作指明了方向，提供了坚实的思想理论基础和强大的精神动力。在总结国内外安全生产发展规律和经验教训的基础上，我国形成了以“安全发展”为核心的安全生产理论体系。该理论体系主要包括 5 个要点。

一是“安全发展”的科学理念和指导原则。提出“安全发展”是我们对科学发展观认识的深化。安全生产“事关人民群众生命财产安全、事关改革发展稳定大局、事关党和政府的形象和声誉”。安全生产是经济社会发展的基础、前提和保障，是社会主义和谐社会的重要着力点和切入点，必须纳入社会主义现代化建设的总体战略，与经济建设、社会发展各方面工作同时规划、统一部署、同步推进。坚持以人民为中心的发展思想，始终把人的生命安全放在首位，正确处理安全与发展的关系，大力实施安全发展战略，为经济社会发展提供强有力的安全保障。

二是“安全第一、预防为主、综合治理”的安全生产方针。从 20 世纪 50 年代的“安全第一”，到20世纪80年代的“安全第一、预防为主”，再到目前的“安全第一、预防为主、综合治理”12字安全生产方针，反映了人们对安全生产规律、特点认识的不断深化。这一方针要求安全生产工作必须重视综合运用多种手段，源头防范，系统治理，标本兼治，重在治本。

三是构建了“党政同责、一岗双责、齐抓共管、失职追责”的安全生产责任体系。政府是安全生产的监管主体，党政主要负责人是本地区安全生产第一责任人。确定了管行业必须管安全、管业务必须管安全、管生产经营必须管安全和谁主管谁负责的原则，明确了各有关部门安全生产和职业健康工作职责，负有安全生产监督管理职责的有关部门依法依规履行相关行业领域安全生产和职业健康监管职责，强化监管执法，严厉查处违法违规行为。其他行业领域主管部门负有安全生产管理责任。企业是安全生产的责任主体。企业法定代表人和实际控制人同为本企业安全生产第一责任人。企业实行了全员安全生产责任制度，强化了部门安全生产职责，落实了一岗双责。建立了安全生产控制考核指标体系，纳入政绩、业绩考核。实行党政领导干部任期安全生产责任制，日常工作依责尽职、发生事故依责追究。建立了企业生产经营全过程安全责任追溯制度。

四是依法治安、重典治乱的安全法制建设方略。我国安全生产领域的一些问题特别是非法违法、违规违章问题积弊已久、积重难返，有的已经成为“痼疾”。必须严刑峻法、依法严惩，治理安全生产领域的违法违纪，查处事故背后的失职渎职以及官商勾结、权钱交易等腐败现象，不断完善安全生产法律法规和标准体系，严格安全准入制度，严格规范公正文明执法，增强监管执法效能，提高安全生产法治化水平。

五是倡导先进的安全文化，建立包括群众监督、舆论监督和社会监督在内的安全生产参与监督机制。把安全知识普及纳入国民教育，建立完善中小学安全教育和高危行业职业安全健康教育体系，提高全社会安全意识和全民安全素质。把安全生产纳入农民工技能培训内容。进一步完善企业安全教育培训制度，切实做到先培训、后上岗。全面推进安全文化建设，加强警示教育，强化全民安全意识和法治意识。发挥工会、共青团、妇联等群团组织作用，依法维护职工群众的知情权、参与权与监督权。调动全党、全社会的积极性，形成广泛的参与和监督机制。安全生产重大决策、重点工作进展情况、重特大事故查处结果等，要向社会公布，接受来自各方的监督。

2. 安全生产法律体系逐步健全完善

目前，已有一部主体法即《中华人民共和国安全生产法》（以下简称《安全生产法》)。《安全生产法》于 2002 年首次颁布，2021 年 6 月进行了第三次修正，自 2021 年 9 月 1 日开始实施。此外，《中华人民共和国刑法》《中华人民共和国劳动法》《中华人民共和国煤炭法》《中华人民共和国矿山安全法》《中华人民共和国职业病防治法》《中华人民共和国海上交通安全法》《中华人民共和国道路交通安全法》《中华人民共和国消防法》《中华人民共和国铁路法》《中华人民共和国民航法》《中华人民共和国电力法》《中华人民共和国建筑法》等十余部专门法律中，都有安全生产方面的规定。有《国务院关于特大安全事故行政责任追究的规定》《安全生产许可证条例》《煤矿安全监察条例》《关于预防煤矿生产安全事故的特别规定》《危险化学品安全管理条例》《烟花爆竹安全管理条例》《民用爆炸物品安全管理条例》《中华人民共和国道路交通安全法实施条例》和《建设工程安全生产管理条例》等 50 多部行政法规、100 多部部门规章。各地也制定出台了一批地方性法规规章，大多数省（自治区、直辖市）颁布实施了《安全生产条例》。企业建章立制工作也有很大进展。目前安全生产各个方面、各个环节的工作，基本都可以做到有法可依、有章可循。

3. 安全生产政策体系日趋完善

2005 年年底，鉴于安全生产领域存在的种种历史和现实问题，国务院第 116 次常务会议确定了安全生产 12 项治本之策：在采取断然措施遏制重特大事故、实现治本的同时，要在安全规划、行业管理、安全投入、科技进步、宏观调控、教育培训、安全立法、激励约束考核、企业主体责任、事故责任追究、社会监督参与、监管和应急体制等方面，采取有利于安全生产的对策措施，综合运用法律、经济、科技和必要的行政手段，抓紧解决影响制约安全生产的各种历史性、深层次问题，建立长效机制。

近几年，针对安全生产工作的新特点，又陆续出台了安全生产责任险、安全生产标准化管理体系、安全生产双重预防机制建设等一系列精准政策，使得我国安全生产的政策体系日趋完善。

4. 安全生产监管体制机制不断健全

目前，国家层面上的安全管理职责格局：应急管理部负责安全生产综合监督管理，并负责危险化学品、烟花爆竹、冶金、有色、建材、轻工、纺织、机械、烟草、商贸等行业领域的安全监管工作；国家矿山安全监察局负责国家矿山安全监察工作；公安部、住房和城乡建设部、交通运输部、民用航空局、国家国防科技工业局等部门，分别负责本系统、本领域的安全工作；国家市场监督管理总局负责产品质量、食品安全、锅炉压力容器等特种设备的安全监督检查；国家卫生健康委员会负责职业病诊治工作；人力资源和社会保障部负责工伤保险管理，同时保留了儿童、妇女的劳动保护工作职能。

目前，各省（自治区、直辖市）和新疆生产建设兵团、各市（地）以及县（市），已建立专门的安全生产监管机构。进一步完善了安全生产监管执法制度，完善了执法程序规定，规范了监管执法行为。进一步完善了执法监督机制，健全了监管执法保障体系，完善了事故调查处理机制。“政府统一领导，部门依法监督，企业全面负责，群众监督参与，社会广泛支持”的安全生产工作格局，以及“国家监察、地方监管、企业负责”的安全生产工作体制，已经日趋完善。

5. 安全生产总体趋于好转

继2003年出现事故总量下降的“拐点”之后（下降1.9%），在国民经济持续快速发展、能源原材料和交通运输市场需求旺盛、持续增长的情况下，安全生产状况持续好转，事故总量大幅度下降，如图1-4所示为2001—2021年全国生产安全事故死亡人数和GDP（国内生产总值）变化情况。

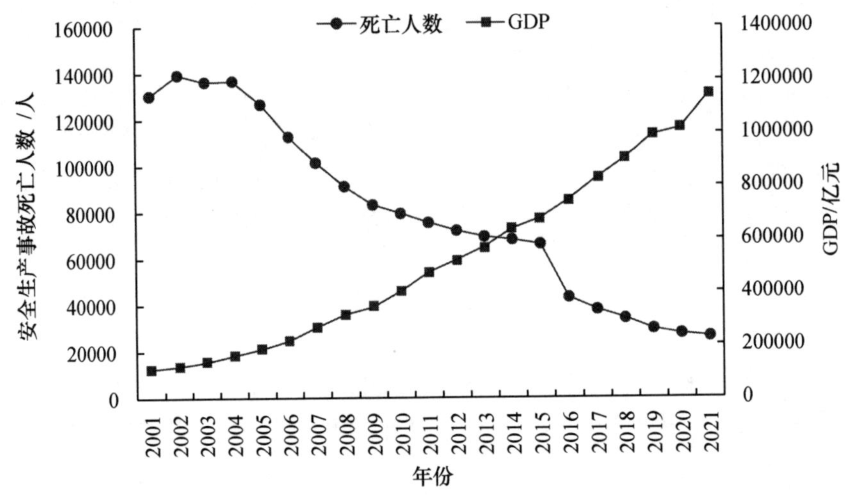

图1-4　2001—2021年全国生产安全事故死亡人数和GDP变化情况

本章小结

本章主要介绍了安全管理的基础知识。通过对本章的学习，学生应了解安全管理的发展历史和我国安全生产现状；理解安全的重要性、管理的基本原理；掌握安全、安全性、系统安全、职业安全健康、安全生产、劳动保护、管理、安全管理等概念，以及安全管理的分类、作用和性质。

复习思考题

1. 简述安全、安全性、职业安全健康、安全生产、劳动保护、管理的概念。
2. 安全的重要性体现在哪些方面？
3. 安全管理的作用表现在哪些方面？
4. 管理的基本原理有哪些？
5. 何谓安全管理？
6. 安全管理的分类有哪几种？
7. 安全管理具有哪些性质？
8. 我国的安全管理工作存在哪些问题？

第二章　事故统计与分析

本章学习目标

1. 理解事故的定义和基本特性，掌握伤害分类、工伤事故的认定、事故分类和事故原因。

2. 了解事故致因理论的发展过程，理解几种主要的事故致因理论，掌握事故致因理论的应用。

3. 理解事故统计分析，掌握事故统计方法和统计的主要指标、事故经济损失统计方法和指标。

为了达到保障人的身心安全与健康、为人类创造一个安全舒适的工作和生活环境的目的，最主要的工作就是控制和消除事故。因此，对事故及事故的统计、分析、预防、控制等方法的研究是安全管理学的核心内容。

事故统计分析是运用数理统计来研究事故发生规律的一种方法。它通过对大量的事故资料、数据进行加工、整理和综合分析，揭示事故的发生规律和分布特征，是安全管理工作的重要内容之一。科学、准确的统计分析结果能够描述一个企业、部门当前的安全状况，能够用以判断和确定问题的范围，能够作为观察事故发生趋势、探查事故原因、制定事故预防措施、预测未来事故等的依据。它对于搞好安全管理起着十分重要的作用。

第一节 事 故

一、事故的定义与基本特性

1. 事故的定义

对于事故（accident），人们从不同的角度出发对其会有不同的理解。《辞海》（第七版）对事故的解释为“意外的变故或灾祸”。会计师算错了账是工作事故，产品出了质量问题是质量事故，而在安全科学中所研究的事故则又有所不同，其关于事故的定义如下：

（1）事故是可能涉及伤害的、非预谋性的事件。

（2）事故是造成伤亡、职业病、设备或财产损坏或损失或环境破坏的一个或一系列事件。

（3）事故是违背人的意志而发生的意外事件。

（4）事故是人（个人或集体）在为实现某种意图而进行的活动过程中，突然发生的、违反人的意志的、迫使活动暂时或永久停止的事件。

在上述定义中，第二个定义出自美军标准 882C，其发展过程充分体现了人类对于事故的认识过程，即从仅仅将事故定义为意外伤害，扩展到职业病、财产和设备的损坏、损失直至对环境的破坏。伯克霍夫（Berckhoff）所给出的第四个定义，则对事故做了较为全面的描述。

结合上述定义，可以总结出事故具有如下特点：

（1）事故是一种发生在人类生产、生活活动中的特殊事件，人类的任何生产、生活活动过程中都可能发生事故。因此，人们若要平安、快乐地生产和生活，就必须努力采取措施来防止事故。

（2）事故是一种突然发生的、出乎人们意料的事件。这是由于导致事故发生的原因非常复杂，事故往往是由许多偶然因素引起的，因而事故的发生具有随机性质。在一起事故发生之前，人们无法准确地预测什么时间、什么地点、发生什么样的事故。事故发生的随机性，使认识事故、了解事故发生的规律及防止事故发生成为一件非常困难的事情。

（3）事故是一种使人们的生产、生活被迫暂时或永久停止的事件，必然给人们的生产、生活带来很大的影响。因此，事故是一种违背人们意志、人们不希望发生的事件。

（4）事故这种意外事件除了影响人们的生产、生活顺利进行，往往还可能造成人员伤害、财物损坏或环境污染等后果。

需要指出的是，事故和事故后果（consequence）是具有因果关系的两件事情：由于事故的发生产生了某种事故后果。但是在日常生产、生活中，人们往往错误地把事故和事故后果看作同一事件。之所以产生这种认识，是因为事故的后果，特别是给人们带来严重伤害或损失的后果，给人的印象非常深刻，相应地使人们注意到带来这种后果的事故；相反地，当事故带来的后果非常轻微，没有引起人们注意的时候，人们相应地也就忽略了这种事故。

安全科学研究的对象，主要是那些可能带来人员伤亡、财产损失或环境污染的事故。因此，可以如下定义事故：事故是在人们生产、生活活动过程中突然发生的、违反人们意志的、迫使活动暂时或永久停止，可能造成人员伤害、财产损失或环境污染的意外事件。

2. 未遂事故、二次事故、非工作事故

在事故研究中，有几类事故容易被人们所忽略，但又十分值得关注，这就是未遂事故、二次事故、非工作事故。

（1）未遂事故。未遂事故是指有可能造成严重后果，但由于偶然因素，实际上没有造成严重后果的事件。

也就是说，未遂事故的发生原因及其发生、发展过程与某个特定的会造成严重后果的事故是完全相同的，只是由于某个偶然因素，没有造成严重后果。

美国安全工程师海因里希（W. H. Heinrich）对未遂事故进行过较为深入的研究，他在调查了5 000多起伤害事故后发现，在330起类似的事故中，300起事故没有造成伤害、29起引起轻微伤害、1起造成了严重伤害。即严重伤害、轻微伤害和无伤害的事故件数之比为1∶29∶300，这就是著名的海因里希法则，如图2-1所示。而其中的300起无伤害事故，如同时又没有造成财产及其他损失，即为未遂事故。海因里希法则反映了事故发生频率与事故后果严重度之间的一般规律，且说明事故发生后其后果的严重程度具有随机性质或者说其后果的严重度取决于偶然因素。因此，一旦发生事故，控制事故后果的严重程度是一件非常困难的工作。为防止严重伤害的发生，应该全力以赴地防止事故发生。

例1：某职工在地板上滑倒，跌坏膝盖骨，造成重伤。调查表明，该职工经常弄湿地板而不擦干，且达6年之久。他在湿滑的地板上行走时经常滑倒，无伤害、轻微伤害及严重伤害的比例为1 800∶0∶1。

例2：某机械师企图用手把皮带挂到正在旋转的皮带轮上，由于他站在摇晃的

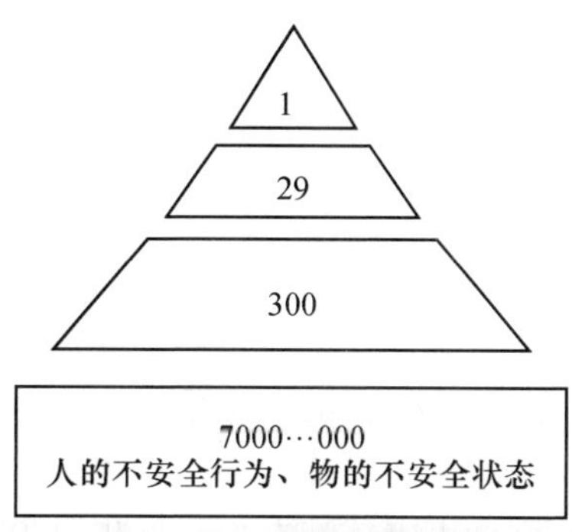

图 2-1　海因里希法则

梯子上，徒手不用工具，又穿了一件袖口宽大的衣服，结果被皮带轮卷入而死亡。事故调查表明，他用这种方法挂皮带已达数年之久，手下的工人均佩服他技艺高超。查阅 4 年来的就诊记录，发现他曾被擦伤手臂 33 次，估计无伤害、轻微伤害与严重伤害的比例为 1 200∶33∶1。

海因里希法则是根据同类事故的统计资料得到的结果，实际上不同种类事故的比例是不相同的。日本学者青岛贤司的调查表明，日本重型机械和材料工业的重、轻伤之比为 1∶8，而轻工业则为 1∶32。美国也有按事故类型分类进行的统计，见表 2-1。而同一企业中不同的生产作业，这个比例也会有所差异。

表 2-1　　事故类型及伤害严重度

事故类型	暂时丧失劳动能力比例/%	部分丧失劳动能力比例/%	完全丧失劳动能力比例/%
运输	24.3	20.9	5.6
坠落	18.1	16.2	15.9
物体打击	10.4	8.4	18.1
机械	11.9	25.0	9.1
车辆	8.5	8.4	23.0
手工工具	8.1	7.8	1.1
电气	3.5	2.5	13.4
其他	15.2	10.8	13.8

海因里希法则阐明了事故发生频率与伤害严重程度之间的普遍规律，即一般情况下，事故发生后造成严重伤害的可能性是很小的，大量发生的是轻微伤害或者无伤害，这也是为什么人们容易忽略安全问题的主要原因之一。

海因里希法则也指出，未遂事故虽然没有造成人身伤害和经济损失，但由于其发生的原因和发展的过程极可能造成严重伤害或重大事故，因此，必须对其进行深入研究，探讨其发生原因和发展规律，从而采取相应措施，消除事故原因或斩断事故发展过程，达到控制和预防事故的目的。也就是说，根据海因里希法则，在同类事故中，未遂事故和轻伤事故发生的可能性要比严重伤害事故大得多，只要关注并研究未遂事故，就有可能控制严重事故的发生，这也是事故预防与控制的重要手段之一。对于一些未知因素较多的系统，如采用新技术、新设备、新工艺、新材料、新产品等的系统更是如此。日本曾经掀起的“消灭300”运动，其目的正在于此。美国有关学者也曾进行过类似的研究，他们在某企业对两组执行同样操作的职工做了一次对比试验，对其中的甲组进行正常管理，对乙组则要求及时上报未遂事故，经专家分析后采取相应措施。一年后的统计数据表明，乙组的事故率比甲组有明显地降低。

当然，研究未遂事故也有很多困难：

其一，人们对未遂事故不重视，这是最主要的问题。只要事故的发生没有造成严重后果，许多人认为只是虚惊一场，事故之后我行我素，依然如故，职工如此，管理层如此，政府部门也是如此。

其二，未遂事故数量庞大，对其进行调查、统计、分析研究需要投入大量的人力、物力，在有些情况下，这种投入令企业或政府难以承受。

其三，未遂事故的界定困难。在大量的各类突发性事件中，哪些属于未遂事故，在有些情况下是模糊的，对它的界定会因人们理解的程度、观察事物的角度不同而有所不同。

其四，因为人们只关心那些可能造成严重事故的未遂事故，但在大量的未遂事故中筛选出这类事故，要依赖于人的经验和直觉。

（2）二次事故。二次事故是指由外部事件或事故引发的事故。

所谓外部事件，是指包括自然灾害在内的与本系统无直接关联的事件。

二次事故可以说是造成重大损失的根源，绝大多数重大、特别重大事故主要是由于引发了二次事故造成的。

2000年12月25日21时左右，河南省洛阳市某商厦王某某等4名无证上岗的电焊工焊接分隔铁板时，电焊火渣点燃可燃物引发火灾，王某某等人扑救无效后未报警即逃离现场，致使309人死亡、数十人受伤，造成极其严重的后果。事故调查表明，受害者均系火灾产生的有害气体中毒或窒息而死。

广东某企业厂房发生火灾后，上百名职工清理火灾现场时，厂房因经火后强度大大降低而坍塌，造成数十人丧生。

从以上两起事故可以看出，如果正确地认识了二次事故的危害性，完全可以采取相应的管理和技术措施，如设置报警装置、逃生设备、防毒面具等，或者经过适当的分析和评价之后才允许进入现场，避免二次事故发生，使损失减至最小。

（3）非工作事故。对于企业安全管理者来说，另一类值得关注的事故为非工作事故，即职工在非工作环境中，如旅游、娱乐、体育活动及家庭生活等活动中发生的人身伤害事故。

虽然这类事故不在工伤范围之内，但由于这类事故引起职工缺工，对于企业的劳动生产率是有很大影响的，因失去关键岗位的职工所需的再培训将使企业的损失更大。对于这类事故，一个最值得关注的因素就是职工在企业安全管理制度的约束下，有较好的安全意识，但在非工作环境中，职工会产生某种“放纵”，加上对某些环境不熟悉，操作不熟练，反而容易发生事故。例如，一个维修工人在工作中使用梯子时，他或他的同事会进行相应的安全检查，因为这是制度，不做就可能受到处罚。可在家中使用梯子，他会感到没有制度的束缚了，并且家中的梯子一般很少使用，更易发生事故。美国各类职业俱乐部在与球员签约时，就十分关注球员的个人业余运动嗜好。如果球员喜欢进行危险性较大的运动，如登山、赛车等，俱乐部会在合同中注明在合同期内不得从事该项活动，否则不予签约，因为这样才能保证球员有更大的可能性为俱乐部服务。因而“高高兴兴上班来，平平安安回家去”应改成“高高兴兴上班来，平平安安回家去，居家生活保平安”。

3. 事故的基本特性

大量的事故调查、统计、分析表明，事故有其自身特有的属性。掌握和研究这些特性对于指导人们认识事故、了解事故和预防事故具有重要意义。

（1）普遍性。自然界中有各种各样的危险，人类在生产、生活过程中也经常伴随着危险。所以，发生事故的可能性普遍存在。危险是客观存在的，在不同的生产、生活过程中，危险性各不相同，事故发生的可能性也就存在着差异。

（2）随机性。事故发生的时间、地点、形式、规模和事故后果的严重程度都是不确定的。何时、何地、发生何种事故，其后果如何，都很难预测，从而给事故的预防带来一定困难。但是，在一定的范围内，事故的随机性遵循数理统计规律，即在大量事故统计资料的基础上，可以找出事故发生的规律，预测事故发生概率的大小。因此，事故统计分析对制定正确的预防措施具有重要作用。

（3）必然性。危险是客观存在的，而且是绝对的。因此，人们在生产、生活过程中必然会发生事故，只是事故发生的概率大小、人员伤亡的多少和财产损失的严重程度不同而已。人们采取措施预防事故，只能延长事故发生的时间间隔，降低事故发生的概率，而不能完全杜绝事故。

（4）因果相关性。事故是系统中相互联系、相互制约的多种因素共同作用的结果。导致事故的原因多种多样。从总体上看，事故原因可分为人的不安全行为、物的不安全状态、环境的不良刺激作用。从逻辑上看，事故原因又可分为直接原因和间接原因等。这些原因在系统中相互作用、相互影响，在一定的条件下发生突变，即酿成事故。通过事故调查分析，探求事故发生的因果关系，搞清事故发生的直接原因、间接原因和主要原因，对于预防事故具有积极作用。

（5）突变性。系统由安全状态转化为事故状态实际上是一种突变现象。事故一旦发生，往往十分突然，令人措手不及。因此，制定事故预案，加强应急救援训练，提高职工的应急反应能力和应急救援水平，对于减少人员伤亡和财产损失尤为重要。

（6）潜伏性。事故的发生具有突变性，但在事故发生之前存在一个量变过程，即系统内部相关参数的渐变过程，所以事故具有潜伏性。一个系统，可能长时间没有发生事故，但这并非就意味着该系统是安全的，因为它可能潜伏着事故隐患。这种系统在事故发生之前所处的状态不稳定，为了达到系统的稳定状态，系统要素在不断发生变化。当某一触发因素出现，即可导致事故。事故的潜伏性往往会引起人们的麻痹思想，从而酿成重特大事故。

（7）危害性。事故往往造成一定的财产损失或人员伤亡或环境破坏。严重者会制约企业的发展，给社会稳定带来不良影响。因此，人们面对危险，会全力抗争而追求安全。

（8）可预防性。尽管事故的发生是必然的，但可以通过采取控制措施来预防事故发生或者延缓事故发生。充分认识事故的这一特性，对于防止事故发生具有促进作用。通过事故调查，探求事故发生的原因和规律，采取预防事故的措施，可降低事故发生的概率。

二、伤害分类

根据人员受到伤害的严重程度和伤害后的恢复情况，可将伤害分为 4 类。

（1）暂时性失能伤害。暂时性失能伤害指伤害及中毒者暂时不能从事原岗位工作，经过一段时间的治疗或休息可以恢复工作能力的伤害。

（2）永久性部分失能伤害。永久性部分失能伤害指伤害及中毒者肢体或某些器官部分功能不可逆的丧失的伤害。

（3）永久性全失能伤害。永久性全失能伤害指除死亡外，一次事故中，受伤者造成完全残疾的伤害。

（4）死亡。

三、工伤事故

在安全管理工作中，从事故统计的角度把造成损失工作日达到或超过 1 天的人身伤害或急性中毒事故称作伤亡事故。其中，在生产区域中发生的与生产有关的伤亡事故称作工伤事故。工伤事故包括工作意外事故和职业病所致的伤残及死亡。这里所说的“伤”是指职工在工作中因发生意外事故导致身体器官或生理功能受到损害。它分为器官损伤和职业病损伤两种情况，通常表现为暂时性的、部分的劳动能力丧失。“残”是指职工因工负伤或者患职业病后，虽经治疗、休养，但仍难痊愈，致使身体功能或智力不全。它包括肢体缺损和智力丧失两种情况，通常表现为永久性的部分劳动能力丧失或永久性的全部劳动能力丧失。

根据 2011 年 1 月 1 日起开始施行的《工伤保险条例》，对工伤的认定应符合以下规定：

（1）职工有下列情形之一的，应当认定为工伤：

1）在工作时间和工作场所内，因工作原因受到事故伤害的。

2）工作时间前后在工作场所内，从事与工作有关的预备性或者收尾性工作受到事故伤害的。

3）在工作时间和工作场所内，因履行工作职责受到暴力等意外伤害的。

4）患职业病的。

5）因工外出期间，由于工作原因受到伤害或者发生事故下落不明的。

6）在上下班途中，受到非本人主要责任的交通事故或者城市轨道交通、客运轮渡、火车事故伤害的。

7）法律、行政法规规定应当认定为工伤的其他情形。

（2）职工有下列情形之一的，视同工伤：

1）在工作时间和工作岗位，突发疾病死亡或者在 48 小时之内经抢救无效死亡的。

2）在抢险救灾等维护国家利益、公共利益活动中受到伤害的。

3）职工原在军队服役，因战、因公负伤致残，已取得革命伤残军人证，到用人单位后旧伤复发的。

职工有前款第1）项、第2）项情形的，按照《工伤保险条例》的有关规定享受工伤保险待遇；职工有前款第3）项情形的，按照《工伤保险条例》的有关规定享受除一次性伤残补助金以外的工伤保险待遇。

（3）不认定为工伤的情形。职工符合《工伤保险条例》第十四条、第十五条的规定，但是有下列情形之一的，不得认定为工伤或者视同工伤：

1）故意犯罪的。

2）醉酒或者吸毒的。

3）自残或者自杀的。

四、事故的分类

根据事故发生后造成后果的情况，在事故预防工作中把事故划分为伤害事故、损坏事故、环境污染事故和未遂事故。

1. 按事故类别分类

《企业职工伤亡事故分类》（GB 6441—86）按致害原因将事故类别分为20类，详见表2-2。

表2-2　　按致害原因的事故分类

序号	类别	备注
1	物体打击	指捶击、砸伤及落物、滚石、崩块造成的伤害，不包括爆炸引起的物体打击
2	车辆伤害	包括挤、压、撞、颠簸等
3	机械伤害	包括铰、碾、割、戳
4	起重伤害	各种起重作业引起的伤害
5	触电	电流流过人体或人与带电体间发生放电引起的伤害，包括雷击
6	淹溺	各种作业中落水及非矿山透水引起的溺水伤害
7	灼烫	火焰烧伤、高温物体烫伤、化学物质灼伤、射线引起的皮肤损伤等，不包括电烧伤及火灾事故引起的烧伤

续表

序号	类别	备注
8	火灾	造成人员伤亡的企业火灾事故
9	高处坠落	包括由高处落地和由平地落入地坑
10	坍塌	建筑物、构筑物、堆置物倒塌及土石塌方引起的事故，不适用于矿山冒顶、片帮及爆炸、爆破引起的坍塌事故
11	冒顶片帮	指矿山开采、掘进及其他坑道作业发生的顶板冒落、侧壁垮塌
12	透水	适用于矿山开采及其他坑道作业时因涌水造成的伤害
13	爆破①	由爆破作业引起，包括因爆破引起的中毒
14	火药爆炸	生产、运输和储藏过程中的意外爆炸
15	瓦斯爆炸	包括瓦斯、煤尘与空气混合形成的混合物的爆炸
16	锅炉爆炸	适用于工作压力在 0.07 MPa 以上、以水为介质的蒸汽锅炉的爆炸
17	容器爆炸	包括物理爆炸和化学爆炸
18	其他爆炸	可燃性气体、蒸气、粉尘等与空气混合形成的爆炸性混合物的爆炸，炉膛、钢水包、亚麻粉尘的爆炸等
19	中毒和窒息	职业性毒物进入人体引起的急性中毒、缺氧窒息性伤害
20	其他	上述范围之外的伤害事故，如冻伤、扭伤、摔伤、野兽咬伤等

注：“爆破”在《企业职工伤亡事故分类》（GB 6441—86）中为“放炮”。“放炮”在《煤炭科技名词》中已规范为“爆破”。

2. 按伤害程度分类

在《企业职工伤亡事故分类》（GB 6441—86）中，伤害程度分成以下 3 类：

（1）轻伤。损失工作日低于 105 天的失能伤害。

（2）重伤。损失工作日等于或大于 105 天的失能伤害。

（3）死亡。发生事故后当即死亡，包括急性中毒死亡，或受伤后在 30 天内死亡的事故。死亡损失工作日为 6 000 天。

3. 按事故严重程度分类

2007 年 6 月 1 日起开始实施的《生产安全事故报告和调查处理条例》中，根据生产安全事故（以下简称事故）造成的人员伤亡或者直接经济损失，事故一般分为以下等级：

（1）特别重大事故。造成 30 人以上死亡，或者 100 人以上重伤（包括急性工业中毒，下同），或者 1 亿元以上直接经济损失的事故。

（2）重大事故。造成 10 人以上 30 人以下死亡，或者 50 人以上 100 人以下重伤，或者 5 000 万元以上 1 亿元以下直接经济损失的事故。

（3）较大事故。造成 3 人以上 10 人以下死亡，或者 10 人以上 50 人以下重伤，或者 1 000 万元以上 5 000 万元以下直接经济损失的事故。

（4）一般事故。造成 3 人以下死亡，或者 10 人以下重伤，或者 1 000 万元以下直接经济损失的事故。

国务院应急管理部门可以会同国务院有关部门，制定事故等级划分的补充性规定。

4. 按事故经济损失程度分类

根据《企业职工伤亡事故经济损失统计标准》（GB 6721—86）的规定，事故可分为以下 4 类：

（1）一般损失事故。经济损失小于 1 万元的事故。

（2）较大损失事故。经济损失大于等于 1 万元，但小于 10 万元的事故。

（3）重大损失事故。经济损失大于等于 10 万元，但小于 100 万元的事故。

（4）特大损失事故。经济损失大于等于 100 万元的事故。

五、事故的原因

根据事故的特性可知，事故的原因和结果之间存在着某种规律。所以，研究事故，最重要的是找出事故发生的原因。

事故的原因分为事故的直接原因和间接原因。

1. 事故的直接原因

所谓事故的直接原因，即直接导致事故发生的原因，又称一次原因。大多数学者认为，事故的直接原因只有两个，即人的不安全行为和物的不安全状态。少数学者，如美国的皮特森（Den Peterson）则认为事故的直接原因为管理失误和物的不安全状态。本书采用大多数学者的观点，但后者的观点也说明了管理在安全工作中的重要地位。为统计方便，《企业职工伤亡事故分类》（GB 6441—86）对人的不安全行为和物的不安全状态做了详细分类。

（1）物的不安全状态方面的原因如下：

1）防护、保险、信号等装置缺乏或有缺陷。

①无防护。具体包括无防护罩，无安全保险装置，无报警装置，无安全标志，无护栏或护栏损坏，（电气）未接地，绝缘不良，局部通风机无消音系统，噪声大，危房内作业，未安装防止“跑车”的挡车器或挡车栏，其他。

②防护不当。具体包括防护罩未在适当位置，防护装置调整不当，坑道掘进、隧道开凿支撑不当，防爆装置不当，采伐、集材作业安全距离不够，爆破作业隐蔽所有缺陷，电气装置带电部分裸露，其他。

2）设备、设施、工具附件有缺陷。

①设计不当，结构不符合安全要求。具体包括通道门遮挡视线，制动装置有缺陷；安全间距不够，拦车网有缺陷，工件有锋利毛刺、毛边，设施上有锋利倒棱，其他。

②强度不够。具体包括机械强度不够、绝缘强度不够、起吊重物的绳索不符合安全要求、其他。

③设备在非正常状态下运行。具体包括设备带“病”运转、超负荷运转、其他。

④维修、调整不良。具体包括设备失修，地面不平，保养不当、设备失灵，其他。

3）个人防护用品、用具缺少或有缺陷。个人防护用品、用具包括防护服、手套、护目镜及面罩、呼吸器官护具、听力护具、安全带、安全帽、安全鞋等。个人防护用品、用具缺少指无个人防护用品、用具，缺陷指所用个人防护用品、用具不符合安全要求。

4）生产（施工）场地环境不良。

①照明光线不良。具体包括照度不足，作业场地烟雾尘弥漫导致视物不清，光线过强。

②通风不良。具体包括无通风，通风系统效率低，风流短路，停电、停风时进行爆破作业，瓦斯排放未达到安全浓度就爆破，瓦斯超限，其他。

③作业场所狭窄。

④作业场所杂乱。具体包括工具、制品、材料堆放不安全，采伐时未开“安全通道”，迎门树、坐殿树、搭挂树未做处理，其他。

⑤交通路线的配置不安全。

⑥操作工序设计或配置不安全。

⑦地面滑。具体包括地面有油或其他液体，冰雪覆盖，地面有其他易滑物。

⑧储存方法不安全。

⑨环境温度、湿度不当。

（2）人的不安全行为方面的原因如下：

1）操作错误、忽视安全、忽视警告。

①未经许可启动、关停、移动机器。

②开动、关停机器时未发出信号。

③开关未锁紧，造成意外转动、通电或泄漏等。

④忘记关闭设备。

⑤忽视警告标志、警告信号。

⑥操作错误（指按钮、阀门、扳手、把柄等的操作）。

⑦奔跑作业。

⑧供料或送料速度过快。

⑨机器超速运转。

⑩违章驾驶机动车。

⑪酒后作业。

⑫客货混载。

⑬冲压机作业时，手伸进冲压模。

⑭工件紧固不牢。

⑮用压缩空气吹铁屑。

⑯其他。

2）造成安全装置失效。

①拆除了安全装置。

②安全装置堵塞、失去作用。

③错误调整造成安全装置失效。

④其他。

3）使用不安全设备。

①临时使用不牢固的设施。

②使用无安全装置的设备。

③其他。

4）手代替工具操作。

①用手代替手动工具。

②用手清除切屑。

③不用夹具固定，用手拿工件进行加工。

5）物体（指成品、半成品、材料、工具、切屑和生产用品等）存放不当。

6）冒险进入危险场所。

①冒险进入涵洞。

②接近漏料处（无安全设施）。

③采伐、集材、运材、装车时，未离开危险区。

④未经安全监察人员允许进入油罐或井中。

⑤未“敲帮问顶”就开始作业。

⑥冒进信号。

⑦调车场超速上下车。

⑧易燃易爆场所有明火。

⑨私自搭乘矿车。

⑩在绞车道行走。

⑪未及时瞭望。

7）攀、坐不安全位置，如平台护栏、汽车挡板、吊车吊钩等。

8）在起吊物下作业、停留。

9）机器运转时加油、修理、检查、调整、焊接、清扫等。

10）有分散注意力的行为。

11）在必须使用个人防护用品、用具的作业或场合中，未使用个人防护用品、用具。

①未戴护目镜或面罩。

②未戴防护手套。

③未穿安全鞋。

④未戴安全帽。

⑤未佩戴呼吸护具。

⑥未佩戴安全带。

⑦未戴工作帽。

⑧其他。

12）不安全装束。

①在有旋转零部件的设备旁作业时穿肥大服装。

②操纵带有旋转零部件的设备时戴手套。

③其他。

13）对易燃易爆危险品处理错误。

据美国有关方面统计，某年全国休工8天以上的事故中，有96%的事故与人的不安全行为有关，有91%的事故与物的不安全状态有关。日本全国某年休工4d以上的事故中，94.5%的事故与人的不安全行为有关，83.5%的事故与物的不安全状态有关。

这些数字表明，大多数事故既与人的不安全行为有关，也与物的不安全状态有关，也就是说，只要控制好其中之一，即人的不安全行为或物的不安全状态中有一个不发生，或者使两者不同时发生，就能控制大多数事故，减少不必要的损失。这对于事故的预防与控制是非常重要的，因为控制两者和控制两者之一的代价是完全不一样的。

2. 事故的间接原因

事故的间接原因，是指使事故的直接原因得以产生和存在的原因。事故的间接原因有以下7种：技术上和设计上有缺陷、教育培训不到位、身体的原因、精神的原因、管理的缺陷、学校教育的原因、社会历史原因。

其中前5条称二次原因，后2条称基础原因。

（1）技术上和设计上有缺陷。“技术上和设计上有缺陷”是指从安全的角度来分析，在技术上和设计上存在的与事故发生原因有关的缺陷，包括工业构件、建筑物、机械设备、仪器仪表、工艺过程、控制方法、维修检查等在设计、施工和材料使用中存在的缺陷。这类缺陷的主要表现：在设计上因设计错误或考虑不周造成的失误；在技术上因安装、施工、制造、使用、维修、检查等达不到要求而留下的事故隐患。

1）设计违反规范、标准、规程，如不符合《工业企业设计卫生标准》（GBZ 1—2010）、《生产设备安全卫生设计总则》（GB 5083—1999）等标准及其他专业规范、标准等的要求。

2）设计错误。具体表现为图纸、公式的使用及计算错误，材料、设备选择错误。

3）总体布局不合理。不符合规定或没有进行充分的可行性论证，造成设计不符合生产工艺和生产能力要求。

4）设备安全不符合《设备安装验收规范》等规范的要求。

5）工程施工技术水平差，质量达不到设计要求和验收规范。

6）检测、检验技术落后，未能发现隐患。

7）因操作人员操作技术不熟练、操作方法不当而造成事故的，也属于技术上的缺陷。

（2）教育培训到位。“教育培训到位”是指形式上对职工进行了安全生产知识的教育和培训，但是在组织管理、方法、时间、效果、广度、深度等方面还存在一定差距。职工对党和国家的安全生产方针、政策、法规和制度不了解，对安全生产技术知识和劳动纪律没有完全掌握，对各种设备、设施的工作原理和安全防范措施等没有学懂弄通，对本岗位的安全操作方法、安全防护方法、安全生产特点等一知半解，无法应对日常操作中遇到的各种安全问题，对安全操作规程不重视，不能真正按规程操作，以致不能防止事故的发生。

此外，教育培训是否足够，不仅要考虑培训内容是否满足需要，还应当注意职工在教育培训中所接受的知识有些是随时间而衰减的，也就是说，即使进行了全面深入的培训，经过一段时间以后，职工所具备的安全知识和技能逐渐淡忘有可能无法达到从事本职工作的最低要求。因此，必须对职工进行再培训并使职工达到相应的水平。否则，仍有可能因此而引发事故。

（3）身体的原因。“身体的原因”包括身体有缺陷，如眩晕、头痛、癫痫、高血压等疾病，近视、耳聋、色盲等身体缺陷，身体过度疲劳、酒醉、药物的作用等。

（4）精神的原因。“精神的原因”包括怠慢、反抗、不满等不良态度，烦躁、紧张、恐怖、心不在焉等精神状态，偏狭、固执等性格缺陷等。此外，兴奋、过度积极等精神状态也有可能产生不安全行为。

（5）管理的缺陷。“管理的缺陷”包括劳动组织不合理，企业主要负责人对安全生产的责任心不强，作业标准不明确，缺乏检查保养制度，人事配备不完善，对现场工作缺乏检查或指挥失误，没有健全的安全操作规程，没有或不认真实施事故防范措施等。

劳动组织是对整个社会生产过程合理组织和使用劳动力的全部工作的总称。劳动组织可分为社会劳动组织和企业劳动组织两个层次。这里主要是指企业劳动组织。企业劳动组织不合理会影响企业内部的劳动分工协作，影响职工的生产积极性，并且直接影响企业的生产安全。劳动组织不合理主要包括以下 10 点：

1）劳动分工不明确，任务分配不具体。

2）作业岗位之间不协调，各生产环节之间缺乏统一配合。

3）安排人员不科学，造成有的岗位、工种人浮于事，有的则超负荷劳动。

4）生产作业现场指挥不当或指挥信号不明确，造成指挥失误。

5）劳动定员、定额不合理，工作量与职工的劳动能力不相适应。

6）劳动时间或作业班制不合理，致使职工连续加班加点，得不到充分休息。

7）指派不具备岗位技能或作业条件的职工从事该岗位工作。

8）工作场地或作业秩序混乱。

9）规章制度不健全、不落实，企业管理不严格，职工劳动纪律松弛。

10）其他。

“对现场工作缺乏检查”包括检查的数量和质量两个方面。一方面指没有进行检查或检查的次数太少，间隔时间太长；另一方面是指对某一特定的设备、设施、场所等，虽已进行了检查，但查得不细、不深，未能发现问题，因而未能避免事故发生。

“指挥失误”是指对生产的组织管理、工艺技术等的指挥决策和对事故应急救援的指挥考虑不周、处理措施不当、发出不正确的指令，未能避免事故发生或未能控制事故的蔓延。

事故统计表明，85%左右的事故都与管理因素有关。换句话说，如果采取了合理的管理措施，大部分事故将会得到很好的控制。因此，管理因素是事故发生乃至造成严重损失的最主要原因。

（6）学校教育的原因。“学校教育的原因”是指各级教育组织中的安全教育不完善、不彻底等。学校，无论是小学、初中、高中还是大学，在对学生进行文化教育的同时，也应担负提高学生全面素质，培养符合社会需要的人才的重任。素质中当然包括安全素质，而且学校老师的思想、观点对学生的影响很大，甚至终生都难以忘记。许多事例表明，正是由于学校教育在安全教育方面的不完善、不彻底，大多数还停留在常识式的初级阶段，使得学生面对形形色色的突发性事件时，不知所措，遭受了不必要的伤害和损失。

此外，面对突发性事件，没有相应的素质，学生会行为失当。例如，近年全国中小学发生过多起因下课后拥挤而造成多名学生伤亡的重大事故，在火灾事故中没有采取合理的救援行动而造成伤害的事例也屡见不鲜。调查表明，人的安全素质的高低与受教育的程度有一定的联系，但并非像其他素质那样明显。2001 年，上海沪东船厂发生的吊车倒塌死亡 36 人的恶性事故，受害者中有 9 人为高校师生；大学实验室也经常发生各类伤害事故。加拿大著名核物理学家为阻止可能发生的核事故，奋不顾身，用手控制住了两块即将碰撞会产生毁灭性核反应的核原料，最后因受到超量辐射而身亡。这个事例也说明，虽然实验装置的设计、实验过程的管理与控制人员都是世界级高水平的科学家，但他们却不具备最基本的安全素质。如果具备安全素质，这个悲剧是完全可以避免的。

对受过高等教育的人往往有更高的安全素质要求。因为对各行各业来说，无论是从事工艺、产品、设计、企业管理，还是从事行政管理、监督保障等工作，承担主要任务的大都是受过高等教育的人，他们的安全素质与产品的质量、生产过程的安全、整个社会的相对稳定都息息相关。

（7）社会历史原因。“社会历史原因”包括有关安全法规或行政管理机构不完善，人们的安全意识淡薄等。

一个国家，一个民族，一个社会，无不在其长期发展的过程中形成各种传统的观念或模式，人民的安全意识只是其中的一个组成部分。法律意识、受教育水平、民族传统、风俗习惯等无所不在地对人们造成影响，有积极的也有消极的，有正面的也有负面的。近年来，我国人民法律意识不断提高，事故受损后索赔案例迅速增加，索赔金额攀升，都是社会对人们的影响所致。

第二节　事故致因理论

事故致因理论是人们对事故发生机理所作的逻辑抽象或数学抽象，是描述事故成因、经过和后果的理论，是研究人、物、环境、管理及事故处理这些基本因素如何作用而形成事故、造成损失的。即事故致因理论是从本质上阐明工伤事故的因果关系，说明事故的发生、发展过程和后果的理论，它对于人们认识事故本质，指导事故调查、事故分析及事故预防等都有重要作用。

一、事故致因理论的发展过程

事故致因理论是安全科学的主要内容之一。与安全科学一样，其随着工业生产的发展而发展，随着人们对于安全认知的逐渐深入而深入。

在 20 世纪 50 年代以前，工业生产方式是利用机械的自动化迫使工人适应机器，一切以机器为中心，工人是机器的附庸和奴隶。与之相对应，人们往往将生产中的事故原因推到操作者的头上。

1919 年，英国的格林伍德（M. Greenwood）和伍兹（H. Woods）经统计分析发现工人中的某些人较其他人更容易发生事故，1939 年法默（Farmer）等人据此提出了事故频发倾向的概念。其基本观点：在同样的工作环境下从事同样的工作，某些人比其他人更易发生事故，这些人即为事故倾向者，他们的存在会使生产中的事故增多，如果通过人的性格特点等区分出这部分人而不予雇用，就可以减少工业生产中的事故。

1936 年，美国的海因里希（W. H. Heinrich）在《工业事故预防》一书中提出了事故因果连锁理论，认为伤害事故是一连串的事件按一定因果关系依次发生的结果，并用多米诺骨牌形象地说明了这种因果关系。这一理论建立了事故致因的事件链的概念，为事故机理研究提供了一种极有价值的方法。

第二次世界大战后，科学技术有了飞跃的进步，不断出现的新技术、新工艺、新能源、新材料及新产品给工业生产及人们的生活带来了巨大的变化，也带来了更多的危险，同时促进了人们安全观念的变化。

1949 年，葛登（Gorden）利用流行病传染机理来论述事故的发生机理，提出了“流行病学方法”。葛登认为流行病病因与事故致因之间具有相似性，可以参照分析流行病因的方法分析事故。按照流行病学的分析，流行病的病因有 3 种，即当事者的特征，如年龄、性别、心理状况、免疫能力等；环境特征，如温度、湿度、季节、社区卫生状况、防疫措施等；致病媒介特征，如病毒、细菌、支原体等。这 3 种因素相互作用，就可以导致人的疾病发生。与此相类似，对于事故，一要考虑人的因素，二要考虑环境的因素，三要考虑引起事故的媒介。这种理论比早期事故致因理论有了较大的进步，明确地提出了事故因素间的关系特征，认为事故是几种因素综合作用的结果，并推动了关于上述 3 种因素的研究和调查。但是，这种理论也有明显的不足，主要是关于致因的媒介。

1961 年由吉布森（Gibson）提出，并由哈登（Hadden）引申的能量转移论，是事故致因理论发展过程中的重要一步。该理论认为，事故是一种不正常的或不希望的能量转移，各种形式的能量构成了伤害的直接原因。因此，应该通过控制能量或控制能量载体来预防伤害事故，并提出了防止能量逆流人体的措施。

1969 年由瑟利（J. Surry）提出的瑟利模型，以人对信息的处理过程为基础描述了事故发生的因果关系。该理论认为，人在信息处理过程中出现失误从而导致人的行为失误，进而引发事故。而 1970 年由海尔（Hale）提出的“海尔模型”、1972 年威格里沃思（Wigglesworth）提出的“人失误的一般模型”、1974 年劳伦斯（Lawrence）提出的“金矿山人失误模型”，以及 1978 年安德森（Anderson）等人对瑟利模型的扩展和修正等，都从不同角度探讨了人失误与事故的关系问题。

1972 年，本纳（Benner）提出了扰动起源事故理论，即 P 理论，指出在处于动态平衡的系统中，由于“扰动”的产生才导致了事故的发生。此后，约翰逊

（W. G. Johnson）于 1975 年提出了“变化—失误”模型，塔兰茨（W. E. Talanch）在 1980 年提出了“变化论”模型，佐藤吉信在 1981 年提出了“作用—变化与作用连锁”模型，都从动态和变化的观点阐述了事故的致因。

20 世纪 80 年代初期，人们又提出了轨迹交叉论。该理论认为，事故的发生是人的不安全行为和物的不安全状态两大因素综合作用的结果，即人、物两大系列时空运动轨迹的交叉点就是事故发生的所在。预防事故的发生就应该设法从时空上避免人、物运动轨迹的交叉。

值得指出的是，到目前为止，事故致因理论的发展还不完善，还没有给出对于事故致因进行预测、预防的普遍而有效的方法。某个事故致因理论只能在某类事故的研究、分析中起到指导或参考作用。

二、几种主要的事故致因理论

目前，世界上有代表性的事故致因理论有十几种，对我国影响较大的主要有如下几种：

1. 轨迹交叉论

轨迹交叉论的基本思想是，在一个系统中，人的不安全行为和物的不安全状态的形成过程中，一旦发生时间和空间的轨迹交叉就会造成事故。这就是说，事故是由人的不安全行为和物的不安全状态共同造成的，是大多数事故的发生规律。

轨迹交叉论事故模型如图 2-2 所示。

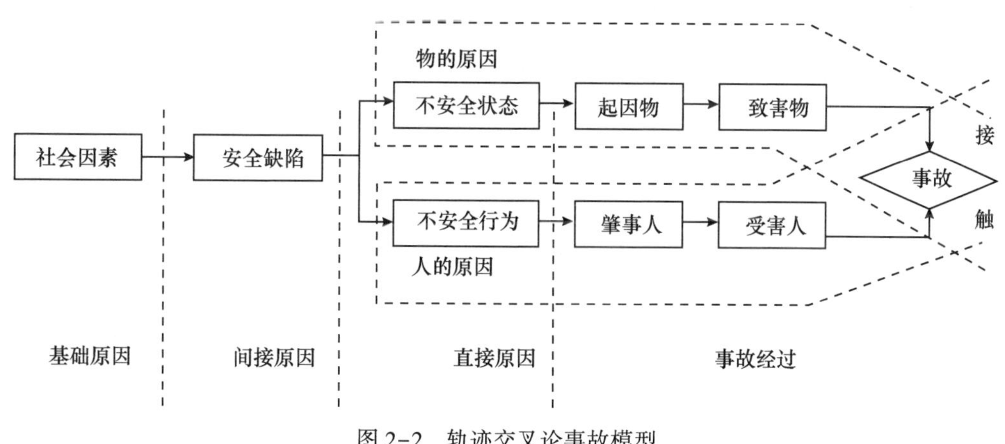

图 2-2　轨迹交叉论事故模型

一般情况下，由于企业管理上的缺陷，如企业主要负责人对安全工作不重视、各级领导对安全不负责任、安全规章制度不健全、职工缺乏必要的安全教育和培训等，职工就有可能产生不安全行为；机械设备缺乏维护、检修，安全设备设施不足，建筑设施、作业环境不符合安全要求等，可能形成物的不安全状态，进而孕育了事故的起因物，产生施害物。当采取不安全行为的行为人与因不安全状态而产生的施害物发生时间、空间的轨迹交叉时，就会发生事故。

值得注意的是，人与物两种因素又互为因果，有时物的不安全状态能导致人的不安全行为，而人的不安全行为也可能使物处于不安全状态。因此，在考察人的系列或物的系列时不能绝对化。

总体来看，构成伤亡事故的人与物两大系列中，人的原因占绝对的地位。纵然伤亡事故完全来自机械、设备或物质的危害，但这些还是由人设计、制造、使用和维护的，其他物质也受人的支配，整个系统中的人、物、环境的安全状态都是由人管理的。

轨迹交叉论也可以理解为具有危害能量的物体的运动轨迹与人的运动轨迹，在某一时刻交叉，就会发生事故。当然，两种运动轨迹均是在三维空间的运动轨迹，如图 2–3 所示。

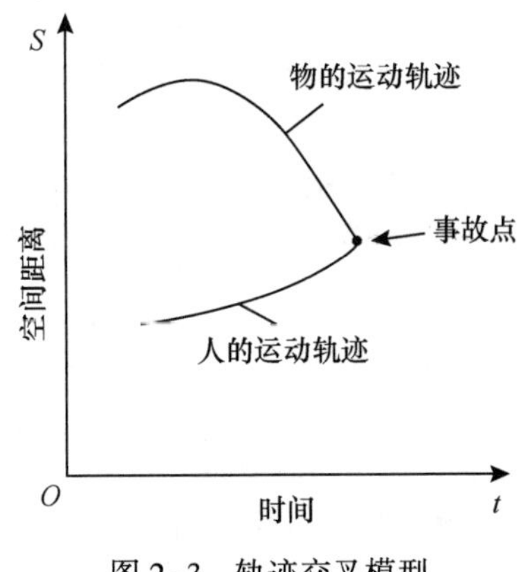

图 2–3　轨迹交叉模型

根据轨迹交叉论的观点，构成事故的要素为人的不安全行为、物的不安全状态和人与物的运动轨迹交叉。但是，这种交叉必须以有足以致害的能量转移为前提。从这一点考虑，轨迹交叉论实际上是能量转移论的扩展。当前世界各国之所以普遍采用这种事故致因理论，是因为它能更详细、更贴切地描述事故的成因，更具有实用性。

根据这种事故致因理论及由此而产生的事故模型，就可以分析伤亡事故的原因，探索事故的发生规律，提出预防事故的具体措施。

2. 能量转移论

能量是物体做功的本领，人类社会的发展就是不断地开发和利用能量的过程。但能量也是对人体造成伤害的根源，没有能量就没有事故和伤害。所以吉布森、哈登等人根据这一概念，提出了能量转移论。其基本观点：不希望或异常的能量转移是伤亡事故的致因。即人受伤害的原因只能是某种能量向人体的转移，而事故则是能量不正常或不期望的释放。

能量按其形式可分为动能、势能、热能、电能、化学能、原子能、辐射（包括离子辐射和非离子辐射）能、声能和生物能等。人受到伤害都可归结为上述一种或若干种能量的不希望或异常的转移。

在能量转移论中，能量引起的伤害可分为以下两大类：

第一类伤害是由于施加了超过局部或全身性的损伤阈值的能量而产生的。人体各部分对每一种能量都有一个损伤阈值。当施加于人体的能量超过该阈值时，就会对人体造成损伤，大多数伤害均属于此类伤害。例如，在工业生产中，一般都以36 V为安全电压。这就是说，在正常情况下，当人与电源接触时，由于36 V的电压在人体所承受的阈值之内，就不会造成任何伤害或伤害极其轻微；而由于220 V电压大大超过人体的阈值，与其接触，轻则灼伤，或某些功能暂时性损伤，重则造成终身伤残甚至死亡。

第二类伤害则是由于影响局部或全身性能量交换引起的。譬如因机械因素或化学因素引起的窒息（如溺水、一氧化碳中毒等）。

能量转移论的另一个重要概念：在一定条件下，某种形式的能量能否造成伤害及事故，主要取决于人所接触的能量的大小、接触的时间长短和频率、力的集中程度、受伤害的部位及屏障设置的早晚等。

用能量转移的观点分析事故致因的基本方法：首先确认某个系统内的所有能量源，然后确定可能遭受该能量伤害的人员及伤害的可能严重程度，进而确定控制该类能量不正常或不期望转移的方法。

用能量转移的观点分析事故致因的方法，可应用于各种类型的包含、利用、储存任何形式能量的系统，也可以与其他的分析方法综合使用，用来分析、控制系统中能量的利用、储存或流动。但该方法不适用于研究、发现和分析与能量不相关的事故致因，如人的失误等。能量转移论与其他的事故致因理论相比，具有两个主要优点：一是把各种能量对人体的伤害归结为伤亡事故的直接原因，从而决定了以对能量源及能量输送装置加以控制作为防止或减少伤害发生的最佳手段这一原则；二是依照该理论建立的对伤亡事故的统计分类，是一种可以全面概括、阐明伤亡事故类型和性质的统计分类方法。能量转移论的不足之处：由于机械能（动能和势能）是工业伤害的主要能量形式，按能量转移的观点对伤亡事故进行统计分类的方法尽管具有理论上的优越性，在实际应用上却存在困难。它的实际应用需要对机械能的分类作更为深入细致的研究，以便对机械能造成的伤害进行分类。

3. 骨牌理论

骨牌理论又称海因里希模型（如图 2-4 所示），最早是由海因里希（Heinrich）提出的。其基本思想是，一种可防止的伤亡事故的发生是一系列事件顺序发生的结果。它引用了多米诺骨牌效应的基本含义，认为事故的发生犹如一连串垂直放置的骨牌，前一个骨牌倒下，导致后面的骨牌一个个倒下，当最后一个倒下，就使人体受到了事故伤害，也就是发生了人身伤亡事故。

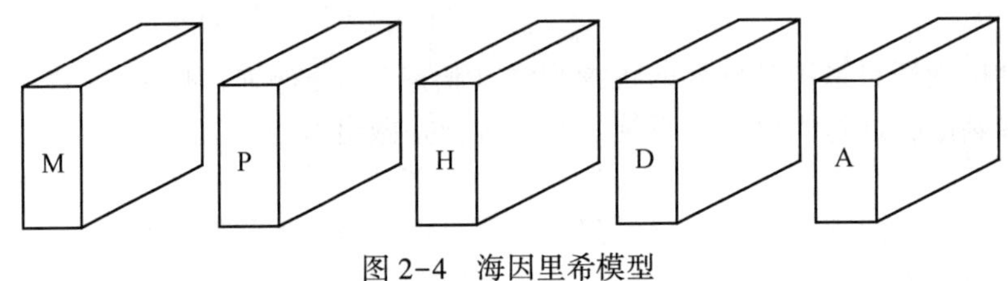

图 2-4　海因里希模型

海因里希模型这 5 块骨牌依次如下：

（1）遗传及社会环境（M）。遗传及社会环境是造成人的弱点的原因。遗传因素可能使人具有鲁莽、固执、粗心等不良性格；社会环境可能妨碍教育，助长不良性格的发展。这是事故因果链上最基本的因素。

（2）人的弱点（P）。人的弱点是由遗传和社会环境因素所造成，使人产生不安全行为或使物产生不安全状态的主要原因。这些弱点既包括各类不良性格，也包括缺乏安全生产知识和技能等后天的不足。

（3）人的不安全行为和物的不安全状态（H）。即造成事故的直接原因。

（4）事故（D）。即由物体、物质或放射线等对人体发生作用，使人员受到伤害或可能受到伤害的、出乎意料的、失去控制的事件。

（5）发生人的伤害（A）。即直接由于事故而产生的伤害。

该理论的积极意义在于，如果移去因果连锁中的任一块骨牌，则连锁被破坏，事故过程即被中止，达到控制事故的目的。海因里希还指出，企业安全工作的中心就是要移去中间的骨牌，即防止人的不安全行为和物的不安全状态，从而中断事故的进程，避免伤害的发生。当然，通过改善社会环境，使人具有更为良好的安全意识，加强培训，使人具有较好的安全技能，或者加强应急救援措施，也能在不同程度上移去事故连锁中的某一骨牌或增加该骨牌的稳定性，使事故得到预防和控制。

当然，骨牌理论也有明显的不足，它对事故致因连锁关系的描述过于简单化、绝对化，也过多地考虑了人的因素。但尽管如此，该理论的形象化及其在事故致因研究中的先导作用，使其仍然具有重要的历史地位。

4. 人因事故模型

人因事故模型主要是从人的因素考虑研究事故致因的理论。在事故致因中，人的因素具有重要的作用，正如轨迹交叉论所指出的，尽管事故是由于人的不安全行为和物的不安全状态共同造成的，但起主导作用的始终是人的因素，因为物是人创造的，环境是人能够改变的。所以，在研究事故致因理论时，必须着重对人的因素进行深入的研究。这就出现了事故致因理论的另一个分支，人因事故模型。

第一种人因事故模型是威格里沃思提出的，如图 2-5 所示。人在从事某种活动时，会接受来自系统和外界的各种刺激（信息），凭视觉、听觉、触觉、嗅觉等感受这些刺激，通过大脑判断系统是否正常，并做出适当反应。如果正确处理，不发生失误，没有危险发生；如果发生失误，系统不能正常运行，轻则造成系统故障，发生无伤害事故，重则造成能量的意外释放，发生伤亡事故，这取决于机会因素，即发生伤亡事故的概率。而这种伤亡事故和无伤亡事故又会给人以强烈刺激，

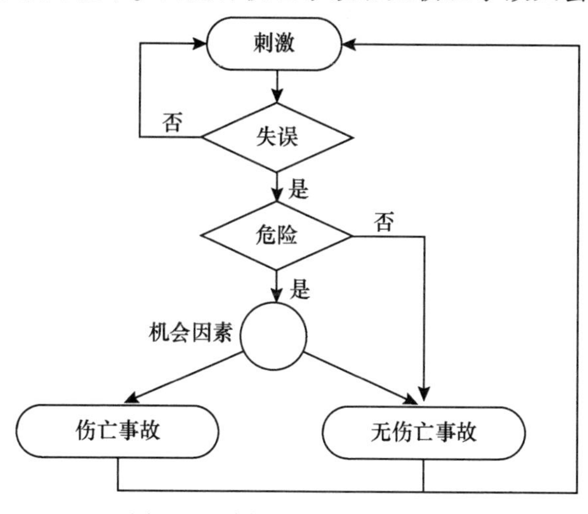

图 2-5　威格里沃思的事故模型

促使人对原来的错误行为进行反思，使其树立安全观念，增强安全意识，主动地去掌握安全知识、安全技能，以驾驭系统，提高其安全性。

从这种事故模型出发防止伤亡事故，首先要预先熟悉并掌握来自系统及外界的各种刺激，能够正确辨识系统存在的各种危险因素。其次是熟练掌握对各种刺激做出正确反应的能力，防止失误发生。因为事故从发现苗头到发生，以至结束，时间往往很短，如果没有熟练的反应能力，事故来不及控制就已经发生了。这就要求操作者具备很强的事故应急处理能力。因此，企业除了要进行必要的安全知识、安全技能教育培训外，还应经常进行应急事故演练，把危险操作过程中可能出现的各种情况都纳入演练内容，使操作者牢记遇到什么情况应当如何处理，怎样才能把事故消灭在萌芽状态，这样就可以避免一些不必要的事故损失。最后，对于因危险辨识失误、反应错误而不可避免地发展为可能造成人员伤亡的危险因素，则应当从工艺技术、设备结构上考虑防止事故发生的最后一道防线，如联锁、紧急开关、自动灭火、触电保安等。同时注重工艺改造、设备更新等，使事故发生朝无伤亡的方向发展。

第二种人因事故模型是瑟利模型，它是对上述模型的具体化。这种模型把事故过程分为两个阶段：第一阶段是人会不会面临危险，第二阶段是危险会不会造成伤害、损失。如图 2-6 所示。

人在某一环境中从事某种活动，可能会有各种危险因素，这些危险因素有各种表现形式，如声、光、温度、压力显示等信息。这些信息，有的是显在的，是可以被发现的，构成“危险的警告”；有的是潜在的，不能被发现，就不能构成“危险的警告”，于是“危险出现”，使人“面临危险”。当警告发出，人的感觉器官接收了警告信号，则有了“警告的知觉”，但也可能因种种原因，人体并未接受这种信号，就没有“警告的知觉”，人又进入“面临危险”状态。当人知道警告，还要认识警告是什么意思（“警告的认识”），知道如何采取措施避免危险（“回避的认识”），是否下“回避的决心”，最后，下决心采取措施，设法达到预期的回避效果（“回避的能力”）。如果这一系列过程都得到肯定，才会有“无危险”的后果。其中任一过程被否定都会使人“面临危险”。这一系列过程描述的是人的活动会不会面临危险，也就是隐患会不会发生和继续存在。

图 2-6 中“危险释放”的系列过程是隐患能否造成伤害，即能否构成危险释放，所谓“危险释放”就是危险的物质（或物体）所携带的能量失控，转移到受害者。从人因角度分析，这一过程也要经历“危险出现”的 6 个环节。只有 6 个环节都得到肯定，才会有“无伤害”的结果，其中任何一个失败（否定），都会造成

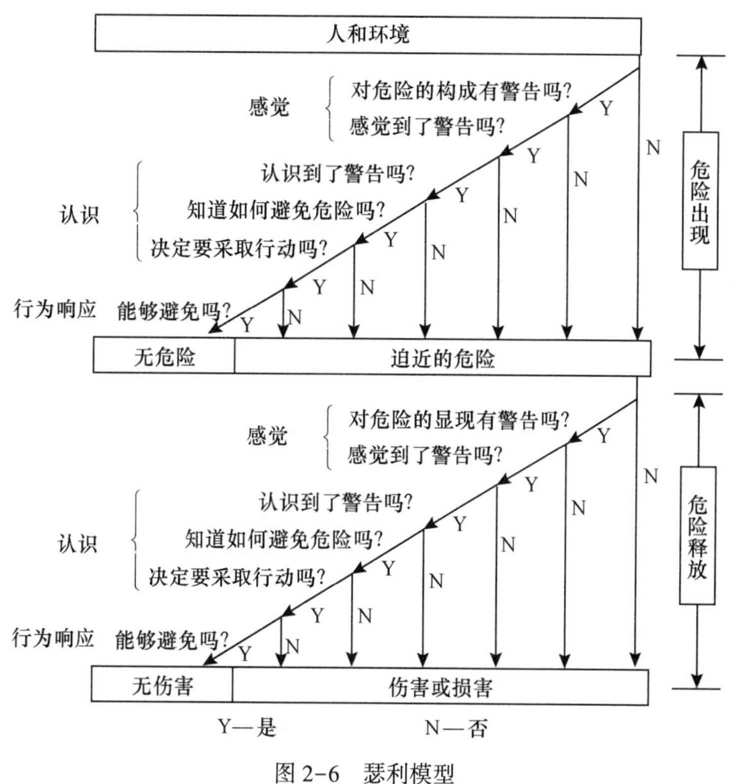

图 2-6 瑟利模型

“伤害或损害”事故。

由瑟利模型可知，防止事故一是要防止“危险出现”，二是当“面临危险”时，使其不发展为“伤害或损害”事故。为此，首先要使危险可知，即能发现“危险的警告”，特别是那些不易被发现的潜在危险。二是要使人知道发生的警告。三是要使人能够确认警告的内容。四是要使人明确危险出现时应采取什么措施，防止危险发展为伤亡事故。五是要采取各种措施，提高操作者的责任意识和安全意识，精心操作，及时采取恰当措施，避免事故的发生。

严格地讲，人因事故模型属安全行为科学研究的范畴，因为它们仅限于对人的因素的研究，不是对事故的系统研究。

5. 管理失误论

（1）弗兰克·博德的事故因果连锁。弗兰克·博德（Frank Bird）在海因里希事故因果连锁的基础上，提出了反映现代安全观点的事故因果连锁，如图 2-7

所示。

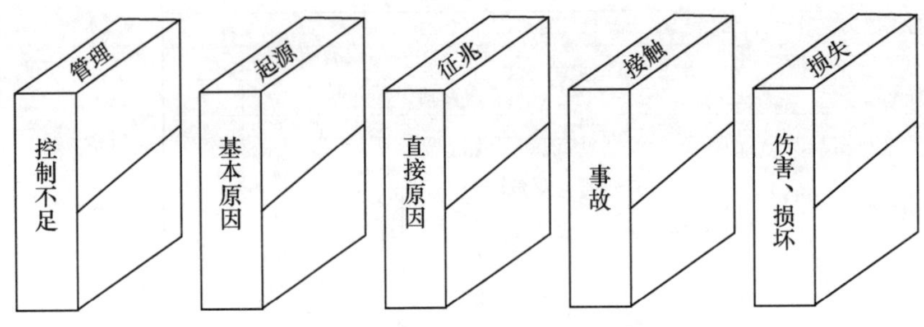

图 2-7　博德的事故因果连锁

1）控制不足——管理。事故连锁中一个最重要的因素是安全管理。安全管理人员应该充分理解，他们的工作要遵循专业管理的理论和原则。因此，安全管理人员应懂得管理的基本理论和原则。控制是管理机能（计划、组织、指挥、协调及控制）之一。安全管理中的控制是指损失控制，包括对人的不安全行为、物的不安全状态的控制，它是安全管理工作的核心。

2）基本原因——起源。管理系统是随着生产的发展而不断完善的，十全十美的管理系统并不存在。管理的缺欠，使得导致事故的基本原因出现。这里，既包括个人原因，也包括与工作有关的原因。个人原因包括缺乏知识或技能、动机不正确、身体上或精神上的问题。工作有关的原因，包括操作规程不合适，设备、材料不合格，日常磨损及异常的使用方法等。只有找出这些基本原因，才能有效地控制事故的发生。

3）直接原因——征兆。人的不安全行为或物的不安全状态是事故的直接原因。这一直是最重要的，必须加以追究的原因。但是，直接原因只不过是深层原因的征兆，是一种表面的现象。在实际工作中，如果只抓住了作为表面现象的直接原因而不追究其背后隐藏的深层原因，就永远不能从根本上杜绝事故的发生。安全管理人员应该能够预测及发现作为管理缺欠征兆的直接原因，采取恰当的改善措施；同时，为了在经济允许及实际可行的情况下采取长期的控制对策，必须努力找出其基本原因。

4）事故——接触。这里把事故定义为最终导致人身伤亡和财物损失的不希望事件，是人的身体或构筑物、设备接触超过其阈值的能量，或人体接触妨碍正常生理活动的物质。于是，防止事故就是防止接触。为了防止接触，可以采取隔离、屏蔽、防护、吸收及稀释等技术措施。

5）伤害、损坏——损失。博德模型中的伤害，包括工伤、职业病以及对人精神方面、神经方面或全身性的不利影响。人身伤害及财物损坏统称为损失。

（2）亚当斯的事故因果连锁。亚当斯（Edward Adams）提出了与博德的事故因果连锁论类似的事故因果连锁模型，见表 2–3。该理论的核心：操作者的不安全行为及生产作业中的不安全状态等致危因素，是企业领导及事故预防工作人员的管理失误造成的。

表 2–3　　亚当斯的事故因果连锁模型

管理体制	管理失误		现场失误	事故	伤害或损坏
	领导者在下述范围决策错误或没做决策	安全技术人员在下述范围管理失误或疏忽			
目标 组织 机能	政策 目标 权威 责任 职责 注意范围 权限授予	行为 责任 权威 规则 指导 主动性 积极性 业务活动	不安全行为 不安全状态	伤亡事故 损坏事故 无伤害事故	对人 对物

在该因果连锁理论中，事故的直接原因、人的不安全行为及物的不安全状态称作现场失误。本来，不安全行为和不安全状态是操作者在生产过程中的错误行为及生产条件方面的问题。采用“现场失误”这一术语，主要目的在于提醒人们注意不安全行为及不安全状态的性质。

该理论的核心在于对现场失误的背后原因进行了深入的研究。管理人员在管理工作中的差错或疏忽，企业领导决策错误或没有作出决策等失误，对企业经营管理及事故预防工作具有决定性的影响。管理失误反映企业管理系统中的问题，它涉及管理体制，即如何有组织地进行管理工作，确定怎样的管理目标，如何计划、实现确定的目标等方面的问题。管理体制反映作为决策中心的企业领导的信念、目标及规范，它决定各级管理人员安排工作的轻重缓急、工作基准及指导方针等重大问题。

6. 扰动起源论

1972 年，本纳（Benner）提出了解释事故致因的综合概念和术语，同时把分支事件链和事故过程链结合起来，并用逻辑图加以显示。他指出，从调查事故起因的目的出发，把一个事件看成某种发生的一次瞬时的重大情况变化，是导致下一事件发生的偶然事件。一个事件的发生势必由有关人或物所造成。将有关人或物统称为“行为者”，其举止活动则称为“行为”。这样，一个事件可用术语“行为者”或“行为”来描述。“行为者”可以是任何有生命的机体，如车工、司机、厂长，或者是任何非生命的物质，如机械、车轮、设计图。“行为”可以是发生的任何事，如运动、故障、观察或决策。事件必须按单独的行为者和行为来描述，以便把事故过程分解为若干部分加以分析综合。

1974 年，劳伦斯（Lawrence）利用上述理论提出了扰动起源论。该理论认为“事件”是构成事故的因素。任何事故处于萌芽状态时就有某种非正常的“扰动”，此扰动为起源事件。事故形成过程是一组自觉或不自觉的，指向某种预期的或不可测结果的相继出现的事件链。这种事故进程包括外界条件及其变化的影响。相继事件过程是在一种自动调节的动态平衡中进行的。如果行为者行为得当或受力适中，即可维持能量稳定而不偏离，从而实现安全生产；如果行为者行为不当或发生故障，则对上述平衡产生扰动，就会破坏和结束自动动态平衡而开始事故进程，一事件激发另一事件，最终导致“终了事件”——事故和伤害。这种事故和伤害或损坏又会依次引起能量释放或其他变化。

扰动起源论把事故看成从相继事件过程中的扰动开始，最后以伤害或损坏而告终。这可称为“P 理论”（perturbation 理论）。

依照上述对事故起源、发生发展的解释，可按时间关系描绘出事故现象的一般模型，如图 2-8 所示。

三、事故致因理论的应用

1. 由事故致因理论得出的基本结论

（1）工伤事故的发生是偶然的、随机的现象，然而又有其必然的统计规律性。事故的发生是许多事件互为因果，一步步组合的结果。事故致因理论揭示出了导致事故发生的多种因素，以及它们之间的相互联系和彼此的影响。

（2）由于事故的原因是多层次的，不能把事故原因简单地归咎为“违章”。必须透过现象看本质，从表面的原因追踪到各个深层次，直到本质的原因。只有这样，才能彻底认识事故发生的机理，真正找到预防事故的有效对策。

（3）事故致因是多种因素的组合，可以归结为人和物两大系列的运动。人、物系列轨迹交叉，事故就会发生。应该分别研究人和物两大系列的运动特性，追踪人的不安全行为和物的不安全状态。研究人、物受到哪些因素的作用，以及人、物

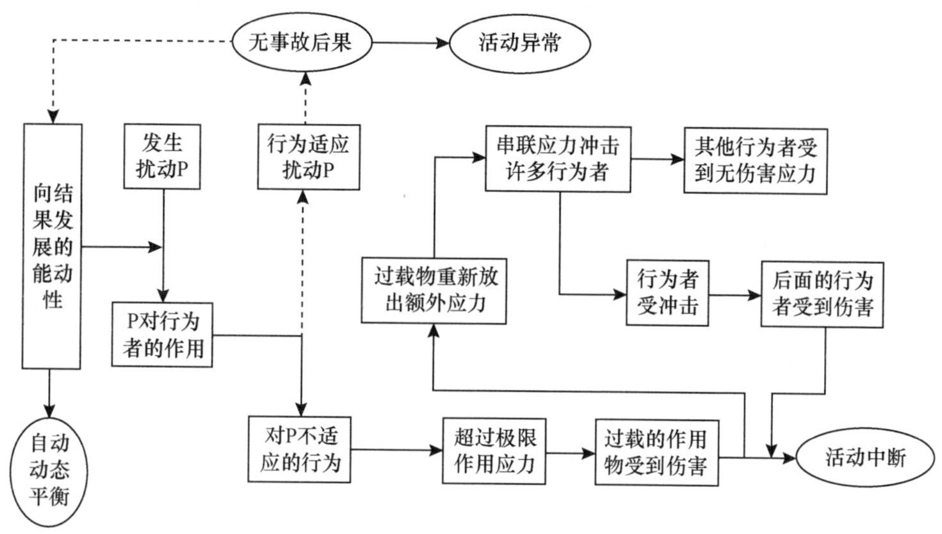

图 2-8 扰动起源论模型

之间的互相匹配方面的问题。

（4）人和物的运动都是在一定的环境（自然环境和社会环境）中进行的，因此追踪人的不安全行为和物的不安全状态应该和对环境的分析研究结合起来进行。弄清环境对人产生不安全行为，对物产生不安全状态都有哪些影响。

（5）人、物、环境（环境也可包含在物中）都是受管理因素支配的。人的不安全行为和物的不安全状态是造成伤亡事故的直接原因，管理不科学和领导失误才是本质原因。因此，防止发生事故归根结底应从改进管理做起。

2. 根据事故致因理论应如何防止发生事故

根据事故致因理论可知，事故的发生是人和物两大系列轨迹交叉的结果。因此，防止发生事故的基本原理就是使人和物的运动轨迹中断，使二者不能交叉。具体地说，如果排除了机械设备或处理危险物质过程中的隐患，消除了物的不安全状态，就砍断了物的系列的连锁。如果加强了对人的安全教育和技能训练，进行科学的安全管理，从生理心理和操作上控制住不安全行为的产生，就砍断了人的系列的连锁。这样，人和物两系列轨迹则不会相交，伤害事故就可以避免。

在上述连锁中，砍断人的系列的连锁无疑是非常重要的，应该给予充分的重视。首先，要对人员的结构和素质情况进行分析，找出容易发生事故的人员层次和个人以及最常见的人的不安全行为；然后，在对人的心理进行检查测验的基础上合理选配人员；最后，从行为科学出发，加强对人的教育、训练和管理，提高生理、心理素质，增强安全意识，提高安全操作技能，从而最大限度地减少、消除人的不安全行为。

应该看到，人有自由意志，容易受环境的干扰和影响，生理、心理状态不稳定，其安全可靠性是比较差的。往往会由于一些偶然因素而产生事先难以预料和防止的错误行动。发生人的不安全行为的概率是不可能为零的，要完全防止人的不安全行为是无法做到的，因此必须下大力气致力于砍断物的系列的连锁。与克服人的不安全行为相比，消除物的不安全状态对于防止事故和职业病危害具有更加根本的意义。

为了消除物的不安全状态，应该把落脚点放在提高技术装备（机械设备、仪器仪表、建筑设施等）的安全化水平上。技术装备安全化水平的提高有助于改善安全管理和预防人的不安全行为。可以说，在一定程度上，技术装备的安全化水平就决定了工伤事故和职业病的发生率。这一点也可以从发达国家在工业和技术高度发展后伤亡事故频率才大幅度下降这一事实得到印证。

人物轨迹交叉是在一定环境条件下进行的，因此除了人和物外，为了防止事故和职业病危害，还应致力于作业环境的改善。此外，还应开拓人机工程的研究，解决好人、物、环境的合理匹配问题。使机器设备、设施的设计，环境的布置，作业条件、作业方法的安排等符合人的身体、心理条件的要求。

人、物、环境的因素是造成事故的直接原因；管理是事故的间接原因，但却是本质的原因。对人和物的控制、对环境的改善，归根结底都有赖于管理；关于人和物的事故预防措施，归根结底都是管理方面的措施。必须极大地关注管理的改进，大力推进安全管理科学化、现代化。应该对安全管理的状况进行全面系统的调查分析，找出管理上存在的薄弱环节，在此基础上找到从管理上预防事故的措施。

第三节　事故统计及分析

一、事故统计方法及主要指标

伤亡事故统计分析是伤亡事故综合分析的主要内容。它是以大量的伤亡事故资料为基础，应用数理统计的原理和方法，从宏观上探索伤亡事故发生原因及规律的过程。通过伤亡事故的综合分析，可以了解一个企业、部门在某一时期的安全状况，掌握伤亡事故发生、发展的规律和趋势，探求伤亡事故发生的原因和有关的影响因素，从而为有效采取事故预防措施提供依据，为宏观事故预测及安全决策提供依据。

事故统计分析的目的包括以下 3 个方面：

一是进行企业外的对比分析。依据伤亡事故的主要统计指标进行部门与部门之间、企业与企业之间、企业与本行业平均指标之间的对比。

二是对企业、部门不同时期的伤亡事故发生情况进行对比，用来评价企业安全状况是否有所改善。

三是发现企业事故预防工作存在的主要问题，研究事故发生原因，以便采取措施防止事故发生。

1. 事故统计方法

常用的事故统计方法主要有柱状图、趋势图、管理图、扇形团、玫瑰图和分布图等。

（1）柱状图。柱状图以柱状图形来表示各统计指标的数值大小。柱状图绘制容易、清晰醒目，所以应用十分广泛。图 2-9 所示为某单位人员伤害部位分布柱状图。

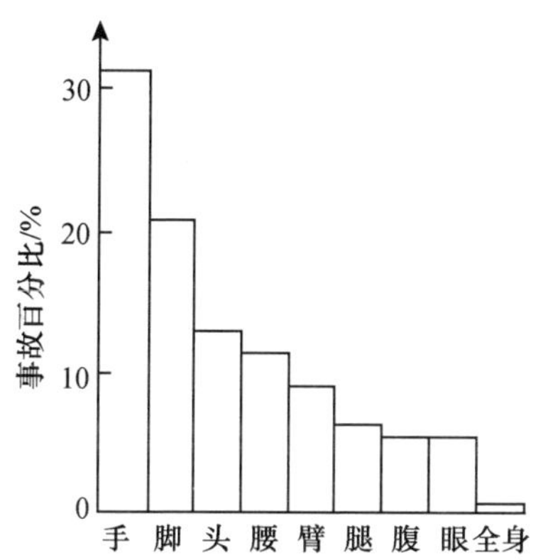

图 2-9　某单位人员伤害部位分布柱状图

在进行伤亡事故统计分析时，有时需要把各种因素的重要程度直观地表现出来。这时可以利用排列图（或称主次因素排列图）来实现。绘制排列图时，把统计指标（通常是事故频数、伤亡人数、伤亡事故频率等）数值最大的因素排列在柱状图的最左端，然后按统计指标数值的大小依次向右排列，并以折线表示累计值（或累计百分比）。

在管理方法中有一种以排列图为基础的 ABC 管理法。它按累计百分比把所有因素划分为 A、B、C 3 个级别，其中累计百分比 0%~80%为 A 级，80%~90%为 B 级，90%~100%为 C 级。A 级因素相对数目较少，但累计百分比达到 80%，是“关键的少数”，是管理的重点；相反，C 级因素属于“无关紧要的多数”。图 2-10 为某企业各类伤亡事故发生次数的排列图。由该图可以看出，物体打击、机械伤害是该企业伤亡事故的主要类别，是事故预防工作的重点。

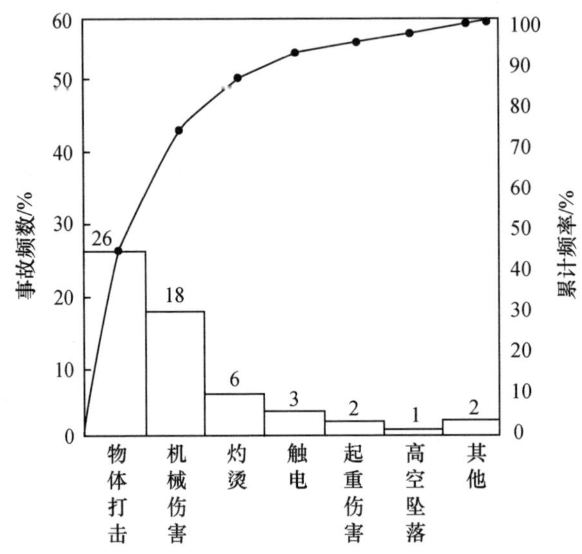

图 2-10　某企业各类伤亡事故发生次数的排列图

（2）趋势图。伤亡事故发生趋势图是一种折线图。它用不间断的折线来表示各统计指标的数值大小和变化，最适合于表现事故发生与时间的关系。

伤亡事故发生趋势图用于图示事故发生趋势分析。事故发生趋势分析是按时间顺序对事故发生情况进行的统计分析。它按照时间顺序对比不同时期的伤亡事故统计指标，展示伤亡事故发生趋势和评价某一个时期内企业的安全状况。

某地区 2005—2011 年伤亡事故发生趋势如图 2-11 所示。由图可以看出，2008 年以前和 2009 年之后死亡人数下降幅度较大。

（3）管理图。伤亡事故管理图也称伤亡事故控制图。为了预防伤亡事故，降低伤亡事故发生频率，企业、部门广泛开展安全目标管理。伤亡事故管理图是实施安全目标管理中，为及时掌握事故发生情况而经常使用的一种统计图表。

在实施安全目标管理时，把作为年度安全目标的伤亡事故指标逐月分解，确定

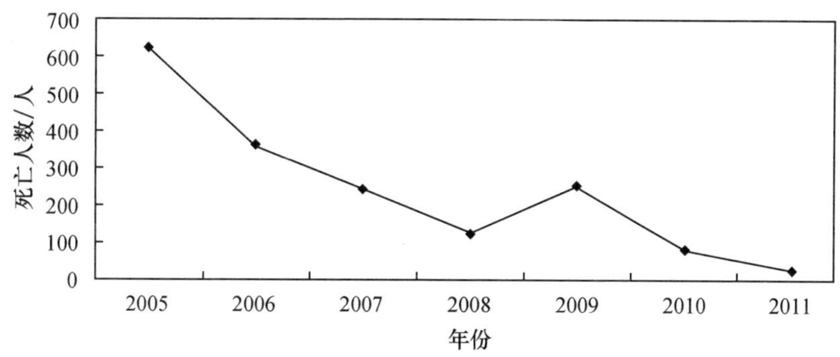

图 2-11 某地区 2005—2011 年伤亡事故发生趋势图

月份管理目标。

一般地，一个单位的职工人数在短时间内是稳定的，故往往以伤亡事故发生次数作为安全管理的目标值。

在一定时期内一个单位里伤亡事故发生次数的概率分布服从泊松分布，并且泊松分布的数学期望和方差都是 λ。这里 λ 是事故发生率，即单位时间里的事故发生次数。若以 λ 作为每个月伤亡事故发生次数的目标值，当置信度取 90%时，按下述公式确定安全目标管理的上限 U 和下限 L：

$$U=\lambda+2\sqrt{\lambda} \tag{2-1}$$

$$L=\lambda-2\sqrt{\lambda} \tag{2-2}$$

在实际安全工作中，人们最关心的是实际伤亡事故发生次数的平均值是否超过安全目标。所以，往往不必考虑管理下限而只注重管理上限，力争每个月里伤亡事故发生次数不超过管理上限。

绘制伤亡事故管理图时，以月份为横坐标，事故发生次数为纵坐标，用实线画出管理目标线，用虚线画出管理上限和下限，并注明数值和符号，如图 2-12 所示。把每个月的实际伤亡事故发生次数点在图中相应的位置上，并将代表各月份伤亡事故发生次数的点连成折线，根据数据点的分布情况和折线的总体走向，可以判断当前的安全状况。

正常情况下，各月份的实际伤亡事故发生次数应该在管理上限以下围绕安全目标值随机波动。当管理图上出现如图 2-12 所示情况之一时，就应该认为安全状况发生了变化，不能实现预定的安全目标，需要查明原因及时改正。

（4）其他方法。除了上述方法以外，还有扇形图、玫瑰图和分布图等。

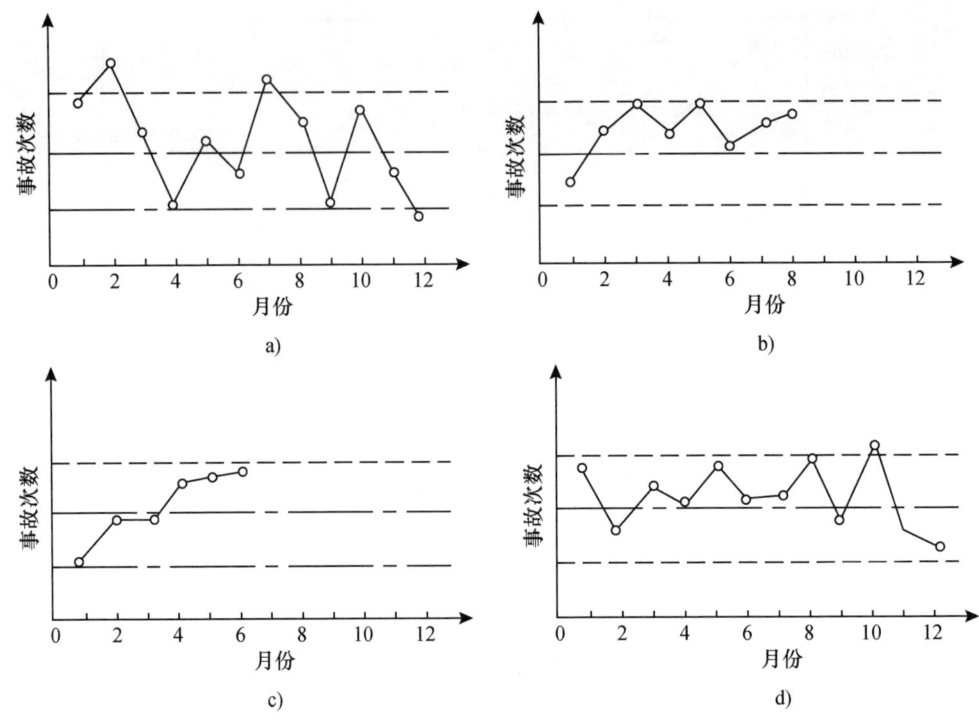

图 2-12　伤亡事故管理图

a）个别数据点超出管理上限　b）连续数据点在目标值以上

c）多个数据点连续上升　d）大多数数据点在目标值以上

1）扇形图。它用一个圆形中各个扇形面积的大小来代表各种事故因素、事故类别、统计指标所占的比例。扇形图又称作圆形结构图。

2）玫瑰图。利用圆的角度表示事故发生的时序，用径向尺度表示事故发生的频数。

3）分布图。把曾经发生事故的地点用符号在厂区、车间的平面图上表示出来。不同的事故用不同的颜色和符号表示，符号的大小代表事故的严重程度。

2. 事故统计指标

为了便于统计、分析、评价企业、部门的伤亡事故发生情况，需要规定一些通用的、统一的统计指标。在 1948 年 8 月召开的国际劳工组织会议上，确定了以伤亡事故频率和事故严重率作为伤亡事故统计指标。

（1）伤亡事故频率。生产过程中发生的伤亡事故次数与参加生产的职工人数、经历的时间及企业的安全状况等因素有关。在一定的时间内参加生产的职工人数不变的场合，伤亡事故发生次数主要取决于企业的安全状况。于是，可以用伤亡事故频率式（2-3）作为表征企业安全状况的指标。

$$a=\frac{A}{N\times T} \tag{2-3}$$

式中 a——伤亡事故频率；

A——伤亡事故发生次数，次；

N——参加生产的职工人数，人；

T——统计时间。

世界各国关于伤亡事故统计指标的规定不尽相同。我国的国家标准《企业职工伤亡事故分类》（GB 6441—86）规定，按千人死亡率、千人重伤率和伤害频率计算伤亡事故频率。

1）千人死亡率。某时期内，平均每千名职工因工伤事故造成死亡的人数。

$$千人死亡率=\frac{死亡人数}{平均职工人数}\times 10^3$$

2）千人重伤率。某时期内，平均每千名职工因工伤事故造成重伤的人数。

$$千人重伤率=\frac{重伤人数}{平均职工人数}\times 10^3$$

3）伤害频率。某时期内平均每百万工时由于工伤事故造成的伤害人数。伤害人数指轻伤、重伤、死亡人数之和。

$$伤害频率=\frac{伤害人数}{实际总工时数}\times 10^6$$

目前我国仍然沿用原劳动部门规定的工伤事故频率作为统计指标，习惯上把它叫作千人负伤率。

$$工伤事故频率=\frac{本时期内工伤事故人次}{本时期内在册职工人数}\times 10^3$$

英国的克莱兹（T. A. Kletz）提出以 10^8 工时中发生的事故死亡人数作为事故频率指标，称为死亡事故频率，简称 FAFR（fatal accident frequency rate）。

（2）事故严重率。我国国家标准《企业职工伤亡事故分类》（GB6441—86）规定，按伤害严重率、伤害平均严重率和按产品产量计算死亡率等指标计算事故严重率。

1）伤害严重率。某时期内平均每百万工时由于事故造成的损失工作日数。

$$伤害严重率=\frac{总损失工作日数}{实际总工时数}\times10^6$$

该标准规定了工伤事故损失工作日算法，其中规定永久性全失能伤害或死亡的损失工作日为6 000个工作日。

2）伤害平均严重率。每人次受伤害的平均损失工作日。

$$伤害平均严重率=\frac{总损失工作日数}{伤害人数}$$

3）按产品产量计算的死亡率。这种统计指标适用于以吨、立方米等为产量计算单位的企业、部门。例如：

$$百万吨死亡率=\frac{死亡人数}{实际产量（t）}\times10^6$$

3. 伤亡事故发生规律分析

伤亡事故统计分析可以宏观地研究伤亡事故发生规律。它从造成大量伤亡事故的诸多因素中找出带有普遍性的原因，为进一步的分析研究和采取预防措施提供依据。

（1）事故伤害统计分析。在伤亡事故统计分析中，选择统计分类项目是非常重要的。只有选择了合适的分类项目，才有可能在此基础之上，收集相关数据，并进行相应的统计分析，得出进行管理决策所需的依据。反之，则不然。例如，机械能伤害是工伤事故中最主要的一种伤害形式，但若统计机械能伤害的数量，则在大多数情况下对指导安全管理工作毫无意义可言。在吸收了国外先进经验的基础之上，我国事故统计的分类项目除事故类别、人的不安全行为和物的不安全状态外，还有受伤部位、受伤性质、起因物、致害物、伤害方式等5项。

1）受伤部位。即人体受伤的部位。一般按颅脑（脑、颅骨、头皮）、面颌部、眼部、鼻、耳、口、颈部、胸部、腹部、腰部、脊柱、上肢（肩胛部、上臂、肘部、前臂）、腕及手（腕、掌、指）、下肢（髋部、股骨、膝部、小腿）、踝及脚［踝部、跟部、蹠部（距骨、舟骨、蹠骨）、趾］等15类统计受伤部位。

2）受伤性质。即人体受伤的类型。确定的原则：①应以受伤当时的身体情况为主，结合愈后可能产生的后遗障碍全面分析确定；②多处受伤，按最严重的伤害分类，当无法确定时，应鉴定为“多伤害”。一般按电伤、挫伤（轧伤、压伤）、倒塌压埋伤、辐射损伤、割伤（擦伤、刺伤）、骨折、化学性灼伤、撕脱伤、扭伤、切断伤、冻伤、烧伤、烫伤、中暑、冲击伤、生物致伤、多伤害、中毒等18类统计受伤性质。

3）起因物。即导致事故发生的物体、物质。起因物包括锅炉、压力容器、电气设备、起重机械、泵（发动机）、企业车辆、船舶、动力传送机构、放射性物质及设备、非动力手工具、电动手工具、其他机械、建筑物及构筑物、化学品、煤、石油制品、水、可燃性气体、金属矿物、非金属矿物、粉尘、梯、木材、工作面（人站立面）、环境、动物、其他等27类。

4）致害物。即直接引起伤害及中毒的物体或物质。致害物包括煤和石油产品（煤、焦炭、沥青、其他）、木材（树、原木、锯材、其他）、水、放射性物质、电气设备（母线、配电箱、电气保护装置、电阻箱、蓄电池、照明设备、其他）、梯、空气、工作面（人站立面）、矿石、黏土（砂、石）、锅炉和压力容器（锅炉、压力容器、压力管道、安全阀、其他）、大气压力［高压（指潜水作业）、低压（指空气稀薄的高原地区）］、化学品（酸、碱、氢、氨、液氧、氯气、酒精、乙炔、火药、炸药、芳香烃化合物、砷化物、硫化物、二氧化碳、一氧化碳、含氰物、卤化物、金属化合物、其他）、机械（搅拌机、送料装置、农业机械、林业机械、铁路工程机械、铸造机械、锻造机械、焊接机械、粉碎机械、金属切屑机床、公路建筑机械、矿山机械、冲压机、印刷机械、压辊机、筛选分离机、纺织机械、木工刨床、木工锯机、其他木工机械、皮带传送机、其他）、金属件［钢丝绳、铸件、铁屑、齿轮、飞轮、螺栓、销、丝杠（光杠）、绞轮、轴、其他］、起重机械（塔式起重机、龙门式起重机、梁式起重机、门座式起重机、浮游式起重机、甲板式起重机、桥式起重机、缆索式起重机、履带式起重机、叉车、电动葫芦、绞车、卷扬机、桅杆式起重机、壁上起重机、铁路起重机、千斤顶、其他）、噪声、蒸汽、手工具（非动力）、电动手工具、动物、企业车辆、船舶等23类。

5）伤害方式。即致害物与人体发生接触的方式。伤害方式包括碰撞（人撞固定物体、运动物体撞人、互撞）、撞击（落下物、飞来物）、坠落（由高处坠落平地、由平地坠入井或坑洞）、跌倒、坍塌、淹溺、灼烫、火灾、辐射、爆炸、中毒（吸入有毒气体、皮肤吸收有毒物质、经口）、触电、接触（高低温环境、高低温物体）、掩埋、倾覆等15类。

（2）事故原因分析。事故原因详见“事故的原因”部分。

4. 伤亡事故统计分析中应该注意的问题

事故的发生是一种随机现象。按照伯努利（Bernoulli）大数定律，只有样本容量足够大时，随机现象出现的频率才趋于稳定。样本容量越小，即观测的数据量越少，随机波动越强烈，统计结果的可靠性越差。据国外的经验，观测低于20万工时的场合，统计的伤亡事故频率将有明显的波动，往往很难做出正确的判断；在观测达到 100 万工时的场合可以得到比较稳定的结果。

在应用统计分析的方法研究伤亡事故发生规律或利用伤亡事故统计指标评价企业的安全状况时，为了获得可靠的统计结果，应该设法增加样本容量。可以从两个方面采取措施扩大样本容量。

（1）延长观测期间。对于职工人数较少的单位，可以通过适当增加观测期间来扩大样本容量。例如，采用千人负伤率作为统计指标时，如果以月为单位统计的话，得到的统计结果波动性很大；如果以年为单位统计，则得到的统计结果比较稳定。某企业 3 年间伤亡事故统计情况如图 2-13 所示，把统计期间由月改为年，降低了随机被动性。

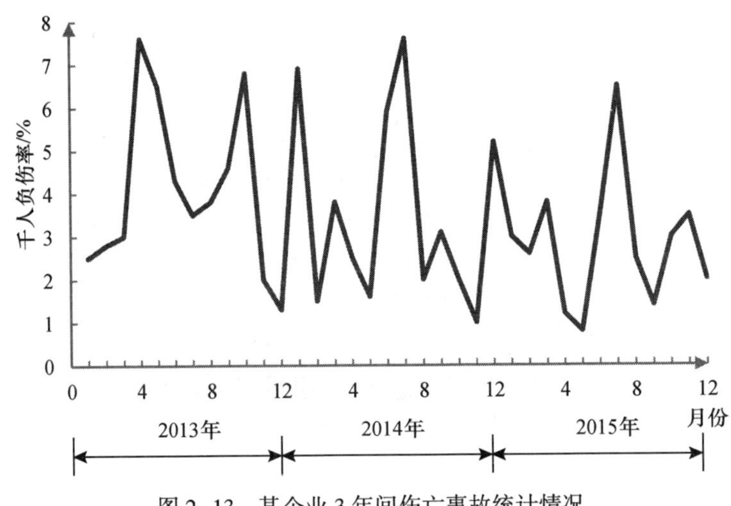

图 2-13　某企业 3 年间伤亡事故统计情况

（2）扩大统计范围。事故的发生具有随机性，事故发生后有无伤害和伤害的严重程度也具有随机性。根据海因里希法则，越严重的伤害出现的概率越小。因此，统计范围越小，即仅统计其伤害严重度达到一定程度的事故，则统计结果的随机波动性越大。例如，某企业连续 3 年发生伤亡事故，死亡人数分别为 20、15 和 10 人。表面上看，3 年中死亡人数从 20 人减少到 10 人，恰好减少了一半，但是考虑到置信度为 95%的置信区间，可以认为死亡人数的减少可能是随机因素造成的，不能说明企业的实际安全状况发生了变化（见表 2-4）。可以说，对于规模不大的企业，用死亡人数来评价其安全状况是一种无谓的尝试。

一般的伤亡事故统计只统计损失工作日 1 天及 1 天以上的事故，为了扩大样本容量，可以把损失工作日不到 1 天的轻微伤害事故也统计进去。

表 2-4　　死亡人数与置信区间

第一年		第二年		第三年	
死亡人数/人	置信区间	死亡人数/人	置信区间	死亡人数/人	置信区间
20	（13~29）	15	（9~23）	10	（5~17）
第一年与第二年死亡人数差 5 人			第二年与第三年死亡人数差 5 人		

二、事故统计分析基础

事故统计分析是运用数理统计来研究事故发生规律的一种方法。

对任何一个人来说，很少有遇到伤害事故的情况，因而几乎很少有人仅仅根据个人的经历就能清楚地认识到事故预防的重要性。事故统计数据可以把危险状况展现在人们面前，提高人们对事故的认识，使存在的急需解决的问题暴露出来。

事故的发生是一种随机现象。随机现象是在一定条件下可能发生也可能不发生，在个别试验、观测中呈现出不确定性，但是在大量重复试验、观测中又具有统计规律性的现象。研究随机现象需要借助概率论和数理统计的方法。

1. 统计分布的基本概念

在概率论及数理统计中通过随机变量来描述随机现象。按定义，随机变量是“当对某量重复观测时仅出于机会而产生变化的量”。它与人们通常接触的变量概念不同。随机变量不能用一个数值来描述，必须用实际数字系统的分布来描述。由于实际数字系统分布不同，随机变量分为离散型随机变量和连续型随机变量。在描述事故统计规律时，需要恰当地确定随机变量的类型。例如，一定时期内企业事故发生次数只能是非负的整数，相应地，其数字分布系统是离散型的；两次事故之间的时间间隔则应该属于连续型随机变量，因为与时间相应的数字分布系统是连续型的。

为了描述随机变量的分布情况，利用数学期望（平均值）来描述其数值的大小：

$$\bar{x} = \frac{1}{n}\sum_{i=1}^{n} x_i \tag{2-4}$$

利用方差来描述其随机波动情况：

$$\sigma^2 = \frac{\sum_{i=1}^{n}(x_i - \bar{x})^2}{n-1} \tag{2-5}$$

式 2-4、式 2-5 中，x_i 为观测值。

某一随机现象在统计范围内出现的次数称为频数。如果与某种随机现象对应的随机变量是连续型随机变量，则往往把它的观测值划分为若干个等级区段，然后考察某一等级区段对应的随机现象出现次数。在某规定值以下所有随机现象出现频数之和称为累计频数。某种随机现象出现频数与被观测的所有随机现象出现总次数之比称为频率。某企业两年内每个月事故发生次数及频率分布情况见表 2-5。图 2-14 所示为该企业事故的频数分布，图 2-15 所示为其累计频数分布。

表 2-5　　某企业两年内每个月事故发生次数和频率分布情况

事故次数	频数/次	累计频数/次	频率	累计频率
0	1	1	0. 041 67	0. 041 67
1	2	3	0. 083 33	0. 125 00
2	3	6	0. 125 00	0. 250 00
3	4	10	0. 166 67	0. 416 67
4	4	14	0. 166 67	0. 583 34
5	3	17	0. 125 00	0. 708 33
6	2	19	0. 083 33	0. 791 66
7	2	21	0. 083 33	0. 874 99
8	1	22	0. 041 67	0. 916 66
9	1	23	0. 041 67	0. 958 33
>10	1	24	0. 041 67	1. 000 00

频率在一定程度上反映了某种随机现象出现的可能性。但是，在观测次数少的场合，频率呈现出强烈的波动性。随着观测次数的增加，频率逐渐稳定于某常数，此常数称为概率，它是随机现象发生可能性的度量。

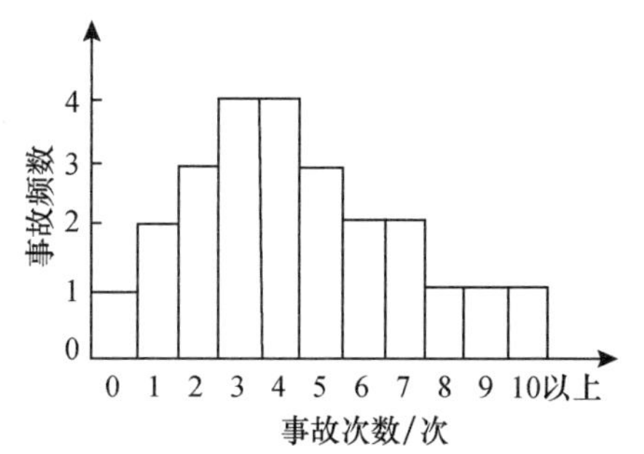

图 2-14 某企业事故频数分布

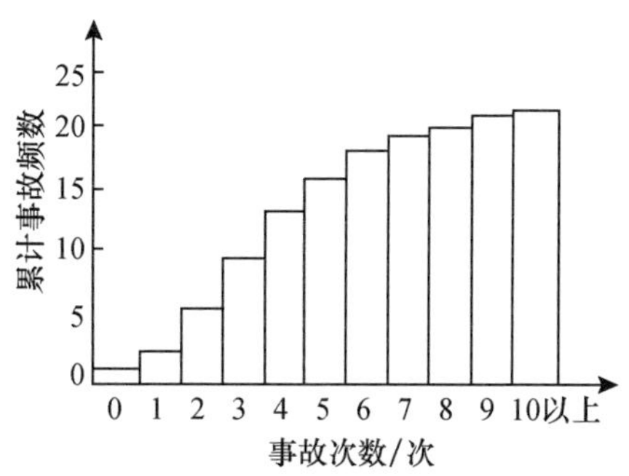

图 2-15 某企业事故累计频数分布

2. 事故统计分布

在研究事故发生的统计规律时，人们关心的是在一定时间间隔内事故发生的次数，即事故发生率，或两次事故之间的时间间隔，即无事故时间。事故发生率和无事故时间是衡量一个企业或部门安全程度的重要指标。

（1）无事故时间。无事故时间是指两次事故之间的间隔时间，又称作事故间隔时间。

根据大量观测、研究，事故的发生与生产、生活活动的经历时间有关。设某次事故发生后的瞬间为研究的初始时刻，到 t 时刻发生事故的概率记为 $F(t)$ ，不发生事故的概率记为 $R(t)$ ，则事故时间分布函数，即事故发生概率如下：

$$F(t) = P_r\{T \leqslant t\}$$

$$F(0) = 0$$

而不发生事故的概率如下：

$$R(t) = 1 - F(t)$$

$$R(0) = 1$$

当事故时间分布函数 $F(t)$ 可微分时，有以下关系：

$$f(t) = \frac{\mathrm{d}F(t)}{\mathrm{d}t}$$

$$F(t) = \int_0^t f(t)\,\mathrm{d}t$$

这里，$f(t)$ 称为概率密度函数。当 $\mathrm{d}t$ 非常小时，$f(t)\mathrm{d}t$ 表示在时间间隔（t，$t+\mathrm{d}t$）内发生事故的概率。定义事故发生率函数如下：

$$\lambda(t)=\frac{f(t)}{R(t)}$$

当 dt 非常小时，$\lambda(t)\mathrm{d}t$ 表示到 t 时刻没有发生事故而在时间间隔（t，t+dt）内发生事故的概率。该式也可写成以下形式：

$$\lambda(t)=\frac{\mathrm{d}F(t)}{\mathrm{d}t\cdot R(t)}=-\frac{\mathrm{d}R(t)}{R(t)\mathrm{d}t}$$

积分后得：

$$\int_0^t\lambda(t)\mathrm{d}t=-[\ln R(t)]_0^t=-[\ln R(t)-\ln R(0)]=1-\ln R(t)$$

$$R(t)=e^{-\int_0^t\lambda(t)\mathrm{d}t}$$

于是，自初始时刻到 t 时刻事故发生概率如下：

$$F(t)=1-R(t)=1-e^{-\int_0^t\lambda(t)\mathrm{d}t}$$

式中，事故发生率函数 $\lambda(t)$ 决定了 $F(t)$ 的分布形式。

当事故发生率为常数时，$\lambda(t)=\lambda$，事故发生概率变为指数分布：

$$F(t)=1-e^{-\lambda t}$$

$$f(t)=\lambda e^{-\lambda t}$$

事故发生率 λ 是指数分布唯一的分布参数，也是一个最具有实际意义的参数。它表示单位时间里发生事故的次数，是衡量企业安全状况的重要指标。严格地讲，任何企业的事故发生率都是不断变化的。但是，在考察一段比较短的时间间隔内的事故发生情况时，可以近似地认为事故发生率是恒定的。

指数分布的数学期望 $E(x)$ 公式如下：

$$E(x)=\frac{1}{\lambda}=\theta$$

它等于事故发生率 λ 的倒数，通常记为 θ，称作平均无事故时间或平均事故间隔时间。显然，平均无事故时间越长越好。

指数分布的方差 $V(x)$ 计算如下：

$$V(x)=\frac{1}{\lambda^2}$$

指数分布的方差比较大。

指数分布的 $f(t)$ 如图 2-16 所示。

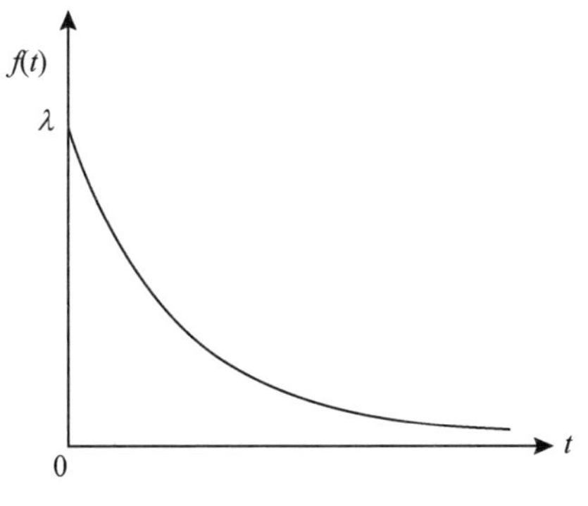

图 2-16　指数分布的 $f\ (t)$

（2）事故次数。在事故统计中经常以一定时间间隔内发生事故的次数作为统计指标。

当事故时间分布服从指数分布，即事故发生率 λ 为常数时，一定时间间隔内事故发生次数 $N(t)$ 服从泊松（Poisson）分布。

自时刻 $t=0$ 到 t 时刻发生 n 次事故的概率公式如下：

$$P_n(t) = P_r\{N(t) = n\}$$

则对于 $n=0$，1，2，…，有以下公式：

$$P_n(t) = \frac{(\lambda t)^n}{n!}e^{-\lambda t}$$

该式称作参数 λt 的泊松分布。由该式可以导出到 t 时刻发生不超过 n 次事故的概率：

$$P_r\{N(t) \leqslant n\} = \sum_{k=0}^{n} \frac{(\lambda t)^k}{k!}e^{-\lambda t}$$

在实际事故统计中往往固定时间间隔并取其为单位时间，即 $t=1$，例如一个月或一年等。这种场合，发生 n 次事故的概率如下：

$$f(n) = \frac{\lambda^n}{n!}e^{-\lambda}$$

该式称作参数 λ 的泊松分布。图 2-17 所示为不同参数的泊松分布。

在单位时间内发生事故不超过 n 次的概率如下：

$$F(\leqslant n) = \sum_{k=0}^{n} \frac{\lambda^k}{k!}e^{-\lambda}$$

发生 n 次以上事故的概率如下：

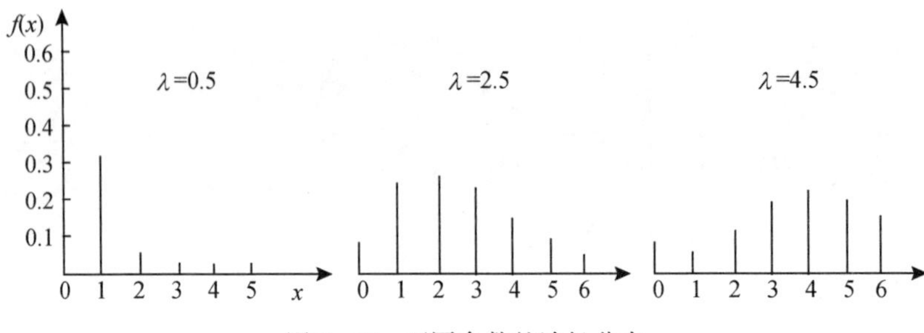

图 2-17　不同参数的泊松分布

$$F(\geqslant n)=1-F(\leqslant n)=1-\sum_{k=0}^{n}\frac{\lambda^{k}}{k!}e^{-\lambda}$$

参数 λt 的泊松分布的数学期望和方差都是 λt，参数 λ 的泊松分布的数学期望和方差都是 λ。

3. 置信区间

随机地从总体中抽取一个样本，在推断总体期望值的场合，可以根据样本观测值计算样本的期望值 $\hat{\theta}$。根据总体分布的概率密度函数，可以求出 $\hat{\theta}$ 落入任意两个值 t_1 与 t_2 之间的概率。对于某一特定的概率（$1-\alpha$），如果满足以下关系：

$$P_r(t_1\leqslant\hat{\theta}\leqslant t_2)=1-\alpha$$

则称 t_1 与 t_2 之间（包括 t_1、t_2 在内）的所有值的集合为参数 $\hat{\theta}$ 的置信区间，t_1、t_2 分别为置信上限和置信下限。对应于置信区间的特定概率（$1-\alpha$）称为置信度，α 称为显著性水平。

例如，期望值为 μ、方差为 σ 的正态分布，其观测值的 94.45%可能落入（$\mu\pm 2\sigma$）的范围内（图 2-18）。这相当于置信度为 94.45%的置信区间为（$\mu-2\sigma$）~（$\mu+2\sigma$），即当从总体中反复多次抽样时，每组样本观测值确定一个区间（$\mu\pm 2\sigma$），在这些区间内包含 μ 的约占 95%，不包含 μ 的约占 5%。

置信度与置信区间在事故统计分析中具有重要意义，可以被用来估计统计分析的可靠程度，以及参数估计的区间估计。

三、事故经济损失统计

事故一旦发生，往往造成人员伤亡或设备、装置、构筑物等的破坏。这一方面给企业带来许多不良的社会影响，另一方面也给企业带来巨大的经济损失。在伤亡事故的调查处理中，仅仅注重人员的伤亡情况、事故经过、原因分析、责任人处

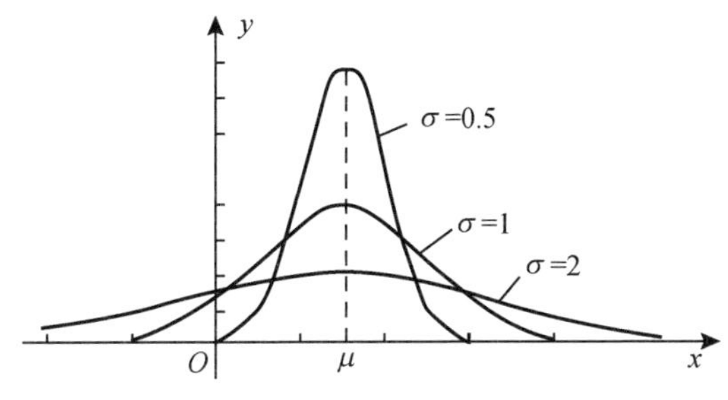

图 2-18　正态分布

理、人员教育、措施制定等是完全不够的，还必须对事故经济损失进行统计。

伤亡事故的经济损失是安全经济学的核心问题。对伤亡事故的经济损失进行统计、计算，有助于了解事故的严重程度和安全经济规律。除此之外，为了避免或减少工业事故及其造成的社会的、经济的损失，企业必须采取一些切实可行的安全措施，提高系统的安全性。但是，采取安全措施需要花费人力和物力，即需要一定的安全投入。在按照某种安全措施方案进行安全投入的情况下，能够取得怎样的效益，该安全措施方案是否经济合理，是安全经济评价的主要内容。而伤亡事故经济损失的统计、计算是安全经济评价的基础。

事故造成的物质破坏所带来的经济损失很容易计算出来，而弄清人员伤亡带来的经济损失却是件十分困难的事情。为此，人们进行了大量的研究，寻求一种方便、准确的经济损失计算方法。值得注意的是，所有的伤亡事故经济损失计算方法都是以实际统计资料为基础的。

1. 伤亡事故直接经济损失与间接经济损失

一起伤亡事故发生后，给企业带来多方面的经济损失。一般地，伤亡事故的经济损失包括直接经济损失和间接经济损失两部分。其中，直接经济损失很容易直接统计出来，而间接经济损失比较隐蔽，不容易直接在财务账面上查到。国内外对伤亡事故的直接经济损失和间接经济损失有不同规定。

（1）国外对伤亡事故直接经济损失和间接经济损失的划分。在国外，特别是在西方国家，事故的赔偿主要由保险公司承担。于是，把由保险公司支付的费用定义为直接经济损失，而把其他由企业承担的经济损失定义为间接经济损失。

1）海因里希的间接经济损失内容。美国的海因里希认为伤亡事故的间接经济损失包括以下内容：

①受伤害者的时间损失。

②其他人员由于好奇、同情、救助等引起的时间损失。

③工长、监督人员和其他管理人员的时间损失。

④医疗救护人员等不由保险公司支付酬金人员的时间损失。

⑤机械设备、工具、材料及其他财产损失。

⑥生产受到事故的影响而不能按期交货的罚金等损失。

⑦按职工福利制度所支付的经费。

⑧负伤者返回岗位后，由于工作能力降低而造成的工作损失，以及照付原工资的损失。

⑨由于事故引起人员心理紧张，或情绪低落而诱发其他事故造成的损失。

⑩即使负伤者停工也要支付的照明、取暖费等每人平均费用的损失。

2）西蒙兹规定的间接经济损失内容。海因里希提出间接经济损失内容之后，美国的西蒙兹（R. H. Simons）规定，伤亡事故间接经济损失包含如下项目：

①非负伤者由于中止作业而引起的工作损失。

②修理、拆除被损坏的设备、材料的费用。

③受伤害者停止工作造成的生产损失。

④加班劳动的费用。

⑤监督人员的工资。

⑧受伤害者返回工作岗位后，生产减少造成的损失。

⑦补充新职工的教育、训练费用。

⑧企业负担的医疗费用。

⑨为进行事故调查，付给监督人员和有关工人的费用。

⑩其他损失。

（2）我国对伤亡事故直接经济损失和间接经济损失的划分。1987 年，我国开始执行国家标准《企业职工伤亡事故经济损失统计标准》（GB 6721—86）。该标准把因事故造成人身伤亡及善后处理所支出的费用和毁坏财产的价值规定为直接经济损失，把因事故导致的产值减少、资源破坏和受事故影响而造成其他损失的价值规定为间接经济损失。

1）伤亡事故直接经济损失。伤亡事故直接经济损失包括以下内容：

①人身伤亡后所支出的费用，包括医疗费用（含护理费用）、丧葬及抚恤费用、补助及救济费用、歇工工资。

②善后处理费用，包括处理事故的事务性费用、现场抢救费用、清理现场费用、事故罚款和赔偿费用。

③财产损失价值，包括固定资产损失价值、流动资产损失价值。

2）伤亡事故间接经济损失。伤亡事故间接经济损失包括以下内容：

①停产、减产损失价值。

②工作损失价值。

③资源损失价值。

④处理环境污染的费用。

⑤补充新职工的培训费用。

⑥其他损失费用。

《企业职工伤亡事故经济损失统计标准》（GB 6721—86）对于实现我国伤亡事故经济损失统计工作的科学化和标准化起到了十分重要的作用。当时颁布、实施这一标准时，我国尚未进行工伤保险和医疗保险改革，特别是原劳动部《企业职工工伤保险试行办法》颁布以后，该标准已经不能适应当前形势的发展，有关内容需要进行修订。

（3）伤亡事故直接经济损失与间接经济损失的比例。如前所述，伤亡事故间接经济损失很难被直接统计出来，于是人们就尝试如何由伤亡事故直接经济损失来算出间接经济损失，进而估计伤亡事故的总经济损失。

海因里希最早进行了这方面的工作。他通过对 5 000 余起伤亡事故经济损失的统计分析，得出直接经济损失与间接经济损失的比例为 1∶4 的结论，即伤亡事故的总经济损失为直接经济损失的 5 倍。这一结论至今仍被国际劳工组织（ILO）所采用，作为估算各国伤亡事故经济损失的依据。

如果把伤亡事故经济损失看作一座浮在海面上的冰山，则直接经济损失相当于冰山露出水面的部分，占总经济损失 4/5 的间接经济损失相当于冰山的水下部分，不容易被人们发现。

继海因里希的研究之后，许多国家的学者探讨了这一问题。人们普遍认为，由于生产条件、经济状况和管理水平等方面的差异，伤亡事故直接经济损失与间接经济损失的比例，在较大的范围之内变化。例如，芬兰国家安全委员会 1982 年公布的数字为 1∶1；英国的雷欧普尔德（Leopold）等对建筑业伤亡事故经济损失的调查，得到的比例为 5∶1。博德在分析 20 世纪七八十年代美国伤亡事故直接与间接经济损失时，得到如图 2-19 所示的冰山图。由该图可以看出，间接经济损失最高可达直接经济损失的 50 多倍。

国内外对伤亡事故直接经济损失和间接经济损失划分不同，直接经济损失与间接经济损失的比例也不同。我国规定的直接经济损失项目中，包含了一些在国外属

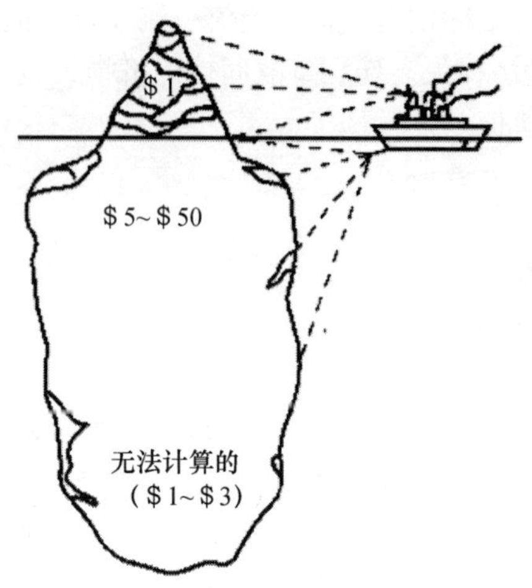

图 2-19 博德的冰山图

于间接经济损失的内容。一般来说，我国的伤亡事故直接经济损失所占的比例应该较国外大。根据对少数企业伤亡事故经济损失资料的统计，直接经济损失与间接经济损失的比例在 1∶1.2~1∶2。

2. 伤亡事故经济损失计算方法

伤亡事故经济损失 C_t 可由直接经济损失与间接经济损失之和求出。

$$C_t = C_d + C_i \tag{2-6}$$

式中 C_d——直接经济损失；

C_i——间接经济损失。

由于间接经济损失的许多项目很难得到准确的统计结果，所以人们必须探索一种实际可行的伤亡事故经济损失计算方法。这里介绍几种比较典型的计算方法。

（1）我国现行标准规定的计算方法如下：

1）工作损失价值。工作损失价值可以按式（2-7）计算：

$$L = D \times \frac{M}{S \times D_0} \tag{2-7}$$

式中 L——工作损失价值，万元；

D——损失工作日数，死亡一名职工按 6 000 个工作日计算，受伤职工视伤害情况按《企业职工伤亡事故分类》（GB 6441—86）的附表或《事故伤害损失工作日标准》（GB/T 15499—1995）确定；

M——企业上年的利税（税金加利润），万元；

S——企业上年平均职工人数，人；

D_0——企业上年法定工作日数，日。

2）医疗费用。它是指用于治疗受伤害职工所需费用。事故结案前的医疗费用按实际费用计算即可。对于事故结案后仍需治疗的受伤害职工的医疗费用，其总的医疗费按式（2-8）计算：

$$M=M_b+\frac{M_b}{P}\times D_c \tag{2-8}$$

式中　M——被伤害职工的医疗费，万元；

M_b——事故结案日前的医疗费，万元；

P——事故发生之日至结案之日的天数，日；

D_c——延续医疗天数，指事故结案后还须继续医治的时间，由企业劳资、安全、工会等按医生诊断意见确定，日。

上述公式可测算一名被伤害职工的医疗费，一次事故中多名被伤害职工的医疗费应累计计算。

3）歇工工资。歇工工资按式（2-9）计算：

$$L=L_a\left(D_a+D_k\right) \tag{2-9}$$

式中　L——被伤害职工的歇工工资，元；

L_a——被伤害职工日工资，元；

D_a——事故结案日前的歇工日，日；

D_k——延续歇工日，指事故结案后被伤害职工还须继续歇工的时间，由企业劳资、安全、工会等部门与有关单位酌情商定，日。

上述公式可测算一名被伤害职工的歇工工资，一次事故中多名被伤害职工工资应累计计算。

4）处理事故的事务性费用。该项费用包括交通及差旅费、亲属接待费、事故调查处理费、器材费、工亡者尸体处理费等，按实际的费用统计。

5）现场抢救费用。现场抢救费用包括清理事故现场尘、毒、放射性物质及消除其他危险和有害因素所需费用，整理、整顿现场所需费用等。

6）事故罚款和赔偿费用。事故罚款是指依据法律法规，上级行政及行业管理部门对事故单位的罚款，而不是对事故责任人的罚款。赔偿费用包括事故单位因不能按期履行产品生产合同而导致的对用户的经济赔偿费用和因公共设施的损坏而需赔偿的费用。它不包括对个人的赔偿和因环境污染造成的赔偿。

7）固定资产损失价值。该项费用包括报废的固定资产损失价值和损坏后有待修复的固定资产损失价值两个部分。前者用固定资产净值减去固定资产残值来计算，后者由修复费用来决定。

8）流动资产损失价值。流动资产是指在企业生产过程中和流通领域中不断变换形态的物质，它主要包括原料、燃料、辅助材料、产品、半成品、在制品等。原料、燃料、辅助材料的损失价值为账面值减去残留值，产品、半成品、在制品的损失价值为实际成本减去残值。

9）资源损失价值。它主要是指由于发生工伤事故而造成的物质资源损失价值。例如，煤矿井下发生火灾事故，造成一部分煤炭资源被烧掉，另一部分煤炭资源被永久性封闭。物质资源损失涉及的因素较多，且较复杂，其损失价值有时很难计算，所以常常采用估算法来确定。

10）处理环境污染的费用。它主要包括排污费、治理费、保护费和赔损费等。

11）补充新职工的培训费用。补充技术工人，每人的培训费用按 2 000 元计算；技术人员的培训费用按每人 10 000 元计算。在新的培训费用标准出台之前，当前仍执行这一标准。

12）补助费、抚恤费。被伤害职工供养未成年直系亲属的抚恤费累计统计到 16 周岁，普通中学在校生累计统计到 18 周岁。

被伤害职工及供养成年直系亲属补助费、抚恤费累计统计到我国人口的平均寿命 68 周岁。

（2）海因里希算法。海因里希通过对事故资料的统计分析，得出伤亡事故间接经济损失是直接经济损失 4 倍的结论。进而，他提出伤亡事故经济损失的计算式如下：

$$C_{t}=C_{d}+C_{i}=5C_{d} \tag{2-10}$$

于是，只要知道了直接经济损失，则很容易算出总经济损失。

如前所述，不同国家、不同地区、不同企业，甚至同一企业内事故严重程度不同时，其伤亡事故直接经济损失与间接经济损失的比例也是不同的。因而，这种计算方法主要用于宏观地估算一个国家或地区的伤亡事故经济损失。

（3）西蒙兹算法。西蒙兹把死亡事故和永久性全失能伤害事故的经济损失单独计算，把其他的事故划分为 4 级。

1）暂时性全失能和永久性部分失能伤害事故。

2）暂时性部分失能和需要到企业外就医的伤害事故。

3）在企业内治疗的、损失工作时间在 8 小时之内的伤害事故，以及与之相当的 20 美元以内的物质损失事故。

4）相当于损失工作时间 8 小时以上价值的物质损失事故。

根据实际数据统计出各级事故的平均间接经济损失后，按式（2-11）计算各级事故的总经济损失：

$$C_t = C_d + C_i = C_d + \sum_{i=1}^{4} N_i C_i \tag{2-11}$$

式中　N_i——第 i 级事故发生的次数；

C_i——第 i 级事故的平均间接经济损失。

由于该算法按不同级别事故发生次数、平均间接经济损失来考虑，其计算结果较海因里希算法的结果准确，因而在美国被广泛采用。

（4）辛克莱算法。该计算方法与西蒙兹算法类似，其不同之处主要在于辛克莱（Sinclair）把伤亡事故划分为死亡、严重伤害和其他伤害事故三级。首先，计算出每级事故的直接经济损失和间接经济损失的平均值。然后，按各级事故发生频率和事故平均经济损失计算每起事故的平均经济损失：

$$\overline{C}_t = P_i(\overline{C}_d + \overline{C}_i) \tag{2-12}$$

式中　$\overline{C}_t$——每起事故的平均经济损失，元；

P_i——第 i 级事故的发生频率；

$\overline{C}_d$——第 i 级事故的平均直接经济损失，元；

$\overline{C}_i$——第 i 级事故的平均间接经济损失，元。

于是，N 次事故造成的总经济损失如下：

$$C_t = N \times \overline{C}_t$$

（5）斯奇巴算法。斯奇巴提出了一种简捷、快速的伤亡事故经济损失计算方法。他把经济损失划分为固定经济损失和可变经济损失两部分，分别计算各部分损失的基本损失后，以修正系数的形式考虑其余的损失。该方法的计算公式如下：

$$C_t = C_f + C_v \tag{2-13}$$

式中　C_f——固定经济损失，元，

C_v——可变经济损失，元。

其中，固定经济损失计算公式如下：

$$C_f = \alpha C_s \tag{2-14}$$

式中　C_s——伤亡事故保险费，元；

α——考虑预防事故的固定费用的修正系数，一般取 $\alpha = 1.1 \sim 1.5$。

可变经济损失按下式计算；

$$C_v = b \cdot N \cdot D \cdot S \tag{2-15}$$

式中　N——伤亡事故次数；

D——每起事故平均损失工作日数，日；

S——平均日工资（包括各种补助费），元；

b——考虑企业具体情况的修正系数，一般取 $b=1.2\sim3.0$。

该计算方法省去了大量的统计工作，但是计算结果可能与实际情况差别较大。

（6）直接计算法。该计算方法以保险公司提供的保险等待期为标准，把伤亡事故划分为三级。

1）受伤害者能够在发生事故当天恢复工作的伤害事故。

2）受伤害者丧失工作能力的时间少于或等于保险等待期的伤亡事故。

3）受伤害者丧失工作能力的时间超过保险等待期的伤害事故。

每一级伤害事故的经济损失可按式（2-16）计算：

$$C_i = C_p + C_q + C_o + C_m + C_b \tag{2-16}$$

式中　C_i——第 i 级伤害事故的经济损失，元；

C_p——用于预防伤害事故的投资，包括固定投资、可变投资及额外投资三部分，元；

C_q——职业伤害的保险费，包括固定保险费和可变保险费两部分，元；

C_o——事务性费用，元；

C_m——材料损失费用，元；

C_b——因停、减产造成的损失，元。

其中，在企业没有多余人员、满负荷生产的情况下，停、减产造成的损失按式（2-17）计算：

$$C_b = B \cdot L \cdot r \tag{2-17}$$

式中　B——按生产计划预计的单位产量净效益；

L——由于伤亡事故造成的工作时间损失；

r——正常生产条件下的全员劳动生产率。

于是，伤亡事故经济损失等于各级伤亡事故经济损失之和。即

$$C_t = \sum N_i \times C_i \tag{2-18}$$

式中　N_i——第 i 级伤害事故发生次数；

C_i——第 i 级伤害事故经济损失，元。

本 章 小 结

本章主要介绍了事故的基本概念，事故致因理论和事故统计与分析的方法及主要指标。通过对本章的学习，学生应了解事故致因理论的发展过程；理解事故的定义和基本特性，几种主要的事故致因理论和事故统计分析的统计学基础；掌握伤害分类、工伤事故的认定、事故的分类和事故的原因，事故致因理论的应用，事故统计方法和统计的主要指标，事故经济损失统计方法和指标。

复习思考题

1. 解释下列名词：事故、未遂事故、二次事故、非工作事故、人的不安全行为、物的不安全状态。
2. 简述海因里希法则及其意义。
3. 事故的基本特征有哪些？
4. 事故的分类方法有哪些？
5. 工伤事故的认定条件包含哪些？
6. 事故的主要影响因素有哪些？
7. 简述轨迹交叉论和该理论的中心思想。
8. 简述能量逆流论。
9. 简述瑟利模型。
10. 由事故致因理论可以得出哪些结论？
11. 事故统计的主要指标有哪些？
12. 事故经济损失统计的指标主要有哪些？

第三章　事故调查及处理

本章学习目标

1. 理解事故调查的重要性和事故调查的目的，掌握事故调查的对象。

2. 了解几种典型事故的现场勘查工作，掌握事故调查应做的准备工作、事故调查的基本步骤。

3. 掌握现场分析的意义和任务、事后深入分析的方法。

4. 了解事故资料归档的要求，掌握伤亡事故的处理与结案的程序和要求、事故调查报告的撰写要求。

在安全管理工作中，对已发生的事故进行调查处理是极其重要的一环。根据事故的特性可知，事故是不可避免的，但可以通过事故预防等手段减少其发生的概率或控制其产生的后果。事故预防是一种管理职能，事故预防工作在很大程度上取决于事故调查。通过事故调查获得的事故信息对于认识危险、避免事故发生起着至关重要的作用。而且事故调查与处理，特别是对重特大事故的调查与处理会在相当的范围内产生很大的影响。因此，事故调查是确认事故经过、查找事故原因的过程，是安全管理工作的一项关键内容，是制定最佳的事故预防对策的前提。

事故调查就是在事故发生后，为获取有关事故发生原因的全面资料，找出事故的根本原因，防止类似事故再次发生而进行的调查。

事故调查是一门科学，也是一门艺术。说它是一门科学，是因为事故调查工作需要特定的技术和知识，包括事故调查专门技术等。例如，飞机事故调查人员既应熟悉事故分析测定技术，也应了解飞机的结构、原理及相关设备。说它是一门艺术，是因为事故调查工作需要丰富的经验及综合分析、处理信息的能力，有时甚至要凭直觉，这些并不是简单的教育培训所能达到的。

因而，真正掌握事故调查的过程及方法，特别需要理论与实践的紧密结合。

第一节　事故调查概述

一、事故调查的重要性

概括起来，事故调查的重要性可归纳为以下几个方面：

（1）事故调查是最有效的事故预防方法。事故的发生既有它的偶然性，也有其必然性。即如果导致事故发生的潜在条件（一般称之为事故隐患）存在，什么时候发生事故是偶然的，但发生事故是必然的。因而，只有通过事故调查的方法，发现导致事故发生的潜在条件，包括事故的直接原因和间接原因，找出其发生发展的过程，才能防止类似事故再次发生。例如，某建筑工地叉车司机午间休息时饮酒过量，下午又进入工地现场，爬上叉车，驾车前行一段后从车上摔下，造成重伤。如果按责任处理非常简单，即该司机违章酒后驾车；但试问在其酒后进入工地驾车的过程中，为什么没有人制止或提醒他不要酒后驾车呢？如果在类似情况下有人制止，是否还会发生事故呢？答案是十分明确的。

（2）事故调查可以为制定安全措施提供依据。事故的发生有因果性和规律性，事故调查是找出这种因果关系和事故规律的最有效的方法。只有掌握了这种因果关系和规律性，才能有针对性地制定出相应的安全措施，包括技术手段和管理手段，达到最佳的事故控制效果。

（3）事故调查可以揭示新的或未被人注意的危险。任何系统，特别是具有新设备、新工艺、新产品、新材料、新技术的系统，都在一定程度上存在着某些尚未被了解、掌握或被忽视的潜在危险。事故的发生给了人们认识这类危险的机会，事故调查是抓住这一机会的最主要途径。只有充分认识了这类危险，才有可能防止事故发生。

（4）事故调查可以确认管理系统的缺陷。如前所述，事故是管理不佳的表现，而管理系统缺陷也会直接影响企业的经济效益。事故的发生给了人们将坏事变成好事的机会，即通过事故调查发现管理系统存在的问题，加以改进后，就可以一举多得，既控制事故，又改进管理水平，提高企业经济效益。

（5）事故调查是高效的安全管理系统的重要组成部分。安全管理工作主要是事故预防、应急措施和保险补偿手段的有机结合，且事故预防和应急措施更为重要。既然事故调查的结果对于事故预防和应急预案的制定都有重要价值，那么安全管理系统中应具备事故调查处理的职能并真正发挥其作用，否则安全管理工作的目的和对象就会在人们的头脑中变得模糊。

当然，事故调查不仅仅与企业安全生产有关，对于保险业来说，事故调查也有着特殊的意义。事故调查可以确定事故真相，排除骗赔事件，减少经济损失；可以确定事故经济损失，确定双方都能接受的合理的赔偿额；可以根据事故的发生情况，进行保险费率的调整，同时提出合理的预防措施，协助被保险人减少事故，搞好防灾、防损工作，减少事故率。对于生产企业来说，调查产品使用、维修乃至报废过程中发生的事故，对于确定事故责任、发现产品缺陷、保护企业形象、搞好新一代产品开发都具有重要意义。

二、事故调查的目的

必须首先明确的是，无论什么样的事故，一个科学的事故调查过程的主要目的就是防止事故再次发生。也就是说，根据事故调查的结果，提出整改措施，控制事故或消除此类事故。如前所述，叉车司机酒后开车的案例充分说明，只有通过深入的调查分析，查出导致上述事件发生的深层次原因，特别是管理系统的缺陷，才有可能达到事故调查的首要目的——防止事故再次发生。

同时，对于重大、特大事故，包括死亡事故及重伤事故，事故调查还能通过法律规定，提供违反有关安全法规的事实，这是司法机关正确执法的主要手段。事故调查可确定事故的相关责任，但这与以确定事故责任为目的的事故责任调查过程存在本质上的区别。后者仅仅以确定责任为目的，不可能防止事故再次发生。例如，对于叉车司机酒后开车，前者要分析探讨深层次的原因，如管理系统的缺陷，为控制此类事故奠定良好的基础。

此外，通过事故调查还可以描述事故的发生过程，鉴别事故的直接原因与间接原因，从而积累事故资料，为事故的统计分析及类似系统、产品的设计与管理提供信息，为企业或政府有关部门安全工作的宏观决策提供依据。

三、事故调查对象

从理论上讲，所有事故，包括无伤害事故和未遂事故都在事故调查范围之内。但由于各方面条件的限制，特别是经济因素的制约，要实现这一目标几乎是不可能的。因此，要进行事故调查并达到最终目的，选择合适的事故调查对象也是相当重要的。

（1）重大事故。所有重大事故都应进行事故调查，这既是法律的要求，也是事故调查的主要目的所在。因为如果这类事故再次发生，其损失及影响都是难以承受的。重大事故不仅包括损失大的、伤亡多的事故，也包括那些在社会上甚至国际上造成重大影响的事故。

（2）未遂事故或无伤害事故。有些未遂事故或无伤害事故虽未造成严重后果，甚至几乎没有经济损失，但如果其有可能造成严重后果，也是事故调查的主要对象。判定该事故是否有可能造成重大损失，则需要安全管理人员的能力与经验。

（3）伤害轻微但发生频繁的事故。这类事故伤害虽不严重，但由于发生频繁，对劳动生产率会有较大影响，而且突然频繁发生事故，也说明管理上或技术上有不正常的问题，如不及时采取措施，累积的事故损失也会较大。事故调查是解决这类问题的最好方法。

（4）可能因管理缺陷引发的事故。如前所述，管理缺陷不仅会引发事故，而且会影响工作效率，进而影响经济效益。因此，及时调查这类事故，不仅可以防止事故再次发生，也会提高经济效益，一举两得。

（5）高危险工作环境的事故。由于高危险工作环境中，极易发生重大伤害事故，造成较大损失，因而在这类环境中发生的事故，即使后果很轻微，也值得深入调查。只有这样，才能发现潜在的事故隐患，防止重大事故的发生。这类环境包括高处作业场所、易燃易爆场所、存在有毒有害生产工艺的场所等。

（6）通过适当的抽样调查选取的调查对象。除上述诸类事故外，还应通过适当的抽样调查方式选取调查对象，及时发现新的潜在危险，提高系统的总体安全性。这是因为有些事故虽然不完全具备上述5类事故的典型特征，但却有发生重大事故的可能性，适当的抽样调查会增加发现这类事故的可能性。

第二节 事故调查的准备

俗话说，“有备无患”。事故是小概率事件，所以在一般情况下，事故调查并不是一项日常性工作。但若不做好充分的准备，事故调查工作就不能取得良好的效果。对于已经发生的事故，如果在没有充分准备的条件下进行事故调查，极有可能发生取样不及时或不准确、调查者受到伤害、当事者或目击者受到他人影响等不良后果，而且这些后果又是无法弥补的。

事故调查准备工作包括确定事故调查计划、事故调查人员以及事故调查的物质准备等。

一、事故调查计划

做好事故调查准备工作，首要的条件就是要有一个详细、严谨、全面的计划，对由谁来进行调查、怎样进行调查做出详尽的安排。临阵磨枪、仓促上阵是不可能很好地完成调查任务的。对于计划的内容，应视具体情况而定，可详可简，可多可少，切忌过于注重细节，过分庞大的计划会给调查者造成麻烦，反而影响执行效果。但计划中至少应包括的内容如下：及时报告有关部门，抢救人的生命，保护人的生命和财产免遭进一步的损失，保证调查工作的及时性。

其中，“及时报告有关部门”是当前很多调查计划中最易忽略的内容。当事故发生后，首先要做的事情不是手忙脚乱地赶赴现场，而是及时通知下列有关人员及部门：

（1）事故直接影响区域内工作的人员或其他人员。这是避免进一步损失和及时施救的最关键措施。

（2）从事生命抢救、财产保护的人员，如应急救援、医疗、抢险人员等。

（3）企业领导及上级主管部门的有关人员。对于发生事故的企业来说，最尴尬的情况是新闻媒介或工会、劳动保护监督部门、检察院、应急管理部门等人员都已来到现场，而本单位领导或上级主管部门领导仍蒙在鼓里。

（4）专业调查人员。有些事故，尤其是重特大事故或专业性很强的事故，如飞机失事，是需要专业调查人员实施调查的。他们来得越早，证据收集就会越及时、越充分。

（5）公共事务人员。这些人员负责对外接待及有关善后事宜的处理，以保障专业调查人员能够集中力量投入事故调查之中。

（6）安全管理人员。这些人员参与事故调查或保障现场安全。

计划中应依重要度次序列出上述人员的地址及联系方式等，同时也应选择合适的通信方式。既要保证信息的准确交流，也要限制非有关人员受到不必要的影响。

二、事故调查人员

1. 调查人员素质及组成

事故调查是一项高度专业性的工作，只有那些具有多种品质且训练有素的人，才能胜任这一工作。作为一个调查人员，要善于探索，对其工作要有献身精神，勤奋而有耐心，而且必须精通有关被调查对象的专业知识，熟知影响整体工作的因素。技能、毅力和逻辑推理是其最主要的业务能力，而对人谦让、诚实、尊重他人则应是其为人处事的准则。

事故调查人员是事故调查的主体。针对不同的事故，调查人员的组成会有所不同。《生产安全事故报告和调查处理条例》对此作出了规定：

（1）特别重大事故由国务院或者国务院授权有关部门组织事故调查组进行调查。

（2）重大事故、较大事故、一般事故分别由事故发生地省级人民政府、设区的市级人民政府、县级人民政府负责调查。省级人民政府、设区的市级人民政府、县级人民政府可以直接组织事故调查组进行调查，也可以授权或者委托有关部门组织事故调查组进行调查。

（3）对于未造成人员伤亡的一般事故，县级人民政府也可以委托事故发生单位组织事故调查组进行调查。

（4）上级人民政府认为必要时，可以调查由下级人民政府负责调查的事故。

（5）事故调查组的组成应当遵循精简、高效的原则。根据事故的具体情况，事故调查组由有关人民政府、应急管理部门、负有安全生产监督管理职责的有关部门、监察机关、公安机关以及工会派人组成，并应当邀请人民检察院派人参加。事故调查组可以聘请有关专家参与调查。

（6）事故调查组成员应当具有事故调查所需要的知识和专长，并与所调查的事故没有直接利害关系。

2. 不同调查人员的特点

对于各级事故，主持和参与调查的人员会有很大差异，不同的群体又有不同的特点。

（1）企业基层管理人员。这类人员一般可直接进行轻微事故的调查，或参与部分重大事故的调查过程，如提供相应资料等。这类人的优点是熟悉特定的工作环境，了解设备的运行状态，了解当事者的背景情况及心态变化等情况，这些都有利于事故调查。而缺点是企业基层管理人员极可能因管理责任等问题牵涉其中，因而影响其与事故调查人员的合作或可能会以某些言行误导调查过程。

（2）各职能部门（如人事、医疗、采购、后勤、工会等）人员。这类职能部门也是企业安全管理系统的一部分，因而这类职能部门有关人员参与事故调查对确定管理人员的疏忽、失误或管理系统的缺陷尤为重要。但必须指出的是，由于事故原因可能是上述某部门的职能失误，这类人员在参与事故调查过程中可能会有所顾忌。

（3）安全管理人员。这类人员是事故调查的主角。他们一般均受过专门的事故调查训练，有分析事故的能力和经验，而且能够较为公正地进行事故分析。唯一的问题是他们可能会受到事故调查组主持单位领导观点的左右，从“大局”的观点处理事故。

（4）职业事故调查人员。我国目前基本上尚无此类人员。部分欧美发达国家均有以某类专业事故调查为职业的人员，如小型飞机事故调查人员、汽车事故调查人员等。在我国刚刚兴起的保险公估业，实际上正扮演着这一角色。这类人员既具备丰富的专业知识和事故调查经验，也有着较好的公正性，是事故调查的最好人选。

3. 调查人员人数

根据事故的严重程度及性质，可由上述有关人员组成不同级别的事故调查组进行调查工作。事故调查组的成员人数应视事故的严重程度和性质而定。以空难事故为例，国际民航组织对事故调查组编制有如下规定：小型飞机失事时，一般 1~2 名经过专业培训的调查员即可完成调查工作。而对于大型飞机失事，因为要考虑各方面的问题，必须由按专业划分成的一些小组组成调查队伍。通常包括以下 11 类调查小组：

（1）飞行小组。分析研究在事故发生前地勤人员活动的全部事实和最后飞行阶段中的飞行情况。

（2）气象小组。收集和汇编所有与本次事故有关的准确的气象资料。

（3）空中交通勤务小组。调查空中交通勤务部门的原始记录。

（4）见证人小组。联系和会晤所有可能听到或看到失事飞机的当次飞行情况，以及了解该次飞行情况或事故发生时的气象情况的人员。

（5）事故记录仪小组。设法找到失事飞机的飞行数据记录仪和座舱语音记录仪，并读出有关数据。

（6）结构小组。调查飞机的机体和飞行操纵系统。

（7）动力装置小组。调查发动机、燃油和润滑油系统、螺旋桨以及发动机操纵系统。

（8）系统小组。详细检查所有的系统和附件，包括液压、气动、电子和电气、无线电通信及导航设备、空调及增压系统、防冰和防雨系统、座舱灭火、氧气系统等。

（9）维修记录小组。负责审查所有的维修记录，以便查清失事飞机的维修情况。

（10）人为因素小组。调查航空医学及坠毁致伤方面的问题。

（11）撤离、搜寻、营救和灭火小组。调查有关撤离、搜寻、营救的情况，以及地面灭火效能方面的问题。

三、事故调查的物质准备

在事故调查准备工作中，除了事故调查计划及人员素质要求外，另一个主要的工作就是物质上的准备。“工欲善其事，必先利其器。”没有良好的装备和工具，事故调查人员素质再高，也是“巧妇难为无米之炊”。因而，一般情况下，有可能从事事故调查的人员，必须事先做好必要的物质准备。

首先是身体上的准备。除了保证一个良好的身体状况外，由于事故发生地点的多样性（如飞机、火车等运输工具的事故可能在荒无人烟处）、造成事故现场有害物质的多样性（如辐射、有毒物质、细菌、病毒等），在服装及防护装备上也应根据具体情况加以考虑。同时考虑在收集样品时受到轻微伤害的可能性较大，建议有关调查人员能定期注射预防破伤风的血清。

至于调查工具，则因被调查对象的性质而异。通常来讲，专业调查人员必备的调查工具有以下几种：

（1）相机，用于现场照相取证。对于火灾事故，高清晰照相是必要的，因为火焰的颜色是鉴别燃烧温度的关键。

（2）纸、笔、夹，用于记事、笔录等。

（3）有关规则、标准，作为参考资料。

（4）放大镜，用于样品鉴定。

（5）手套，用于收集样品。

（6）录音设备，用于与目击证人等交谈或记录调查过程。

（7）急救包，用于抢救人员或自救。

（8）绘图纸，用于绘制现场地形图等。

（9）标签，用于采样时标记采样地点及物品。

（10）样品容器，用于采集液体样品等。

（11）罗盘，用于确定方向。

常用的仪器包括噪声、辐射、气体等的采样或测量设备及与被调查对象直接相关的测量仪器等。

第三节　事故调查的基本步骤

有了充分的准备，可以说是在事故调查工作中开了一个好头，为开始事故调查过程奠定了良好的基础。

实施事故调查过程是事故调查工作的主要内容。事故调查的基本步骤包括事故现场处理、事故现场勘查、人证的保护与问询、物证的收集与保护等主要工作。由于这些工作时间性极强，有些信息、证据是随时间的推移而逐步消失的，有些信息则有极大的不可重复性，因而对于事故调查人员来讲，实施调查过程的速度和准确性显得尤为重要。只有把握住每一个调查环节的中心工作，才能使事故调查过程进展顺利。

一、事故现场处理

事故现场处理是事故调查的初期工作。对于事故调查人员来说，由于事故的性质不同及事故调查人员在事故调查中角色的差异，事故现场处理工作会有所不同，但通常现场处理应进行如下工作：

1. 安全抵达现场

无论准备如何充分，事故的发生几乎对任何人都是一个意外事件，因而要顺利地完成事故调查任务，首先要在携带了必要调查工具及装备的情况下，安全地抵达事故现场。越是手忙脚乱，越容易出现意外。在抵达现场的同时，应保持与上级有关部门的联系，及时沟通。

2. 现场危险分析

这是现场处理工作的中心环节。只有做出准确的分析与判断，才能够防止进一步的伤害和破坏，同时做好现场保护工作。现场危险分析工作主要包括观察现场全貌，分析是否会产生进一步危害的可能性及可能的控制措施，计划调查的实施过程，确定行动次序及考虑与有关人员合作，控制围观者，指挥志愿者等。

3. 现场营救

最先赶到事故现场的人员，其主要工作就是尽可能地营救幸存者和保护财产。作为一个事故调查人员，如果医疗、消防等有关抢救人员已经到位且人手并不紧张，则应及时记录事故遇难者尸体的状态和位置，并用照相和绘草图的方式标明位置，同时告诫抢救人员必须尽早记下他们最初看到的情况，包括幸存者的位置、移动过的物体的原位置等。如需要调查人员本人参加营救工作，也应尽可能地做好上述工作。

4. 防止进一步危害

在现场危险分析的基础上，应对现场可能产生的进一步伤害和破坏采取及时的行动，尽量减轻二次事故造成的损失。这类工作包括防止有毒有害气体生成或蔓延，防止有毒有害物质生成或释放，防止易燃易爆物质或气体生成或燃烧爆炸，防止由火灾引起爆炸等。

许多事故现场都很容易发生火灾，故应严加防护，以保障所有在场人员的安全和保护现场免遭进一步的破坏。当存在严重的火灾危险时，应准备好随时可用的消防装置，并尽快转移易燃易爆物质，同时严格制止任何可能引起明火的行为。即使是使用抢救设备，都应在确保绝对安全的情况下才可使用。

应尽快查明现场是否有危险品存在并采取相应措施。这类危险品包括放射性物质，爆炸物，腐蚀性液体或气体、液体，固体有毒物质，细菌培养物质等。

5. 保护现场

这是下一步物证收集与人证问询工作的基础。其主要目的就是使与事故有关的物体痕迹、状态尽可能不遭到破坏，人证得到保护。

完成了抢险、抢救任务，保护了生命和财产之后，现场处理的主要工作就转移到了现场保护方面。这时事故调查人员将成为主角，并应承担起主要的责任。

由于首先到达事故现场的有可能是企业职工、附近居民、抢救人员或警方人员，为保证调查组抵达现场之前不致因对现场进行不必要的干预而丢失重要的证据，争取企业职工（特别是厂长等基层干部）以及当地警察或抢救人员的合作是非常重要的。调查人员应充分认识到，事故调查不仅需要进行技术调查，而且还需要服从必要的司法程序，而国家法律也许更重视后者。所以应通过适当的方式，使上述人员了解到，除必要的抢救等工作外，应使现场尽可能地原封不动。事故中遇难者的尸体及人体残留物应尽可能留在原处，私人物品也应保持不动，因为这些东西的位置有助于辨别遇难者的身份。此外，应通过照相等手段记下像冰、烟灰之类短时间内会消失的迹象。应记下现场所有目击者的姓名和地址，以便于调查人员取得相应的证词。因此可以看出，对上述人员进行适当的保护现场的培训也是十分重要的。

在调查人员抵达现场后，应建立调查中心，并以标志、通知等方式使有关人员知道该中心的设立及主要负责人员。通过该中心与新闻媒体及时沟通，保证现场各方面的信息交换及控制好现场保护工作。对目击者的保护还必须注意既要与他们保持联系或尽可能使他们滞留在现场，也要尽可能地避免目击者之间及与其他有关人员的沟通。这是因为对于任何一个人，事故的发生都是没有任何心理准备的意外事件，因而对自己听到、看到、感觉到的东西大多数是模糊的、不确定的。一旦受到外人的干扰，他会自觉不自觉地使原来的模糊印象逐步“清晰”起来，而这种“清晰”是最不希望看到的。特别是当一些别有用心的人采用暗示的手段后，通过人证了解事故的难度就更大了。

有些物证，如痕迹、液体和碎片等，极容易消失，因而要事先准备好收集这类物证的器具，如准备好样品袋、瓶、标签等，并及时收集保存。

在需要清理现场或移动现场物品时，如发生车祸后会堵塞通道，应在移动或清理前对重要痕迹照相或画出草图，并测量各项有关数据。

值得指出的是，现场保护工作不是少数人就能完成的。事故调查人员应主动与在现场工作的其他人员沟通联系，多方合作，同时协调好保护现场与其他工作的矛盾，以合作的方式达到目的。

二、事故现场勘查

1. 目的

事故现场勘查是事故现场调查的中心环节。其主要目的是查明当事各方在事故之前和事发之时的情节、过程以及造成的后果。通过对现场痕迹、物证的收集和检验分析，可以判明发生事故的主、客观原因，为正确处理事故提供客观依据，因而全面、细致地勘查现场是获取现场证据的关键。无论什么类型的事故现场，勘查人员都要力争把现场的一切痕迹、物证甚至微量物证收集、记录下来，而对变动的现场更要认真细致地勘查。另外，勘查人员一定要弄清痕迹形成的原因及与其他物证和痕迹的关系，去伪存真，确定现场的本来面目。

2. 顺序及范围

现场勘查的顺序和范围，应根据不同类型的事故现场来确定。因此，勘查人员到达现场后，首先要向事故当事人和目击者了解事故发生的情况和现场是否有变动。如有变动，应先弄清变动的原因和过程，必要时可根据当事人和目击者提供的事故发生时的情景恢复现场原状以利实地勘查。在勘查前，应巡视现场周围情况，对现场全貌有概括的了解，确定现场勘查的范围和顺序。

事故现场勘查工作是一种信息处理技术。由于其主要关注 4 个方面的信息，即人（people）、部件（part）、位置（position）和文件（paper），且表述这 4 个方面的英文单词均以字母 P 开头，故也称为 4P 技术。

（1）人。以事故的当事人和目击者为主，但也应考虑维修、医疗、基层管理、技术人员及朋友、亲属或任何能够为事故调查工作提供帮助的人员。

（2）部件。部件指失效的机器设备、通信系统、不适用的保障设备、燃料和润滑剂、现场各类碎片等。

（3）位置。位置指事故发生时的位置、天气、道路、操作位置、运行方向、残骸位置等。

（4）文件。文件指有关记录、公告、指令、磁带、图纸、计划、报告等。

三、人证的保护与问询

在事故调查中，证人的问询工作相当重要，大约50%的事故信息是由证人提供的，而事故信息中大约有50%能够起作用，另外50%的事故信息的效果则取决于调查人员怎样评价、分析和利用它们。

所谓证人，通常是指看到事故发生或事故发生后最快抵达事故现场且具有调查人员所需信息的人。广义上则是指所有能为了解事故提供信息的人，甚至有些人不知事故发生，却有有价值的信息。证人信息收集的关键之处在于迅速果断，这样就会最大限度地保证信息的完整性。有些调查工作耗时费力，收效甚微，主要原因就是没有做到这一点。

1. 人证保护与问询工作应注意的问题

在进行人证保护与问询工作中，应注意以下问题：

（1）证人之间会强烈地互相影响。

（2）证人会强烈地受到新闻媒介的影响。

（3）不了解他所看到的事、不能以自己的知识和想法去解释的证人，容易改变他们掌握的事实去附和别人。

（4）证人会因为记不住、不自信或自认为不重要等原因忘却某些信息。例如，一个人在10年后才讲出他看到的事情，因为当时他认为没有价值。

（5）问询开始的时间越晚，细节会越少。

（6）问询开始的时间越晚，内容越可能改变。

（7）最好画出草图，结合草图讲解其所闻所见。

从上述问题可以看出，在人证保护工作中，应当避免证人互相接触及其与外界的接触，并最好使其不离开现场，确保问询工作能尽快开始，以期获得尽可能多的信息。

2. 证人的确定

证人的确定工作是人证保护与问询工作的第一步。因为几乎不存在没有证人的事故现场，因而事故调查人员应尽快赶到现场，为确定证人创造良好的条件。在收集证据时首先要收集证人的信息，如姓名、地址、电话号码等，以便与证人保持联系。

在一些特殊情况下，也可采用广告、电视、报纸等形式征集有关事故信息，获得证人的支持。

3. 证词的可信度

证人背景的差异及其在该事件中所处的地位，都可能产生证词可信度上的差异。而不同可信度的证词，其重要性是有很大差异的。例如，熟悉发生事故的系统或环境的人可以提供更可信的信息，但也有可能把自己的经验与事实相混淆，加上了自己的主观臆断。而与肇事者或受害者有特殊关系的人，或与事故有某种特定关系的人，其证词的可信度与个人的卷入程度、与肇事者或受害者的关系等密切相关。可信度最高的证人是与事故发生没有关联，且可以根据其经验与水平做出准确判断者，一般称之为专家证人。我国各级政府聘请的安全专家组的专家们，实际上就属于这类人。他们的经验和判断对于事故结论的认定具有极其重要的意义。

4. 证人的问询

证人问询一般有以下两种方式：

（1）审讯式。问询人员与证人之间是一种类似于警察与嫌疑人之间的对手关系，问询过程高度严谨，逻辑性强，且刨根问底，不放过任何细节。问询人员一般多于一人。这种问询方式效率较高，但有可能造成证人的反感从而影响双方之间的交流。

（2）问询式。这种方法首先认为证人在大多数情况下没有义务描述事故，作证主要依赖于自愿，因而应创造轻松的环境，让证人感到问询人员是需要证人帮助的朋友。这种方式花费时间较多，但可使证人更愿意讲话。问询中应鼓励其用自己的语言讲话，尽量不打断其叙述过程，而是用点头、仔细聆听的方式，做记录或录音时最好不引人注意。

无论采用何种方式，都应首先使证人了解，问询的目的是了解事故真相，防止事故再发生。好的问询人员，一般都采用两者结合、以后者为主的问询方式，并结合一些问询技巧进行工作。

5. 问询中应注意的问题

在问询中，应注意以下 7 个问题：

（1）情绪激动的人容易扭曲或夸大事实，特别在口头叙述时更是如此。

（2）证人的信仰及先入为主的观点会对其叙述产生影响，比如反对酗酒者对酒精与肇事间的关系特别敏感。

（3）未成年人做证人各有利弊。8~10 岁的未成年人一般会毫不隐瞒、实事求是地讲述自己的所见所闻，再小一些的未成年人就会加上自己的一些想象。

（4）证人的性别与证词的可信度没有关系，但智力型证人似乎可靠性比其他人稍高一些。

（5）如果有两个以上的证人，可采用列表的方式来进行证词一致性的比较与判断。

（6）在可能的情况下，应对事故发生时处于不同位置的人员进行调查，以获得不同的细节。

（7）当多人的证词显示出矛盾时，则应通过进一步的问询获得更详细的信息。

四、物证的收集与保护

物证的收集与保护是现场调查的另一重要工作。前面提到的4P技术中3P（部件、位置、文件）属于物证的范畴。保护现场工作的主要目的之一是保护物证。几乎每个物证在加以分析后都能用以确定其与事故的关系。而在有些情况下，确认某物与事故无关也一样非常重要。

相当一部分物证存留时间比较短，有些甚至稍纵即逝，所以必须事先制订好计划，按次序有目标地选择那些应尽快收集的物证，并为收集这类物证做好物质上的准备。例如，液体会随时间而逐渐渗入地下，应用袋、瓶等取样装入；如果液体已渗入地下，则应连土取样，以供分析。物体表面的漆皮也是很重要的物证，因其与其他物质相接触后一般会带走一些，有时肉眼看不见，但借助于专门的仪器即可发现。有关文件资料、各类票据、记录等也是一类很重要的物证，即使不在事故现场，也应注意及时封存。

数据记录装置是另一类物证。它是为满足事故调查的需要而事先设置的记录事故前后有关数据的仪器装置。其主要目的是在缺乏目击者和可调查的硬件（如已损坏）的条件下，保证调查人员能准确地找出事故的原因。设备上的运行记录仪，公交道口、公共设施、金融机构的摄像装置，是较为简单的数据记录装置；而飞机上的“黑匣子”，是较高档次的数据记录装置。前者不断录制最后某段时间的情景，提供有关信息；后者则是因空难事故中大部分物证破坏极为严重而成为空难事故调查的最主要物证。“黑匣子”实为橘红色，分为飞行数据记录仪（FDR）和座舱语音记录仪（CVR）两大部分，始用于1957年。当时的飞行数据记录仪只能记录45 s的有关爬升率、下降率、速度、离地面高度、方向等5个飞机飞行参数，现在的FDR已可记录25 h内的100多个飞行参数，且整个装置均置于耐冲击、耐高温、耐腐蚀的封闭容器之中，因而在事故发生后成为调查人员搜寻的第一目标。

当然，包括FDR在内的各种数据记录装置不仅可用于事故调查，也可应用于事故预防之中。通过对已收集数据的处理，及时发现系统中的缺陷和驾驶人员的失误，就可采取相应措施，防止事故的发生。

另外，遥测技术的应用也为数据记录分析开辟了新的道路。例如，美国一航天飞行器发射后即失去了地面对其的控制。为查出事故原因，技术人员利用遥测的方式测量飞行器中的有关参数，并进行相应的模拟实验，最终判断出是一位工程师装错了一根管子所致，这项技术为避免类似事故的发生发挥了重要的作用。

五、事故现场照相

现场照相是收集物证的重要手段之一。其主要目的是通过拍照的手段提供现场的画面，包括部件、环境及能帮助发现事故原因的物证等，以证实和记录人员伤害和财产破坏的情况。特别是对于那些肉眼看不到的物证、现场调查时很难注意到的细节或证据、容易随时间逝去的证据及现场工作中须移动位置的物证，采用现场照相的手段很有必要。

如果调查人员未能及时赶到现场，则应与新闻媒体等有关方面及时沟通联系，以求获得相关信息。

事故现场照相的主要目的是获取和固定证据，为事故分析和处理提供可视性证据。其原理与刑事现场的照相完全相同，只是工作对象不同。二者都要求及时、完整与客观。事故现场照相是现场勘查的重要组成部分。它是使用照相、摄像器材，运用照相技法，按照现场勘查的规定及调查和审理工作的要求，拍摄发生事故的现场与事故有关的人与物、遗留的痕迹、物证以及其他一些现象，真实准确、客观实际、完整全面、鲜明突出、系统连贯地表达现场的全部状况。

一个事故，在其发生过程中总要触及某些物品，侵害某些客体，并在绝大多数发生事故的现场遗留下某些痕迹和物证。在一些事故现场中，当事人为逃避责任，会千方百计地破坏和伪造现场。无论是伪造还是没有伪造过的，现场的一切现象都反映了现场的实际情况，通过这些现象能辨别事件的真伪。把它们准确地记录下来，使之成为完整现场记录的一部分，在审理和调查的工作中具有重要的作用。它为研究事故性质、分析事故进程、进行现场试验提供资料，为技术检验、鉴定提供条件，为审理提供证据。所以，现场照相是现场勘查工作的重要组成部分和不可或缺的技术手段。

1. 现场照相的内容和要求

现场照相应包括记录事故发生时间、空间及各自的特点，事故活动的现场客观情况以及造成事故事实的客观条件和产生的结果，形成事故现场的主体的各种迹象。

（1）现场环境照相。即记录现场所处的位置及现场周围环境。凡是与事故有关的场所、景物都是拍照的范围，用以说明事故场所、环境特点、气氛、季节、气候、地点、方向、位置以及现场与周围环境的联系。

现场环境照相包括的范围较大，所以拍照点应选在较高、较远而又能显示现场及其环境特点的位置，并把那些能显示现场位置的永久性标志，如商场、车站、桥梁、街名、门牌、路标等拍摄在画面的明显位置上。

（2）现场概貌照相。即记录除了现场周围环境以外的整个现场状况。它表达现场内部情景，即记录事故现场内部的空间、地势、范围，以及事故全过程在现场所触及的一切现象和物体。现场概貌照相反映事故现场内部各个物体之间的联系和特点，表明现场的全部状况和各个具体细节，说明现场的基本特征，使人们看了后能对现场的范围、整个状况、特点等有一个比较完整的概念。

在进行现场概貌照相时，对现场的范围、现场内的物品、痕迹物证以及遗留痕迹物证的位置等现场全部状况，要完整、系统、全面地反映出来，切忌杂乱无章地盲目乱拍。

实践证明，在现场概貌照相中如果有遗漏，特别是与事故活动有关的物品没有拍照记录下来，就难以说明问题，给事故调查带来许多困难，甚至造成无法弥补的损失。在许多现场，当事故性质尚不明确时，切忌轻率地确定哪些不拍。因为现场上有些物品，在勘查和拍照阶段认为与事故有关或者无关，而之后证明恰恰相反。可见，只有客观、系统地全面拍照，才能避免遗漏或者搞错。

（3）现场重点部位照相。现场重点部位照相是指拍摄与事故有关的现场重要地段，对审理、证实事故情况有重要意义的现场物体的状况、特点，现场遗留的与事故有关的物证的位置和物证与物证之间的特点等，以反映它们与现场以及现场有关物体的关系。

由于不同性质的事故有不同的拍照重点，同类性质事故的拍照重点也不尽相同，所以拍照时，要根据事故的具体情况，确定现场的拍照重点。

事故现场的重点部位都是现场勘查工作的主要目标。所以在拍照时不但要求质量高，而且要求数量多。一个现场，特别是复杂现场，有多处重点部位或重点物品，对它们都要一一拍照，而且在许多情况下还要采取不同角度拍照。现场重点部位拍照往往在整套现场照相中占有重要的位置和较多的数量。所以现场照相人员应当认真地拍好现场的每个重点部位或重点物品，使其能在审理中充分发挥应有的作用。

（4）现场细目照相。现场细目照相是拍摄现场存在的具有检验鉴定价值和证据作用的各种痕迹、物证，以反映其形状、大小和特征。细目照相的内容很多，如尸体、活体上的痕迹，血迹的滴溅或喷溅方向，触电事故的电击点，火灾事故的起火点，交通事故的接触点以及工具的形状、号码、破损情况，撬压工具，脚印，文字，附着物等。现场细目照相所获取的痕迹、物证，对揭露与证实事故真相具有重要的意义。

由于细目照片多用于技术检验、鉴定工作，所以必须按照技术检验和鉴定工作的要求进行拍照。其基本的原则如下：

1）要准确地反映留在现场的痕迹、物证的位置，证明痕迹、物证是在现场遗留的，同时为研究痕迹、物证的形成条件提供依据。

2）必须保证所拍摄的痕迹、物证影像不变形，即拍照时必须使被拍照的痕迹、物证与镜头、感光片二者平面保持平行。

3）必须准确地体现被拍物体和痕迹的花纹大小、粗细、长短等特征。

4）拍摄现场的痕迹、物证时，配光方向角度、影像的色调要和样本材料相一致，才能为检验提供有利条件。

5）痕迹、物证的特征必须保证清晰逼真。

2. 现场照相的步骤

为避免拍照的盲目性，达到现场照相的预期目的，现场照相应按照次序有计划、有步骤地进行。

一是酝酿阶段。现场照相人员到达现场后，应先了解事故信息，对现场有个概括的了解，勾画出现场的轮廓。

二是主题的提炼阶段。即通过对现场的观察了解，确定表现现场的中心思想和本质特征。

三是选择题材阶段。即根据事故发生过程、手段、方法以及重点部位和现场状况的特点，确定拍照的范围和具体对象。

四是现场照片布局结构的确定阶段。主要是依据现场具体对象的特点和现场照片布局结构的要求，采取相应的表达形式，从而确定画面构图形式和拍摄位置。

五是在弄清上述情况的前提下，确定拍照现场的具体顺序和拍照方法。即制订出拍照计划，使现场拍照有条不紊地进行。

为使现场不遭受人为的或者其他外界因素的影响和破坏，一般应先拍原始的，后拍已移动的；先拍地面的，后拍高处的；先拍容易破坏的或容易消失的，后拍不容易破坏或消失的。

在多数情况下，首先拍摄整个原始现场的概貌。如果有几处现场时，应先拍中心现场，再分别拍摄各个关联的现场，然后用一两个镜头把各个现场的位置反映出来。之后，应拍摄比较明显的或已确定的现场重点部位、重点物品和遗留痕迹、物证的原始状况及其所在位置。对那些不明显的重点部位，要随着勘查工作的进展，及时发现及时拍照。现场概貌照相和现场重点部位照相完成之后，可拍摄现场方位。最后根据现场勘查人员的要求，拍摄在现场发现的痕迹、物证。

3. 现场照相的主要方法

现场照相的主要方法有以下几种：

（1）单向拍照法。照相机镜头从某一方向对着事故现场进行拍照，该方法只能表现现场的某一个侧面，多用于拍照范围不大、比较简单的现场。

（2）相向拍照法。相向拍照法是照相机从相对的两个方向对现场中心部分进行拍照，如图 3-1 所示。这也是在现场照相中应用比较广泛而且比较方便的一种方法，可用于进行现场方位、概貌、重点部位照相等。但应指出，相对的两个拍照点和被拍物体的中心，不一定在一条直线上，而应根据不同的现场情况，以能够表现出背景和中心物体附近的有关痕迹、物证为原则，灵活运用。

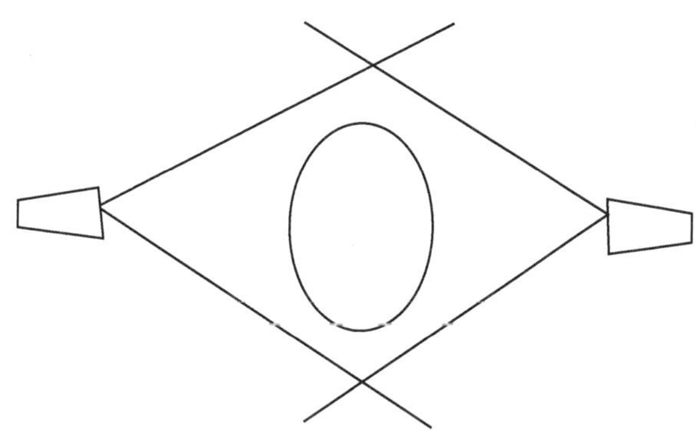

图 3-1　相向拍照法

（3）多向拍照法。多向拍照法是以现场拍照主要对象为目标，从几个不同的方向对主要对象拍照，以反映主要对象及其前景、后景和背景，表现它们的状况、位置及其相互之间的关系，如图 3-2 所示。这种方法通常是从 4 个方向对主要对象进行拍照，类似两组相向拍照法。

多向拍照法应用范围类似于双向拍照法，而且可以更好地把现场方位、环境、状况和重点部位等反映出来。但应注意如下几点：一是要选择好拍摄张数及每张照片的拍照方位和距离；二是照相用光、拍照方法、冲洗工艺、照片色调、尺寸大小

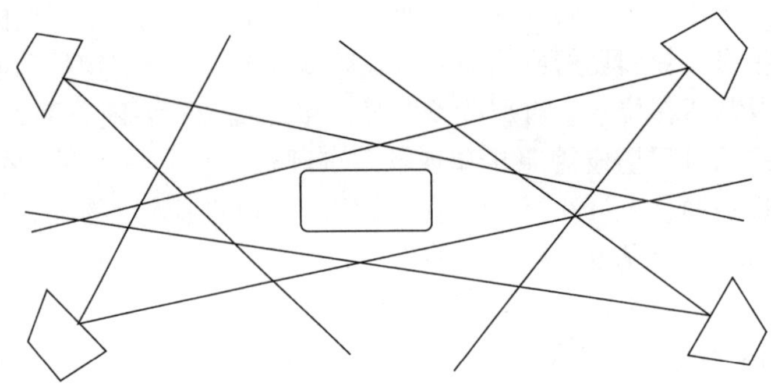

图 3-2　多向拍照法

要尽可能一致；三是张贴照片时要注意其前后左右的位置，使之构成一个互相补充、相辅相成的整体。

（4）回转分段连续拍照法。回转分段连续拍照法是将照相机固定在某一点上，只转动镜头改变角度，不改变相机的位置，将现场分段连续进行拍照，如图 3-3 所示。这种拍照方法适用于现场范围较大，没有或者不宜采用广角镜头，拍照点没有后退余地，在一张照片上很难把现场全部反映出来的情况。这种方法通常用于现状方位和现场概貌照相，现场重点部位照相则很少采用。

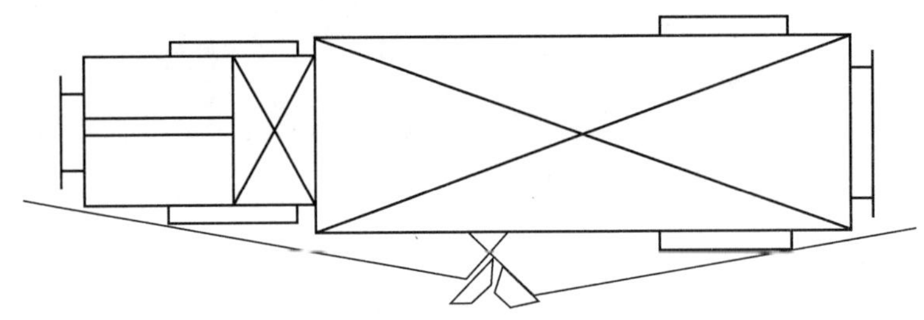

图 3-3　回转分段连续拍照法

（5）直线分段连续拍照法。直线分段连续拍照法是将照相机沿着被拍物体的平面开始移动分段拍照，然后把分段拍得的照片拼成一张完整的现场照片，如图 3-4 所示。

这种拍照方法主要用于被拍对象在同一平面，如狭长地带、成趟足迹、长条车轮痕迹、房屋正面、道路、墙壁、篱笆等对象。

（6）测量拍照法。这种方法是在被拍现场和物体的适当位置或痕迹的同一平面使用测量尺进行拍照。在现场照相中最常用的是厘米比例尺拍照法，这种照相方

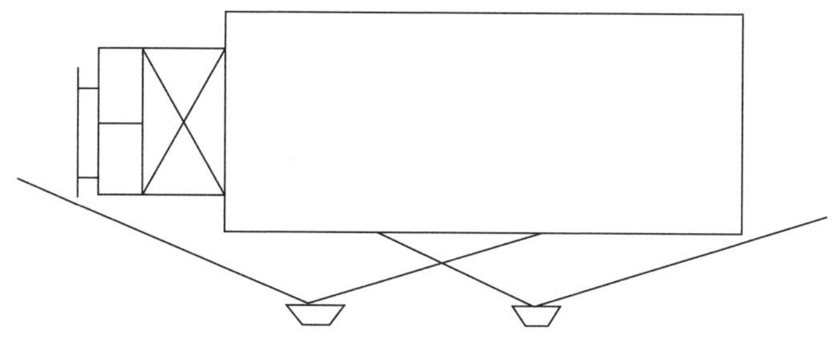

图 3-4 直线分段连续拍照法

法常常用于固定现场上所发现的痕迹、物证、碎片以及伤痕等情况。

此外，还有除去阴影的脱影照相法，利用物面和痕迹对光反射能力不同来显示痕迹的反射拍照法，利用光的透过特性、物体本身的透光程度和在实物面存在痕迹的阻光程度来显示痕迹的透射拍照法及空中拍照法等方法。

现场照相中应注重如下几点：

（1）当接近事故现场时，应先照几个基本照，如标准的 4 个方向的同距离照片，并从制高点拍摄现场全景，但要记录高度和角度。

（2）尽快拍摄可能被移动的事物。这包括仪表的读数，控制器位置及任何会因天气、交通或清理人员除去的物证。

（3）在火灾事故中，拍摄火焰和烟雾。因为火焰的颜色直接反映燃烧的温度，如黄白色火焰约为 1 500 ℃，红色火焰约为 500 ℃；而烟雾则能指出所燃烧的物质，如汽油、橡胶燃烧会产生浓黑烟，木、纸、植物等燃烧则是淡白烟，金属燃烧则伴有闪光等。

（4）拍摄残片等应靠近一些以保证清晰，但又要保持一定距离以表明相互关系。

（5）拍照中应尽量摄入一些熟悉的物体作为参照物以便进行比较。

（6）拍摄重要部件和破损表面的特写时，应用直尺或其他类似物表明尺寸，或在照片中摄入已知尺寸的物体，同时选用一个广角显示部件之间的关系。

（7）应做好拍照记录，将拍照物体、目的、类型等记录完全。而对于拍照条件和程序、照明性质、拍照时间、拍照地点等，最好在现场平面图或示意图上注明。

（8）围观的人群也应加以拍摄，因为通常故意破坏者，如纵火者，可能会混入人群进行围观。

六、事故现场图与表格

现场绘图也是一种记录现场的重要手段。现场绘图与现场笔录、现场照相均有各自特点，相辅相成，不能互相取代。现场绘图是运用制图学的原理和方法，通过几何图形来表示现场活动的空间形态，是记录事故现场的重要形式，能比较精确地反映现场重要物品的位置和比例关系。

1. 现场绘图的作用

现场绘图的作用概括起来有以下 3 点：

（1）能用简明的线条、图形，把人无法直接看到或无法一次看到的整体情况、位置、周围环境、内部结构状态清楚地反映出来。

（2）能把与事故有关的物证、痕迹的位置、形状、大小及其相互关系形象地反映出来。

（3）对现场必须专门固定反映的情况，如有关物证、痕迹等的地面与空间位置，事故前后现场的状态，事故中人流、物流的运动轨迹等，可通过各种现场图显示出来。

2. 事故现场图的种类

事故现场图的种类有以下 4 种：

（1）现场位置图。用于反映现场在周围环境中的位置。其中，对测量难度大的，可利用现有的厂区图、地形图等现成图纸绘制。

（2）现场全貌图。用于反映事故现场全面情况的示意图。绘制时应以事故原点为中心，将现场与事故有关人员的活动轨迹、各种物体运动轨迹、痕迹及相互间的联系反映清楚。

（3）现场中心图。用于专门反映现场某个重要部分的图形。绘制时以某一重要客体或某个地段为中心，把有关的物体痕迹反映清楚。

（4）专项图。专项图也称专业图，用于把与事故有关的工艺流程、电气、动力、管网、设备、设施的安装结构等用图形显示出来。

以上 4 种现场图，可根据不同的需要，采用比例图、示意图、平面图、立体图、投影图的绘制方式来表现，也可根据需要绘制出分析图、结构图以及地貌图等。

3. 现场绘图注意事项

在现场绘图中，一般应注意以下两个问题：

（1）图中应标明方向。

（2）图中应标明天气、高度、距离、时间、绘制者等有关信息。

4. 表格

表格也是一种特殊形式的现场绘图，包含的主要信息包括统计数据和测量数据。这类数据以表格的形式加以记录，既便于取用，也便于比较，对调查人员有很大的帮助。

七、典型事故的现场勘查

1. 火灾事故现场勘查

（1）火灾事故现场的特点。各类火灾事故由于发生的原因、地点、范围不同，各有其不同的特点。

1）在现场可以见到烟雾或烟熏痕迹及气味，可以为判断燃烧物质的种类提供依据。

2）现场可以见到物质燃烧的火焰或燃烧痕迹，可以为判断起火时间、可燃物质的种类和确定起火点提供依据。

3）现场都有起火点，可以为查明起火原因、确定火灾事故性质提供依据。

4）绝大多数火灾现场为变动现场，因为火灾发生后人们所采取的扑救活动必定会使原来的燃烧痕迹损坏或变动，给现场勘查带来困难。

（2）火灾事故现场勘查步骤和重点如下：

1）环境勘查，确定起火范围。在现场外围对火场巡视和视察，以便对整个现场获得一个总体印象，并确定周围环境与火灾事故的可能联系。

2）初步勘查，确定起火部位。在不触动现场物体、不改变物体原始状态的情况下，判断火势蔓延的路线和过程，大体确定起火部位和下一步勘查的重点。

3）详细勘查，确定起火点。在不破坏初步勘查所发现的痕迹、物证的原则下，对其逐一翻动检查。根据主要情况，仔细研究每一种现象和各个痕迹形成的原因，进一步确定最初起火点和推断起火原因。

4）专项勘查，确定起火原因。对火灾现场找到的发火物、发热体及其可以供给火源能量的物体或物质进行专门检查。根据它们的性能、用途、使用有效状态、变化特征、有无故障，分析造成火灾的原因。

在火灾事故现场勘查中主要应解决的问题是查明火灾发生的原因，凡与起火原因有关的部位、地点和场所都是勘查的重点。

2. 机动车辆事故现场勘查

机动车辆事故现场是指发生事故的车辆、伤亡人员及与事故有关的遗留物、痕迹所在的路段和地点。

机动车辆事故最显著的特点就是现场均能见到明显的痕迹、物证，如刹车痕迹、碰撞痕迹、遗落的物品（灯罩、玻璃、碎片、油漆片等）。

（1）现场勘查的基本方法和步骤如下：

1）范围较小的现场，肇事车辆和痕迹相对集中，可以肇事车辆和痕迹集中的地点为中心，采取由内向外勘查的方法。

2）范围较大的现场，肇事车辆和痕迹物证相对分散。为防止远处的痕迹被破坏，可由外向内勘查。

3）对车辆、痕迹比较分散的重大事故现场，可以从事故发生的起点向终点分段推进或从痕迹、物证容易受到破坏的路段开始勘查。

（2）现场勘查的重点如下：

1）勘查现场道路、地形、地貌，以发现道路状况、天气状况以及路面自然损坏状况及其对车辆的影响。

2）勘查现场路面上的痕迹、物证，如车辆上的机件、玻璃碎片、制动拖印和轮胎挫划痕迹，以判断车辆在肇事过程中双方接触点的位置及车辆行驶路线、速度和驾驶员采取措施的情况。

3）勘查肇事车辆和伤亡人员身体情况，以分析出事故当时车辆和行人的方向、速度、接触状况，为最终判断事故原因提供重要依据。

3. 爆炸事故现场勘查

常见的爆炸事故包括炸药爆炸、可燃气体爆炸、压力容器爆炸、粉尘爆炸 4 种类型。

（1）爆炸事故现场的特点如下：

1）现场的建筑物、构筑物等有时会全部或部分坍塌、破坏甚至燃烧。

2）爆炸时产生的高温、高压或由于煤气、火炉、电器、电线等损坏，造成现场起火。

3）勘查人员进入现场有一定的危险性。

4）发生爆炸后，由于现场抢救等原因，很少存在原始现场，大都属于变动现场。

5）痕迹、器具等物证因爆炸而抛离中心现场，取证较为困难。

（2）爆炸事故现场勘查的重点如下：

1）炸药爆炸事故现场勘查重点如下：

①判明爆炸性质。即判明属气体爆炸还是炸药爆炸。

②炸点的勘查。炸点即爆炸原点，对其的勘查包括炸点的炸坑形状大小，坑口直径、深度及炸点底的物质类型，炸坑的气味，烟痕等。

③爆炸残留物的勘查。这是分析炸药种类和引爆装置的重要依据。

④抛出物的勘查。抛出物主要指因爆炸而抛射出炸点的物质，炸点周围的物质及炸药的包装物、捆绑物等。

2）非炸药化学爆炸事故现场勘查重点如下：

①找出起爆能源，可结合细致勘查和现场试验两种手段进行。

②找出可爆物来源，对气体要找出泄漏点，对粉尘要勘查粉尘存在的可能性及爆炸的条件。

4. 触电伤亡事故现场勘查

（1）触电伤亡事故的类型。触电伤亡事故主要有以下 5 种类型：

1）直接触电。

2）接触电压和跨步电压触电。

3）感应电压触电。

4）剩余电荷触电。

5）静电危害。

（2）触电事故勘查的基本步骤如下：

1）检查事故现场的保护动作指示情况，如各级断电保护动作指示，以及各种开关的整定电流、时限、保险熔丝等，判断事故是否由短路引起保护装置动作失灵造成。

2）检查事故设备的损坏部位和损坏程度，初步找到漏电部位。

3）查阅当时及历史资料，如天气、温度、运行电流、电压、电流及其他有关记录。

4）现场测试。根据不同的触电事故可采用不同的现场测试项目，如测量两相触电事故，应分别测量两相对地电压及相间电压等。

5）现场痕迹的提取。应认真查找所有可能存在的痕迹、物证，包括绝缘物损坏漏电痕迹，触电点处痕迹，电气设备、导线受外力作用的分离痕迹，老化痕迹，击穿痕迹，人为痕迹等。

6）通过上述调查、测试，进行相关的研究分析，逐项排除疑点，最后找出事故的原因。

5. 矿山事故现场勘查

（1）矿山事故的特点如下：

1）空间狭小，设备多而杂，井下生产和安全的管理难度较大。

2）工作面逐步变动，生产条件也会发生变化，给安全生产造成威胁。

3）作业环境差，包括有毒有害气体、矿尘和噪声、井下漏水、积水、淋水等。

4）易燃、易爆、有害气体多，如一氧化碳、甲烷、氨气、硫化氢、二氧化氮、二氧化硫等气体和煤尘、硫化矿尘等。

5）采掘中原岩内的应力平衡受破坏，可能导致冒顶、片帮、底鼓、支架变形甚至大面积塌落、地表移动以及煤与瓦斯突出等一系列事故。

（2）瓦斯燃烧与爆炸事故现场勘查的重点。为查清事故的直接原因，要查清下面3个重点问题：

1）查明瓦斯积聚的原因，包括瓦斯浓度的检查与监测、瓦斯来源的分析等。

2）防止瓦斯引燃措施的情况调查，包括人为火源的引入，机械、电气设备及爆破系统可能出现的问题，静电放电可能性的勘查，机械摩擦火花和发热可能性的勘查等。

3）检查防止一氧化碳中毒、爆炸、透水、冒顶等二次事故发生，保障人身安全的措施。

（3）顶板事故的现场勘查重点如下：

1）应注意了解事故前在场人员是否发现险情，发现后是否采取了措施；了解事故前在场人员是否采用木楔法、标记法、听音判断法、震动法或使用顶板报警器等方法进行顶板检查，从而看出事故发生前是否有严格的检查制度和具体措施。

2）支护问题的勘查。支护问题主要有支护设计问题，包括开采方法不当，特殊支护措施不当，紧度、强度不同等方面；支护质量问题，主要考虑支护方法造成的支护质量不合格和空顶问题两个方面；支护材质问题，主要指材质损坏、支栏过期等因素。

（4）矿山透水事故的现场勘查重点如下：

1）查明透水的地点、性质，推断透水量，了解静止水位。

2）了解发生事故前矿区、矿井的水文地质情况有无勘探清楚，查明生产作业中接近采空区、充水断层、含水层等地带是否违章、盲目施工。

3）现场水泵房仓容积或水泵设计排水能力有无问题。

4）是否执行现场防透水安全措施，有无安全设备。

5）在出现透水征兆后是否有强令冒险作业的行为。

6. 建筑物倒塌事故现场勘查

建筑物倒塌是建筑工程质量事故中的常见事故。尽管倒塌事故的表现形式多种多样，但归纳起来只有整体倒塌和局部倒塌两种。

任何倒塌事故都是结构丧失承载能力所致，其原因包括强度不足、刚度不足和稳定性不够 3 个方面。

倒塌事故分为以下 5 种类型：

(1) 砖柱倒塌事故。其倒塌原因有断面过小、高度过大、计算错误或超载、组砖方法错误和施工马虎等。

(2) 砖墙倒塌事故。其倒塌原因与砖柱倒塌大致相同，通常失稳倒塌情况较多。

(3) 楼板塌落事故。其倒塌原因有钢筋数量少或板厚不够、混凝土标号不足、预应力损失、上面堆放过重的材料或构件等。

(4) 阳台和雨篷倒塌事故。其倒塌原因有荷载漏算或配筋不足造成强度不足；受力钢筋放反；施工时不注意，使主筋向下位移，从而丧失或降低承载能力；顶部的阳台或雨篷因施工中过早拆除支撑，或所设计的抗倾安全度不符合规范要求等。

(5) 模板倒塌事故。其倒塌原因有使用的支柱非计算确定，间距布置不合理，或使用直径过小的杆件，造成模板下部的横梁或立柱强度不够；立柱间的斜拉杆不足或不设支撑体系，没有形成牢固的空间整体造成失稳等。

现场勘查中应重点勘验建筑物的支撑、地基、荷载量、施工方法等情况。要进行拍照和详细地测量并认真做好记录。

7. 中毒事故现场勘查

中毒事故是指生活、生产工作环境里的有毒物质因失控而造成人员伤亡的事件。

(1) 中毒事故的类型。根据毒物的来源及中毒环境可将中毒事故划分为以下 4 种类型：

1) 生态环境型。人类将大量有害物质排入环境，破坏了生态平衡，并导致一定范围内中毒事故的发生。

2) 食品型。由于有毒食品进入市场，使食用人群发生中毒。食品中可能存在并随之进入人体的有毒物质包括动植物食品中的天然毒素、食品添加剂、农用化学品、工业“三废”污染物、微生物及真菌或其代谢产物及其他有害化合物等。

3) 工业生产型。工业生产，尤其是化工工业生产中，有毒的原料、中间体、成品、助剂、杂质和废弃物等与可能接触毒物者的皮肤接触，或有毒物以气体、蒸气、粉尘、烟、雾等形态溢散到空气中，经呼吸道进入人体。

4）使用型。在工业、农业、科研、医疗、生活中使用有毒物质不当，如包装不合格、使用管理制度不健全、缺少毒物安全使用知识、误用等原因造成中毒事故。

（2）中毒事故的现场实地勘查步骤如下：

1）外围勘查，确定勘查范围。从事故的发生过程及可疑毒物，以及当时的气温、湿度、风向、水的情况，初步判断毒物的扩散程度及范围，确定勘验范围及重点。

2）现场毒物控测。在外围勘查后进行，以初步判明空气中毒物浓度，由此保障勘查人员的安全。

3）初步勘查，推测毒物源。其目的是熟悉现场概貌，初步判明毒物源、毒物的扩散方向，初步估计出因急救等引起的现场破坏情况，设计出详细的勘查方案。

4）详细勘查，确定毒物源，推断中毒事故的原因。主要工作包括对现场进行完整的记录；发现、提取现场与中毒事故发生有关的痕迹、物证；确定毒物源及毒物扩散路线和程度；查明毒物泄漏的原因；判断毒物对人员损害的经过，进而推断出中毒事故的原因。

8. 高空坠落事故现场勘查

高空坠落大多发生于生产作业当中，尤其是建筑业比例相对较高。

（1）高空坠落事故的种类。高空坠落事故大体可划分为以下 6 种类型：

1）洞口（预留洞口、通道口、楼梯口、电梯井口、阳台口）坠落。

2）施工脚手架坠落。

3）悬空高处作业坠落。

4）屋面质量问题和超负荷坠落。

5）拆除工程中的坠落。

6）登高过程中的坠落。

高空坠落的主要原因包括管理缺陷、行为失误、安全设施不完善、各种作业环境影响等。

（2）高空坠落事故的特点。高空坠落多发生在生产作业当中，一般都会有目击者，坠落地点明确，经常散落死伤者的血迹、鞋子、安全帽、工具等物品。

（3）高空坠落事故的现场勘查重点。高空坠落事故的现场勘查一般采取由下向上的顺序进行。首先应对现场地面上的痕迹、物证进行勘查，重点记录血迹的面积、穿戴物品和使用工具散落的范围、距嫌疑建筑物的水平距离和地面上承载客体的受损情况。

由坠落终止点向上观察，对怀疑为坠落运动轨迹经过的所有部位（包括安全网、护栏、脚手架、升降机架、洞壁等）进行勘验，并逐层详细记录上面的擦划痕迹、血迹和损坏的情况，最终确定坠落的起点。

对坠落起点处的擦蹭痕迹进行测量和拍照固定，并与坠落人身上及衣物的有关痕迹进行对比检验，确定坠落的方式。同时对坠落起点附近和上方进行详细勘查，以确定附近有无可造成触电的设备和上方有无重物坠落打击的可能。最后综合法医对尸体的解剖检验结果，确定坠落者致死的原因，进而确定事故的性质，查清事故真相。

第四节　事故分析与验证

事故分析是根据事故调查所取得的证据，进行事故原因分析和责任分析。事故原因分析包括分析事故的直接原因、间接原因和主要原因，事故责任分析包括分析事故的直接责任者、领导责任者和主要责任者。

事故分析包括现场分析和事后深入分析两部分。现场分析又称为临场分析或现场讨论，是在现场实地勘验和现场访问结束后，由所有参加现场勘查人员，全面汇总现场实地勘验和现场访问所得的材料，并在此基础上，对事故有关情况进行分析研究和确定对现场的处置的一项活动。它既是现场勘查活动中一个必不可少的环节，也是现场处理结束后进行深入分析的基础。而事后深入分析则是在充分掌握资料和现场分析的基础上，进行全面、深入、细致的分析，其目的不仅在于找出事故的责任者并做出处理，而且在于发现事故的根本原因，并找出预防和控制的方法和手段，达到事故调查处理的最终目的。

一、现场分析

1. 现场分析的意义

现场分析在事故现场勘查中具有以下重要作用：

（1）现场分析是对全部勘查材料的汇总和对勘查工作的检查。由于现场勘查是一项综合性较强的工作，现场有关人员各自掌握的材料都是分散的、局部的，只有将这些材料汇总于一起，才能为全面查清事故发生的全部事实打下基础。

（2）现场分析是对已收集的材料从现象上升到本质的认识过程。虽然通过现场勘查获得的材料相当丰富，但这些材料只能反映事故事实的某一方面或表面现象，只有将获取的材料进行综合分析，相互补充，才能得出较为客观、正确的结论。

（3）现场分析能够充分发挥所有现场勘查人员的智慧，调动他们的工作积极性，有利于正确认识现场，全面查清事故发生的原因，保证事故处理工作的进一步开展。

2. 现场分析的任务

在事故现场处理工作中，现场分析的任务是多方面的，一般均包括以下几点：

（1）分析事故性质。决定如何开展下一步工作。

（2）分析事故原因。确定事故的直接原因和间接原因。

（3）分析与事故发生有关的其他情况。分析事故发生的时间、事故发生的过程、事故发生造成的后果等。

3. 现场分析的原则和要求

为了保证现场分析结果的正确性，现场分析过程必须遵守以下原则和要求：

（1）必须把现场勘查中收集的材料作为分析的基础。同时，在分析前应对已收集的材料甄别真伪。

（2）既要以同类现场的一般规律作指导，又要从个别案件实际出发。

（3）综合各方面的意见，得出科学的结论。

4. 现场分析的步骤

现场分析的步骤如下：

（1）汇集材料。汇集材料一般采用分门别类的方法进行。

（2）个别分析。对全部材料逐一分析，单独考虑，从而查明事故发生的全部情况。个别分析包括对各访问材料的分析和对痕迹、物证的分析等。

（3）综合分析。在对各方面情况已有了初步了解的基础上，将所有材料集中起来，找出能共同证明某一问题的材料，从而判断事故的直接原因。

5. 现场分析的方法

现场分析的方法主要有以下 4 种：

（1）比较。即将分别收集的两个以上的现场勘查材料加以对比，以确定其真实性和相互补充、印证的一种方法。比较的内容通常如下：现场实地勘验所见现场情况与现场目击者、操作者等不同被访问人所述材料，提取的痕迹、物证与尸体或伤情检验材料，收集的有关规章制度与实地勘验所见执行情况等。

（2）综合。即将现场勘查材料汇集起来，然后就事故事实的各个方面加以分析，由局部到整体，由个别到全面的认识过程。

（3）假设。即根据现场有关情况推测某一事实的存在，然后用汇总的现场材料和有关科学知识加以证实或否定。

（4）推理。即从已知的现场材料推断未知事故发生的有关情况的思维活动。现场分析人员要运用逻辑推理方法，对事故发生的原因、过程、直接责任人等进行推论，这也是揭示事故本质的必经途径。

二、事后深入分析

对于较为严重或复杂的事故，特别是重特大伤亡或损失事故，仅仅依赖现场分析是远远不够的。大多数事故都应在现场分析及所收集材料的基础上进行进一步的去粗取精、去伪存真、由此及彼、由表及里的深入分析，只有这样，才有可能找出事故的根本原因和预防与控制事故的最佳手段。事后深入分析相对于现场分析来说时间性不是很强，因而可以更多、更全面地分析相关资料，聘请一些水平较高但受各种因素限制不能参与现场分析的专家，进行更为深入、全面的分析。

这类事故分析方法可分为综合分析法、个别案例技术分析法和系统安全分析方法三大类。

1. 综合分析法

这是针对大量事故案例进行事故分析的一种方法。它总结事故发生、发展的规律，有针对性地提出普遍适用的预防措施。该类方法大体上分为统计分析法和按专业分析法。

统计分析法是以某一地区或某个单位历来发生的事故为对象，进行统计综合分析。按专业分析法则是将大量同类事故的资料进行加工、整理，提出预防事故的措施。按专业分析法可对不同事故类型，如爆破、煤气、厂内运输、机械、电气等事故进行分析，得出结论。

2. 个别案例技术分析法

这是针对某个事故案例，特别是重大事故，从技术方面进行的事故分析方法。即应用工程技术知识、生产工艺原理及社会学等多学科的知识，对个别案例研究事故的影响因素及其组合关系，或根据某些现象推断事故过程。

这种分析法一般分为以下4种类型：

（1）根据基本技术原理进行分析。例如，根据生产工艺原理、工程力学原理、矿山岩体力学原理、燃烧爆炸机理、静电理论等分析事故。例如，某锌厂以粉煤和浸漆罐爆炸为对象，重点从爆炸的条件，即空气、可燃物与空气以特定比例进行混合，及具有火源或超限量能量入手进行分析，提出了防范爆炸事故的具体措施。

（2）以基本计算进行分析。例如，某氧气厂针对氧气管道与阀门发生的造成3人死亡的燃烧事故，通过计算管道流量、流速，找出了管道内积存的可燃性杂质是发生事故的基本因素，并提出了有效防范措施。

（3）从中毒机理进行分析。例如，某冶炼厂电炉检修时，因炉内洒水降温，产生有毒气体砷化氢，导致3人死亡。该厂从中毒机理、产生砷化氢的化学反应及根源上分析事故原因，提出了防范措施。

（4）以责任分析法进行分析。该方法着重对作业者、肇事者、生产指挥者、企业级领导及事故涉及的有关人员的个人表现进行分析，重点分析人的不安全行为，以及在管理上和操作上的违章、违纪行为等。

3. 系统安全分析方法

系统安全分析是运用逻辑学和数学方法，结合自然科学和社会科学的有关理论，分析系统的安全性能，揭示其潜在的危险性和事故发生的概率以及可能产生的伤害和损失的严重程度。

系统安全分析是系统安全的重要内容之一，是进行安全评价和危险控制以及安全防护的前提和依据。只有准确地分析，才能正确地评价，才有可能采取相应的安全措施，消除或控制事故的发生。

系统安全分析当然也适用于在事故调查中进行事故原因的分析。常用的系统安全分析方法，如故障树分析（FTA）、事件树分析（ETA）、变化分析等，都可以应用于事故分析中，只是需要在应用时根据具体情况，适当地选用有关方法。各种系统安全分析方法，请参考有关系统安全或安全系统工程类书籍，本书不再赘述。

此外，各种事故致因理论也可用于进行事故分析，也是系统安全分析方法的一个重要组成部分。

第五节　事故处理

在完成伤亡事故分析之后，事故调查与处理的最后一项工作就是事故的报告与处理。

一、伤亡事故的处理与结案

伤亡事故发生后，应按照“四不放过”的原则，进行调查处理。即事故原因未查清不放过、事故人员未处理不放过、有关人员未受到教育不放过、整改措施未落实不放过。

对于事故责任者的处理，应坚持“思想教育从严，行政处理从宽”的原则。

但是对于情节特别恶劣，后果特别严重，构成犯罪的责任者，要坚决依法惩处。

1. 事故处理结案程序

根据《生产安全事故报告和调查处理条例》（以下简称《条例》）的规定，生产安全事故一般为4个等级，它是根据事故造成的人员伤亡或者直接经济损失分类的。①特别重大事故，是指造成30人以上死亡，或者100人以上重伤（包括急性工业中毒，下同），或者1亿元以上直接经济损失的事故。②重大事故，是指造成10人以上30人以下死亡，或者50人以上100人以下重伤，或者5 000万元以上1亿元以下直接经济损失的事故。③较大事故，是指造成3人以上10人以下死亡，或者10人以上50人以下重伤，或者1 000万元以上5 000万元以下直接经济损失的事故。④一般事故，是指造成3人以下死亡，或者10人以下重伤，或者1 000万元以下直接经济损失的事故。《条例》第三十二条规定，重大事故、较大事故、一般事故，负责事故调查的人民政府应当自收到事故调查报告之日起15日内做出批复；特别重大事故，30日内做出批复，特殊情况下，批复时间可以适当延长，但延长的时间最长不超过30日。有关机关应当按照人民政府的批复，依照法律、行政法规规定的权限和程序，对事故发生单位和有关人员进行行政处罚，对负有事故责任的国家工作人员进行处分。事故发生单位应当按照负责事故调查的人民政府的批复，对本单位负有事故责任的人员进行处理。负有事故责任的人员涉嫌犯罪的，依法追究刑事责任。

伤亡事故处理结案程序因事故的严重程度不同而异。

（1）轻伤事故由企业处理结案。

（2）重伤事故由事故调查组提出处理意见，征得企业所在地应急管理部门同意后，由企业主管部门批复结案。

（3）死亡事故由事故调查组提出处理意见，处理前经市一级应急管理部门同意，由市同级企业主管部门批复结案。

（4）重大伤亡事故由事故调查组提出处理意见，处理前经省、自治区、直辖市应急管理部门审查同意，由同级企业主管部门批复结案。

（5）特别重大事故由事故调查组提出处理意见，处理前经国务院应急管理部门审查同意，由同级企业主管部门批复结案。

企业及其主管部门要根据事故调查组提出的处理意见和防范措施建议，按规定填写“企业职工伤亡调查报告书”，报经应急管理部门审批后作为处理结果。

企业在接到对伤亡事故处理的结案批复文件后，要在企业职工中公开宣布批复意见和处理结果；记载有关人员处分意见的文件资料，要存入受处分人的档案。

2. 事故结案类型

在事故处理过程中，无论事故大小都要查清责任，严肃处理，并注意区分责任事故、非责任事故和破坏事故。

（1）责任事故。因有关人员的过失而造成的事故为责任事故。

（2）非责任事故。由于自然界的因素而造成的不可抗拒的事故，或由于未知领域的技术问题而造成的事故为非责任事故。

（3）破坏事故。为达到一定目的而蓄意制造的事故为破坏事故。

3. 责任事故的处理

对于责任事故，应区分事故的直接责任者、领导责任者和主要责任者。其行为与事故的发生有直接因果关系的，为直接责任者；对事故的发生负有领导责任的，为领导责任者；在直接责任者和领导责任者中，对事故的发生起主要作用的，为主要责任者。

对事故责任者处理，一定要严肃认真。根据造成事故的责任大小和情节轻重，进行批评教育或给予必要的行政处分。对于不服管理、违反规章制度，或是强令他人违章冒险作业，因而发生重大伤亡事故，后果严重并已构成犯罪的责任者，根据《中华人民共和国刑法》第一百三十四条的规定，追究刑事责任。

（1）追究领导的责任。有下列情形之一的，应当追究有关领导的责任：

1）由于安全生产规章制度和安全操作规程不健全，职工无章可循，造成伤亡事故的。

2）对职工不按规定进行安全教育培训，或职工未经考试合格就上岗操作，造成伤亡事故的。

3）由于设备超过检修期限运行或设备有缺陷，但未采取措施，造成伤亡事故的。

4）作业环境不安全，未采取措施，造成伤亡事故的。

5）由于挪用安全技术措施经费，造成伤亡事故的。

（2）追究肇事者和有关人员责任。有下列情况之一的，应追究肇事者或有关人员的责任：

1）由于违章指挥或违章作业、冒险作业，造成伤亡事故的。

2）由于玩忽职守、违反安全生产规章制度和安全操作规程，造成伤亡事故的。

3）发现有发生事故危险的紧急情况，不立即报告，不积极采取措施，因而未能避免事故或减轻伤亡的。

4）由于不服从管理、违反劳动纪律、擅离职守或擅自开动机器设备，造成伤亡事故的。

（3）重罚的条件。有下列情形之一时，应当对有关人员从重处罚：

1）对发生的重伤或死亡事故隐瞒不报、虚报或故意拖延报告的。

2）在事故调查中，隐瞒事故真相，弄虚作假，甚至嫁祸于人的。

3）事故发生后，由于不负责任，不积极组织抢救或抢救不力，造成更大伤亡的。

4）事故发生后，不认真吸取教训、采取防范措施，致使同类事故重复发生的。

5）滥用职权，擅自处理或袒护、包庇事故责任者的。

二、事故调查报告

事故调查报告是事故调查分析研究成果的文字归纳和总结，其结论对事故处理及事故预防都起着非常重要的作用。因而，调查报告的撰写一定要在掌握大量实际调查材料并对其进行研究的基础上完成。报告内容要真实、具体，文字要生动，能够真实客观地反映事故的真相及其实质，起到启示、教育和参考作用，有益于做好事故的预防工作。

1. 事故调查报告的内容

根据《条例》，事故调查报告应当包括下列内容：

（1）事故发生单位概况。

（2）事故发生经过和事故救援情况。

（3）事故造成的人员伤亡和直接经济损失。

（4）事故发生的原因和事故性质。

（5）事故责任的认定以及对事故责任者的处理建议。

（6）事故防范和整改措施。

事故调查报告应当附具有关证据材料。事故调查组成员应当在事故调查报告上签名。

事故调查组应当自事故发生之日起 60 日内提交事故调查报告；特殊情况下，经负责事故调查的人民政府批准，提交事故调查报告的期限可以适当延长，但延长的期限最长不超过 60 日。

2. 事故调查报告的写作要求

事故调查报告的撰写应注意满足以下要求：

（1）深入调查，掌握大量的具体材料。这是撰写调查报告的基础。调查报告主要靠实际材料反映内容，所以要凭事实说话，这是衡量事故调查报告写得是否成功的关键。从写作方法上来讲，要以客观叙述为主，分析议论要少而精，点到为止。能否做到这一点，取决于调查工作是否深入、了解情况是否全面、掌握材料是否充分。

（2）反映全面，揭示本质，不做表面或片面文章。事故调查报告不能满足于罗列情况、列举事实，而要对情况和事实加以分析，得出令人信服、给人启示的相应结论。为此，要对调查材料认真鉴别分析，力求去粗取精、去伪存真、由此及彼、由表及里，从中归纳出若干规律性的内容。

（3）善于选用和安排材料，力求内容精练，富有吸引力。只有选用最关键、最能说明问题、最能揭示事故本质的典型材料，才能使报告内容精练，富有说服力。撰写调查报告要以客观叙述为主，不能对事实和情况进行文学加工，但不等于不能运用对比、衬托等修辞方法，关键要看如何运用。某一事实、某个数据如何叙述，需要仔细考虑。

3. 事故调查报告的格式

事故调查报告与一般文章相同，有标题、正文和附件三大部分。

（1）标题。作为事故调查报告，其标题一般都采用公文式，即“关于……事故的调查报告”或“……事故的调查报告”，如“深圳市清水河化学危险品仓库‘八·五’特大爆炸火灾事故调查报告”“关于辽宁省阜新市‘一一·二七’特大火灾伤亡事故的调查处理报告”等。

（2）正文。一般可分为前言、主体和结尾三部分。

1）前言。前言部分一般要写明调查简况，包括调查对象、问题、时间、地点、方法、目的和调查结果等，一般不设子标题，有时也以“事故概况”等为子标题。举例如下：2016 年 4 月 29 日 16 时 15 分，××市××工厂发生一起铝粉尘爆炸事故，死亡 4 人、伤 6 人，直接经济损失××万元。

2）主体。主体是调查报告的主要部分。这一部分应详细介绍调查中的情况和事实，以及对这些情况和事实所做出的分析。

事故调查报告的主体一般应采用纵式结构，即按事故发生的过程和事实、事故或问题的原因、事故的性质和责任、处理意见、建议的整改措施的顺序写。这种写法使读者对事故的发展过程有清楚的了解后，再阅读和领会所得出的相应结论，会感到顺畅自然。典型的正文部分的子标题如“事故发生发展过程及原因分析、事故性质和责任、结论、教训与改进措施”。

3）结尾。调查报告的结尾有多种写法。一般是在写完主体部分之后，总结全文，得出结论。这种写法能够深化主题，加深人们对全篇内容的印象。也有的事故调查报告没有单独的结尾，主体部分写完，就自然地收尾。

（3）附件。事故调查报告的最后一部分内容是附件。在事故调查报告中，为了保证正文叙述的完整性、连贯性及有关证明材料的完整性，一般采用附件的形式将有关照片、鉴定报告、各种图表附在事故调查报告之后；也有的将事故调查组成员名单，或在特别重大事故中死亡的人员名单等作为附件列于正文之后，供有关人员查阅。

三、事故资料归档

事故资料归档是伤亡事故处理的最后一个环节。事故档案是记载事故的发生、调查、登记、处理全过程的全部文字材料的总和。它对于了解情况、总结经验、吸取教训，对事故进行统计分析，改进安全生产工作及开展科研工作非常重要，也是进行事故复查、工伤保险、待遇资格认定的重要依据，还是对职工进行安全教育的最生动的教材。

一般情况下，事故处理结案后，应归档的事故资料如下：

（1）职工伤亡事故登记表。

（2）职工死亡、重伤事故调查报告书及批复。

（3）现场调查记录、图纸和照片。

（4）技术鉴定和试验报告。

（5）物证、人证材料。

（6）直接经济损失和间接经济损失材料。

（7）事故责任者的自述材料。

（8）医疗部门对伤亡人员的诊断书。

（9）发生事故时的工艺条件、操作情况和设计资料。

（10）处分决定和受处分人员的检查材料。

（11）有关事故的通报、简报及文件。

（12）调查组成员的姓名、职务及单位。

本章小结

本章主要介绍了事故调查与处理的基本理论和基本方法。通过对本章的学习，学生应了解几种典型事故的现场勘查工作、事故资料归档的要求，理解事故调查的重要性和事故调查的目的，掌握事故调查的对象、事故调查应做的准备工作、事故调查的基本程序、现场分析的意义和任务、事后深入分析的方法、伤亡事故的处理与结案的程序和要求、事故调查报告的撰写要求等。

复习思考题

1. 事故调查工作的重要性体现在哪些方面？
2. 事故调查的目的是什么？
3. 事故调查的对象如何选择？
4. 事故调查准备工作包括哪些？
5. 事故调查的物质准备包括哪些？
6. 对参与事故调查的人员有哪些要求？
7. 现场处理通常应进行哪些工作？
8. 简述事故调查计划在事故调查及处理中的作用。
9. 何为 4P 技术？它们对事故调查及处理有何重要性？
10. 简述事故调查与事故处理之间的关系。
11. 简述事故调查的基本步骤。
12. 事故调查中应注意哪些问题？
13. 事故调查报告的写作有哪些要求？
14. 生产安全事故分为几个等级？如何划分？
15. 现场分析的任务有哪些？
16. 简述事故处理结案的程序。

第四章 事故预防与控制

本章学习目标

1. 理解事故预防与控制的关系。

2. 理解事故可预防原理，掌握事故预防的宏观对策。

3. 掌握安全技术对策的基本原则和基本手段，预防事故的安全技术，避免和减少事故损失的安全技术。

4. 了解安全教育的意义，理解如何提高安全教育的效率，掌握安全教育的内容、形式和方法。

5. 了解安全检查的内容与方式，几种主要的保险险种；理解安全审查的意义和内容，保险与风险的关系；掌握安全评价的几种方法。

从安全管理的发展过程可以看出，安全管理是随着工业生产的发展而发展的，安全管理水平是随着人们对安全需求的逐步提高而提高的。安全管理的实施需要事故预防、应急措施和保险补偿手段相互间的有机结合，而事故预防则是重中之重。因此，我国的安全生产方针从“安全第一”改为“安全第一、预防为主”，又改为目前的“安全第一、预防为主、综合治理”。

第一节 事故预防与控制概述

事故预防与控制包括两部分内容，即事故预防和事故控制，前者是指采用技术和管理的手段使事故不发生，而后者则是采用技术和管理的手段使事故发生后不造成严重后果或使损失尽可能地减小。最典型的例子是火灾的预防和控制，通过规章制度和采用不可燃或不易燃材料可以避免火灾的发生，而火灾报警、喷淋装置、应急疏散措施和计划等则是在火灾发生后控制火灾和损失的手段。

对于事故的预防与控制，应从安全技术、安全教育、安全管理 3 个方面入手，采取相应措施。因为技术（engineering）、教育（education）和管理（enforcement）3 个英文单词的第一个字母均为 E，也有人称之为“3E”对策。换言之，为了防止事故发生，必须在上述 3 个方面实施事故预防与控制的对策，而且还应始终保持三者间的均衡，合理地采取相应措施，或结合使用上述措施，才有可能搞好事故预防工作，如图 4-1 所示。

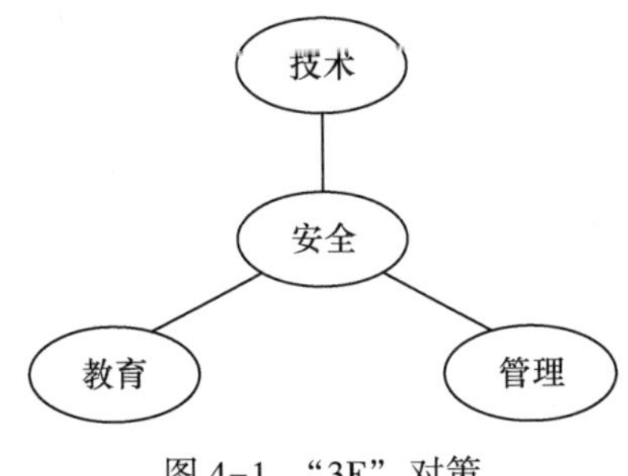

图 4-1 “3E”对策

这里，安全技术对策着重解决物的不安全状态的问题，安全教育对策和安全管理对策则主要着眼于人的不安全行为的问题。安全教育对策主要使人知道应该怎么做，而安全管理对策则是要求人必须怎么做。

从现代安全管理的观点来看，安全管理不仅要预防和控制事故，而且要给职工提供一个安全舒适的工作环境。以此为出发点可知，安全技术对策理论上应是安全管理工作者的首选，即应尽可能地以技术的手段保障安全。因为无论是安全教育还是安全管理，都不可能完全避免人为失误或者说人的不安全行为。当然，安全技术对策在技术上和经济上的可行性也是必须关注的问题。

第二节　事故可预防原理及宏观对策

一、事故可预防原理

事故预防可从两个方面去考虑：一是排除妨碍生产的因素，促进生产的发展；二是排除不安全因素，保障人民生命财产的安全。前者是从经济效益角度考虑的，后者是从保护职工角度考虑的。事故可预防原理可以从以下 3 个方面考虑：

1. “事故可以预防”原理

实质上，安全技术和安全工程学的基本内容主要是事故预防问题，它是建立在“事故可以预防”原理基础之上的。它研究和解释事故发生的原因和过程，并研究防止事故发生的理论与对策，是一门严谨的、系统的学科。应从“事故可以预防”原理出发，一方面要考虑事故发生后减少或控制事故损失的应急措施，另一方面更要考虑消除事故发生的根本措施。前者称为损失预防措施，属于消极的预防对策；后者称为事故预防措施，属于积极的预防对策。

事故预防，以往多倾向于研究事故发生后的应急对策。例如，为了减少或控制火灾、爆炸事故发生后造成的损失，常见采取诸如用防火结构的构筑物，或者限制易燃、易爆物的储存数量，或者控制一定的安全距离，或者构筑防爆墙、防油堤等预防措施，以及安装火灾报警设备、灭火器等，以便及时发现并扑灭火灾；预留安全避难设施、急救设施，以便进行事故后的紧急处理。当然，在事故预防工作中，这些预防对策都是完全必要的，但这些措施毕竟是应急措施。安全科学研究的重点是加强积极的预防对策的研究，如妥善管理事故发生源和危险物，使事故根本不可能发生，这才是事故预防的上策。而这又是建立在“事故可以预防”原理基础上的。

2. “防患于未然”原理

事故与损失是偶然性的关系。任何一次事故的发生都是其内在因素作用的结果，但事故何时发生以及发生以后是否造成损失、损失的种类、损失的程度等都是由偶然因素决定的。即使是反复出现的同类事故，各次事故的损失情况通常也是各不相同的，有的可能造成伤亡，有的可能造成物质、财产损失，有的既有伤亡、又有物质和财产的损失，也可能未造成损失（险肇事故）。例如，瓦斯爆炸事故发生以后，设备被破坏的范围及程度、人员受伤害的情况、有无火灾并发现象等，与爆炸的地点、人员所处的位置、周围可燃物的数量等偶然因素有关，人们无法预先予以判断。由此说明，由于事故与损失存在着偶然性关系，唯一的、积极的办法是防患于未然。因为只有完全防止了事故出现，才能避免由事故所引起的各种程度的损失。如果仅从事故后果的严重程度来分析事故的性质，以此作为判断事故是否需要预防的依据显然是片面的，甚至是错误的。因为它极少能反映事故前的不安全状态、不安全行为以及管理上的缺陷。因此，从预防事故的角度考虑，绝对不能以事故是否造成伤害或损失作为是否应当预防的依据。对于未发生伤害或损失的险肇事故，如果不采取及时、有效的防范措施，以后也必然会发生具有伤害或损失的偶然性事故。对于已发生伤害或损失的事故及未发生伤害或损失的险肇事故，均应全面判断隐患，分析原因。只有这样，才能准确地掌握发生事故的倾向及频率，提出比较切合实际的预防对策。

3.“事故的可能原因必须予以根除”原理

任何事故的出现，总是有原因的。事故与原因之间存在着必然性的因果关系。可按下述事故与原因的关系，去理解事故发生的经过：基础原因→间接原因→直接原因→事故→损失。

为了使预防事故的措施有效，首先应当对事故进行全面的调查和分析，准确地找出直接原因、间接原因以及基础原因。一般在事故调查报告中，只列出造成事故的直接原因，即在事故发生前的瞬间所做的或发生的事情，或者在时间上最接近事故发生的原因，而没有从管理缺陷及造成管理缺陷的基础原因去分析，所采取的预防对策也往往只是针对直接原因而言，预防措施常常无效。这是因为直接原因几乎很少是事故的根本原因。例如，一台安装在走廊上的机器漏油，使走廊的路面上积了一大摊油迹，某工人踩到油迹滑倒摔伤。若对这次事故的分析不深入，将只是针对直接原因，因有油迹而滑倒去采取预防措施——清扫走廊地面上的油迹。实际上，进一步分析原因，即找出前一个原因之所以发生的原因——为什么会漏油。不难理解，真正的预防滑倒事故发生的措施应当是防止漏油。因为漏油才是引发事故的根源。这个简化了的例子说明，即使去掉了直接原因（暂时地），但只要间接原因还存在，就会重新出现直接原因。所以，有效的事故预防措施，源于深入的原因分析。

二、事故预防的宏观对策

如同一切事物一样，事故亦有其发生、发展以及消除的过程，因而是可以预防的。事故的发展可归纳为 3 个阶段：孕育阶段、生长阶段和损失阶段。孕育阶段是事故发生的最初阶段，此时事故处于无形阶段，人们可以感觉到它的存在，而不能指出它的具体形式；生长阶段是由于基础原因的存在，出现管理缺陷，不安全状态和不安全行为得以发生，构成生产中事故隐患阶段，此时，事故处于萌芽状态，人们可以具体指出它的存在；损失阶段是生产中的危险因素被某些偶然事件触发而发生事故，造成人员伤亡和经济损失的阶段。

安全工作的目的，是要避免因发生事故而造成损失，因此要将事故消灭在孕育阶段和生长阶段。为达到这一目的，首先就需要识别事故，即在事故的孕育阶段和生长阶段中明确识别事故的危险性，所以需要进行事故的分析和评价工作。

综上所述，事故是有其固有规律的，除了人类无法左右的自然因素造成的事故

（如地震、山崩等）以外，在人类生产和生活中所发生的各种事故都是可以预防的。

事故的宏观预防工作应该遵循“全面治理”的原则，即从技术（engineering）、管理（enforcement）和教育（education）3 个方面归纳总结出的“3E”对策，这是事故预防的 3 根支柱。

1. 技术对策

在生产过程中，客观上存在的隐患是事故发生的前提。因此，要预防事故的发生，就需要针对事故隐患采取有效的技术措施进行治理。在采取有效的技术措施进行治理过程中，应当遵循的基本原则如下：

（1）消除潜在危险的对策。即从本质上消除事故隐患，其基本做法是以新的系统、新的技术和工艺代替旧的不安全的系统和工艺，从根本上消除发生事故的可能性。例如，用不可燃材料代替可燃材料，改进机器设备，消除作业环境的危险因素，消除噪声、尘毒对职工的影响等，从而最大限度地保障生产过程的安全。

（2）降低潜在危险严重度的对策。即在无法彻底消除危险的情况下，最大限度地限制和减少危险的严重度。例如，手电钻工具采用双层绝缘措施，利用变压器降低回路电压，在高压容器中安装安全阀等。

（3）闭锁对策。在系统中通过一些元器件的机器联锁或机电、电气互锁，作为保障安全的条件。例如，冲压机械的安全互锁器、电路中的自动保安器、煤矿上使用的瓦斯电闭锁装置等。

（4）能量屏蔽对策。在人、物与危险源之间设置屏障，防止意外能量作用到人体和物体上，以保障人和设备的安全。例如，建筑高空作业的安全网、核反应堆的安全壳等都起到了保护作用。

（5）距离保护对策。当危险和有害因素的伤害作用随着距离的增加而减弱时，应尽量使人与危害源距离远一些。例如，化工厂建立在远离居民区的地方，爆破时设置危险距离控制等。

（6）个体保护对策。根据不同作业性质和条件，配备相应的防护用品及用具如安全带、护目镜、绝缘手套等，以保护职工的安全与健康。

（7）警告、禁止信息对策。采用光、声、色等传递信息，以保障安全。例如，使用警灯、警报器、安全标志、宣传画等。

此外，还有时间保护对策、薄弱环节对策、坚固性对策、代替作业人员对策等，可以根据需要，确定采取相关的预防事故的技术原则。

2. 管理对策

预防事故的发生，不仅要遵循上述技术对策，而且还要在管理上采取相关的措施，才能最大限度地减少事故发生的可能性。

（1）系统整体性对策。安全工作是一项系统性、整体性的工作，它涉及企业生产过程中的各个方面。安全工作的整体性要体现出有明确的工作目标，综合地考虑问题的原因，动态地认识安全状况；落实措施要有主次，要有效地抓住各个环节，并且能够适应变化的要求。

（2）计划性对策。安全工作要有计划和规划，近期的目标和长远的目标要协调推进。工作方案及人、财、物的使用要按照规划进行，并且有最终的评价，形成闭环的管理模式。

（3）效果性对策。安全工作的好坏，要通过最终成果的指标来衡量。但是，由于安全问题的特殊性，安全工作的成果既要考虑经济效益，又要考虑社会效益。因此，正确认识和理解安全工作的效果性，是落实安全生产措施的重要前提。

（4）党政工团协调安全工作对策。党制定正确的安全生产方针和政策，教育职工和群众遵章守法，了解和解决职工的思想负担，把不安全行为变为安全行为；政府履行安全监察管理职责，不断改善劳动条件，提高企业生产的安全性；工会代表职工的利益，监督政府和企业把安全工作搞好；青年是劳动力中的有生力量，青年职工中往往事故发生率高，因此，团组织动员青年开展事故预防活动，是安全生产的重要保障。

（5）责任制对策。各级政府及相关的职能部门和企事业单位应当实行安全生产责任制，对违反劳动安全法规和不负责任的人员造成的伤亡事故应当给予行政处罚，造成重大伤亡事故的应当根据《中华人民共和国刑法》，追究其刑事责任。只有将安全责任落到实处，安全生产才能得以保障，安全管理才能有效。

3. 教育对策

所谓教育对策，是指通过家庭、学校以及社会等途径的教育与培训，掌握安全知识及正确的作业方法。每个人应当从幼年时期开始学习安全知识，在大学里应当系统地学习必要的安全工程学知识；对在职人员，则应根据其具体的业务，进行包括安全技术（含事故管理技术）在内的教育；对工人应进行三级安全教育和特殊工种的培训教育。总之，教育的内容包括安全知识、安全技能、安全态度等多个方面。

上述三种对策中，首先必须提出技术对策。在事故预防对策中，应当把安全技术作为主要的研究对象，创造一种不发生事故的客观条件，或者说，创造安全生产的良好物质基础。

总之，在事故预防中，应选择最恰当的对策，而最恰当的对策是在原因分析的基础上得出的。最根本的对策则是以间接原因及基础原因为对象的对策。一旦对策确定以后，必须尽快地去实施，从总体上提高预防事故的能力，有效地控制事故，保障生产和生活的安全。

第三节　安全技术对策

安全技术对策是以工程技术手段解决安全问题，预防事故及减少事故造成的伤害和损失，是预防和控制事故的最佳安全措施。

一、安全技术对策的基本原则

安全技术可以划分为预防事故的安全技术及避免或减少事故损失的安全技术，这是事故预防和应急措施在技术上的保证。评价一个设计、设备、工艺过程是否安全，可从以下几个方面加以考虑：

1. 防止人失误的能力

设计、设备、工艺过程等必须能够防止在装配、安装、检修或操作过程中发生可能导致严重后果的人的失误。例如，对于三相电源插头，规定火线、零线、地线的分布呈等腰三角形而非正三角形，还规定三线各自的位置（如图 4-2 所示），这样就可以避免因插错位置而造成事故。否则，如果简单地设计成正三角形，即使经过严格的培训，也不可避免会因人的失误而插错。

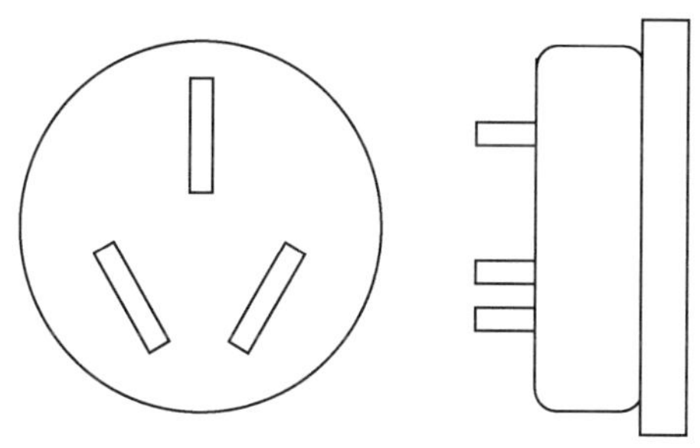

图 4-2　三相插头

2. 对人失误后果的控制能力

人的失误是不可能完全避免的，因此一旦人发生可能导致事故的失误，应能控制或限制有关部件或元件的运行，保障安全。例如，触电保安器就是在人失误触电后防止对人造成伤害的一种技术措施。

3. 防止故障传递的能力

应能防止一个部件或元件的故障引起其他部件或元件的故障，以避免事故的发生。例如，压力锅上的易熔塞会在限压阀发生故障或堵塞时自动熔开以释放压力，避免因压力超高引发锅体爆炸；电气线路中的熔断器是以熔断的方式防止过电流对其他设备造成损害。

4. 防止失误或故障导致事故的能力

应能保证有两个或两个以上相互独立的人失误或故障，或一个失误、一个故障同时发生才能导致事故。对安全水平要求较高的系统，则应通过技术手段保证至少3个或更多的失误或故障同时发生才会导致事故。常用的并联冗余系统就可以达到这个目的。

5. 承受能量释放的能力

运行过程中偶然会产生高于正常水平的能量释放，应采取措施使系统能够承受这种释放，如加大系统的安全系数。

6. 防止能量蓄积的能力

能量蓄积的结果将导致意外的、过量的能量释放，因而应采取防止能量蓄积的措施，使能量不能积聚到发生事故的水平。例如，矿井通风就可以防止瓦斯积聚到爆炸的水平，避免事故发生。

二、安全技术对策的基本手段

为使系统符合上述基本原则，人们提出了许多种实施安全技术对策的基本手段，其中最典型的包括以下几个方面：

1. 生产设备的事故防止对策

这是由日本学者北川彻三提出的，主要有以下几方面：

（1）围板、栅栏、护罩。

（2）隔离。

（3）遥控。

（4）自动化。

（5）安全装置。

（6）紧急停止。

（7）夹具。

（8）非手动装置。

（9）双手操作。

（10）断路。

（11）绝缘。

（12）接地。

（13）增加强度。

（14）遮光。

（15）改造。

（16）加固。

（17）变更。

（18）劳动防护用品。

（19）标志。

（20）换气。

（21）照明。

2. 防止能量逆流于人体的措施

美国的哈登根据能量转移论的观点，认为防止事故应着眼于防止能量的不正常转移，并据此提出了防止能量逆流于人体的措施。

（1）限制能量。例如，限制能量的转移速度和大小，使用低压测量仪表等。

（2）用较安全的能源代替危险性大的能源。例如，用水力采煤代替爆破，用煤油代替汽油作溶剂等。

（3）防止能量积聚。例如，控制易燃易爆气体的浓度，在电器上安装熔丝等。

（4）控制能量释放。例如，在电器上安装绝缘装置，在储存能源时采用保护性容器（如盛装放射性物质的专用容器），生活区远离污染源等。

（5）延缓能量释放。例如，容器上设置安全阀，座椅上设置安全带，采用吸振器件减轻振动等。

（6）开辟能量释放渠道。例如，电器安装接地电线，水电站设置泄洪闸等。

（7）在能源上设置屏障。例如，安装消声器、自动喷水灭火装置，设置防辐射的防护层等。

（8）在人、物与能源之间设置屏障。例如，设置防火门、防护罩、防爆墙等。

（9）在人与物之间设置屏障。例如，佩戴安全帽、手套，穿着防护服、安全鞋等。

（10）提高防护标准。例如，采用抗损材料、双重绝缘措施，实施远距离遥控等。

（11）改善工作条件和环境，防止损失扩大。例如，改变工艺流程，增设安全装置，建立紧急救护中心等。

（12）修复和恢复。治疗、矫正以减轻伤害程度或恢复原有功能。

上述第（1）至第（10）类即“屏障”。哈登还指出，中断能量非正常流动的屏障，在能量转移过程中建立得越早越好。潜在的事故损失越大，屏障就越应在早期建立，而且应当建立多种不同类型的屏障。

3. 消除和预防设备、环境危险和有害因素的基本原则

针对设备、环境中的各种危险和有害因素的特点，综合归纳各种消除和预防对策措施，就可得出消除和预防设备、环境危险和有害因素的基本原则。

（1）消除。从根本上消除危险和有害因素。其手段就是实现本质安全，这是预防事故的最优选择。

（2）减弱。当危险和有害因素无法消除时，则采取措施使之降低到人们可接受的水平。例如，依靠个体防护降低吸入尘毒的数量，以低毒物质代替高毒物质等。

（3）屏蔽和隔离。当消除和减弱均无法做到时，则对危险和有害因素加以屏蔽和隔离，使之无法对人造成伤害或危害。例如，设置安全罩、防护屏等。

（4）设置薄弱环节。利用薄弱元件，使危险因素在达到危险值之前就预先破坏薄弱元件，以防止重大破坏性事故。例如，安装保险丝、安全阀、爆破片等。

（5）联锁。以某种方法使一些元件相互制约以保证机器在违章操作时不能启动，或处在危险状态时自动停止。例如，起重机械设置超载限制器和行程开关。

（6）防止接近。使人不能接近危险和有害因素作用的地带，或防止危险和有害因素进入人的操作地带。例如安全栅栏、冲压设备的双手按钮等。

（7）加强。提高结构的强度，以防止由于结构破坏而导致发生事故。

（8）时间防护。使人处在危险和有害因素作用的环境中的时间缩短到安全限度之内。例如，对重体力劳动者和严重有毒有害作业人员，实行缩短工时制度。

（9）距离防护。增加危险和有害因素与人之间的距离，以减轻、消除它们对人体的作用。例如，对辐射、噪声的距离防护等。

（10）取代操作人员。对于存在严重危险和有害因素的场所，用机器人或运用自动控制技术来取代操作人员进行操作。

（11）传递警告和禁止信息。运用组织手段或技术信息告诫人避开危险或危害，或禁止人进入危险和有害区域。例如，向操作人员发布安全指令，设置声、光安全标志、信号等。

这些原则既可以单独采用，也可综合应用。例如，在增加结构强度的同时，设置薄弱环节；在减弱有害因素的同时，增加人与其之间的距离等。

三、预防事故的安全技术

通过设计来消除和控制各种危险，防止所设计的系统在研制、生产、使用和保障过程中发生导致人员伤亡和设备损坏的各种意外事故，是事故预防的最佳手段。为了全面提高现代复杂系统的安全性能，在系统安全分析的基础上，即在运用各种危险分析技术来识别和分析各种危险，确定各种潜在危险对系统影响的同时，系统设计人员必须在设计中采取各种有效措施来保证所设计的系统具有满足要求的安全性能。因此，为满足规定的安全要求，可以采用不同的安全设计方法。

1. 控制能量

对于任何事故，其后果的严重程度与事故中所涉及的能量大小紧密相关。因为事故中涉及的能量绝大多数情况下就是系统所具有的能量，因而用控制能量的方法，可以从根本上保证系统的安全性。例如，对于系统的电源部分，可以用 36 V 安全电压或电池的，尽量不用 220 V 交流电；可以用 220 V 交流电的，不用高压电，即可大大减少电气事故发生的可能性。

事故造成人员伤亡和设备损坏的严重程度随失控能量的大小而变化。例如，两辆汽车相撞损坏的严重程度与汽车所具有的动能成正比，降低汽车的速度就可以降低事故损失的严重程度。

当然，能量的类型也是很重要的一个因素。例如，假设某种性能稳定的炸药爆炸时所释放的能量与汽油燃烧时释放的能量相同，但两者产生的危险却不相同。汽油易燃，炸药则一般需要雷管或其他类型的炸药引爆，因此，前者比后者更危险。然而，炸药爆炸时能量的释放速度远比汽油燃烧时高得多，爆炸的冲击波和热量都是毁灭性的，因此从这一点上看，炸药爆炸产生的危害比汽油燃烧的危害更大。

2. 危险最小化设计

通过设计消除危险或使危险最小化，是避免事故发生，确保系统安全最有效的方法。而本质安全技术则是其中最理想的方法。

所谓本质安全技术，是指不是从外部采取附加的安全装置和设备，而是依靠自身的安全设计，进行本质方面的改善，即使发生故障或误操作，设备和系统仍能保障安全。

本质安全（intrinsic safety）一词来源于电气设备的防爆构造设计，即不附加任何安全装置，只利用本身构造的设计，限制电路自身的电压和电流来防止电弧或火花引起火灾或引燃爆炸性气体。该电气设备在正常工作时，即使发生短路、断路等异常情况，仍能保持其防爆性能。这类研究目前已扩展到了所有机械装置和其他相关领域，尤其是人的能力难以适应和控制的设备和装置。

在本质安全系统中，人发生失误也不会导致事故，因为发生事故的条件不存在。故障—安全装置和隔离等方法不能保障本质安全，因为发生事故的条件并未消除，只是采取了一定的控制措施。

当然，在设计中使系统达到本质安全是很难的，但可以通过设计使系统发生事故的风险尽可能地最小化，或降低到可接受的水平。为达到这一目的，设计系统时应从以下两个方面采取措施：

（1）通过设计消除危险。可以通过选择恰当的设计方案、工艺过程和合适的原材料来消除危险因素。例如，消除粗糙的棱边、锐角、尖端和出现缺口、破裂表面的可能性，即可大大防止皮肤割破、擦伤和刺伤类事故；在填料、液压油、溶剂和电绝缘等类产品中使用不易燃的材料，即可防止发生火灾；用气压或液压系统代替电气系统，就可以防止电气事故；用液压系统代替气压系统，即可避免因压力容器或管路破裂而产生的冲击波；用整体管路取代有多个接头的管路，以消除因接头处泄漏造成的事故；消除运输工具中的突出部位，如车辆上的把手和装饰品，就可防止突然刹车时对车内人员造成伤害；选择应用可燃材料或物体时，应选择燃烧时不产生有毒气体的材料等。

（2）降低危险严重性。在不可能完全消除危险的情况下，可以通过设计降低危险的严重性，使危险不至于对人员和设备造成严重的伤害或损失。例如，限制易燃气体的浓度，使其达不到爆炸极限；在非金属材料上采用金属镀层或喷涂其他导电物质，以限制电荷的积累，防止静电引起火灾、爆炸、设备损坏等事故；在电容器或容性电路中采用旁路电阻，以保证电源切断后，将电荷减少到可接受的水平；利用液面控制装置，防止液位过高或溢出等。

3. 隔离

隔离是采用物理分离、护板和栅栏等将已识别的危险同人员和设备隔开，以防止危险或将危险降低到最低水平，并控制危险的影响。隔离是最常用的一种安全技术措施。

预防事故发生的隔离措施包括分离和屏蔽两种。前者指空间上的分离，后者指应用物理的屏蔽措施进行隔离，它比空间上的分离更加可靠，因而最为常见。利用隔离措施，也可以将不相容的物质分开，以防止事故。例如，氧化物和还原物分开放置就可避免氧化还原反应的发生及引发事故。

隔离可用于控制能量释放所造成的影响。例如，在坚固的容器中进行爆炸试验，防止对人或其他物体的影响。

隔离也可用于防止放射源等有害物质对人体的危害。例如，X 射线室医生的含铅防护服装即可防止 X 射线对医生的伤害。

护板和外壳也常用于隔离危险的工业设备，如各种旋转部件、热表面和电气设备等。

此外，时间上的隔离也是一种隔离手段。例如，限定有害工种的工作时间就可防止受到超量的危害，保障人的安全。

常见的隔离的示例还有：将高电压部件或电路安装在保护罩、屏蔽间或栅栏中；在热源和可能因热产生有害影响的材料或部件之间设置隔热层；将电器的接插头予以封装以避免潮湿和其他有害物质的影响；利用防护罩、防护网等防止外来物卡住关键的控制装置，堵塞孔口或阀门；在微波、X 射线或核装置上安装防护屏以抑制辐射；采用带锁的门、盖板以限制接近运动机械或高压配电设备；把带油的擦布装进金属容器中，防止接触空气发生自燃等。

4. 闭锁、锁定和联锁

闭锁（lockouts）、锁定（lockins）和联锁（interlock）是另一类最常用的安全技术措施。它们的安全功能是防止不相容事件发生或事件在错误的时间发生或以错误的次序发生。

（1）闭锁和锁定。所谓闭锁，是指防止某事件发生或防止人、物等进入危险区域。例如，油罐车上的闭锁装置，可防止在车体未接地的情况下向车内加注易燃液体；将开关锁在断路位置，防止电路接通等都是闭锁的手段。

锁定则是指保持某事件或状态，或避免人、物脱离安全区域。例如，螺栓上的保险销就可防止因振动造成的螺母松动；飞机弹射座椅上的保险销可避免地面人员误启动引发弹射座椅上的雷管和火箭；停车后在车轮前后放置石块等物体，可防止车辆意外移动而引发事故等。

（2）联锁。联锁装置主要应用于电气系统中，主要目的是保证在特定的情况下某事件不发生。

1）联锁的使用。联锁常用于下面几种情况：

①在意外情况下，联锁可尽量降低某事件 B 意外出现的可能性。它要求操作人员在执行事件 B 之前，必须先执行事件 A。例如，电气线路上的铁壳开关。在一般情况下，任何想要打开铁壳开关的人，在打开开关（事件 B）的过程中实际上已经使开关内断电（事件 A）。

②在某种危险状态下，联锁可确保操作人员的安全。例如，大型冲压设备上同时设有手启动和脚踏启动开关，必须手脚同时启动，系统才能工作，保证了人在误触动某个开关的情况下不致造成伤害。

③在预定事件发生前，联锁可控制操作顺序和时间，防止错误的次序导致事故的发生。例如，为防止个人计算机的关键部件因风扇系统未启动而过热甚至损坏，计算机上的联锁装置可使启动计算机时同时启动风扇。

2）联锁的类型。联锁既可用于直接防止误操作或误动作，也可通过输出信号间接地防止误操作或误动作。联锁装置的类型较多，常见的联锁类型有以下几种：

①限位开关。当限位开关被触动时，打开或关闭电路，如吊车的高度限位开关。

②擒纵机构。通过擒纵机构，如自动离台机构等，锁住或放开运动部分。

③运动联锁。保证被保护的机构运动时防护罩等不能打开。

④双手控制。要求操作者双手控制，以防止操作者把手伸入危险区域。

⑤顺序控制。用于必须按一定次序运转的情况。

⑥定时及延时。使设备仅在规定的时间后才能工作或停止。

⑦分离通道。把电路或机械的一部分断开，以停止工作。

⑧参数敏感。根据压力、温度、流量等参数控制设备的运转。例如，当汽车速度超过 10 km/h 时，车门自动锁住。

⑨光电装置。根据光的中断或出现控制设备。

⑩磁或电磁装置。利用磁场的出现或消失控制设备。

⑪水银开关。利用水银的倾斜接通或断开电路。

5. 故障—安全设计

在系统、设备的一部分发生故障或失效的情况下，在一定时间内也能保障安全的安全技术措施称为故障—安全设计（fail-safe design）。故障—安全设计确保故障不会影响系统的安全，或使系统处于不会伤害人员或损坏设备的工作状态。一般情况下，故障—安全设计能在故障发生后，使系统、设备处于低能量状态，防止能量意外释放。

按系统、设备在其中一部分发生故障后所处的状态，故障—安全设计分为以下 3 种类型：

（1）故障—安全消极设计（fail-safe passive design）。当系统发生故障时，这种设计可使系统停止工作，并将能量降低到最低值，直至采取矫正措施。例如，电气系统中的熔断器在电路过负荷时熔断，把电路断开以保障安全。

（2）故障—安全积极设计（fail-safe active design）。故障发生后，保持系统以一种安全的形式带有正常能量，直至采取矫正措施。例如，在交通信号指示系统的大部分故障模式中，一旦发生信号系统故障，信号将转为红灯，以避免事故发生。

（3）故障—安全工作设计（fail-safe operational design）。这种设计保证在采取矫正措施前，设备、系统正常地发挥其功能。这是最理想的工作方式。例如，锅炉上的进水阀，即使阀瓣从阀杆上脱落，也能保证锅炉正常进水。

由于故障—安全装置本身也可能发生故障，因而不能将其与本质安全技术混为一谈。

6. 故障最小化

故障—安全设计在有些情况下并非总是最佳选择，如它可能会过于频繁地中断系统的运行，这对系统的运行是相当不利的，特别是对于需要连续运行的系统更是如此。例如，化工生产中的化学反应过程、高炉冶炼过程，如果中断系统运行，后果是相当严重的。因此，在故障—安全设计不可行的情况下，可采用故障最小化方法。

故障最小化方法主要有降低故障率和实施安全监控两种形式。

（1）降低故障率。降低故障率是可靠性工程中用于延长元件和整个系统的期望寿命或故障间隔时间的一种技术。降低了可能导致事故的故障的发生率，就会减少事故发生的可能性，起到预防和控制事故的作用，即以提高可靠性的方法提高系统的安全性。

元件全寿命周期的故障率，与该元件所处的寿命阶段密切相关。如图 4-3 所示，由于曲线形似浴盆，故称为浴盆曲线。该曲线表明，在元件或系统的寿命周期初期，因系统需磨合，因此故障率较高；寿命周期的后期，则因系统部分元件的磨损使故障率也明显提高；而中期阶段则故障率较为稳定。因而，降低故障率实际上

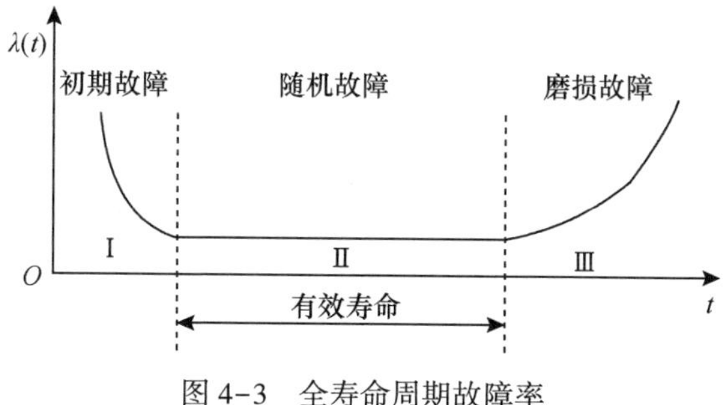

图 4-3 全寿命周期故障率

就是使浴盆的盆底尽可能地大。

降低故障率通常有以下 6 种方案：

1）安全系数。这是降低故障率的经典方法，它是通过设计使结构或材料的强度大于可能承受的应力的计算值而达到降低故障率的目的。该方法目前广泛应用于各种工程设计之中。例如，飞机和压力容器结构静强度设计的安全系数分别为 1.5 和 3.5，基本上保证了飞机和压力容器的安全性。

2）概率设计。由于在使用环境中，结构及材料的强度及其所承受的应力不是固定值，而是遵循某一分布规律的随机变量。即使在强度均值大于应力均值的情况下，由于应力与强度分布存在分散性，如零件内部有尖角，也将使设备及材料产生破坏，引起事故发生。理论计算表明，在材料强度均值相同、安全系数相同的情况下，由于应力及强度的离散程度的变化，其可靠度值可在 0.662 8~0.916 6 变化。因此，采用强度与应力分布模型开展机械结构的概率设计能更有效地降低故障率。

应力与强度的变化曲线以及应力大于强度时的故障区如图 4-4 所示。设计人员可通过以下方法来提高结构可靠性和安全性：提高结构的平均强度，即将 Q（u）曲线右移；降低结构的平均应力，即将 P（v）曲线左移；减少应力变化，即减少 P（v）曲线的分散度；减少强度变化，即减少 Q（u）曲线的分散度。

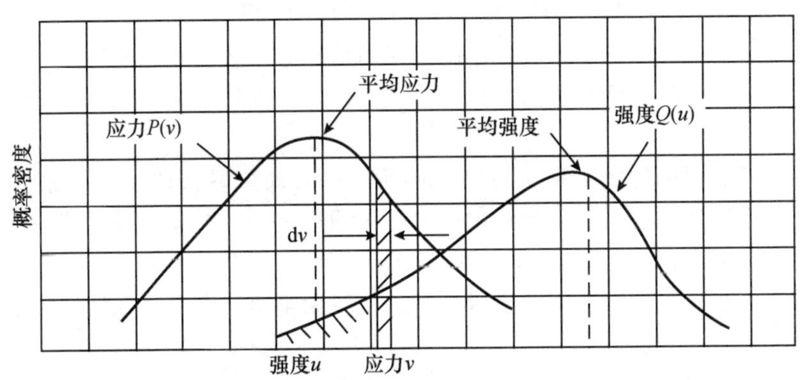

图 4-4　应力与强度的变化曲线以及应力大于强度时的故障区

3）降额（derating）。降额是使元器件以承受低于其额定的应力方式使用。电子设备通常采用电子元件降额的设计方法来提高系统及设备的可靠性及安全性。在实际应用中，实现降额的方法一种是降低元器件的工作应力，另一种是提高元器件的强度，即选用更高强度的元器件。

按降额程度的不同，一般划分为Ⅰ、Ⅱ、Ⅲ三个级别，降额程度随级别升高而递减。在设计及应用中，降额常表现为体积、质量、费用和故障率之间的一种权衡。降额参数的选择应以实际情况为依据，综合考虑安全性、可靠性、可维修性、体积和质量、寿命周期费用等方面的因素。

表 4-1 给出了根据上述 5 个因素综合打分确定降额等级的一般原则。根据每个因素的基本得分之和，11～15 分的采用Ⅰ级降额，7～10 分的采用Ⅱ级降额，低于 6 分的则采用Ⅲ级降额。

表 4-1　降额等级确定的一般原则

考虑因素	说明	得分
安全性	• 预期不出现安全性问题的系统 • 潜在破坏费用高的系统 • 危及操作人员生命安全的系统	1 分 2 分 3 分
可靠性	• 已经证实的设计，利用标准元件及（或）电路就可达到可靠性要求的系统 • 高可靠性要求，需要专门设计的系统 • 为满足先进技术要求需要采用新设计、新方案的系统	1 分 2 分 3 分
系统修理	• 易接近，且可以快速、经济修理的系统 • 修理费用高、难接近、要求技术等级高、允许可能工作时间短的系统 • 不能修理或进行修理经济上不合算的系统	1 分 2 分 3 分
体积与质量	• 无严格的限制、符合标准方法设计的系统 • 需要专门设计技术、要求难实现的系统 • 需要新方案、设计受严格限制的系统	1 分 2 分 3 分
寿命周期费用	• 修理费用省、无高备件费用的系统 • 修理费用较高、备件费用较高的系统 • 可能要求完全更换的系统	1 分 2 分 3 分

4）冗余（redundancy）。冗余是一种通过提高系统可靠性来提高安全性的常用技术。它通过采用多个部件或多个通道来实现同一功能以达到提高系统安全性及可靠性的目的。现代军用、民用飞机，航天飞机的飞行控制系统等复杂的安全关键的系统都采用了不同的冗余技术。

冗余技术一般是当采用降额等其他的方法不能满意地解决系统安全性的问题，或当改进产品所需的费用比采用冗余单元更多时采用的方法。采用冗余设计是以增加费用为代价来提高系统的安全性和可靠性的。

冗余可分为并联冗余、备用冗余、表决冗余、N 中取 K 冗余、串联冗余等。

①并联冗余（parallel redundancy）。并联冗余是在基本系统上加上一个或多个连续工作的冗余单元，使得系统只要还有一个单元工作便能连续实现其功能。

简单的并联冗余由具有相同故障率的若干相同的冗余单元组成，其可靠性计算如下：

$$R_S = 1 - (1 - e^{-\lambda t})^n$$

而由若干个不同故障率的冗余单元组成的并联冗余，其可靠性计算如下：

$$R_S = 1 - \prod_{i=1}^{n} (1 - e^{-\lambda_i t})$$

②备用冗余（standby redundancy）。备用冗余是提高系统安全性及可靠性的另一种常用的设计技术。当确定主单元已发生故障时，备用冗余单元便接入系统并执行其功能。备用冗余要求设置专用的转换设备或电路来启动冗余单元并断开已发生故障的主单元。转换检测设备由监控冗余单元状态的检测设备或由本身完成监控功能。如果设备或转换设备出故障，将可能导致系统故障。此外，转换检测设备还可能产生虚警，使无故障的系统进行重构。

备用冗余由一个连续工作的主单元、若干个待用的单元和一个开关组成。若使用的单元相同，如图 4-5 所示，则其可靠性计算如下：

$$R_S = e^{-\lambda t}[1 + \lambda t + (\lambda t)^2/2! + \cdots + (\lambda t)^n/n!]R_{sw}$$

③表决冗余（decision redundancy）。表决冗余是利用表决器对系统单元大多数输出的状态进行比较或分析，以决定各单元的输出状态的一种冗余技术。在表决冗余中，系统通过表决器选择一致的输出，而忽略可能的故障输出。因此，大多数一致的输出允许系统继续执行其功能。表决冗余由奇数单元构成，以避免出现未确定结果的可能性。表决冗余最少的单元数为 3，称为三重表决冗余。其可靠性计算如下：

$$R_{2,3} = R_1[e^{-3\lambda t} + 3e^{-2\lambda t}(1 - e^{-\lambda t})]$$

表决冗余分有单个表决器和多个表决器两种形式，如图 4-6 所示。也有的表决冗余取多个输出的中值。

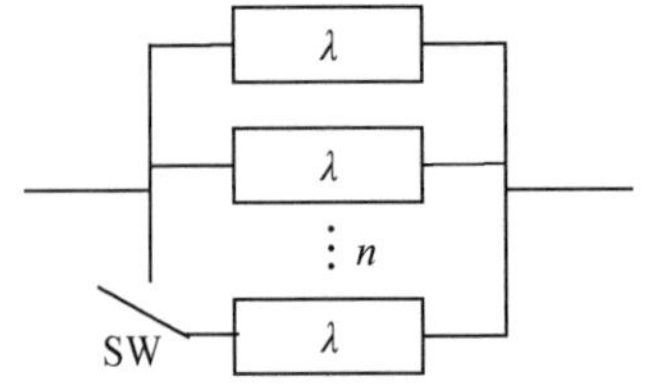

图 4-5　备用冗余（相同单元）

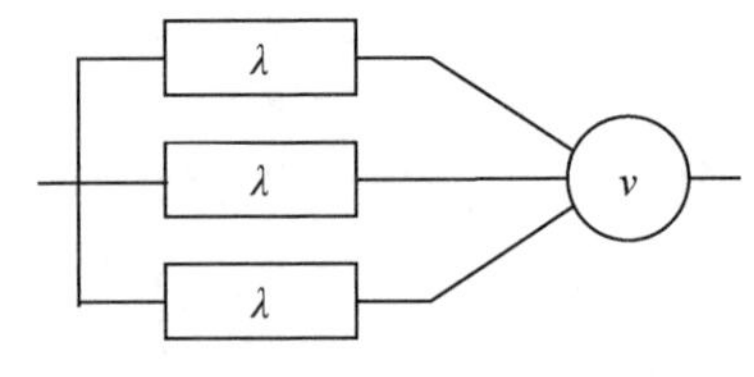

图 4-6　表决冗余

④N 中取 K 冗余。N 中取 K 冗余由 N 个单元组成，其中至少 K 个单元必须工作正常，系统才能实现其功能。实际上，这种冗余就是一个具有百分之百可靠的转换设备和表决器的表决冗余。如果 N 个单元完全相同，则可靠性 R_S 计算如下：

$$R_S = \sum_{i=k}^{n} \binom{n}{i} (e^{-\lambda t})^i (1 - e^{-\lambda t})^{n-i}$$

⑤串联冗余（series redundancy）。串联冗余由多个单元串联组成，只有当所有单元都工作时，系统才会有输出。因此，串联冗余的主要目的是防止系统意外输出进而导致事故发生。例如，装有毒性物质的容器阀门，采用两个阀门串联的方式，只有在两个阀门都有泄漏故障时，有毒物质才可能泄漏，保证了系统的安全性。

具有 n 个相同单元的系统不产生故障输出的串联冗余可靠性计算如下：

$$R_S = 1 - \prod_{i=1}^{n} (1 - R_i)$$

5）筛选（screening）。通过筛选的方法，不仅可以排除绝大部分劣质元件，也可以剔除那些虽然通过了一般检查，但显示出使用寿命偏短的元件。

筛选过程一般分为 4 个步骤：

①选取参数。选取表征元件的安全特性且可测量的参数。典型的参数就是使用寿命。

②设参数限值。根据预期的工作条件，设定被选参数的限值。

③检查和试验。通过检查和试验确定在限值范围内的元件。

④元件淘汰。将不在限值范围内的元件剔除。有时限值可能会有上限和下限，如系统中的薄弱环节，既不能过弱以至于承受不了正常载荷，又不能过强以至于在应断开时不断。

此外，由于大多数元件寿命均较长，如通过一般的试验方法很难在短期内确定元件的寿命值，可通过短期内在恶劣条件下进行试验，即加速老化的方法尽快达到筛选的目的。

6）定期更换。所谓定期更换，是指在元件故障率升高之前，即在“浴盆曲线”接近右侧盆壁之前，及时更换元件以保持元件的低故障率。

定期更换主要有两种方式，其中最常用的是使用制造商提供的故障及寿命数据。在计算系统使用时间后，即可推算出元件的更换及维修日程。第二种方法则是注意元件性能的降低和漂移。大部分电子元件都会有逐渐发生的性能变化，机械元件也会因磨损腐蚀而逐渐削弱其原有的功能。根据对变化的测定结果，就可确定相应元件的更换时间。一个典型的例子就是飞机发动机滑油分析程序，它通过对发动机滑油中各种金属含量的周期性测量，确定发动机的磨损程度并计划大修和更换。

（2）监控实施安全。利用监控系统对某些参数进行监测，保证选取的参数达不到导致意外事件的危险水平，也是一种使系统故障最小化的方法。监控方法可以指出系统是否正常运行，是否产生了不希望的输出，或某参数是否已超过了特定的阈值等。通常情况下，监控系统往往也与警告、联锁或其他安全技术措施相结合，使操作人员能够及时、正确地采取适当的措施。

典型的监控系统通常包括 4 个功能，即检测、量度、判断和响应。而检测和量度功能由检知部分来实现，故典型的监控系统由检知、判断和响应三大部分组成。

1）检知部分主要由传感元件构成，用以感知特定物理量的变化。通常，检知部分的灵敏度较人的感官灵敏度高得多，所以能够发现人们难以直接觉察的潜在的变化。检知部分的传感元件应安装在能感受到被测物理量参数变化之处，有时安装位置不当会使监控系统起不到应有的作用。

2）判断部分把检知部分感知的参数值与预先规定的参数值相比较，判断被监测对象状态是否正常。当响应部分的功能是由人来完成时，往往把预定的参数值定得低些，以保证人有充足的时间做出恰当的决策和行动。

3）响应部分的功能是在判断部分判明存在异常，有可能出现危险时，实施适当的措施，如停止设备运行、停止装置运转、启动安全装置、向有关人员发出警告等。在不立即采取措施就可能发生严重事故的场合，则应采用自动装置以迅速消除或控制危险。

7. 告警

告警通常用于向有关人员通告危险、设备问题和其他值得注意的状态，以使有关人员采取纠正措施，避免事故发生。告警可按人的感觉方式分为视觉告警、听觉告警、嗅觉告警、触觉告警和味觉告警等。

（1）视觉告警。眼睛是人们感知外界的主要器官，视觉告警是应用最广泛的警告方式。视觉告警主要有亮度、颜色、信号灯、飘带和小旗、标记、标志、书面告警等告警方法。

1）亮度。亮度使存在危险之处亮于没有危险之处，以至于人能集中注意力于危险区域。例如，对有障碍物处的照明可以减少人或车辆误入此区域的可能性，自行车尾灯通过反射灯光告知存在及位置等。

2）颜色。通过明亮、鲜明的颜色，或明暗交替的颜色，引起人们的注意，发出告警信息。例如，环卫工人身穿橘红色的背心，使机动车辆驾驶人员易于发现与识别；在有毒、有害、可燃、腐蚀性的气体、液体管路涂上特殊的颜色等。国家标准《图形符号 安全色和安全标志 第1部分：安全标志和安全标记的设计原则》（GB/T 2893.1—2013）等规定了安全色、对比色的意义及其使用方法。

①安全色分为红、蓝、黄、绿4种颜色。

红色表示禁止、停止、消防和危险的意思。禁止、停止、消防和有危险的器件、设备或环境均应涂以红色的标记，如禁止标志，交通禁令标志，消防设备，停止按钮，停车、刹车装置的操纵手柄，仪表刻度盘上的极限位置刻度，机器转动部件的裸露部位，液化石油气槽车的条带及文字，危险信号旗等。

黄色表示提醒人们注意。需警告人们注意的器件、设备及环境，均应涂以黄色的标记，如各种警告标志，警戒标记（如危险机器和坑池周围的警戒线等），各种飞轮、带轮及其防护罩的内壁，楼梯的第一级和最后一级的踏步前沿，防护栏杆及警告信号旗等。

蓝色表示指令，要求人们必须遵守规定，如指令标志、道路交通标志和标线中的指示标志等。

绿色表示给人们提供允许、安全的信息，如表示通行、机器启动按钮、安全信号旗等。

②对比色则是使安全色更加醒目的反衬色，有黑、白两种颜色。黑色为黄色安全色的对比色，白色则为红、绿、蓝安全色的对比色。黑、白两色也可互为对比色。

黑色用于安全标志的文字、图形符号，警告标志的几何图形和公共信息标志。白色则作为安全标志中红、绿、蓝三色的背景色，也可用于安全标志的文字和图形符号及安全通道、交通上的标线及铁路站台上的安全线等。

红色与白色相间隔的条纹，比单独使用红色更加醒目，表示禁止通行、禁止跨越的意思，用于公路交通等方面所用的防护栏杆及隔离墩等。

黄色与黑色相间隔的条纹，比单独使用黄色更为醒目，表示特别注意的意思，用于各种机械在工作或移动时容易碰撞的部位，如移动式起重机的外伸腿、起重机的吊钩滑轮侧板、起重臂的顶端、四轮配重、平板拖车排障器及侧面栏杆、剪板机压紧装置、冲床的滑块、压铸机的动型板及圆盘送料机的圆盘等有暂时或永久性危险的地方。

蓝色与白色相间隔的条纹，比单独使用蓝色更为醒目，表示指示方向，用于交通上的指示性导向标志等。

3）信号灯。着色的信号灯是一种指示危险存在的常用方法。一般情况下，信号灯所用的颜色及所指的意义如下：

①红色表示存在危险、紧急情况、故障、错误和中断等。

②黄色表示接近危险、临界状态、注意和缓行等。

③绿色表示良好状态、继续进行、准备好的状态、功能正常和在规定的参数限度内。

④白色表示系统可用或系统在运行中。

⑤闪动的灯光可用于引起人们的注意或指示紧急事件，效果比固定灯光更好。

4）飘带和小旗。飘带用于提醒、注意，如汽车超宽时在两边均系有飘带，提醒对面司机的注意；小旗则用于表示危险状态，如在开关上挂上小旗，表示正在修理或因其他原因不能合开关，爆破作业时挂上红旗以防止人员进入等。

5）标记。在设备或有危险的地方可以贴上标记以示警告。例如，指出高压危险，功率限制，负荷、速度或温度限制等，提醒人们危险因素的存在或需要穿戴防护用品等。

6）标志。利用事先规定了含义的符号表示警告危险因素的存在或应采取的措施。例如，指出具有放射性危险的设备及处理方法，电子设备的高压电源，通路急转弯处的标志等。国家标准《安全标志及其使用导则》（GB 2894—2008）规定，安全标志由图形符号、安全色、几何形状（边框）或文字构成，分为禁止标志、警告标志、指令标志和提示标志四大类型。

①禁止标志是禁止人们不安全行为的图形标志。其基本形式为带斜杠的圆边框，图形背景为白色，圆环和斜杠为红色，图形符号为黑色，如“禁止吸烟”等。

②警告标志是提醒人们对周围环境引起注意，以避免可能发生的危险的图形标志。其基本形式为正三角形边框，图形背景为黄色，三角形的边框及图形符号均为黑色，如“当心爆炸”等。

③指令标志是强制人们必须做出某种动作或采用防范措施的图形标志。其基本形式是圆形边框，图形背景为蓝色，图形符号为白色，如“必须戴安全帽”等。

④提示标志是向人们提供某种信息（如标明安全设施或场所等）的图形标志。其基本形式是正方形边框，图形背景为绿色，图形符号及文字为白色，如“紧急出口”。

7）书面告警。在操作、维修规程及指令、手册、说明书和检查表中写进警告及注意事项，警告人们存在的危险因素、特别需要注意的事项及应采取的行动、必须使用的防护设备和服装或工具等，而且任何需要引起操作、使用者关注的危险都必须提及。

（2）听觉告警。在某些情况下，仅依靠视觉告警不足以引起人们的注意，如工作过于繁忙、需要不断走动等。而且尽管视觉信号能在很远看到，但在规定范围内，听觉信号效果会更好。听觉信号还可以用来提醒人们注意视觉信号，并通过视觉信号掌握更详尽的信息。此外，还可以通过编码的方式表示事先规定好的告警内容。

一般在下列情况下，应用听觉信号较为合适：

1）所传递的信息简短、简单，需要及时做出反应时。

2）视觉告警方式受到限制时，如光线的变化，操作人员目视范围受限或对操作人员还有其他目视要求等。

3）信号十分重要，需要多种告警信号相结合时，如消防报警装置。

4）需要提醒有关人员注意进一步的信息时。

5）习惯于采用听觉信号的场合。

6）进行必要的声音通信时。

常见的听觉告警装置有喇叭、电铃、蜂鸣器或闹钟等。

（3）嗅觉告警。通常，只有当气体分子影响到鼻腔中约为 645 mm^2 的微小敏感区域时，人才能闻到气味。由于有些气体是无味的，有些气体又气味过强，且不同的人对气体的敏感能力有较大差别，如一般吸烟者均比不吸烟者的敏感能力差，因而嗅觉告警装置的应用受到了很大的限制。但嗅觉告警仍有一定的应用价值，如在易燃易爆且无色无味的气体中加入某些气味剂等。在天然气中加入少量气味很强的硫醇，就可以使人迅速感觉到天然气的泄漏并及时采取措施，避免火灾爆炸事故的发生。

设备过热通常也会产生特定的气味。如果轴承过热，气化温度较低的润滑剂挥发就可使操作人员闻到气味；对燃烧后所产生的气体气味的探测，可发现火灾的部位等。

（4）触觉告警。振动是触觉告警的主要方式。设备的过度振动表明设备运行不正常。例如，转轴、轴承等磨损较为严重时，都会产生剧烈振动；高速公路路面上凸起的分道线会通过振动的方式提醒驾驶人员注意道路、方向等方面的变化。

温度是触觉告警的另一种方式。维修人员通过触摸可确定设备是否工作正常，温度的升高意味着故障或过负荷等情况。

（5）味觉告警。味觉告警通常是用以确定或指示放入口中的食物、饮料或其他物质是否有危险存在。如某些药物，为防止婴幼儿误食、食用过量，在其中添加有苦味的添加剂就是典型的例子。在工业生产中极少用到味觉告警方式。

值得指出的是，并非采取了预防事故的安全技术，就完成了事故控制的工作。在实际工作中，为保证取得最佳的安全效果，必须先选择预防事故效果较好的安全技术措施。一般可按下面的优先次序选择：

1）根除危险因素。

2）限制或减少危险因素。

3）隔离、屏蔽或联锁。

4）故障—安全措施。

5）减少故障危险因素。

6）安全规程。

7）校正行动。

其中前两项应优先考虑。因为根除或控制危险因素可以实现本质安全。但是，在实际工作中，针对生产工艺或设备的具体情况，还要考虑生产效率、成本及可行性等问题，应综合地加以分析考虑，不能一概而论。但对于风险较大的危险，仅仅依赖于管理措施或者在操作说明中予以叙述和强调，而不采取可行的技术手段，是绝对不可取的。

四、避免和减少事故损失的安全技术

只要有危险存在，尽管可能性很小，就有导致事故发生的可能性，而且没有任何办法确定事故发生的时间。事故发生后如果没有相应的措施迅速控制局面，则事故的规模和损失可能会进一步扩大，甚至引起二次事故，造成更大、更严重的后果。因此，必须采取相应的应急措施，避免或减少事故损失，至少能保障或拯救人的生命。这类措施在技术上包括隔离、个体防护装备、能量缓冲装置、薄弱环节、逃逸、避难与营救措施等。

1. 隔离

隔离除了作为一种应用广泛的事故预防方法之外，还经常用于减少因事故中能量剧烈释放而造成的损失。隔离技术在避免或减少事故损失方面的应用有距离隔离、偏向装置、封闭等。

（1）距离隔离。这是一种常用的对爆炸性物质的物理隔离方法。即把可能发生事故、释放出大量能量或危险物质的工艺、设备或设施布置在远离人群或被保护物的地方。例如，把爆破材料的加工制造和储存等安排在远离居民区和建筑物的地方，爆破材料之间保持一定距离等。

（2）偏向装置。隔离也可以通过偏向装置来实现。其主要目的是把大部分剧烈释放的能量导引到损失最小的方向。例如，在爆炸物质与人和关键设备之间设置坚实的屏障并用轻质材料构筑厂房顶部。当爆炸发生时，防护墙承受一部分能量，而其余能量则偏转向上，使损失减小。

（3）封闭。利用封闭措施可以控制事故造成的危险局面，限制事故的影响。其主要作用如下：

1）控制事故的蔓延。例如，利用防火带可以限制森林火灾的蔓延，在储存有毒或易燃易爆液体的容器周围设置排泄设施可防止溢出物扩散。

2）限制事故的影响。例如，防火卷帘可把火灾限制在某一区域之内，盘山路转弯处的栏杆可以减少车辆失控时跌入山谷的可能性。

3）为人员提供保护。例如，在一些系统中设置“安全区”，并保障人员在该区域的安全。矿井的避难硐室就是一个例子。

4）对材料、物资和设备予以保护。例如，金属容器可以减小环境对容器内物质的损害。飞机上的飞行数据记录仪，其外壳既耐冲击（1 000 个重力加速度），又耐高温（1 100 ℃的高温火焰燃烧 30 min）、耐潮湿（在海水中长期浸泡）、耐腐蚀，使得飞机失事后为事故调查保存了足够的资料。

2. 个体防护装备

在对所发生的事故没有较好的技术控制措施或采用的措施仍不能完全保障人的生命安全的情况下，个体防护装备不失为一种好的解决方案。它向使用者提供了一个有限的可控环境，将人与危险分隔开。个体防护装备范围很广，包括从简单的防噪声耳塞到带有生命保障设备的宇航服，但其应用方式主要有以下几种情况：

（1）必须进行的危险性作业。由于危险因素不能根除，又必须进行相关作业，采用个体防护装备的方法可以起到防止特定的危险对人员伤害的作用。这时采用的个体防护装备的针对性非常强，如焊接作业的护目镜，在存在有毒有害气体的环境中工作时戴的防毒面具等。但必须指出的是，在条件可行的情况下，不应以个体防护装备代替根除或控制危险因素的设计或安全规程。例如，在采取了通风措施，排除了有毒、有害气体或将其浓度降至危险水平以下的后，操作人员就没有必要使用防毒面具。

（2）进入危险区域。为调查研究或因其他原因进入极有可能存在危险的区域或环境时，应佩戴相应的个体防护装备。例如，在火灾后进入现场调查或搜寻，应佩戴防毒装置等。但有时该区域的危险并不明确，因此为达到防护的目的，此类个体防护装备需要考虑对多种潜在危险的防护问题。

（3）紧急状态下。事故或事件的发生非常突然，因而开始的几分钟就成了是控制危险还是造成灾难，是保障安全还是受到伤害的关键。这时的个体防护装备起着至关重要的作用。一般来说，对紧急状态下使用的个体防护装备，在设计、使用、功能等方面都有严格的要求，主要有如下 4 点：

1）使用简便，穿戴容易，能够迅速为人所用。

2）可靠性高且适用范围广，可有效地应付多种危险。

3）不降低使用者的灵活性、可视性。

4）装备本身对人无伤害。

此外，个体防护装备，特别是紧急状态下的个体防护装备，其设计和试验都应确保最大限度地满足下列要求：

1）在储存中或在所防护的环境中不会迅速退化。

2）不会因正常的弯曲、阳光照射、极限温度等环境影响而损坏。

3）易于清洗和净化。

4）储存应急防护装备的设施应尽可能靠近使用应急防护装备的区域。

5）为防毒或防腐蚀而设计的防护服应是密封的。

6）用于防火的防护服应是不可燃或可自动灭火的。

7）应有简单、清晰的说明书介绍防护装备的装配、测试和维修的正确方法。

3. 能量缓冲装置

通过能量缓冲装置在事故发生后吸收部分能量，可以保护有关人员和设备的安全。例如，工人戴的安全帽、汽车中的安全带，都可以吸收冲击能量，防止或减轻伤害。

4. 薄弱环节

薄弱环节是指系统中人为设置的容易出故障的部分。其作用是使系统中积蓄的能量通过薄弱环节得到部分释放，以小的代价避免严重事故的发生，达到保护人和设备的目的。常用的薄弱环节如下：电薄弱环节，如电路中的保险丝在电路产生过载电流时熔断，从而切断电路，达到保护其他用电设备的目的；热薄弱环节，如压力锅上的易熔塞由易熔材料构成，当压力超过限位时，易熔塞熔化，蒸汽从其中排出，达到减小压力、避免超压爆炸的目的；机械薄弱环节，如压力灭火器的安全隔膜，当灭火器由于过热而使压力过大，则隔膜会因超压而破裂，使灭火器的内部压力保持在规定限度内；结构薄弱环节，如主动联轴节中的剪切销，当持续过载会损坏传动设备或从动设备时，剪切销会先切断，保障设备的安全。

5. 逃逸、避难与营救

当事故发生到不可控制的程度时，则应采取措施逃离事故影响区域，采取避难等自我保护措施，为救援创造一个可行的条件。这时，人们往往要依赖于逃逸、避难与营救措施以获得继续生存的条件。

这里的逃逸和避难是指人们使用本身携带的资源开展自身救护所做的努力，营救是指其他人员为救护在紧急情况下有危险的人员所做的努力。

逃逸、避难与营救设备对于保障人的生命安全是非常重要的。当采用安全装置、建立安全规程等方法都不能完全消除某种危险，使系统存在发生重大事故的可能性时，应考虑应用逃逸、避难、营救等设备设施。

逃逸设备设施用于使有关人员逃离危险区，如大坝公共设施中的各类安全疏散设施、飞机驾驶员的弹射座椅等；避难设施则是通过隔离等手段保障有关人员在危险区域的安全，如矿井的避难硐室等；消防人员使用的云梯车既是一种控制火灾事故的设备，也是一种典型的营救设备。

选取避免和减少事故损失安全技术的优先次序为隔离和屏蔽、接受小的损失、个体防护装备、逃逸、避难与营救。

第四节　安全教育对策

一、安全教育的意义

安全教育是事故预防与控制的重要手段之一。从事故致因理论中的瑟利模型可以看出，要想控制事故，首先是通过技术手段，如报警装置等，通过某种信息交流方式告知人们危险的存在或发生；其次则是要求人在获取有关信息后，正确理解信息的意义，即何种危险发生或存在，该危险对人会有何种伤害，以及有无必要采取措施和应采取何种应对措施等。上述过程中有关人对信息的理解、认识和反应的部分均是通过安全教育的手段实现的。

诚然，用安全技术手段消除或控制事故是解决安全问题的最佳选择。但在科学技术较为发达的今天，即使人们已经采取了较好的技术措施对事故进行预防和控制，人的行为仍要受到某种程度的制约。相对于制度和法规对人的制约，安全教育是采用一种和缓的说服、诱导的方式，授人以改造、改善和控制危险之手段和指明通往安全稳定境界之途径，因而更容易为大多数人所接受，更能从根本上起到消除和控制事故的作用；而且安全教育可逐渐提高人们的安全素质，使其在面对新环境、新条件时，具有一定的保障安全的能力和手段。

所谓安全教育，实际上应包括安全教育和安全培训两大部分。安全教育是通过各种形式，包括学校的教育、媒体宣传、政策导向等，努力提高人的安全意识和素质，学会从安全的角度观察和理解要从事的活动和面临的形势，用安全的观点解释和处理自己遇到的新问题。安全教育主要是一种意识的培养，是长时期的甚至贯穿于人的一生的，并在人的所有行为中体现出来，而与其所从事的职业并无直接关系。安全培训虽然也包含有关教育的内容，但其内容相对于安全教育要具体得多，范围要小得多，主要是一种技能的培训。安全培训的主要目的是使人掌握在某种特定的作业或环境下正确并安全地完成其应完成的任务，故也有人将在生产领域的安全培训称为安全生产教育。

安全教育的内容非常广泛，学校教育是最主要的教育途径之一。无论是在小学还是在中学、大学，学校都通过各种形式对学生进行安全意识的培养，其中包括组织活动、开设有关课程等。

在高等教育中，国外一般采用两种方式进行安全教育，一是培养安全专业人才的专业教育，二是对所有大学生的普及教育，包括开设辅修专业或选修、必修课程等。我国基本上也采用了这种模式。目前，已有 100 多所高等院校培养安全工程及相关专业的本科生，几十所院校招收硕士研究生，并通过函授进修等方式对在职安全技术干部进行教育培训，努力提高其安全素质和专业知识水平。另外，部分院校也采用开设选修课程等方式进行安全教育。但总的说来，由于观念上的差异及学时、师资等方面的限制，高等院校中对非安全类专业学生的安全教育迄今尚停留在较低的水平，这也使得在培养了极少量的安全专业人才的同时，输出了一大批不具备基本安全素质的工程技术人才和管理人才。实际上这也成为近年来事故多发，安全类诉讼数量急升的间接原因。

安全培训，也称安全生产教育，主要是指企业为提高职工安全技术水平和防范事故能力而进行的教育培训工作，也是企业安全管理的主要内容。它与消除事故隐患、创造良好的劳动条件相辅相成，二者缺一不可。

开展安全教育既是企业安全管理的需要，也是国家法律法规的要求。中华人民共和国成立至今，党和国家先后对安全教育工作做出了具体规定，颁布了多项法律法规，明确提出要加强安全教育。同时在重大事故调查过程中，是否对职工进行安全教育也是影响事故处理决策的主要因素之一。

开展安全教育，是企业发展经济的需要，是适应企业人员结构变化的需要，是发展、弘扬企业安全文化的需要，是安全生产向广度和深度发展的需要，也是做好安全管理基础性工作、掌握各种安全知识、避免职业病危害的主要途径。

二、安全教育的内容

安全教育的内容可概括为 3 个方面，即安全态度教育、安全知识教育和安全技能教育。

1. 安全态度教育

要想增强人的安全意识，首先应使人对安全有一个正确的态度。安全态度教育包括两个方面，即思想教育和态度教育。

思想教育包括安全意识教育、安全生产方针政策教育和法纪教育。

安全意识是人们在长期生产、生活等各项活动中逐渐形成的。由于人们实践活动经验的不同和自身素质的差异，对安全的认识程度不同，安全意识就会出现差别。安全意识的高低将直接影响安全效果。因此，在生产和社会活动中，要通过实践活动加强对安全问题的认识并使其逐步深化，形成科学的安全观。这就是安全意识教育的主要目的。

安全生产方针政策教育是指对企业的各级领导和广大职工进行党和政府有关安全生产的方针、政策的宣传教育。党和政府有关安全生产的方针、政策是适应生产发展的需要，结合我国的具体情况而制定的，是安全生产的先进经验的总结。不论是实施安全生产的技术措施，还是组织措施，都是在贯彻安全生产的方针、政策。只有安全生产的方针、政策被各级领导和职工群众理解和掌握，并得到贯彻执行，安全生产才有保障。在此项教育中，要特别认真开展的是“安全第一、预防为主、综合治理”这一安全生产方针的教育。只有充分认识、深刻理解其含义，才能在实践中处理好安全与生产的关系。特别是当安全与生产发生矛盾时，要首先解决好安全问题，切实把安全工作提高到关系全局及稳定的高度来认识，把安全视作企业头等大事，从而提高安全生产的责任感与自觉性。

法纪教育的内容包括安全法规、安全规章制度、劳动纪律等。安全生产法律法规是方针、政策的具体化和法律化。法纪教育可使人们懂得安全法规和安全规章制度是实践经验的总结，它们反映安全生产的客观规律，自觉地遵章守法，安全生产就有了基本保障。同时，通过法纪教育还要使人们懂得，法律带有强制的性质，如果违章违法，造成了严重的事故后果，就要受到法律的制裁。企业的安全规章制度和劳动纪律是职工进行共同劳动时必须遵守的规则和程序，遵守劳动纪律是职工的义务，也是国家法律对职工的基本要求。加强劳动纪律教育，不仅是提高企业管理水平、合理组织劳动、提高劳动生产率的主要保证，也是减少或避免伤亡事故和职业病危害、保障安全生产的必要前提。据统计，我国因职工违反操作规程，不遵守劳动纪律而造成的工伤事故占事故总数的60%～70%。为此，全国总工会提出要贯彻“一遵二反三落实”（遵章守纪，反违章指挥、反违章作业，落实安全组织、安全责任、安全措施），即教育职工遵守劳动纪律；反对违章指挥、违章作业；监督与协助企业行政部门落实各级安全生产责任制，监督与协助企业行政部门落实预防伤亡事故的各种措施，组织落实人人为安全生产和劳动保护做一件好事活动。这些对加强劳动纪律教育，认真执行安全生产规章制度，确保安全生产具有重大意义。

2. 安全知识教育

安全知识教育包括安全管理知识教育和安全技术知识教育。对于带有潜在的只凭人的感觉不能直接感知其危险性的危险因素的操作，安全知识教育尤其重要。

（1）安全管理知识教育。安全管理知识教育包括对安全管理组织结构、管理体制、基本安全管理方法及安全心理学、安全人机工程学、系统安全工程等方面的知识教育。通过对这些知识的学习，可使各级领导和职工真正认识到事故是可以预防的；避免事故发生的管理措施和技术措施要符合人的生理和心理特点；安全管理是科学的管理，是科学性与艺术性的高度结合。

（2）安全技术知识教育。安全技术知识教育的内容主要包括一般生产技术知识、一般安全技术知识和专业安全技术知识。

一般生产技术知识教育的内容主要包括企业的基本生产概况，生产技术过程，作业方式或工艺流程，与生产过程和作业方法相适应的各种机器设备的性能和有关知识，职工在生产中积累的生产操作技能和经验及产品的构造、性能、质量和规格等。

一般安全技术知识是企业所有职工都必须具备的安全技术知识，主要包括企业内危险设备所在的区域及其安全防护的基本知识和注意事项、有关电气设备（动力及照明）的基本安全知识、起重机械和厂内运输的有关安全知识、生产中使用的有毒有害原材料或可能散发有毒有害物质的安全防护基本知识、企业中一般消防制度和规划、个人防护用品的正确使用以及伤亡事故报告方法等。

专业安全技术知识是指从事某一作业的职工必须具备的安全技术知识。专业安全技术知识比较专门和深入，其中包括安全技术知识、工业卫生技术知识以及根据这些技术知识和经验制定的各种安全操作技术规程等。其内容涉及锅炉、压力容器、起重机械、电气、焊接、防爆、防尘、防毒和噪声控制等。

3. 安全技能教育

（1）安全技能。仅有了安全技术知识，并不等于能够安全地操作，还必须把安全技术知识变成进行安全操作的本领，才能取得预期的安全效果。要实现从“知道”到“会做”的过程，就要借助于安全技能培训。

技能是人为了完成具有一定意义的任务，经过训练而获得的完善化、自动化的行为方式。技能达到一定的熟练程度，具有了高度的自动化和精密的准确性，便称为技巧。技能是个人全部行为的组成部分，是行为自动化的一部分，是经过练习逐渐形成的。

安全技能教育包括正常作业的安全技能教育和异常情况的处理技能教育。

安全技能教育应按照标准化作业要求来进行。因此，进行安全技能教育应预先制定作业标准或异常情况时的处理标准，有计划有步骤地进行。

安全技能的形成是有阶段性的，不同阶段显示出不同的特征。一般来说，安全技能的形成可以分为 3 个阶段，即掌握局部动作的阶段、初步掌握完整动作的阶段、动作的协调和完善阶段。在技能形成过程中，各个阶段的变化主要表现在行为结构的改变、行为速度和品质的提高及行为调节能力的增强 3 个方面。

行为结构的改变主要体现在动作技能的形成，表现为许多局部动作联系为完整的动作系统，动作之间的互相干扰以及多余动作逐渐减少；智力技能的形成表现为智力活动的多个环节逐渐联系成一个整体，概念之间的混淆现象逐渐减少以至消失，内部趋于概括化和简单化，在解决问题时由开展性的推理转化为“简缩推理”。

行为速度和品质的提高主要体现在动作技能的形成，表现为动作速度的加快和动作准确性、协调性、稳定性、灵活性的提高；智力技能的形成则表现为思维的敏捷性与灵活性、思维的广度与深度、思维的独立性等品质的提高，掌握新知识的速度和水平是智力技能的重要标志。

行为调节能力的增强主要体现在一般动作技能的形成，表现为视觉控制的减弱与动觉控制的增强，以及动作紧张性的消失；智力技能则表现为智力活动的熟练化，大脑劳动的消耗减少等。

（2）安全技能教育计划。在拟定安全技能教育计划时，一般要考虑以下几个方面的问题：

1）要循序渐进。对于一些较困难、较复杂的技能，可以把它划分成若干简单的、局部的成分，有步骤地进行练习。在掌握了这些局部成分以后，再过渡到比较复杂的、完整的操作。

2）正确掌握对练习的速度和质量的要求。在开始练习的阶段，可以要求慢一些，而对操作的准确性则要严格要求，使之打下一个良好的基础。随着练习的进展，要适当地增加速度，逐步提高效率。

3）正确安排练习时间。一般来说，在开始阶段，每次练习的时间不宜过长，各次练习之间的间隔可以短一些。随着技能的掌握，可以适当地延长各次练习之间的间隔，每次练习的时间也可延长一些。

4）练习方式要多样化。多样化的练习可以提高兴趣，促进练习的积极性，保持高度的注意力。练习方式的多样化还可以培养人们灵活运用知识的技能。当然，方式过多、变化过于频繁也会导致相反的结果，影响技能的形成。

在安全教育中，第一阶段应该进行安全知识教育，使操作人员了解生产操作过程中潜在的危险因素及防范措施等，即解决“知”的问题；第二阶段为安全技能教育，掌握并提高熟练程度，即解决“会”的问题；第三阶段为安全态度教育，使操作人员尽可能地应用安全技能。三个阶段相辅相成，缺一不可。只有将这三种教育有机地结合在一起，才能取得较好的安全教育效果。在思想上有了强烈的安全要求，又具备了必要的安全技术知识，掌握了熟练的安全操作技能，才能取得安全的结果，避免事故和伤害发生。

三、安全教育的形式和方法

按照教育的对象不同，可把安全教育分为主要负责人、安全生产管理人员和其他从业人员的安全培训。

1. 主要负责人、安全生产管理人员的安全教育

管理人员安全教育是指对企业车间主任（工段长）以上干部、工程技术人员和行政管理干部的安全教育。企业管理人员，特别是上层管理人员对企业的影响是重大的，他们既是企业的计划者、经营者、控制者，又是决策者。其管理水平的高低、安全意识的强弱、对国家安全生产方针政策理解的深浅、对安全生产的重视与否、对安全知识掌握的多少，直接决定了企业的安全状态。因此，加强对管理人员的安全教育是十分必要的。为此，《安全生产法》第二十八条第一款规定，生产经营单位应当对从业人员进行安全生产教育和培训，保证从业人员具备必要的安全生产知识，熟悉有关的安全生产规章制度和安全操作规程，掌握本岗位的安全操作技能，了解事故应急处理措施，知悉自身在安全生产方面的权利和义务。未经安全生产教育和培训合格的从业人员，不得上岗作业。《安全生产培训管理办法》和《生产经营单位安全培训规定》对各级管理人员的安全教育内容、教育时间及组织管

理做了详细规定。上述规定是对管理人员安全教育的制度化和法律化。

生产经营单位主要负责人和安全生产管理人员应当接受安全培训，具备与所从事的生产经营活动相适应的安全生产知识和管理能力。

生产经营单位主要负责人和安全生产管理人员的安全培训必须依照安全生产监管监察部门制定的安全培训大纲实施。煤矿主要负责人和安全生产管理人员的安全培训大纲及考核标准由国家矿山安全监察局制定。危险化学品、烟花爆竹、金属冶炼等生产经营单位主要负责人和安全生产管理人员的安全培训大纲及考核标准由应急管理部统一制定。其他生产经营单位主要负责人和安全生产管理人员的安全培训大纲及考核标准，由省、自治区、直辖市应急管理部门制定。

生产经营单位主要负责人和安全生产管理人员初次安全培训时间不得少于 32 学时，每年再培训时间不得少于 12 学时。煤矿、非煤矿山、危险化学品、烟花爆竹、金属冶炼等生产经营单位主要负责人和安全生产管理人员初次安全培训时间不得少于 48 学时，每年再培训时间不得少于 16 学时。

生产经营单位主要负责人安全培训应当包括下列内容：①国家安全生产方针、政策和有关安全生产的法律、法规、规章及标准；②安全生产管理基本知识、安全生产技术、安全生产专业知识；③重大危险源管理、重大事故防范、应急管理和救援组织以及事故调查处理的有关规定；④职业病危害及其预防措施；⑤国内外先进的安全生产管理经验；⑥典型事故和应急救援案例分析；⑦其他需要培训的内容。

安全生产管理人员安全培训应当包括下列内容：①国家安全生产方针、政策和有关安全生产的法律、法规、规章及标准；②安全生产管理、安全生产技术、职业卫生等知识；③伤亡事故统计、报告及职业病危害的调查处理方法；④应急管理、应急预案编制以及应急处置的内容和要求；⑤国内外先进的安全生产管理经验；⑥典型事故和应急救援案例分析；⑦其他需要培训的内容。

2. 其他从业人员的安全培训

生产经营单位应当根据工作性质对其他从业人员进行安全培训，保证其具备本岗位安全操作、应急处置等知识和技能。生产经营单位新上岗的从业人员，岗前安全培训时间不得少于 24 学时。煤矿、非煤矿山、危险化学品、烟花爆竹、金属冶炼等生产经营单位新上岗的从业人员安全培训时间不得少于 72 学时，每年再培训的时间不得少于 20 学时。

其他从业人员的安全教育一般有三级安全教育、特种作业人员安全教育、经常性安全教育、“五新”作业安全教育、复工和调岗安全教育等。

（1）三级安全教育。煤矿、非煤矿山、危险化学品、烟花爆竹、金属冶炼等生产经营单位必须对新上岗的临时工、合同工、劳务工、轮换工、协议工等进行强制性安全培训，保证其具备本岗位安全操作、自救互救以及应急处置所需的知识和技能后，方能安排上岗作业。

加工、制造业等生产单位的其他从业人员，在上岗前必须经过厂（矿）、车间（工段、区、队）、班组三级安全培训教育。

厂（矿）级岗前安全培训内容应当包括本单位安全生产情况及安全生产基本知识、本单位安全生产规章制度和劳动纪律、从业人员安全生产权利和义务、有关事故案例等。煤矿、非煤矿山、危险化学品、烟花爆竹、金属冶炼等生产经营单位厂（矿）级安全培训除包括上述内容外，应当增加事故应急救援、事故应急预案演练及事故防范措施等内容。

车间（工段、区、队）级岗前安全培训内容应当包括工作环境及危险因素，所从事工种可能遭受的职业伤害和伤亡事故，所从事工种的安全职责、操作技能及强制性标准，自救互救、急救方法、疏散和现场紧急情况的处理，安全设备设施、劳动防护用品的使用和维护，本车间（工段、区、队）安全生产状况及规章制度，预防事故和职业病危害的措施及应注意的安全事项，有关事故案例，其他需要培训的内容。

班组级岗前安全培训内容应当包括岗位安全操作规程、岗位之间工作衔接配合的安全与职业卫生事项、有关事故案例、其他需要培训的内容。

（2）特种作业人员安全教育。特种作业是指容易发生事故，对操作者本人、他人的安全健康及设备、设施的安全可能造成重大危害的作业。直接从事特种作业的作业人员为特种作业人员。

2015 年 5 月 29 日国家安全生产监督管理总局令第 80 号第二次修正的《特种作业人员安全技术培训考核管理规定》指出，特种作业包括电工作业（高压电工作业、低压电工作业、防爆电气作业）、焊接与热切割作业（熔化焊接与热切割作业、压力焊作业、钎焊作业）、高处作业（登高架设作业和高处安装、维护、拆除作业）、制冷与空调作业（制冷与空调设备运行操作作业、制冷与空调设备安装修理作业）、煤矿安全作业［井下电气作业、井下爆破作业、安全监测监控作业、瓦斯检查作业、安全检查作业、提升机操作作业、采煤机（掘进机）操作作业、瓦斯抽采作业、防突作业、探放水作业］、金属非金属矿山安全作业（通风作业、尾矿作业、安全检查作业、提升机操作作业、支柱作业、井下电气作业、排水作业、爆破作业）、石油天然气安全作业（司钻作业）、冶金（有色）生产安全作业（煤气作业）、危险化学品安全作业［光气及光气化工艺作业、氯碱电解工艺作业、氯化工艺作业、硝化工艺作业、合成氨工艺作业、裂解（裂化）工艺作业、氟化工艺作业、加氢工艺作业、重氮化工艺作业、氧化工艺作业、过氧化工艺作业、胺基化工艺作业、磺化工艺作业、聚合工艺作业、烷基化工艺作业、化工自动化控制仪表作业]、烟花爆竹安全作业（烟火药制造作业、黑火药制造作业、引火线制造作业、烟花爆竹产品涉药作业、烟花爆竹储存作业）以及安全监管总局（现为应急管理部）认定的其他作业。

特种作业人员必须经专门的安全技术培训并考核合格，取得中华人民共和国特种作业操作证（以下简称特种作业操作证）后，方可上岗作业。

对特种作业人员的安全技术培训，具备安全培训条件的生产经营单位应当以自主培训为主，也可以委托具备安全培训条件的机构进行培训。不具备安全培训条件的生产经营单位，应当委托具备安全培训条件的机构进行培训。从事特种作业人员安全技术培训的机构，应当制订相应的培训计划、教学安排，并按照相关部门制定的特种作业人员培训大纲和煤矿特种作业人员培训大纲进行特种作业人员的安全技术培训。

特种作业人员的考核包括考试和审核两部分。考试由考核发证机关或其委托的单位负责，审核由考核发证机关负责。应急管理部、国家矿山安全监察局分别制定特种作业人员、煤矿特种作业人员的考核标准，并建立相应的考试题库。考核发证机关或其委托的单位应当按照应急管理部、国家矿山安全监察局统一制定的考核标准进行考核。

特种作业操作证每 3 年复审 1 次。特种作业人员在特种作业操作证有效期内，连续从事本工种 10 年以上，严格遵守有关安全生产法律法规的，经原考核发证机关或者从业所在地考核发证机关同意，特种作业操作证的复审时间可以延长至每 6 年 1 次。但离开特种作业岗位 6 个月以上的特种作业人员，应当重新进行实际操作考试，经确认合格后方可上岗作业。

（3）经常性安全教育。由于企业的生产方法、环境、机械设备的使用状态及人的心理状态都处于变化之中，因此安全教育不可能一劳永逸。对于人来说，由于其大部分安全技术知识与技能均为短期记忆，必然随时间而衰减，因此必须开展经常性的安全教育，进一步强化人的安全意识与知识技能，保证其安全状态。经常性安全教育的形式多种多样，如班前班后会、安全活动月、安全会议、安全技术交流、安全水平考试、安全知识竞赛、安全演讲等。不论采取哪种形式，都应该切实结合企业安全生产情况，有的放矢，以加强教育效果。

在安全教育中，安全思想、安全态度教育最重要。进行安全思想、安全态度教育，要采取多种多样的形式，通过各种安全工作，激发职工搞好安全生产的积极性，使全体职工重视和真正实现安全生产。在企业的安全工作中，一项重要内容就是开展各种安全活动，推动安全工作深入发展。安全活动是在企业广大职工中开展的、旨在促进安全生产的工作。这些安全活动最重要的作用，就是提高职工的安全意识。

当开展某项安全活动取得了一定安全效果后，无论该项活动多么有效，如果把它作为最好的方法继续使用，就不会继续取得良好的效果。这是因为人们有适应外界刺激的倾向。尽管一项活动开始时对每个职工都有一定的刺激作用，但长期继续下去，人们对刺激的敏感性会降低，反应迟钝，直至最后刺激不起作用。当出现这种情况时，就应根据企业的安全状况，有目的地、间断地改变刺激方式，以新的刺激唤起人们对安全的关心。

（4）“五新”作业安全教育。“五新”作业安全教育是指凡采用新技术、新工艺、新材料、新产品、新设备进行作业时，由于其未知因素多、变化较大，且根据变化分析的观点，与变化相关联的失误是导致事故的原因，因而“五新”作业中极可能潜藏着不为人知的危险性，并且操作者失误的可能性也要比通常进行的作业更大。因而，在“五新”作业前，应尽可能应用危险分析、风险评价等方法找出存在的危险，应用人机工程学等方法研究操作者失误的可能性和预防方法，并在试验研究的基础之上制定出安全操作规程，对操作者及有关人员进行专门的教育和培训，包括安全操作知识和技能培训及应急措施的应用等。这是“五新”作业安全教育的目的所在，也是我国安全工作者在几十年的工作实践中总结出的防止重大事故的有效方法之一。

（5）复工和调岗安全教育。复工安全教育是针对离开操作岗位较长时间的职工进行的安全教育。离岗 1 年以上重新上岗的职工，必须进行相应的车间级或班组级安全教育。调岗安全教育是指职工在本车间临时调动工种和调往其他单位临时帮助工作的，由接受单位进行所担任工种的安全教育。

3. 安全教育的形式

安全教育应利用各种教育形式和教育手段，以生动活泼的方式，来实现安全生产这一严肃的课题。安全教育形式大体可分为以下 7 种：

（1）广告式。广告式包括安全广告、标语、宣传画、标志、展览、黑板报等形式，它以精练的语言、醒目的方式在醒目的地方展示，提醒人们注意安全和怎样才能安全。

（2）演讲式。演讲式包括教学、讲座的讲演，经验介绍，现身说法，演讲比赛等。这种教育形式可以是系统教学，也可以是专题论证、讨论，用以丰富人们的安全知识，提高对安全生产的重视程度。

（3）会议讨论式。会议讨论式包括事故现场分析会、班前班后会、专题研讨会等，以集体讨论的形式，使与会者在参与过程中进行自我教育。

（4）竞赛式。竞赛式包括口头、笔头知识竞赛，安全、消防技能竞赛，以及其他各种安全教育活动评比等。这种形式可激发人们学安全、懂安全、会安全的积极性，促进职工在竞赛活动中树立“安全第一”的思想，丰富安全知识，掌握安全技能。

（5）声像式。它是用声像等现代艺术手段，使安全教育寓教于乐。声像式主要有安全宣传广播、电影、电视、录像等。

（6）文艺演出式。它是以安全为题材编写和演出的相声、小品、话剧等文艺演出的教育形式。

（7）学校正规教学。利用国家或企业办的大学、中专、技校，开办安全工程专业，或穿插渗透于其他专业的安全课程。

四、提高安全教育的效率

在进行安全教育过程中，为提高安全教育的效率，应注意以下 5 个方面：

1. 企业领导要重视安全教育

企业安全教育制度的建立、安全教育计划的制订、所需资金的保证及安全教育的责任均由企业领导负责。因此，企业领导对安全教育的重视程度决定了企业安全教育开展的广泛与深入程度，决定了安全教育的效果。

2. 安全教育要注重效果

安全教育若要取得良好的效果，应注意以下 4 点：

（1）教育形式要多样化。安全教育形式要因地制宜、因人而异、灵活多样，采取符合人们认识特点的、感兴趣的、易于接受的方法。

（2）教育内容要规范化。安全教育的教学大纲、教学计划、教学内容及教材要规范化，使受教育者受到系统、全面的安全教育，避免由于任务紧张等原因在安全教育实施中走过场。

（3）教育要有针对性。要针对不同年龄、工种、作业时间、工作环境、季节、气候等进行预防性教育，及时掌握现场环境和设备状态及职工思想动态，分析事故苗头，及时有效地处理，避免问题累积、扩大。

（4）充分调动职工积极性。应深入群众，了解职工所需、所想，并启发职工提出合理化建议，使之感到自己不仅仅是受教育者，同时也在为安全教育的实施和完善做贡献，从而充分调动他们的积极性。

3. 要重视初始印象对受教育者的重要性

对受教育者来说，初始获得的印象非常重要。如果最初留下的印象是正确的、深刻的，他将会牢牢记住、时刻注意；如果最初的印象是错误的、不重要的，他也将会错误下去，并对自己的错误行为不以为意。例如，在对刚入厂的新职工进行安全教育时，如果使他认为不仅操作规程重要，所有的安全技术措施、安全操作规程也同样重要，他对安全会非常重视。反之，如果教育新职工学习操作技术，第一次教授的操作方法不正确，再让他改正就很困难。因此，必须严密组织安全技能培训和安全知识教育工作，为提高职工安全素质奠定基础。

4. 要注意巩固学习成果

多年的实践表明，进行安全教育，不仅应注重学习效果，更应注重巩固学习所获得的成果，使学习的内容更好地为受教育者所掌握，安全教育也是如此。因而，在安全教育工作中，应注意以下 3 个问题：

（1）要让受教育者了解自己的学习成果。每一个人都愿意知道其所从事的工作收效如何，学习也是如此。因此，将受教育者的进展、成果、成绩与不足告知他们，就会增强他们的信心，使他们明确方向，有的放矢、稳步地使自己各方面都得到改善。

此外，人在学习过程中有时会出现停滞时期，有些人往往会在这时丧失勇气，使学习受到影响。如使其了解学习的成果和进步，同时说明出现这种情况在学习过程中是正常情况，也会起到鼓励人们树立信心、坚持学习的作用。

（2）实践是巩固学习成果的重要手段。当通过反复实践形成了安全操作的习惯之后，工作起来就会得心应手，安全意识也会逐步增强。

（3）以奖励促进巩固学习成果。心理学家通过实验发现，对于学习成果的巩固，给予奖励比不用奖励效果好得多。对职工通过学习取得的进步给予奖励和表扬，不仅能够巩固其本人的学习效果，对其他人也会产生很大影响。

5. 应与企业安全文化建设相结合

安全文化是企业文化的重要组成部分，它包含人的安全价值观和安全行为准则两方面内容。前者主要是安全意识、安全知识和安全道德，以及企业的向心力和凝聚力，是安全文化的内层，是最重要、最基本的方面；后者则属于物质范畴，主要包括一些规章制度。

企业安全文化主要体现在以下 13 个方面：

（1）高层次管理人员始终贯彻执行“安全第一、预防为主、综合治理”的安全生产方针。

（2）具有有效的政策和规章，确保实践活动的正确性。

（3）具有良好的行为规范、行为监督和信息反馈。

（4）具有畅通的上下级关系和高尚和谐的人际关系。

（5）职工普遍重视安全。

（6）具有良好的纪律和有效的奖惩制度。

（7）具有明确的授权界限、清晰的接口关系。

（8）具有严格的自检、自查制度。

（9）具有牢固的科学技术基础。

（10）具有严密的安全生产责任制度。

（11）具有强有力的资金保障制度。

（12）具有良好的生存和工作环境。

（13）具有科学的资料管理系统。

企业安全文化教育是通过强化职工安全意识达到提高安全素质的目的。由此可见，安全文化教育是传播和建立工业文明、提高职工安全文化素质的重要途径，是建立良好企业安全文化氛围的重要手段。同时，企业安全文化氛围的建立，为进一步搞好安全教育创造了条件。因此，在市场经济体制下倡导和建立企业安全文化是企业安全生产的重要举措和科学方法，也是搞好安全教育、保证安全教育取得良好效果的前提。

第五节　安全管理对策

众所周知，在控制事故的措施中，安全技术对策是最佳选择，因为它不受人的行为的影响，并有着极高的可行性和安全性，而安全教育对策也极易为大多数人所接受。但遗憾的是，由于技术水平、经济条件等因素的制约，安全技术对策在大多数情况下不能保证系统的安全性达到人们所能接受的水平，而管理者又不能仅仅依靠安全教育的方法保证所有人都能自觉地遵守各项安全规章制度。因而安全管理对策成了必不可少的控制人的行为，进而控制事故的重要手段。

安全管理对策是“3E”对策之一，其英文单词“enforcement”的原意是“强制”“实施”的意思。即用各项规章制度、奖惩条例约束人的行为，达到控制人的不安全行为、减少事故的目的。在现实社会中，在经济及技术都有较大局限性的今天，这种对策仍起着十分重要的作用。即使在高度现代化、高度文明的未来社会，通过管理手段提高效率、降低事故率也不失为一种效费比很好的选择。

在长期的生产管理实践活动中，人们总结出了许多行之有效的安全管理措施，如依据“管生产必须管安全”的原则确立的安全生产责任制，“国家监察、行业管理、企业负责、群众监督、劳动者遵章守纪”的安全管理体制，“三同时”“四不放过”及各项安全法规、标准、手册，安全操作规范等。这些管理措施在现代企业安全管理工作中起着举足轻重的作用。本节将重点讨论安全管理工作中控制事故的几种安全管理手段，即安全检查、安全审查、安全评价等。

一、安全检查

安全检查是安全生产管理工作中的一项重要内容，是保持安全环境、矫正不安全操作、防止事故的一种重要手段。它是多年来从生产实践中创造出来的一种好形式，是安全生产工作中运用群众路线的好方法，是发现不安全状态和不安全行为的有效途径，是消除事故隐患、落实整改措施、防止伤亡事故、改善劳动条件的重要手段。

1. 安全检查的内容

安全检查主要包括以下 4 方面内容：

（1）查思想。即检查各级生产管理人员对安全生产的认识，对安全生产方针政策、法规和各项规定的理解与贯彻情况；全体职工是否牢固树立了“安全第一、预防为主、综合治理”的思想；各有关部门及人员能否做到当生产、效益与安全发生矛盾时，把安全放在第一位。

（2）查管理。安全检查也是对企业安全管理的大检查，主要检查安全管理各项具体工作的执行情况，如安全生产责任制和其他安全管理规章制度是否健全，能否严格执行；安全教育、安全技术措施、伤亡事故管理等的实施情况及安全组织管理体系是否完善等。

（3）查隐患。这是安全检查的主要工作内容，主要以查现场、查隐患为主。即深入生产作业现场，查劳动条件、生产设备、安全卫生设施是否符合要求，职工在生产中的不安全行为的情况等。例如，是否有安全出口，且是否通畅；机器防护装置情况；电气安全设施，如安全接地、避雷设备、防爆性能情况；车间或坑内通风、照明情况；防止矽尘危害的综合措施情况；锅炉、压力容器和气瓶的安全运转情况；变电所情况；易燃易爆物质、剧毒物质的储存、运输和使用情况；劳动防护用品的使用及标准是否符合有关安全卫生的规定等。

（4）查整改。对被检单位上一次查出的问题，按其当时登记的项目、整改措施和期限进行复查。检查是否进行了及时整改和整改的效果。如果没有整改或整改不力的，要重新提出要求，限期整改。对重大事故隐患，应根据不同情况进行查封或拆除。

此外，还应检查企业对工伤事故是否及时报告、认真调查、严肃处理。在检查中，如发现未按“四不放过”的要求处理事故，要重新严肃处理，从中找出原因，采取有效措施，防止类似事故重复发生。

2. 安全检查的方式

安全检查的方式按检查的性质，可分为一般性检查、专业性检查、季节性检查和节假日前后的检查等。

（1）一般性检查。一般性检查又称为普遍检查，是一种经常的、普遍性的检查，目的是对安全管理、安全技术、工业卫生的情况进行一般性的了解。这种检查，企业主管部门一般每年进行 1~2 次，各企业一般每年进行 2~4 次，基层单位每月或每周进行 1 次，此外还有专职安全人员进行的日常性检查。在一般性检查中，检查项目依不同企业而异，但以下 3 个方面均应列入：各类设备有无潜在的事故隐患；对上述隐患或缺陷采取了什么具体措施；对出现的紧急情况，有无可靠的立即消除措施。除此以外，对下列各项也应注意：

1）经常检查停车场、车道、人行道上有无能使人被绊倒或跌落的裂缝、孔洞、断裂之处。

2）供货车使用的运输繁忙的车辆装料和运料的平台、站台、码头，应注意防止车辆被破坏。

3）对小的、单独的建筑物的外部结构，应和主楼一样进行检查。

4）对企业内铁路专用线，要定期检查路基、道钉、转换器、鱼尾板及枕木腐烂程度和新添道砟等情况。

5）对任何结构的地板都应进行检查，特别是那些运输繁忙地区，地面的光滑程度应专门研究处理。

6）检查楼梯踏板和竖板是否良好，宽度和高度是否一致；检查扶手是否标准，是否完好和稳固可靠；检查照明是否充足；检查有无物品堆放。

7）对全厂房屋均应进行检查，通道应用漆线画界，不准将物料堆放在通道内。

8）检查电气设备有无漏电、短路、断路的可能性。

9）检查配线绝缘程度、磨损情况、老化情况等。

10）对变压器、配电盘做定期检查。

11）屋顶和烟囱也应做定期检查，及时发现其中的小毛病，以免造成严重情况。

12）检查地板是否严重超负荷。

13）处理重物所用的承受拉伸的链条、绳缆以及其他用具都应做定期检查。此外，有可能发展成为重大事故的隐患必须特别注意，如基础破坏、结构毁坏、超负荷、变质、火警及爆炸等。

（2）专业性检查。专业性检查是指针对特殊作业、特殊设备、特殊场所进行的检查，如对电、气焊设备，起重设备，运输车辆，锅炉，压力容器，尘、毒、易燃、易爆场所等的检查。这类设备和场所由于事故危险性大，如果事故发生，造成的后果极为严重。所以，专业性检查除了由企业有关部门进行外，上级有关部门也应指定专业安全技术人员进行定期检查，国家对这类检查也有专门的规定。不经有关部门检查许可，设备不得使用。专业性检查一般以定期检查为主。

专业性检查有以下突出特点：

1）专业性强，集中检查某一专业方面的装置、系统及与之有关的问题，因而目标集中，检查可以进行得深入细致。

2）技术性强，检查内容以生产、安全的技术规程和标准为依据。

3）以现场实际检查为主，检查方式灵活，牵扯人力最少。

4）不影响工作程序。

（3）季节性检查。季节性检查是根据季节特点，为保障安全生产的特殊要求所进行的检查。自然环境的季节性变化，对某些建筑、设备、材料或生产过程及运输、储存等环节会产生某些影响。某些季节性外部事件，如大风、雷电、洪水等，还会造成企业重大的事故和损失。因而，为了防患于未然，消除因季节变化而产生的事故隐患，必须进行季节性检查。例如，春季风大，应着重防火、防爆；夏季高温、多雨、多雷电，应抓好防暑、降温、防汛工作，检查雷电保护设备；冬季着重防寒、防冻、防滑等。

（4）节假日前后的检查。由于节日前职工容易因考虑过节等因素而造成精力分散，因而应进行安全生产、防火保卫、文明生产等综合检查；节日后则要进行遵章守纪和安全生产的检查，以避免因放假后职工精力涣散而引起纪律松懈等问题。

3. 安全检查的分类

按检查的方式分，安全检查可分为定期检查、连续检查、突击检查、特种检查等。

（1）定期检查。定期检查是列入计划、每隔一定时间进行一次的检查。这种检查可以是全厂性的，也可以是针对某种操作、某类设备的。检查间隔的时间可以是一个月、半年、一年或者任何适当的间隔期。定期检查是安全检查的主要方式。定期检查的类型有一般性定期检查、专业性定期检查、季节性检查及防火检查。除这4种检查方式外，还有一些应做定期检查的项目，如对地板的定期检查，检查其是否太滑、太湿、有油、破损；对通道和平台，定期检查其上是否有冰雪，是否有散放的物料挡路；对梯子定期检查其是否适用等；各种手持电动工具及其软线、职工所使用的工具等，都是定期检查的内容。

（2）连续检查。这种检查是对某些设备的运行状况和操作进行长时间的观察，发现设备运转的不正常情况并予以调整及进行小的修理，以保持设备良好运行状态的一种安全检查方式。观察使用设备的职工的操作情况，并帮助他们进行安全操作的训练，使职工熟悉机器设备各部分正常运转的情况，及时察觉操作中的不安全行为和不正常现象，并及时纠正，以避免重大事故的发生。对劳动防护用品，如防护眼镜、呼吸器、安全鞋、手套、防护服等，也应采取连续检查的形式，以确保其安全功能。

（3）突击检查。这是一种无一定间隔时间的检查。它是对某个特殊部门、特殊设备或某一工作区域进行的，而且事先未曾宣布的一种检查。这种检查可以促进管理人员重视安全，促进他们预先做好检查并改进缺陷。这种检查比较灵活，其检查对象和时间的选择往往通过事故统计分析、事故排队的方法来确定。例如，在分析过程中，发现某个部门或地方的事故或某种伤害的增长数字异常，就可以通过这种检查，查明增长的原因，找出改进的方法。

（4）特种检查。这是一种对采用的新设备、新工艺，新建、改建的工程项目，以及出现的新的危险因素进行的安全检查。这种检查包括以下内容：

1）工业卫生调查。检查对健康可能有危害的场所，确定危害程度、预防方法或采取机械的防护措施，以保障安全。这种检查通常要对含有有毒烟雾、气体、粉尘的空气及所用材料的毒性进行采样化验；检查通风、排气系统；对暴露在有职业病危害场所的职工进行健康检查。这也是相关部门对职业病控制的一种特殊检查。

2）防止物体坠落的检查。许多危险往往来自厂房上面、起重机、屋顶以及高出其他部位的物体的坠落，检查时应着重找寻松动的器械、螺栓、管道、转轴、木块、窗户、电气装置及其他可能造成事故的物体，通过这种检查可消除不安全因素。

3）事故调查。这是由专门的调查组织和安全专业人员进行的一种特殊检查。每起事故或未遂事故一发生，就应尽快地进行调查，找出实际的和起作用的原因，以防其重复发生。

4）其他特种检查。如对手持工具、平台、劳动防护用品、操作点防护、照明设施、通风设备等的特种检查。

按检查的手段分，安全检查又可分为仪器测量、照相摄影、肉眼观察、口头询问等。

安全检查主要由各基层单位的专职安全员、兼职安全员、企业安全技术部门、上级主管部门及有关设备的专职安全工作人员进行。企业管理人员、基层管理人员、工程技术人员和职工也应负责自己责任范围内的安全检查工作。

通过安全检查能及时了解和掌握安全工作情况，及时发现问题，并采取措施加以整顿和改进，同时又可总结好的经验，进行宣传和推广。通过安全检查，查找不安全的物质状况和不安全操作情况并及时改正，是管理部门防止事故、保障安全的较好方法。

随着现代管理方法的推广和应用，安全检查也逐步朝着科学化、系统化、规范化、程序化的方向发展，并同时形成与国家职业安全卫生监察机制的有机结合。以安全检查表为中心的系统安全检查方法和以电子计算机为主的新型监控设备的应用，使得对事故的控制、隐患的排除、措施的执行更为及时、更为有效，安全检查的效果更为突出。

二、安全审查

安全检查主要是为了改善企业现实安全生产状况，消除或控制现有设备、设施存在的危险因素和事故隐患。而要从源头上消除可能造成伤亡事故和职业病的危险因素，保护职工的安全健康，保障新工程正常投产使用，防止事故损失，避免因安全问题引起返工或因采取弥补措施造成不必要的投资扩大，对新建、扩建工程进行预先安全审查是一种极其重要的手段。

对工程项目的安全审查是依据有关安全法规和标准，对工程项目的初步设计、施工方案以及竣工投产进行综合的安全审查、评价与检验，目的是查明系统在安全方面存在的缺陷，按照系统安全的要求，优先采取消除或控制危险的有效措施，切实保障系统的安全。

经多年的实践与总结，我国在安全审查工作中形成了一套较为完整且颇具特色的“三同时”审查验收制度。

《安全生产法》第三十一条规定，生产经营单位新建、改建、扩建工程项目（以下统称建设项目）的安全设施，必须与主体工程同时设计、同时施工、同时投入生产和使用。安全设施投资应当纳入建设项目概算。《建设项目职业卫生“三同时”监督管理暂行办法》（国家安全生产监督管理总局令第 51 号）中规定，在中华人民共和国领域内可能产生职业病危害的新建、改建、扩建和技术改造、技术引进建设项目职业病防护设施必须与主体工程同时设计、同时施工、同时投入生产和使用，简称职业卫生“三同时”。

按照建设项目所处的阶段不同，“三同时”安全审查验收包括可行性研究审查、初步设计审查和竣工验收审查。

1. 可行性研究审查

建设项目从计划建设到建成投产，一般要经过 4 个阶段和 5 道审批手续，即确定项目、设计、施工和竣工验收 4 个阶段，项目建议书、可行性研究报告、设计任务、初步设计和开工报告 5 道审批手续。而可行性研究审查则是对可行性研究报告中的安全设施部分的内容，运用科学的评价方法，依据国家法律法规及标准和规范，分析、预测该建设项目存在的危险和有害因素的种类和危险危害程度，提出科学、合理及可行的安全技术措施和管理对策，作为该建设项目初步设计中安全设施设计和建设项目安全管理的主要依据，供相关部门进行监察时参考。

审查的内容主要包括生产过程中可能产生的主要危险和有害因素，预计危险程度，造成危害的因素及其所在部位或区域，可能接触危险和有害因素的职工人数，使用和生产的主要有毒有害物质、易燃易爆物质的名称和数量，安全措施专项投资估算，落实安全措施的预期效果，技术投资方面存在的问题和解决方案等。

2. 初步设计审查

初步设计审查是在可行性研究报告的基础上，根据有关标准、规范对专篇进行全面深入的分析，提出建设项目中安全方面的结论性意见。初步设计审查的基调应是实施性的。

初步设计审查中的安全专篇，主要有 9 项内容。

（1）设计依据，主要包括以下内容：

1）国家、地方政府和主管部门的有关规定。

2）采用的主要技术规范、规程、标准和其他依据。

（2）工程概述，主要包括以下内容：

1）本工程设计所承担的任务及范围。

2）工程性质、地理位置及特殊要求。

3）改建、扩建前的安全设施概况。

4）主要工艺、原料、半成品、成品、设备及主要危害概述。

（3）建筑及场地布置，主要包括以下内容：

1）根据场地自然条件中的气象、地质、雷电、暴雨、洪水、地震等情况预测的主要危险因素及防范措施。

2）建厂的四邻情况对本厂安全的影响及防范措施。

3）工厂总体布置中诸如锅炉房、氧气站、乙炔站等易燃易爆、有毒物品仓库等对全厂安全的影响及防范措施。

4）厂区内的通道、运输的安全。

5）总图设计中建筑物的安全距离、采光、通风、日晒等情况。

6）辅助用室包括救护室、医疗室、浴室、更衣室、休息室、哺乳室、女工卫生室的设置情况。

（4）生产过程中职业有害因素的分析，主要包括以下内容：

1）生产过程中使用和产生的主要有毒有害物质，包括原料、材料、中间体、副产物、产品、有毒气体、粉尘等的种类名称和数量。

2）生产过程中的高温、高压、易燃、易爆、辐射、振动、噪声等有害作业的生产部位、程度。

3）生产过程中危险因素较大的设备的种类、型号、数量。

4）可能受到职业病危害的人数及受害程度。

（5）安全设施设计中采用的主要防范措施，主要包括以下内容：

1）工艺和装置中，通过全面分析各种危害因素确定的工艺路线、装置设备，根据生产、火灾危险性分类设置的泄压、防爆等安全设施和必要的检测、检验设施。

2）按照爆炸和火灾危险场所的类别、等级、范围选择电气设备的安全距离及防雷、防静电及防止误操作等设施。

3）生产过程中的自动控制系统和紧急停机、事故处理的保护措施。

4）说明危险性较大的生产过程中，一旦发生事故和急性中毒的抢救、疏散方式及应急措施。

5）扼要说明在生产过程各工序产生尘毒的设备（或部位）及尘毒的种类、名称，尘毒危害情况，以及防止尘毒危害所采用的防护设备、设施及其效果等。

6）经常处于高温、高噪声、高振动工作环境所采用的降温、降噪及降振措施，防护设备性能及检测检验设施。

7）改善繁重体力劳动强度方面的设施。

（6）预期效果评价。对安全方面存在的主要危害所采取的安全措施提出专题报告和综合评价。

（7）安全机构设置及人员配备情况，主要包括以下内容：

1）安全机构设置及人员配备。

2）维修、保养、日常监测检验人员。

3）安全教育设施及人员。

（8）专用投资概算，主要包括以下内容：

1）主要生产环节安全设施费用。

2）检测装备及设施费用。

3）安全教育装备和设施费用。

4）事故应急措施费用。

（9）存在的问题与建议。存在问题与建议必须列出，并且是重要内容。

3. 竣工验收审查

竣工验收审查是按照安全专篇规定的内容和要求对安全设施的工程质量及其方案的实施进行全面系统的分析和审查，并对建设项目进行安全措施的效果评价。竣工验收审查是强制性的。

建设单位在生产设备调试阶段，应同时对安全设施、措施进行调试和考核，对其效果进行评价。在人员培训时，要有安全的内容，并建立健全安全方面的规章制度。

在生产设备调试阶段中，应急管理部门对建设项目的安全设施进行预验收。对体力劳动强度较大，产生尘、毒危害严重的作业岗位，要按国家有关标准委托相关职业安全卫生检测机构进行体力劳动强度、粉尘和毒物危害程度的测定工作，测定结果作为评价安全设施的工程技术效果和竣工验收的依据。对于查出的隐患，由建设单位制订计划，限期整改。

借助设计消除危险是系统安全的重要组成部分和基本原则，也是安全审查的重点。

实施安全审查就是要保证在早期设计阶段尽可能将危险降到最低程度。审查的本身包含着对工程项目安全性的分析、评价、监督和检查。为保障现代化生产的安全，对安全审查提出了更高的要求，即必须运用科学和工程原理、标准和技术知识鉴别、消除或控制系统中的危险，建立必要的系统安全管理组织，制订出系统安全程序计划，应用科学的分析方法保证系统安全目标的实现。所以做好工程项目的安全审查工作，是管理部门、设计部门、监督检查部门和建设单位的共同责任，也是广大工程技术人员、安全专业人员的重要使命。

三、安全评价

安全评价是系统安全工程的重要组成部分。它采用系统科学的方法辨识系统存在的危险因素，并根据事故风险的大小采取相应的安全措施，以达到实现系统安全的目的。

安全评价方法亦可用于对企业安全管理现状进行评价，是安全管理的重要措施之一。对安全管理工作进行评价，可以弄清现状及实施改进措施后达到的水平，找出存在的问题，从而为今后进一步改进安全管理工作提供依据。

企业安全管理包括企业的行政管理（也称综合安全管理）、技术设备安全管理和环境安全管理。企业安全管理评价就是依据系统工程的原理，以有关法规、标准、制度的安全要求为依据，对人员、设备、技术、资金、环境等方面的安全管理状况进行评价，从而确定企业对其固有危险性控制的有效程度。

一般地，可以从两个方面评价企业的安全管理工作，即评价实现既定目标的情况和客观地评价企业的安全水平。其中后者具有诊断评价的意义，在企业中应用较广。目前已应用的评价方法可分为定性和定量两大类，具体评价方法参见本书第十章的内容。

在选择具体评价方法时，应考虑如下问题：

（1）被评价的项目，即评价内容应能被考察及衡量，以便量化。

（2）评价的基准及尺度应该一致，以便能够相互比较。

（3）被评价的项目应能真实反映企业安全管理工作状况，并能通过对它们的改进推动安全工作向前发展。各项目的分数或权重应能反映安全工作的进步和改善，反映当前安全管理工作的重点。因而，评价基准、项目分数或权重应根据安全工作的发展而变化，不能一成不变。

（4）评价方法应简单易行，便于推广应用。评价的目的在于使管理者及时地了解预防事故方面工作的状况，采取有效的改进措施。只要能达到这一目的，方法越简单，越容易为基层管理人员所接受。

第六节　保险与事故控制

事故预防措施可使系统尽可能地减少事故发生的可能性，而事故控制与应急抢救措施则尽可能地减轻事故发生的严重性。但从事故特性可知，无论采取何等先进的技术措施和严密的管理措施，事故仍是不能完全避免的，仍有可能发生损失大大超过人们承受能力的事故。此外，除了人为因素及环境、设备等因素引发的事故外，自然灾害如地震、飓风、雷击、洪水等更是难以控制或承受。即使到了科学技术更为发达的未来，人们掌握了更多更好的控制事故发生或控制事故损失的技术，也要面临着采取这类技术所付出的代价可能超出其承受能力的问题，也不可能完全控制事故，更何况还有在人类控制能力之外的自然灾害。因而，采取保险的方法，补偿因事故或灾害所造成的经济损失，使企业具有重新恢复生产的能力，使家庭得以休养生息，是事故损失控制的重要手段之一。

一、保险与风险

1. 保险的基本概念

保险是指投保人根据合同约定，向保险人支付保险费，保险人对于合同约定的可能发生的事故所造成的财产损失承担赔偿保险金责任，或者当被保险人死亡、伤残和达到合同约定的年龄期限时，承担给付保险责任的保险行为。

保险源于风险。中国自古就有“天有不测风云，人有旦夕祸福”和“未雨绸缪”“积谷防饥”的说法。从法律角度来看，保险则是一种合同行为。投保人向保险人缴纳保险费，保险人在被保险人发生合同规定的损失时给予补偿。

如果探其本质，保险是一种社会化安排，是面临风险的人们通过保险人组织起来，从而使个人风险得以转移、分散，由保险人组织保险基金，集中承担。当被保险人发生损失，则可从保险基金中获得补偿。换句话说，“一人损失，大家分摊”，即“人人为我，我为人人”。可见，保险本质上是一种互助行为。

保险与赌博，表面上看非常相似，如都是以随机事件为基础，都可能以较小的支出获得较大的回报，但事实上，二者存在本质的区别。

从参与者对风险的态度看，前者是以付出比期望损失价值更小的成本（保险费）来转移损失的不确定性，后者则是企图以比期望收益值更小的成本（赌本）来获得收益的不确定性。

从经济学角度看，前者是对客观存在的未来风险进行转移，把不确定性损失转移为确定性成本，是风险管理的有效手段之一；后者则是主动创造风险，把确定性的成本转移为不确定性的收益。

从社会学角度看，前者是把不稳定的风险转化为稳定的因素，从而保障社会的发展；后者则是把原来稳定的收入转化为不稳定的风险，只会给社会、家庭带来不稳定因素。

保险和储蓄都是人们对付未来不确定风险的一种管理手段，目的都在于保障未来正常的生产、生活。所不同的是，储蓄是将风险留给自己，依靠个人积累来对付未来风险。储蓄不需要任何代价，但也可能陷入保障不足的窘境。保险则是将所面对的风险用转移的方法，靠集体的财力对付风险带来的损失，提供了足够的保障。但同时，保险需要付出一定的代价，即保险费。

2. 可保风险与不可保风险

保险中的可保风险仅限于纯风险，即指只有损失可能而无获利机会的不确定性，但并非所有的纯风险都是可保风险。纯风险成为可保风险必须满足下列条件：

（1）损失程度较高。即该类风险事故发生后，会给人们造成极大的经济困难。

（2）损失发生的概率较小。因为如果损失发生的概率较大，则由损失率和稳定系数为基础计算出的纯保险费相应很高，加上附加保险费，总保险费与潜在损失将相差无几，投保人将无法承受，保险也失去了转移风险的意义。

（3）损失具有确定的概率分布。这是进行保险费计算的首要前提。

（4）存在大量具有同质风险的保险标的。这是由保险转移风险、分摊损失和提供经济补偿的职能所决定的。这样，一方面可积累足够的保险基金，使被保险人能获得十足的保障；另一方面根据“大数法则”，可使风险发生次数及损失值在预期值周围能有一个较小的波动范围。

（5）损失的发生必须是意外的。所谓意外，是指风险的发生超过了投保人的控制范围，且与投保人的任何行为无关。否则，将会引起道德风险因素的大量增加，违背保险的初衷。此外，要求损失的发生具有随机性也是“大数法则”得以应用的前提。

（6）损失是可以确定和测量的。这是指导致损失发生的原因、损失发生的时间和地点都可被确定，损失金额可以测定。

（7）损失不能同时发生。这是要求损失值的方差不能太大，否则保险分摊损失的职能将随之丧失。

当然，可保风险与不可保风险间的区别不是绝对的。随着保险公司资本的日渐雄厚以及保险新技术的不断出现，有些原来不可保的风险，如地震、洪水等已被一些保险公司列入保险责任范围之内，而且将来保险提供的保障范围会越来越大。

3. 保险与风险管理

风险管理是指面临风险者进行风险识别、风险估测、风险评价、风险控制以减少风险负面影响的决策及行动过程。随着社会发展和科技进步，现实生活中的风险因素越来越多。无论企业和家庭，人们想出种种办法来对付风险。但无论采用何种方法，风险管理的一条总原则是以最小的成本获得最大的保障。安全管理实际上就是对于事故风险的风险管理。对纯风险的处理有回避、预防、自留和转移等4种方法。

（1）回避风险。这是指主动避开损失发生的可能性。它适用于应对那些损失发生概率高且损失程度大的风险。例如，无氰电镀的技术就完全回避了氰化物中毒的风险。

（2）预防风险。预防风险是指采取预防措施，以减少损失发生的可能性及损失的严重程度。对于安全管理来说，预防风险是指事故预防和应急措施两种手段。

（3）自留风险。自留风险即自己非理性或理性地主动承担风险。“非理性”是指对损失发生存在侥幸心理或对潜在损失程度估计不足从而暴露于风险中；“理性”是指经正确分析，认为潜在损失在承受范围之内，而且自己承担全部或部分风险比购买保险更经济合算，这适用于应对发生概率小且损失程度低的风险。

（4）转移风险。转移风险是指通过某种安排，把自己面临的风险全部或部分转移给另一方，通过转移风险而得到保障。保险就是转移风险的风险管理手段之一。

风险管理和保险无论在理论上还是在实际操作中，都有着密切的联系。保险学中关于保险性质的学说是风险管理理论基础的重要组成部分，而且风险管理学的发展很大程度上得益于对保险的深入研究，风险管理学的发展也在不断促进保险理论和实践的发展。在实践中，一方面保险是风险管理中最重要、最常用的方法之一；另一方面通过提高风险识别水平，可更加准确地评估风险，同时风险管理的发展对促进保险技术水平的提高起到了重要作用。

二、保险的分类

保险的分类标准多种多样，分类的方法主要来自保险公司内部业务工作的实践，也来自对办理保险进行财务控制的立法影响。各国的具体情况不同，对保险分类也不一致。

1. 按保险的实施方式分类

按照保险的实施方式分类，可以把保险分为自愿保险和法定保险。

自愿保险是投保人和保险人在平等互利、等价有偿和协商一致的基础上，通过签订保险合同而建立的保险关系。

法定保险又称强制保险。它是由政府颁布有关的保险法规，凡在法规规定范围之内的单位或个人，不管愿意与否，都必须依法参加保险。

2. 按保险的对象分类

按照保险的对象分类，可以把保险分为财产保险和人身保险。

财产保险是指以财产及其相关利益为保险标的的保险。它是以有形或无形财产及其相关利益为保险标的的一类补偿性保险。人身保险是以人的寿命和身体为保险标的的保险。

此外，国际上还有一种分类方法，把保险划分为“寿险”和“非寿险”两类。所谓寿险，仅指与人的生存和死亡有关的保险，其范围较人身保险窄；而非寿险则比财产保险广泛，除包括各种财产保险之外，还包括人身意外伤害保险、医疗保险等等。目前，世界保险费统计就使用这一标准。

3. 按保险保障的范围分类

按照保险保障的范围分类，可以把保险分为财产保险、责任保险、信用保险和人身保险四大类。这里的责任保险是以被保险人对第三者依法应负的赔偿责任为保险标的的保险。信用保险实际上是保险人为被保险人向权利人提供的一种信用担保业务。信用保险分为两种，凡投保人投保自己的信用的叫保证保险，凡投保人投保他人的信用的叫信用保险。

4. 按保险关系的层次、保险经营的目的分类

按照保险关系的层次分类，保险可分为原保险和再保险。

按照保险经营的目的分类，保险可分为营利性的商业保险和非营利性的社会保险和政策性保险等。

三、财产保险

1. 财产保险的概念

财产保险是指投保人根据合同约定，向保险人交付保险费，保险人按保险合同的约定对所承保的财产及其有关利益因自然灾害或意外事故造成的损失承担赔偿责任的保险。

财产保险业务包括财产损失保险、责任保险、信用保险等保险业务。以物质形态的财产及其相关利益作为保险标的的，通常称为财产损失保险。以非物质形态的财产及其相关利益作为保险标的的，通常是指各种责任保险、信用保险等。但只有根据法律规定，符合财产保险合同要求的财产及其相关利益，才能成为财产保险的保险标的。

财产保险坚持损失补偿原则和重复保险分摊原则。

损失补偿原则是财产保险的核心原则。它包括两层含义：一是“有损失，有

补偿”，二是“损失多少，补偿多少”。坚持损失补偿原则，一方面可以保障被保险人的利益，另一方面可以防止被保险人通过赔偿而得到额外利益，从而避免道德风险。

重复保险分摊原则是由损失补偿原则派生出来的。重复保险是指投保人就同一保险标的、同一保险利益、同一保险事故分别向两个以上保险人订立保险合同的保险。在重复保险的情况下，当重复保险的保险金额总和超过保险价值而被保险人因发生保险事故向数家保险公司提出索赔时，其损失赔偿必须在保险人之间进行分摊，被保险人所得赔偿总额不得超过其保险价值。常用的分摊方式有保险金额比例责任制、赔款限额比例责任制和顺序责任制。

2. 主要财产保险险种

（1）家庭财产保险。家庭财产保险是以城乡居民室内的有形财产为保险标的的保险。我国目前开办的家庭财产保险主要有普通家庭财产险和家庭财产两全险。

普通家庭财产险又可分为灾害损失险和盗窃险两种。家庭财产灾害损失险规定的保险责任包括火灾、爆炸、雷击、冰雹、洪水、海啸、地震、泥石流、暴风雨、空中运行物体坠落等一系列自然灾害和意外事故，同时包括在灾害发生后，为防止灾害损失扩大，积极抢救、施救、保护保险标的而支出的费用。其保险标的包括被保险人的自有财产、由被保险人代管的财产或被保险人与他人共有的财产。盗窃险的保险责任指在正常安全状态下，留有明显现场痕迹的盗窃行为，致使保险财产产生损失。

家庭财产两全险是一种具有经济补偿和到期还本性质的险种。

（2）企业财产保险。企业财产保险是指以投保人存放在固定地点的财产和物资作为保险标的的一种保险，保险标的有效地点相对固定且处于相对静止状态。

企业财产保险的保险责任分为基本责任、责任免除和特约责任。

基本责任是指投保人要求保险人承担的赔偿责任，包括自然灾害或意外事故，如火灾、爆炸、雷击、暴风、龙卷风、洪水、地陷、崖崩、突发性滑坡、雪灾、雹灾、冰凌、泥石流以及空中运行物体坠落等；被保险人的供电、供水、供气设备在遭受保险条款中列明的自然灾害或意外事故而造成的损失，以及由于这些设备损坏引起的停电、停水、停气而直接造成的保险财产的损失，包括机器设备、在产品和储藏物品的损坏或报废；在发生上述灾害和事故时，为了抢救财产和防止灾害蔓延，采取合理的、必要的措施而造成的保险财产的损失，以及为了减少被保险财产损失采取施救、保护措施而支出的合理费用。

特约责任又称附加责任，是指责任免除中不保的责任或另经双方协商同意后特别注明由保险人负责保险的危险。特约责任一般采用附贴特约条款承保。

（3）建筑工程保险。建筑工程保险是指以各类民用、工业用和公用事业用的建筑工程项目为保险标的的保险，保险人承担被保险人在工程建筑过程中由于自然灾害和意外事故引起的一切损失的经济赔偿责任，简称建工险。

建工险承保的保险责任主要有以下几类：

1）列明的自然灾害，主要有雷击、水灾、暴雨、地陷、冰雹等。对于地震与洪水，国际保险业一般将其列入特约可保责任另行协议加保。

2）列明的意外事故，主要有火灾、爆炸、空中运行物体坠落、原材料缺陷等引起的意外事故，以及工作人员在施工中的过失造成的间接损失。

3）盗窃及清理保险事故现场所需费用，也有保险人将此类风险另行承担的情况。

4）第三者责任。

5）在建筑工程一切险中，未列入责任免除且不在上述风险责任范围的其他风险责任。

（4）安装工程保险。安装工程保险简称安工险，它专门承保新建、扩建或改建的工矿企业的机器设备或钢结构建筑物在整个安装、调试期间，由于责任以外的一切危险造成保险财产的物质损失、间接费用以及安装期间造成的第三者财产损失或人身伤亡而依法应由被保险人承担的经济责任。

安工险的适用范围与建工险相同，保险对象为工矿企业机器设备、钢结构工程以及包含机械工程因素的建造工程。

（5）机动车辆保险。机动车辆是指汽车、电车、电瓶车、摩托车、拖拉机、各种专用机械车、特种车。机动车辆保险一般包括基本险和附加险两部分。基本险分为车辆损失险和第三者责任险。

当下列原因造成车辆损失险的保险车辆损失时，保险人负责赔偿：碰撞，火灾，倾覆，外界物体倒塌、空中运行物体坠落、行驶中平行坠落，雷击、暴风、龙卷风、暴雨、洪水、海啸、地陷、冰凌、崖崩、雪崩、雹灾、泥石流、滑坡，载运保险车辆的渡船遭受自然灾害。发生保险事故时，保险人负责赔偿被保险人对保险车辆采取施救、保护措施所支出的合理费用，但此项费用的最高赔偿金额以保险金额为限。

第三者责任险是指被保险人允许的合格驾驶员在使用保险车辆过程中发生意外事故，致使第三者遭受人身伤亡或财产的直接损毁，依法应由被保险人支付的赔偿金额，保险人依照保险合同的约定给予赔偿。

与此类似的还有船舶保险、飞机保险等。

（6）货物运输保险。货物运输保险是指以运输过程中的货物作为保险标的，保险人承保因自然灾害或意外事故造成损失的一种保险。货物运输保险按运输工具分为五类，即水上运输险、陆上运输险、航空运输险、邮包险、联运险。

货物运输保险的期限具有航程性，责任起讫以约定的运输途程为准，即以被保险货物离开起运地点的仓库或储存处所开始，直至到达目的地收货人的仓库或储存处所终止，一般没有固定的时间约束。

（7）第三者综合责任保险。第三者综合责任保险是指被保险人以第三者依法应负的民事损害赔偿责任为保险标的的保险，属于责任保险范畴。

第三者综合责任保险规定，保险人同意代被保险人赔偿根据合同规定的被保险人有法定赔付责任的全部赔款，包括个人伤害责任和财产损坏责任。前者指任何人遭受个人伤害、疾病及由此造成的任何时候的死亡的损害赔偿金和照顾费用与丧失工作的赔偿金。后者指由一次事故引起的财产损坏或毁坏，包括由此而接替使用的赔偿金。

（8）公众责任保险。公众责任险又称普通责任保险。它主要承保被保险人在公共场所进行生产、经营或其他活动时，因发生意外事故而造成的他人人身伤亡或财产损失，依法应由被保险人承担的经济赔偿责任。

公众责任保险险种众多，主要包括场所责任保险、承运人责任保险和个人责任保险等。该险种所承保的公众责任有两个特征：一是致害人所损害的对象不是事先特定的某个人，二是损害行为是对社会大众利益的损害。而保险人则主要承担被保险人依法应承担的经济赔偿责任和相关的法律诉讼费用。

（9）雇主责任保险。雇主责任保险是指被保险人所雇用的员工，在受雇过程中从事保险单所载明的与被保险人的业务有关的工作时，因遭受意外事故而受伤、残疾或因患有与业务有关的职业性疾病所致伤残或死亡，被保险人根据法律或合同，须负担医药费用及经济赔偿责任，包括应支出的诉讼费用，由保险人在规定的赔偿限额内负责赔偿的一种保险。

雇主责任保险还规定了两项附加险：附加医疗费保险和附加第三者责任险。

（10）产品责任保险。产品责任保险是指由于被保险人所生产、出售的产品或商品在承保区域内发生事故，造成使用、消费或操作该产品或商品的人或其他任何人的人身伤害、疾病、死亡或财产损失，依法应由被保险人负责时，保险人在约定的赔偿限额内负责赔偿的一种保险。对被保险人应付索赔人的诉讼费用以及经保险人书面同意负责的诉讼及其他费用，保险人也负责赔偿，但此项费用与责任赔偿金额之和以保险合同中列明的责任限额为限。

产品责任保险还规定了风险变更条款，即在保险期间内，被保险人若生产、销售某种新产品或保险产品的化学成分有所变动，应于10天内书面通知保险人，并根据保险人的要求，缴纳应增加的保险费，除非经保险人书面同意，否则保险合同将不扩展承保该产品。

（11）职业责任保险。职业责任保险是指承保各种专业技术人员由于工作上的疏忽或过失造成合同一方或他人的人身伤害或财产损失的经济赔偿责任的保险。

以被保险人从事的职业为依据，职业责任保险可以分为医疗责任保险、律师责任保险、保险代理人责任保险、保险经纪人责任保险、会计师责任保险、建筑师责任保险、设计师责任保险、兽医责任保险、教师责任保险等众多业务种类。这种划分是保险人确定承保条件和保险费率的主要依据。

（12）保证保险。保证保险是由保险人为被保险人向权利人提供的担保业务。当被保险人的行为或不行为致使权利人遭受经济损失时，保险人负经济赔偿责任。

保证保险通常有指名保证和总括保证两种承保形式。根据不同的对象和情况，指名保证是以特定的企业或个人作为被保证人，总括保证是以集团内全体人员作为被保证人。按承保方式不同，保证保险可分为指名个人保证、指名团体保证、流动保证、总括保证、职位保证。

（13）雇员忠诚保险。雇员忠诚保险又称诚实保证保险，承保雇主因雇员的不诚实行为，如盗窃、贪污、侵占、非法挪用、故意滥用、伪造、欺骗等而受到的经济损失。这种保险一般由雇主投保，以其正式雇员的诚实信用为保险标的。被保证雇员一般以正式接受聘用、雇用于投保人从事规则性工作，受人事管理约束并领取正式工资者为限。

雇员忠诚保险的承保方式分为指名保证、职位保证和总括保证。

此外，财产保险中还有投资保险、出口信用保险、航天保险、核电站保险、农业保险等险种。

四、人身保险

1. 人身保险的概念

人身保险是指以人的生命和身体为保险标的，当被保险人发生死亡、伤残、疾病等事故或保险期满时给付保险金的保险。当人的生命作为保险标的时，保险以生存和死亡两种状态存在。

人身保险的保险责任包括生、老、病、死、伤、残等各个方面。这些保险责任不仅包括人们在日常生活中可能遭受的意外伤害、疾病、衰老、死亡等各种不幸事故，而且包括与保险人约定的生存期满等事件。

2. 人身保险的分类

人的需求的条件性及变动性，决定了人身保险险种的多样性。在不同的场合，根据不同的要求，从各个角度，人身保险可以有不同的分类方法。

（1）按照保险责任的不同，人身保险可分为人寿保险、人身意外伤害保险和健康保险。

1）人寿保险。人寿保险是以人的生命为保险标的，以被保险人的生存或死亡为保险事故的人身保险。在实务中，人们习惯把人寿保险分为定期寿险、终身寿险、两全保险和年金保险。人寿保险是人身保险中最主要的部分。

2）人身意外伤害保险。人身意外伤害保险简称意外伤害保险。意外伤害是指在人们没有预见到或违背被保险人意愿的情况下，突然发生的外来致害物对被保险人身体明显、剧烈地侵害的客观事实。意外伤害保险是以被保险人因遭受意外伤害事故造成的死亡或伤残为保险事故的人身保险。在全部保险业务中，意外伤害保险所占比例不大，但投保简单，保费相对低廉，故承保人次较多。

3）健康保险。健康保险是以被保险人的身体为保险标的，保证被保险人在疾病或意外事故所致伤害时的费用或损失获得补偿的一种人身保险，包括重大疾病保险、住院医疗保险、手术保险、收入损失保险等。

（2）按保险期间分类，人身保险可分为保险期间 1 年以上的长期业务和保险期间 1 年以下的短期业务。

（3）按承保方式分类，人身保险可分为团体保险和个人保险。

（4）按是否分红分类，人身保险可分为分红保险和不分红保险。

3. 死亡保险

死亡保险是指以人的死亡为保险事故，在事故发生时，由保险人给付一定保险金额的保险。死亡保险的目的是避免由于被保险人死亡而使其亲属或依赖其收入生活的人陷于困境。

死亡保险根据保险期间的不同，可分为定期死亡保险和终身死亡保险。

4. 生存保险

生存保险是指被保险人如果在保险期届满时仍然生存，保险人依照保险合同的约定给付保险金。生存保险的主要目的是在一定时间之后被保险人可以领取一笔保险金，以满足其生活等方面的需要。例如，为子女投保子女教育保险，可以使子女在读大学时有一笔教育基金。

5. 两全保险

两全保险又称生死合险，是指被保险人在保险合同约定的保险期间内死亡，或在保险期届满仍生存时，保险人按照保险合同均承担给付保险金责任的人身保险。两全保险具有保障性和储蓄性的双重功能。

6. 年金保险

年金保险是指在被保险人生存期间或某一特定期间，保险人按合同约定定期向被保险人或其他年金受益人给付保险金的人身保险。

年金保险在保障寿命较长者有稳定经济收入方面发挥了特殊的作用。目前较为常见的年金保险，主要有限期交费终身年金保险、最低保证年金保险和变额年金保险。由于年金保险较好地解决了社会生活中寿命较长者生活安定的问题，世界各国对年金保险都十分重视。目前全世界已有 100 多个国家实行了老年、残疾及遗属保险制度，其中绝大多数国家采取了年金给付方式。

7. 医疗保险

医疗保险是指为被保险人在治疗疾病时发生的医疗费用提供保险保障的保险。医疗保险是健康保险的主要内容之一。医疗费用不仅包括医生的医疗费和手术费用，还包括住院、护理、使用医院设备的费用以及各种检查费用和医院杂费。

医疗保险通常包括普遍医疗保险、住院医疗保险、手术保险、住院津贴保险、综合医疗保险和精神医疗保险。

8. 意外伤害保险

意外伤害保险是指保险人对被保险人因意外伤害事故所致的死亡、残疾或者支付医疗费用，按照合同约定给付全部或部分保险金的保险。

意外伤害保险的保险责任是被保险人因意外伤害所致的死亡、伤残或者支付医疗费用，不负责疾病所致的死亡或伤残。其主要由 3 个条件构成：被保险人遭受了意外伤害事故且意外伤害事故须发生在保险期间，被保险人死亡或残疾或支付医疗费用，意外伤害事故是死亡或残疾或支付医疗费用的直接原因或近因。

9. 投资连结保险

投资连结保险是指包含保险保障功能并至少在一个投资账户中拥有一定资产价值的人身保险。该保险是一种寿险与投资基金相结合的产品，具有以下几个特点：

（1）保险的保障功能与投资功能高度统一。

（2）投资风险的转移。

（3）产品对投保人有更高的透明度。

（4）为投保人提供了更大的方便。

（5）弱化了精算技能的要求，更强调计算机系统的支持，使投保人可以随意选择或中途变更其投资组合。

五、工伤保险

1. 社会保障与社会保险

社会保障作为由国家为处于生活困境的社会成员提供生活保障的一种制度，是指当社会成员陷于生活贫困或当职工因年老患病、工伤、生育等原因永久地或暂时地、完全地或部分地丧失劳动能力，或者因失业而丧失工作机会、失去收入来源时，由国家和社会对其提供经济上的援助或补偿。它是由政府负责，通过国家立法形式，集众多的经济力量，配合政府的财力，共同补偿少数人因遭受意外事件所致的收入中断或减少，属于国家收入再分配的一种分配关系。

社会保险是指在既定的社会政策的指导下，由国家通过立法手段强制征收保险费，形成保险基金，用于对因年老、疾病、生育、伤残、死亡和失业而导致丧失劳动能力或失去工作机会的成员提供基本生存保障的一种社会保障制度。我国社会保险为养老保险、失业保险、工伤保险、医疗保险、生育保险“五大保险”和疾病、伤残、遗属“三大津贴”的制度体系。

2. 工伤保险的概念

工伤保险也称职业伤害保险，是对在劳动过程中遭受人身伤害（包括事故伤残和职业病以及因这两种情况造成死亡）的职工、遗属提供经济补偿的一种社会保险制度。实行工伤保险的目的在于预防工伤事故，补偿职业伤害的经济损失，保障工伤职工及其家属的基本生活水准，减轻企业负担，同时保证社会经济秩序的稳定。

工伤保险的实施范围为我国境内的用人单位及职工。

3. 工伤保险的实施原则

（1）强制性实施原则。强制性实施原则是指由国家通过法律法规强制用人单位参加工伤保险，依照法定的标准和时间缴纳保险费，并依照法定的项目、标准和方式支付待遇。对于违反有关规定的，要依法追究法律责任。

（2）无责任赔偿原则。无责任赔偿原则又称无过失补偿原则，是指职工在生产工作过程中遭遇工伤事故后，无论其是否对工伤事故负有责任，均应依法按规定的标准享受工伤保险待遇。

（3）个人不缴费原则。这是指无论是直接支付保险待遇或者缴费投保，全部由用人单位负担，职工个人不缴费。工伤事故属于职业伤害，伤害成本被认为是一种制造成本，工伤保险待遇属于企业生产成本的特殊部分，同时，这也是国际上惯例。

（4）工伤补偿与工伤预防及职业康复相结合的原则。现代工伤保险已不仅仅局限于对工伤职工给予工伤补偿，而是把工伤补偿、工伤预防与职业康复紧密地联系起来，以更好地发挥其在维护社会安定、保护和促进生产力发展方面的积极作用。差别费率、浮动费率机制的建立就是这一原则的一种体现。这样既有利于工伤保险的社会化管理，促使职工重视自身的工伤保险权利，积极监督用人单位履行职责，也使职业康复事业在资金来源上有所保证，同时也可避免形成企业缴纳工伤保险费就可放松安全管理的错误诱导。工伤保险与安全生产紧密结合，工伤预防、应急措施、工伤补偿三种手段紧密结合，也是我国工伤保险事业逐步走向成熟的一个显著特点。

4. 我国的工伤保险制度

我国的工伤保险制度始于20世纪50年代初，几经沉浮变迁，至1996年8月，我国劳动部发布了《企业职工工伤保险试行办法》，使我国企业职工工伤保险进入了一个崭新的时代。

该试行办法对工伤保险的实施范围、享受工伤保险待遇的资格条件、工伤保险的待遇给付、工伤保险基金制度、申请工伤保险待遇的程序等内容做了详细的阐述。而且原劳动部在发布该试行办法的同时，提出了工伤保险制度改革的4项主要任务，具体如下：

（1）实行社会统筹，在社会范围内分散工伤事故风险，变“企业保险”为“社会保险”，使企业处于平等竞争的地位。

（2）扩大实施范围，把工伤保险的覆盖面扩大到各类企业及全体职工，全面维护职工的合法权益。

（3）将工伤保险与安全生产相结合，建立工伤预防机制。其中最主要的手段是工伤保险费实行行业差别费率和企业浮动费率。同时利用工伤保险基金开展有关工伤预防的宣传、咨询、培训活动，促进企业加强安全管理，减少事故。

（4）规范待遇项目的标准，使工伤处理有章可循，维护有关各方当事人的权益，减少工伤争议，保障社会稳定。

以上诸项改革措施及整个工伤保险新体制的诞生，使我国的工伤保险与国际惯例接轨，走向了良性发展的轨道。

2003年4月27日中华人民共和国国务院令第375号公布了《工伤保险条例》（代替了《企业职工工伤保险试行办法》），自2004年1月1日起施行。2010年12

月20日中华人民共和国国务院令第586号公布了《国务院关于修改〈工伤保险条例〉的决定》，自2011年1月1日起施行。《工伤保险条例》和《企业职工工伤保险试行办法》（以下简称《办法》）相比，进一步完善了我国的工伤保险法律制度，更好地保护了工伤职工的合法权益，体现了立法的人性化精神。其变化主要体现在以下几个方面：

（1）适用范围更加宽泛。《工伤保险条例》将适用范围放宽到“中华人民共和国境内的企业、事业单位、社会团体、民办非企业单位、基金会、律师事务所、会计师事务所等组织和有雇工的个体工商户”。

（2）明确了申请工伤认定的时限，加强了对工伤职工权益的保障。首先，《工伤保险条例》将用人单位申请工伤认定的时限由原来的“正常情况下15天内，特殊情况下延长到30天”延长为“正常情况下30天，特殊情况下可以延长”，有利于用人单位准备申报材料，提高了用人单位申请工伤认定的主动性和积极性。其次，《工伤保险条例》明确了工伤职工或其近亲属申请工伤认定的时限为1年，有利于及时解决职工与用人单位之间的争议，避免造成社会资源的浪费。

（3）放宽了工伤认定的范围。《工伤保险条例》不但规定“在工作时间和工作场所内，因工作原因”受到事故伤害或因履行工作职责受到暴力等意外伤害，应认定为工伤，且将时间延伸到工作时间前后，范围放宽到与工作有关的预备性或收尾性工作受到事故伤害。

（4）取消了“机动车道路交通事故”的限制。《办法》对机动车交通事故认定为工伤有严格的限制条件，即“在上下班的规定时间和必经路线”，且要求本人对事故无责任或非本人主要责任。《工伤保险条例》取消了规定时间和必经路线的限定，规定“在上下班途中，受到非本人主要责任的交通事故或者城市轨道交通、客运轮渡、火车事故伤害的”，可认定为工伤。

（5）进一步明确了条文用语，有利于执行和实践操作。《办法》规定“在生产工作的时间和区域内，由于不安全因素造成意外伤害的，或者由于工作紧张突发疾病造成死亡或经第一次抢救治疗后全部丧失劳动能力的”，应当认定为工伤。但何为不安全因素？怎样才算工作紧张？实践中不好掌握，引发了大量争议。《工伤保险条例》将以上规定修正为“在工作时间和工作岗位，突发疾病死亡或者在48小时之内经抢救无效死亡的”，应当认定为工伤，便于执行。

《工伤保险条例》将《办法》中的“违法”“斗殴”等用语统一规定为“故意犯罪的”，将“酗酒”进一步明确为“醉酒”，便于实际操作。

（6）明确了无过错补偿原则。《工伤保险条例》取消了《办法》中将“蓄意违章”排除在工伤认定范围外的规定。只要职工受伤是在工作时间和工作场所，因工作原因造成的，就应认定为工伤，而不论职工是否违反了操作规范或规章纪律。

（7）规定了劳动能力鉴定的两级终局制。《工伤保险条例》将劳动能力鉴定的三级终局制修正为两级终局制，即“对设区的市级劳动能力鉴定委员会作出的鉴定结论不服的，可以在收到该鉴定结论之日起 15 日内向省、自治区、直辖市劳动能力鉴定委员会提出再次鉴定申请。省、自治区、直辖市劳动能力鉴定委员会作出的劳动能力鉴定结论为最终结论”。

（8）《工伤保险条例》中工伤保险待遇的各项规定更加合理、全面。

本章小结

本章主要介绍了事故预防与控制的主要对策。通过对本章的学习，学生应了解安全教育的意义，安全检查的内容与方式，几种主要的保险险种；理解事故预防与控制的关系，如何提高安全教育的效率，安全审查的意义和内容，保险与风险的关系；掌握安全技术对策的基本原则和基本手段，预防事故的安全技术，避免和减少事故损失的安全技术，安全教育的内容、形式和方法等。

复习思考题

1. 怎样理解安全技术对策在事故预防与控制中的重要作用?
2. 简述事故预防与事故控制的关系。
3. 简述事故可预防原理。
4. 事故预防的宏观对策有哪些?
5. 如何提高安全教育的效率?
6. 简述安全技术对策的基本原则。
7. 安全技术对策的基本手段有哪些?
8. 预防事故主要采用哪些安全技术?
9. 避免和减少事故损失的安全技术主要有哪些?
10. 简述安全教育的主要内容。
11. “3E”对策中的安全管理对策的主要作用是什么?
12. 试述保险补偿在事故控制中的作用及其局限性。

第五章　灾难性事件及应急管理

本章学习目标

1. 了解灾难性事件的严重程度分级，掌握灾难性事件的定义和分类。

2. 了解不同类型灾难性事件的应急计划，掌握应急计划制订的程序、应急计划的内容和对外联系。

3. 了解重大危险源辨识的标准，掌握重大危险源的概念及其分类、重大危险源与灾难性事件的关系、重大危险源评价的方法以及重大危险源的管理措施。

从事故的特性可知，尽管人们采取各种事故预防和控制措施，无论是安全技术对策、安全教育方法，还是安全管理手段，仍然存在着发生事故、造成损失的可能。而且，即使企业生产系统的危险性很小，人们仍对大多数自然灾害和企业管理范围外的意外事件的发生无能为力。特别是一些重大自然灾害和意外事件，会对企业造成毁灭性的打击，造成重大的人员伤亡和经济损失，企业往往需要数年或更长时间才能恢复生机，有时甚至会丧失生存发展的机能。当然，听天由命是不可取的，依赖于保险补偿的手段也只能弥补直接经济损失的一部分。因而，通过管理和技术的手段，做好应对这类事件的心理和物质准备，是各级管理人员，特别是高层次管理人员必须充分考虑并予以实施的重要工作，也是安全管理的主要手段之一。

第一节　灾难性事件

一、灾难性事件的定义

灾难性事件是在人们生产、生活活动过程中突然发生的、违反人们意志的、迫使活动暂时或永久停止，并且造成大量人员伤亡、经济损失或环境污染的意外事件。与事故的最大不同之处在于，灾难性事件会导致大量人员伤亡或重大经济损失。在一般工业生产过程中所发生的火灾、爆炸、毒物泄漏事故，在矿床开采过程中所发生的坍塌、冒顶片帮、瓦斯和煤尘爆炸、涌水事故，河海运输过程中的沉船事故，重大交通事故，飞机失事等，通常都会造成大量的人员伤亡和经济损失，均属于灾难性事件。此外，自然灾害，如地震、洪水等也属于灾难性事件。

由于灾难性事件与事故一样都是意外事件，所以它具有事故的所有特性，即普遍性、随机性、必然性、因果相关性、突变性、潜伏性和危害性等。灾难性事件因其后果十分严重，往往会引起人们的广泛关注，从而产生不良的社会影响，所以还具有广泛的社会性。

二、灾难性事件的分类

灾难性事件按其发生原因可分为两大类，即由自然灾害导致的灾难性事件和由人为因素导致的灾难性事件。

所谓自然灾害，是指自然要素如大气、海洋和地壳，在其不断运动中发生变异，形成特定的变异形态，如暴雨、地震、台风等。当其对社会造成危害时，即为自然灾害。因人类生存于地球的表面，影响人类社会或可导致灾害的自然变异也主要发生于地表附近的空间内，向上包括一定高度内的大气圈，向下可达到一定深度的岩石圈，每类圈内的自然变异与相应的自然灾害都有各自的特征。因此，可以按照自然变异的成因，将自然灾害分为大气圈灾害、海洋圈灾害、岩石圈灾害与生物圈灾害。如果按照减灾的专业管理，则可把对我国影响最大的自然灾害分为7种类型（见表5-1）。

表5-1　中国自然灾害分类及专业管理分类

成因分类	灾种	灾害专业管理系统	灾害组织起点
大气圈	干旱、雨涝、洪泛	水利部	1950年
	热带气旋、冷、热、雹、陆地风	中国气象局	1956年
海洋圈	风暴潮、海冰、海潮、海浪、海雾	自然资源部	1966年
岩石圈	地震、火山	应急管理部	1968年
	滑坡、泥石流、山崩、地陷、地裂	自然资源部	1982年
生物圈	农业病虫害、鼠害	农业农村部	1950年
	林业病虫害、林火	自然资源部	1953年

由人为因素导致的灾难性事件分为由刑事犯罪行为如恐怖活动、故意破坏、盗窃、抢劫、绑架等导致的灾难性事件，由工业事故导致的灾难性事件。后者即为重大、特别重大伤亡事故或重大或特大经济损失事故。

如果进一步按灾难性事件的种类划分，灾难性事件可分为 15 类。

1. 天文灾害

天文灾害是指来自宇宙天体的灾害，除天体原因与地球原因综合作用助长有关自然灾害外，直接致灾的天文灾害包括陨石灾害、星球撞击、磁暴灾害、电离层扰动、极光灾害等。从天文灾害的直接致灾情况来看，它不是人类社会目前或较长时期内面临的主要灾害，因此，可以将其作为一个灾种进行统计。

2. 气象灾害

气象灾害是指由于降雨多少、气温高低、风力大小等气象方面的原因直接引起的各种自然灾害，是人类社会面临的主要灾害种类。气象灾害具体可以分为 20 多种，主要如下：

（1）水灾，主要有洪水、涝灾。

（2）旱灾，包括土壤干旱、大气干旱。

（3）台风，指来自热带海洋面上的飓风灾害。

（4）龙卷风，包括陆龙卷与水龙卷。

（5）干热风，是少雨偏干与一定的风力相结合形成的对农作物影响较大的灾害种类。

（6）暴风，指能够造成损失的大风灾害。

（7）冷害，包括冷空气、寒潮、冷雨等能够造成损失的灾害现象。

（8）冻害，包括霜冻、冻拔害、冻雨、结冰、凌汛等能够造成损失的灾害现象。

（9）雪灾，包括雪崩、草原白灾、草原黑灾等。

（10）雹灾，包括冰雹、风雹。

（11）雷电，即雷击及其他雷电引起的灾害现象。

（12）风沙，即大风与沙尘相结合并造成损害后果的灾害现象。

此外，还有多种其他气象灾害或混合型气象灾害，如暴风雪等，此处从略。

3. 地质灾害

地质灾害是指由于自然变异导致地质环境或地质体发生变化而造成的灾害，其主要灾害种类如下：

（1）地震。地震是我国主要的自然灾害种类，包括构造地震、火山地震、陷落地震和人工地震。

（2）地陷。地陷包括喀斯特地面陷落和非喀斯特地面陷落。

（3）地火或地下火。

（4）火山爆发。

4. 地貌灾害

地貌灾害是指构成地球表面形态的各种自然物质的运动变化而造成的灾害，或称地表灾害。其主要灾害种类如下：

（1）滑坡。滑坡包括自然滑坡与人为原因造成的滑坡（即人为型自然灾害）。

（2）泥石流。泥石流包括泥流、泥石流、水石流。

（3）崩塌。崩塌包括土崩、岩崩、山崩、崖崩。

（4）地裂缝。地裂缝包括构造地裂缝、非构造地裂缝和混合成因地裂缝。

（5）水土流失。

（6）土地沙化。

（7）土地盐碱化。

此外，还有土地沼泽化等地貌灾害。

5. 水文灾害

水文灾害是指江河湖海洋等水域发生变异而造成的灾害。水文灾害主要由海洋灾变等组成，统计标志如下：

（1）风暴潮。

（2）海啸。

（3）海浪。

（4）海冰。

（5）海侵。

（6）厄尔尼诺现象。

（7）地下水位下降。

6. 生物灾害

生物灾害是指自然界中有害生物或其毒素的大量繁殖扩散对人类造成的危害。生物灾害作为我国农业、林业、牧业、渔业等生产中的主要灾害，其统计标志主要有如下种类：

（1）病害。病害包括农作物病害、养殖业病害、森林病害等种类。每个种类又分为许多细类，如农作物中仅水稻病害全世界就有 240 多种。因此，病害作为一种生物灾害，是一个数目众多的灾害家族。

（2）虫害。虫害包括农作物虫害、养殖业虫害、森林虫害等种类。虫害也是一个很大的家族，如农作物中的棉花虫害就有 300 多种，森林虫害高达 5 000 多种。

（3）草害。草害包括农作物草害、养殖业草害、森林草害等种类。农作物草害有 8 000 多种。

（4）鼠害。鼠害包括农作物鼠害和森林鼠害。农作物鼠害有 160 多种，森林鼠害也有 160 多种（两者间有相同的鼠种）。

（5）物种灭绝。有些生物种群因进化及其他原因灭绝，则会破坏生态平衡，并带来相应的灾变。

7. 环境灾害

环境灾害是指由于人类的活动对自然环境与生活环境造成的破坏所引起的灾害，其统计标志主要如下：

（1）水污染。水污染是指有害物质排入水体所引起的污染事故。

（2）大气污染。大气污染是指排放各种有害气体所引起的污染灾害，如酸雨等。

（3）海洋污染。海洋污染是指各种有害物质排入海洋所引起的污染灾害，如赤潮等。

（4）噪声污染。噪声污染是指噪声引起的事故灾害。

（5）农药污染。农药污染是指农药造成的灾害。

（6）其他污染。

8. 火灾

火灾是指由于异常性的物体燃烧现象所引起的灾害。作为主要的人为灾害种类之一，火灾又可以被分为以下种类：

（1）城市火灾。发生在城镇的各种火灾。

（2）工矿火灾。发生在工矿企业的各种火灾。

（3）农村火灾。发生在农村的各种火灾。

（4）森林火灾。发生在森林的林业火灾。

（5）其他火灾。不属于上述范围的其他种类火灾。

9. 交通事故

交通事故是指以各种交通运输工具为主要受灾体和致灾因素的灾害现象。它作为人为灾害中的主要大类，包括如下灾种：

（1）公路交通事故。公路交通事故是指机动车辆在运行中所致的各种事故，是我国交通事故中的主要种类，每年造成2万人以上死亡，数万人受伤。

（2）铁路交通事故。铁路交通事故是指列车运行中发生的各种交通事故，如列车在运行中相撞、列车火灾等。

（3）民航事故。民航事故包括飞机在飞行中发生的各种空难与飞行事故，以及飞机在地面发生的事故等。

（4）海事灾害。海事灾害是指各种船舶及其他海上交通运输工具、水上装置在水域发生的各种事故。

10. 爆炸事故

爆炸事故是指各种物理性爆炸与化学性爆炸造成人身伤亡与财产损失的灾害现象。爆炸事故主要包括如下种类：

（1）锅炉爆炸，如工业用、民用锅炉爆炸等。

（2）火药爆炸，如鞭炮爆炸、炸药爆炸等。

（3）石油化工制品爆炸，如生产、运输、保管、使用石油化工制品的过程中均可能出现意外爆炸事故。

（4）粉尘爆炸，主要是工业粉尘爆炸。

11. 建筑物事故

建筑物事故是指各种建筑物因各种原因发生的倒塌或损坏事故，并因此而造成其他财产损失或人身伤亡，主要有房屋倒塌、桥梁断裂、隧道崩塌等灾害现象。

12. 工伤事故

工伤事故是指企业职工在生产过程中因各种意外事件所导致的人身伤亡事故，包括电伤、烧伤、跌伤、撞伤、割伤等。

13. 卫生灾害

卫生灾害是指由于医疗人员失职或者生活、工作中的其他原因导致的人身伤亡或疾病。卫生灾害主要有如下种类：

（1）医疗事故。医疗事故是由医疗人员的失误或过错、医疗器械和设备的缺陷等造成的伤害。

（2）职业病。职业病是由工作场所的有害物造成的疾病，包括职业性化学中毒、尘肺病等十大类超百种。

（3）传染病。各种传染病导致的人身灾害现象，包括鼠疫、血吸虫病、结核病、病毒性肝炎、性病、霍乱等50多种。

（4）中毒事故。中毒事故包括食物中毒、煤气中毒、药物中毒、沼气中毒、农药中毒、化学污染中毒等。

（5）地方病。地方病主要有缺碘病等。

（6）其他疫病。其他疫病包括呼吸系统病等多种。

14. 矿山灾害

矿山灾害是指采矿过程中发生的各种灾害事故，如矿井崩塌、瓦斯爆炸等。

15. 科技灾害

科技灾害是指在科学技术发展进程中尤其是各种高科技发展中出现的各种科技事故。科技灾害主要有如下种类：

（1）航天事故。卫星及其他人造天体发射、运行中发生的各种事故。

（2）核事故。核能民用领域发生的事故，主要是核电站事故。

（3）计算机事故。计算机事故包括计算机犯罪、计算机故障、计算机病毒等。

（4）生物工程事故。生物工程失败、异化等带来的灾害事故。

（5）医药科技事故。新药、新医疗器材等的缺陷所带来的事故等。

（6）其他科技事故。不在上述科技事故范围内的其他科技事故。

需要指出的是，上述灾害事故种类，并未包括全部灾害事故。因此，在运用上述灾种进行统计时，还应当根据各具体灾种及相关规定进行处理。

三、灾难性事件的严重程度分级

对于造成多少人员伤亡、经济损失或多大程度的环境污染才属于灾难性事件，国际上有不同的说法，如死亡人数就有 5 人、25 人、100 人等多种。我国学者根据研究提出了一种灾难性事件的范围及分类方法，即按照灾难性事件的严重程度及经济损失情况，将灾难性事件可分为 10 级（见表 5-2）。这种分级无论是自然灾害还是人为事故均可运用。现对表 5-2 解释如下：

表 5-2　　　　灾难性事件分级

等级（G）	死亡人数/人	重伤人数/人	直接经济损失/万元
一级（G1）	≥100 000	≥150 000	≥10 000 000
二级（G2）	10 000~100 000	100 000~150 000	5 000 000~10 000 000
三级（G3）	5 000~10 000	10 000~100 000	1 000 000~5 000 000
四级（G4）	1 000~5 000	5 000~10 000	100 000~1 000 000
五级（G5）	500~1 000	1 000~5 000	10 000~100 000
六级（G6）	100~500	500~1 000	1 000~10 000
七级（G7）	50~100	100~500	100~1 000

续表

等级（G）	死亡人数/人	重伤人数/人	直接经济损失/万元
八级（G8）	10~50	50~100	50~100
九级（G9）	1~10	10~50	10~50
十级（G10）	无	10 人以下	10 万元以下

（1）任何一个灾级均包含 3 个指标，但根据就高不就低的原则，只要其中一个指标达到该级标准，即可算作该级灾害。具体而言，各种灾害事故可以依其灾情达到某一灾级中的 1 个、2 个或 3 个指标，分别作弱、中、强等级划分。例如，某次灾害造成了 1 000 多人死亡、5 000 多人重伤和 12 亿多元的直接经济损失，则该灾害为强四级灾害；如果该灾害造成 1 000 多人死亡、6 000 多人重伤和 1 亿多元直接经济损失，则因其直接经济损失未达到四级灾害标准，该次灾害在总体上只能属于中四级灾害。再以现实中发生的灾害为例，如唐山地震造成 24 万多人死亡、16 万多人重伤，直接经济损失近 100 亿元，根据表 5-2 可以定为中一级灾害；日本神户地震虽然人员伤亡不重，但直接经济损失超 1 000 亿美元，从而可以定为弱一级灾害。

（2）根据各具体灾种发生的情况，一、二、三级灾害主要是大范围的洪水、干旱、地震、台风（热带风暴）等自然灾害，一般自然灾害多属于四级以下灾害，一般人为事故灾害则多属于五级以下灾害。但也有少数人为事故灾害因损害后果十分严重而例外，如 1986 年苏联切尔诺贝利核电站事故，造成的直接经济损失超 100 亿美元，即可算作弱一级灾害；1995 年我国“亚太 2 号”卫星发射失败，虽只造成 6 人死亡、23 人受伤，但造成的直接经济损失约 14 亿元（中国太平洋保险公司赔偿额即达 1.62 亿美元），也可算作弱四级灾害。

需要指出的是，灾害事故分级均是在相对稳定的时间与空间内确定的，即不同的历史时期和不同的国家，衡量灾情轻重的标准会有差异。例如，在我国历史上，由于社会财富不多，即使是同量级灾害，其造成的直接经济损失亦会较当代社会低；而各种灾害事故造成的人员伤害又可能因防灾能力及国民减灾意识的不足较当代社会严重。因此，随着时间的推移和社会经济的发展，灾害事故分级标准也应作相应的调整，调整的规律是人员伤亡的要求标准会相对趋低，而直接经济损失的要求标准却会趋高。此外，本节中对灾害事故的分级，主要适用于对各种灾害事故的灾情进行宏观统计，而各灾种内部则还可以根据其自身特点进行灾级划分。

第二节　应 急 计 划

由于灾难性事件对企业、社会可能带来严重后果，因而在安全管理工作中必须对其采取必要的措施。与对事故的预防和控制对策一样，应对灾难性事件也应采取“3E”对策，对其实施预防与控制。但由于大多数灾难性事件，包括自然灾害及企业控制范围之外的意外事件，均为不可预防的，因而与事故的控制手段最大不同点在于，对灾难性事件的控制手段应以控制其发生后所造成的损失的严重程度及拯救生命和抢救财产为主，即应急措施与计划。事实表明，许多灾难性事件之所以造成重大损失，事件发生后应急措施不合理或应急计划不完善是最关键的原因。因而，预防灾难性事件是一项非常重要的工作，但仅仅预防是不够的。对于灾难性事件，除在设备、设施及建筑物设计上采取必要的预防措施外，最主要的工作应为在灾难性事件发生后采取技术与管理措施，保证能迅速恢复生产或转入新的发展轨道，而应急计划的制订及实施是其中的关键一环。

在灾难性事件应急计划的制订中主要应考虑以下 4 个方面的问题：灾难性事件的类型及其应急计划、应急计划制订的程序、应急计划的内容、对外联系。

一、灾难性事件的类型及其应急计划

不同的地区、不同的企业，其可能面对的灾难性事件是有所不同的。洪水、地震等自然灾害因地区而异，各类重大事故则因企业的性质及所在环境而异。因而，任何一个企业都没有必要应对所有的灾难性事件，如坐落在地势较高地区的企业一般无须考虑防洪。但有些灾难性事件则是均应考虑的，如火灾等。一般来说，企业主要考虑的灾难性事件类型包括火灾、爆炸、洪水、飓风、龙卷风、地震、重大事故、化学事故、辐射、人为破坏等。对于不同的灾难性事件，在应急计划中应有不同的考虑。

1. 火灾

火灾是最常见的灾难性事件，在应急计划中，对于火灾的考虑首先必须不能完全依赖地方的消防部门。因为地方的消防力量可能由于没有适用于本企业火灾的设备，也可能因距离较远、多处火灾、交通问题等不能及时赶到，而火灾发生的最初一段时间对于控制火情又特别重要。当然，也不应完全依赖已安装的喷淋装置等自动灭火系统，因为这类系统存在着发生故障的可能性。在应急计划中必须考虑的是，根据企业的性质与规模，设立一支专职或兼职的消防队伍，并在各个部门、班

次安排好相应的负责人员，对负责人及其队伍进行必要的培训，做好火灾发生后的任务安排等。

2. 台风

台风的发生依地区而异。对于台风的应急计划，应主要考虑对气象部门台风警报的及时跟踪，以及在台风来临前企业应采取的应对措施。例如，在必要时及时通知有关部门停止生产，以减少台风及暴雨的破坏作用等。

3. 爆炸

爆炸经常与其他灾难性事件同时发生，有时是火灾引起爆炸，有时则是爆炸引起火灾或坍塌等灾难性事件。而且爆炸发生特别突然，现在仍没有合适的探测和报警装置。因此，对于火灾等有关灾难性事件的预防与控制，应充分考虑引起爆炸的条件和可能性，及时采取相应措施。

4. 洪涝

洪涝灾害分为洪灾和涝灾两个小类。前者突发性较强，更难控制。洪涝发生可能性较高的地区必须建立永久性的防洪设施。而且由于洪水常常伴随着暴风雨、瘟疫等灾难性事件，因而针对洪水的应急计划中应考虑这一点。例如，为防止洪水发生后带来的火灾爆炸事故，在应急计划中应当考虑将装有有害化学物质的车辆或容器迁移到高处，保证自动灭火装置处于工作状态，关闭燃气主供给线路，熄灭火源等，以防因洪水对设备设施的破坏造成易燃易爆物质泄漏与燃烧爆炸。

5. 地震

地震除了本身所产生的破坏外，还可能使企业几乎所有的防护设施，包括火灾控制系统、有毒有害物质储存系统等遭到破坏。因而，除在设计中对建筑物及上述系统采取相应的防震措施外，地震应急计划中最主要的是考虑如何保护和拯救人的生命，包括通过培训使人掌握逃生或自救的基本手段和设置相应设施，为救生提供合适的条件等。

6. 人为破坏

在应急计划中，对于人为破坏，如纵火、爆炸等的控制也是相当必要的。除了在日常管理中尽可能地避免无关人员进入关键区域或岗位外，还应考虑爆炸物的探测、拆除，特别是人员的及时疏散等措施与手段。当然，有些涉及爆炸物等危险物质的专用技术要由公安、消防等有关部门经过专业训练的人员来实施。

7. 辐射

当生产过程中涉及辐射物质的运输、储存与使用时，必须在应急计划中考虑辐射事故。典型的事故包括放射性污染，辐射物质的泄漏，以及涉及放射性物质或其使用、储存区域的火灾事故等。而最主要的应急措施包括被污染人员的及时转移和控制污染区域的扩大等。

其他重大工业事故的应急处理则根据企业的性质而有所不同。

二、应急计划制订的程序

在确定应急计划中所涉及的灾难性事件之后，一般按下述程序制订相应的应急计划：

1. 评估事件发生的可能性

针对某一特定的灾难性事件，判断其发生的可能性。当然，灾难性事件发生后其后果的严重程度也应予以考虑。评估的方法可采用危险风险评价的方法，如危险风险评价矩阵（RAC）或总风险暴露指数法（TREC）等。

2. 评估所涉及的危险

结合企业的现状、设备、工艺、原材料、建筑物及人员情况等，评估灾难性事件发生后其对企业可能造成的危害。结合可能性的评估，确定本企业控制灾难性事件的优先次序，并根据该次序做出相应的投资力度及资金分配方面的管理决策。

3. 任命应急计划实施负责人

这是保证应急计划实施的必要条件。应急计划实施负责人的职责包括现场指挥、决策及应急计划的实施、人员培训等。

4. 应急计划的制订

在制订计划过程中，首先应考虑该计划的可行性，并应包括所有可能涉及的灾难性事件。此外，还应使实施过程尽可能地简单化，便于有关人员掌握。

5. 应急计划的批准

由于应急计划与企业的生存发展紧密相关，因而必须使应急计划得到高层次管理人员的认可和批准，同时可使企业主要负责人对应急计划有更为全面的认识和理解。

6. 人员培训

要想使制订的应急计划成功实施，人员培训是必不可少的一环。培训的主要目的是使相关人员了解逃生、救生路线和方法及相应设备、设施的应用等。

7. 应急演习

应急计划制订得是否合适是不能等到灾难性事件发生后才予以验证的。进行应急演习是验证应急计划的重要手段之一，而且应急演习也是人员培训的一种手段。

8. 应急计划的修改

在应急演习或应急计划实施进程中，通过了解参与者的反馈信息，对应急计划进行必要的修改与调整是非常重要的，这主要是因为即使一个小环节上出现问题，也可能导致整个计划失败。另外，企业内外各个方面也在不断发生变化，人员调动、产品变更、领导更换都会在不同程度上影响原有计划的实施，因而及时对应急计划进行评定与修改也是适应变化、保证计划顺利实施的重要手段。在计划修改中，主要应注意发现涉及管理系统缺陷的问题，如培训不足、对人员和设施等方面的变化缺乏必要的调整等。

9. 及时沟通

在对应急计划进行相应的修改之后，应及时将变化告知应急计划涉及的各有关部门。例如，某关键人员的联系电话变更后如果没有及时通知到位，则在灾难性事件发生后会使有关人员在查找新电话号码时浪费关键的几分钟，导致生命、财产的重大损失。因而，对诸如逃生路线、应急设备位置等有关信息的及时更新与沟通可保障应急计划顺利实施。

三、应急计划的内容

1. 指导方针

这是企业对应急计划基本思想的阐述，一般应简洁明了，但也应全面地阐述该应急计划的基本功能和执行过程。

2. 目的

应急计划的主要目的包括使灾难性事件不扩大，尽可能地减少人员伤亡和财产损失以及对环境产生的不利影响两个部分。阐明一个特定应急计划的目的对于防止人们对计划的错误理解还是有必要的。因为企业的应急计划不可能涵盖企业可能面临的所有灾难性事件。

3. 人员安排

要想应急计划得以实施，执行计划的人选最为关键，尤其是应急计划实施负责人。由于灾难性事件随时可能降临，而有关负责人却可能由于种种原因不能及时担负相应的责任。因而，在制订应急计划时应事先安排好接替者人选及排列顺序，以保证应急计划的执行。当然，应赋予相关责任人员应有的权利并规定对关键人员的资格要求。

4. 控制中心

企业应建立应急控制中心以负责指挥和协调处理有关问题。控制中心的位置应能保证其在大多数灾难性事件发生后仍能正常运转或受影响较小，且能顺利地与企业外部及事件现场进行必要及时的信息交流。

5. 消防设备、设施

应急计划中应列出企业所有可用的消防设备、设施及其性能和适用范围，以及哪些是便携式的，哪些是固定的，正常情况下的存放位置等。

6. 灾难性事件分类及描述

应急计划中应简单地将其所适用的灾难性事件予以分类并对各灾难性事件予以适当的描述，以便于正确执行该计划。

7. 厂区分布图

应急计划中应有厂区分布简图，便于在灾难性事件发生后，将厂区合理地划分成不同的区域，以采取不同的处置措施。划分区域后，则须利用各区域详图，如地下管线分布图等进行具体的应急活动。

8. 医疗设备、设施

当医疗设备、设施数量较多时，应制图标明各设备、设施所在的地点、状态及数量。这样既便于日常的维修保养，也使得在灾难性事件发生后能合理地利用相关设备、设施。此外，应急计划中还应考虑应急抢救人员的选拔、培训，受伤人员的现场处理及运输方式和线路，与地方各医疗机构的联系及相关物资、药品的供给等，同时将上述内容知会有关的保卫、安全、交通、消防及通信部门等。

9. 安全区分布

不同的灾难性事件均具有相对安全的区域，而这类区域的分布图示对灾难性事件发生后人员疏散路线的安排及避难方式的选择极为重要。例如，对于洪水，地势较高处为首选；而对于地震，开阔处则较为安全。

10. 疏散路线

在灾难性事件发生后，人员的紧急疏散是减少伤害的主要手段之一。而疏散路线的设计与选择和疏散效果的优劣紧密相关。因而，在应急计划中，根据灾难性事件的类型、可能发生的地点及波及的区域，设计合理的疏散或营救路线，并设置相应的标志，将较大地提高疏散效率，避免或减少损失。

11. 通信

在灾难性事件中，各项应急措施的实施与通信联系的保持紧密相关。通信联系包括对内和对外两部分。

对内联系应使每个与应急计划相关的人都准确知道其应完成的任务及应当怎样完成，并应了解人员所在位置及任务执行情况和相关现场的状态。除电话外，各类信号及报警装置实际上也起到了联系的作用。

对外联系则包括两部分：一是与公安、消防、医疗等部门的联系，以尽可能减少灾难性事件的损失；二是与职工家属、产品订购方、供货方及公众的联系，这是避免恐慌和减小不良社会影响的主要手段。

12. 应急关闭

在灾难性事件发生后，关闭能源供应系统及有关设备对于保护职工的生命安全、企业的设备与资源及相邻区域的安全都起着非常重要的作用。这一点对于大多数工业企业、工程技术实验室、储藏设施等更为明显。爆炸物、燃料、高压线路及其他可能因灾难性事件引起严重后果的设备、设施，都应采取应急关闭的措施。

由于这类应急关闭会使企业造成一定的损失，因而决策者必须明确应急关闭的条件，并做出正确的判断。

13. 外来人员控制

由于外来人员对企业应急计划知之甚少，因而在灾难性事件发生后，应有专门负责的人员和易于理解掌握的各类标志和应急措施保障其安全。与之同等重要的是，在灾难性事件发生后，应采取严格的管理控制措施使外来人员不能进入危险区域。

14. 安全保卫

在应急计划中，应充分考虑安全保卫工作，这样既能减少不必要的损失，也能保持企业内部的稳定，避免局面失去控制。

15. 恢复与修理

在灾难性事件得到控制后，对关键设备的修复及对能源供给等方面的恢复也应在应急计划内加以考虑，这对于树立职工的信心和使企业及时恢复生产都极为重要。另外，能源及其他关键系统的关闭也会影响许多救援及恢复工作的进行。

16. 运输

与通信一样，运输也是应对灾难性事件所必须具备的一项基本功能。将受伤人员送往医疗机构，将抢险物资和设备运到需要的区域，将危险区域的人员转移到安全地带等，都需要通过运输的手段来解决。应急计划中应充分考虑并合理利用所有可能的运力，同时使相关人员做好相应准备。

17. 培训

在灾难性事件，特别是可能危及生命安全的灾难性事件面前，人们的反应很大程度上取决于其在这方面所受到的教育与培训及其所具备的安全素质。因此，在应急计划制订过程中，必须考虑搞好相关的培训工作，保证应急计划的正确执行。应急演习是较为有效的培训形式之一。

18. 应急设施

应急设施是在灾难性事件发生后保护相关人员的重要设施。应急设施主要包括应急照明装置、报警及警告装置、指示标志与装置等。在应急计划中应对这类设施、设备的布局及效能给予充分的考虑和论证。

19. 个体防护装备

个体防护装备包括个体保护装备和救援设备。在应急计划中，主要应考虑选择和配置适用的个体防护设备、日常的维修保养和使用人员培训等。

20. 资料保护

在灾难性事件中，对各类重要数据资料的保护是一项非常重要的工作。有些资料的损失有时会对企业造成致命性的打击，而有些资料对于深入分析灾难性事件发生或失控的原因起着举足轻重的作用。因而，在应急计划中，应考虑对重要的数据资料如工作记录、设备故障记录、账目、图纸等的保护。另外，及时收集和记录灾难性事件中的数据与资料，对以后控制该类事件所造成的损失至关重要。

四、对外联系

制订灾难性事件应急计划中的另一项重要工作是保持与外界的密切联系。这主要包括与以下几个相关部门和人员的联系：

1. 救援、抢险有关的部门

这些部门包括医疗、消防、防化、交通、保卫及相关专业部门，如自然灾害的专业管理部门等。

2. 灾难性事件处理相关的部门

这些部门包括检察院、法院、工会、企业主管部门、应急管理部门等。

3. 灾难性事件波及的区域及人员

如相邻的企事业单位、居民区、公共场所等。

4. 新闻媒体及公众

及时与新闻媒体沟通，使公众了解事件真相及进展情况，避免负面影响，维护企业形象。

5. 企业职工家庭及相关人员

这是减少误解、恐慌和不良社会影响，并且建立相互理解基础的重要手段之一。

第三节　重大危险源辨识与管理

一、重大危险源

1. 危险源及其分类

简单地说，危险源是导致事故的根源。根据能量意外释放论，事故是能量或危险物质的意外释放。能量或危险物质不能孤立存在，它们必须处于一定的载体中，而该载体也必须处于一定的环境中。为此，把系统中存在的、可能发生能量或危险物质意外释放的设备、设施或场所称作危险源。影响危险源安全性的因素种类繁多、非常复杂，它们在导致事故发生、造成人员伤害和财物损失方面所起的作用并不相同。根据危险源在事故发生、发展中的作用，把危险源划分为两大类，即第一类危险源和第二类危险源。

（1）第一类危险源。作用于人体的过量能量或干扰人体与外界能量交换的危险物质是造成人员伤害的直接原因。于是，把系统中存在的、可能发生意外释放的能量或危险物质称作第一类危险源。实际工作中，往往把产生能量的能量源或拥有能量的能量载体看作第一类危险源来处理，如带电的导体、奔驰的车辆等。常见的第一类危险源如下：

1）产生、供给能量的装置、设备。

2）使人体或物体具有较高势能的装置。

3）能量载体。

4）一旦失控可能产生巨大能量的装置、设备、场所，如强烈放热反应的化工装置等。

5）一旦失控可能发生能量蓄积或突然释放的装置、设备、场所，如各种压力容器等。

6）危险物质，如各种有毒、有害、可燃烧爆炸的物质等。

7）生产、加工、储存危险物质的装置、设备、场所。

8）人体一旦与之接触将导致人体能量意外释放的物体。

第一类危险源具有的能量越多，一旦发生事故其后果越严重；相反，第一类危险源处于低能量状态时比较安全。同样，第一类危险源包含的危险物质的数量越多，干扰人的新陈代谢越严重，其危险性越大。

（2）第二类危险源。在生产、生活中，为了利用能量，让能量按照人们的意图在系统中流动、转换和做功，必须采取措施约束、限制能量，即必须控制危险源。约束、限制能量的控制措施应该可靠，防止能量意外释放。实际上，绝对可靠的控制措施并不存在。在许多因素的复杂作用下，约束、限制能量的控制措施可能失效，能量屏蔽可能被破坏而发生事故。导致约束、限制能量的控制措施失效或破坏的各种不安全因素称作第二类危险源。

从系统安全的观点来考察，使能量或危险物质的约束与限制措施失效、破坏的原因因素，即第二类危险源，包括人、物、环境 3 个方面。

1）人失误可能直接破坏对第一类危险源的控制，造成能量或危险物质意外释放。例如，合错了开关使检修中的线路带电、误开阀门使有害气体泄放等。人失误也可能造成物的故障，物的故障进而导致事故。例如，超载起吊重物造成钢丝绳断裂，发生重物坠落事故。

2）物的因素问题可以概括为物的故障。物的故障可能直接使约束、限制能量或危险物质的措施失效而发生事故。例如，管路破裂使其中的有毒有害介质泄漏等。有时一种物的故障可能导致另一种物的故障，最终造成能量或危险物质的意外释放。例如，压力容器的泄压装置故障，使容器内部介质压力上升，最终导致容器破裂。物的故障有时会诱发人失误，人失误有时会造成物的故障，实际情况比较复杂。

3）环境因素主要指系统运行的环境，包括温度、湿度、照明、粉尘、通风换气、噪声和振动等物理环境，以及企业和社会的软环境。不良的物理环境会引起物的故障或人失误。例如，潮湿的环境会加速金属腐蚀而降低结构或容器的强度；工作场所强烈的噪声会影响人的情绪，分散人的注意力而发生人失误；企业的管理制度、人际关系或社会环境会影响人的心理，可能引起人失误。

（3）危险源与事故。一起事故的发生是两类危险源共同起作用的结果。第一类危险源的存在是事故发生的前提，没有第一类危险源就谈不上能量或危险物质的意外释放，也就无所谓事故。另外，如果没有第二类危险源破坏对第一类危险源的控制，也不会发生能量或危险物质的意外释放。第二类危险源的出现是第一类危险源导致事故的必要条件。

在事故的发生、发展过程中，两类危险源相互依存、相辅相成。第一类危险源在事故时释放出的能量是导致人员伤亡或财物损失的能量主体，决定事故后果的严重程度；第二类危险源出现的难易决定事故发生的可能性大小。两类危险源共同决定危险源的危险性。

2. 重大危险源的概念

危险化学品是最常见的一类危险物质，是指具有毒害、腐蚀、爆炸、燃烧、助燃等性质，对人体、设施、环境具有危害的剧毒化学品和其他化学品。危险物质在生产装置中被生产出来，作为原料在生产装置中又用来生产其他产品，在管道或储罐等储运设施中处于储运状态。涉及危险化学品的生产、储存装置、设施或场所称为单元，分为生产单元和储存单元。生产单元是危险化学品的生产、加工及使用等的装置及设施，当装置及设施之间有切断阀时，以切断阀作为分隔界限划分为独立的单元。储存单元是指用于储存危险化学品的储罐或仓库组成的相对独立的区域，储罐区以罐区防火堤为界限划分为独立的单元，仓库以独立库房（独立建筑物）为界限划分为独立的单元。在这些装置和设施中，危险物质的数量和性质可能不同，因此所导致的事故后果也存在差别。对于同一种危险物质来说，其数量越大，导致的事故后果就越严重。当大到特定量，一旦发生事故，则会导致灾难性事件，造成严重的事故后果。该特定量称为临界量，即某种或某类危险化学品构成重大危险源所规定的最小数量。它是国家法律、法规、标准规定的一种或一类特定危险物质的数量。超过该数量，有关的装置和设施即被确定为重大危险源。

《危险化学品重大危险源辨识》（GB 18218—2018）中给出了重大危险源的定义及其分类。长期地或临时地生产、储存、使用和经营危险化学品，且危险化学品的数量等于或超过临界量的单元，称为危险化学品重大危险源。

上述危险化学品重大危险源定义的出发点是物质的危险性及其数量。这样做的目的是将对重大危险源的辨识同国际接轨。因为在国际上大多数国家和国际组织均是采用限定某种物质及其数量的方法，如美国、加拿大、澳大利亚等。

实际上，储存有非危险物质、能够释放出大量能量的高温高压容器和大型蒸汽锅炉，一旦发生事故，同样会造成大量的人员伤亡和财产损失，它们也属于重大危险源。如前所述，系统中存在的、可能发生能量或危险物质意外释放的设备、设施或场所称作危险源。那么按照该定义，重大危险源则是系统中存在的、可意外释放的能量或危险物质大于临界量的设备、设施或场所。危险物质的释放有可能伴随着能量的释放，如易燃、易爆物质可以着火或爆炸；而能量的释放则不一定伴随危险物质的泄漏，如高压空气罐的爆炸。因此，全面考虑能量和危险物质释放的重大危险源的定义更为准确。

重大危险源一旦发生事故，就会伴随着大量能量或危险物质的释放，从而造成大量的人员伤亡和财产损失，形成灾难性事件。生产、使用、储存和经营危险化学品的行业最易造成灾难性事件。从其类别上看，灾难性事件主要是火灾、爆炸、中毒和窒息。在危险化学品生产和使用过程中，人员接触有毒有害的危险化学品是难以避免的。危险化学品泄漏以后，极有可能引起火灾和爆炸事故。而火灾和爆炸事故往往会引起一系列的连锁反应，从而造成更大的泄漏，引发更为严重的火灾和爆炸事故。火灾和爆炸事故能导致人员伤亡和财产损失，危险化学品泄漏后还会污染大气和水源，造成人员中毒。其事故案例不胜枚举。可见，重大危险源是导致灾难性事件的根源。

二、重大危险源辨识

为了预防灾难性事件的发生，就必须控制重大危险源。为控制重大危险源，就必须辨识重大危险源，从而使得重大危险源的控制具有针对性。

重大危险源辨识方法有多种，但是应用最多的是对照标准法。它是指将危险源的危险物质及其数量与有关危险物质临界量的标准相对照来辨识重大危险源。英国是世界上最早系统研究重大危险源控制技术的国家。1976 年英国重大危险咨询委员会（Advisory Committee on Major Hazards，ACMH）就提出了重大危险源辨识标准。ACMH 和其他机构在重大危险源辨识、评价方面极富成效的工作促使欧共体在 1982 年 6 月颁布了《工业活动中重大事故危险法令》（82/501/EEC），简称《塞韦索法令》。该法令附件Ⅲ列出了 180 种物质及其临界量标准。《塞韦索法令》给出的重点控制的危险物质及其临界量见表 5-3。

表 5-3　　《塞韦索法令》给出的重点控制的危险物质及其临界量

物质危险性	物质名称	临界量/t	物质危险性	物质名称	临界量/t
一般性易燃物质	易燃气体	200	特殊毒性物质	二氧化硫	250
	极易燃液体	50 000		硫化氢	50
特殊易燃物质	氢气	50		氰化物	20
	环氧乙烷	50		二硫化碳	200
特殊爆炸性物质	硝铵	2 500		氟化氢	50
	硝化甘油	10		氯化氢	250
	TNT（三硝基甲苯）	50		三氧化硫	75
特殊毒性物质	丙烯腈	200	极毒物质	甲基异氰盐酸	0.15
	氨气	500		光气	0.75
	氯气	25			

为实施《塞韦索法令》，英、荷、德、法、意大利、比利时等欧共体成员国都颁布了有关重大危险源控制规程，要求企业进行重大危险源辨识、评价，提出相应的事故预防和应急计划措施，并向主管当局提交详细描述重大危险源状况的安全报告。

1996 年 12 月，欧共体通过了 82/501/EEC 的修正件："Council Directive 96/82/EC"，其附录 1 第 1 部分列出了 29 种（类）物质及临界量，附表 2（第 2 部分）列出了 10 类物质及临界量。

国际经济合作与发展组织（OECD）在 OECD Council Act（88）84 中也列出了 20 种重点控制的危险物质，见表 5-4。

表 5-4　　OECD 用于重大危险源辨识的重点控制危险物质

物质危险性	物质名称	限量/t	物质危险性	物质名称	限量/t
易燃、易爆或易氧化物质	易燃气体（包括液化气）	200	毒物	二氧化硫	250
	极易燃液体	50 000		丙烯腈	200
	环氧乙烷	50		光气	0.75
	氯酸钠	250		甲基溴化物	200
	硝酸铵	2 500		四乙基铅	50
毒物	氨气	500		乙拌磷	0.1
	氯气	25		硝苯硫磷酯	0.1
	氰化物	20		杀鼠灵	0.1
	氟化物	50		涕灭威	0.1
	甲基异氰酸盐	0.15			

1992 年美国政府颁布的《高度危险化学品处理过程的安全管理》（PSM）标准，列出 130 多种化学物质及其临界量。随后，美国环境保护署（EPA）颁布了《预防化学泄漏事故的风险管理程序》（RMP）标准，对重大危险源辨识提出了规定，给出了 77 种危险物质及其临界量。

我国十分重视对重大危险源的评价和控制，为此将"重大危险源评价和宏观控制技术研究"列入国家"八五"科技攻关项目，并取得重要成果。1997 年劳动部在北京、上海、天津、青岛、深圳和成都六城市进行了重大危险源普查试点工作。在此基础上国家经贸委安全科学技术研究中心提出了国家标准《重大危险源辨识》（GB 18218—2000）。2009 年，国家安全生产监督管理总局提出、中国安全生产科学研究院负责起草的《危险化学品重大危险源辨识》（GB 18218—2009）取代了 2000 年颁布的标准。2018 年，应急管理部提出、中国安全生产科学研究院和中国石油化工股份有限公司青岛安全工程研究院负责起草的《危险化学品重大危险源辨识》（GB 18218—2018）取代了 2009 年颁布的标准。表 5-5 和 5-6 给出了危险化学品名称及其临界量。

表 5-5　　危险化学品名称及其临界量

序号	危险化学品名称和说明	别名	CAS（美国化学文摘社）号	临界量/t
1	氨	液氨、氨气	7664-41-7	10
2	二氟化氧	一氧化二氟	7783-41-7	1
3	二氧化氮		10102-44-0	1
4	二氧化硫	亚硫酸酐	7446-09-5	20
5	氟		7782-41-4	1
6	碳酰氯	光气	75-44-5	0.3
7	环氧乙烷	氧化乙烯	75-21-8	10
8	甲醛（含量>90%）	蚁醛	50-00-0	5
9	磷化氢	磷化三氢、膦	7803-51-2	1
10	硫化氢		7783-06-4	5
11	氯化氢（无水）		7647-01-0	20
12	氯	液氯、氯气	7782-50-5	5
13	煤气（一氧化碳，一氧化碳和氢气、甲烷的混合物等）			20
14	砷化氢	砷化三氢、胂	7784-42-1	1
15	锑化氢	三氢化锑、锑化三氢、睇	7803-52-3	1
16	硒化氢		7783-07-5	1
17	溴甲烷	甲基溴	74-83-9	10
18	丙酮氰醇	丙酮合氰化氢、2-羟基异丁腈、氰丙醇	75-86-5	20
19	丙烯醛	烯丙醛、败脂醛	107-02-8	20
20	氟化氢		7664-39-3	1
21	1-氯-2，3-环氧丙烷	环氧氯丙烷（3-氯-1，2-环氧丙烷）	106-89-8	20
22	3-溴-1，2-环氧丙烷	环氧溴丙烷、溴甲基环氧乙烷、表溴醇	3132-64-7	20
23	甲苯二异氰酸酯	二异氰酸甲苯酯、TDI（甲苯二异氰酸酯）	26471-62-5	100
24	一氯化硫	氯化硫	10025-67-9	1
25	氰化氢	无水氢氰酸	74-90-8	1
26	三氧化硫	硫酸酐	7446-11-9	75

续表

<table>
<tr><th>序号</th><th>危险化学品名称和说明</th><th>别名</th><th>CAS（美国化学文摘社）号</th><th>临界量/t</th></tr>
<tr><td>27</td><td>3-氨基丙烯</td><td>烯丙胺</td><td>107-11-9</td><td>20</td></tr>
<tr><td>28</td><td>溴</td><td>溴素</td><td>7726-95-6</td><td>20</td></tr>
<tr><td>29</td><td>乙撑亚胺</td><td>吖丙啶、1-氮杂环丙烷、氮丙啶</td><td>151-56-4</td><td>20</td></tr>
<tr><td>30</td><td>异氰酸甲酯</td><td>甲基异氰酸酯</td><td>624-83-9</td><td>0.75</td></tr>
<tr><td>31</td><td>叠氮化钡</td><td>叠氮钡</td><td>18810-58-7</td><td>0.5</td></tr>
<tr><td>32</td><td>叠氮化铅</td><td></td><td>13424-46-9</td><td>0.5</td></tr>
<tr><td>33</td><td>雷汞</td><td>二雷酸汞、雷酸汞</td><td>628-86-4</td><td>0.5</td></tr>
<tr><td>34</td><td>三硝基苯甲醚</td><td>三硝基茴香醚</td><td>28653-16-9</td><td>5</td></tr>
<tr><td>35</td><td>2，4，6-三硝基甲苯</td><td>梯恩梯、TNT</td><td>118-96-7</td><td>5</td></tr>
<tr><td>36</td><td>硝化甘油</td><td>硝化丙三醇、甘油三硝酸酯</td><td>55-63-0</td><td>1</td></tr>
<tr><td>37</td><td>硝化纤维素［干的或含水（或乙醇）<25%］</td><td rowspan="5">硝化棉</td><td rowspan="5">9004-70-0</td><td>1</td></tr>
<tr><td>38</td><td>硝化纤维素（未改型的，或增塑的，含增塑剂<18%）</td><td>1</td></tr>
<tr><td>39</td><td>硝化纤维素（含乙醇≥25%）</td><td>10</td></tr>
<tr><td>40</td><td>硝化纤维素（含氮≤12.6%）</td><td>50</td></tr>
<tr><td>41</td><td>硝化纤维素（含水≥25%）</td><td>50</td></tr>
<tr><td>42</td><td>硝化纤维素溶液（含氮量≤12.6%，含硝化纤维素≤55%）</td><td>硝化棉溶液</td><td>9004-70-0</td><td>50</td></tr>
<tr><td>43</td><td>硝酸铵（含可燃物>0.2%，包括以碳计算的任何有机物，但不包括任何其他添加剂）</td><td></td><td>6484-52-2</td><td>5</td></tr>
<tr><td>44</td><td>硝酸铵（含可燃物≤0.2%）</td><td></td><td>6484-52-2</td><td>50</td></tr>
<tr><td>45</td><td>硝酸铵肥料（含可燃物≤0.4%）</td><td></td><td></td><td>200</td></tr>
<tr><td>46</td><td>硝酸钾</td><td></td><td>7757-79-1</td><td>1 000</td></tr>
<tr><td>47</td><td>1，3-丁二烯</td><td>联乙烯</td><td>106-99-0</td><td>5</td></tr>
<tr><td>48</td><td>二甲醚</td><td>甲醚</td><td>115-10-6</td><td>50</td></tr>
<tr><td>49</td><td>甲烷，天然气</td><td></td><td>74-82-8（甲烷）
8006-14-2（天然气）</td><td>50</td></tr>
</table>

续表

序号	危险化学品名称和说明	别名	CAS（美国化学文摘社）号	临界量/t
50	氯乙烯	乙烯基氯	75-01-4	50
51	氢	氢气	1333-74-0	5
52	液化石油气（含丙烷、丁烷及其混合物）	石油气（液化的）	68476-85-7 74-98-6 （丙烷） 106-97-8 （丁烷）	50
53	一甲胺	氨基甲烷、甲胺	74-89-5	5
54	乙炔	电石气	74-86-2	1
55	乙烯		74-85-1	50
56	氧（压缩的或液化的）	液氧、氧气	7782-44-7	200
57	苯	纯苯	71-43-2	50
58	苯乙烯	乙烯苯	100-42-5	500
59	丙酮	二甲基酮	67-64-1	500
60	2-丙烯腈	丙烯腈、乙烯基氰、氰基乙烯	107-13-1	50
61	二硫化碳		75-15-0	50
62	环己烷	六氢化苯	110-82-7	500
63	1，2-环氧丙烷	氧化丙烯、甲基环氧乙烷	75-56-9	10
64	甲苯	甲基苯、苯基甲烷	108-88-3	500
65	甲醇	木醇、木精	67-56-1	500
66	汽油（乙醇汽油、甲醇汽油）		86290-81-5 （汽油）	200
67	乙醇	酒精	64-17-5	500
68	乙醚	二乙基醚	60-29-7	10
69	乙酸乙酯	醋酸乙酯	141-78-6	500
70	正己烷	己烷	110-54-3	500
71	过乙酸	过醋酸、过氧乙酸、乙酰过氧化氢	79-21-0	10
72	过氧化甲基乙基酮（10%<有效氧含量≤10.7%，含A型稀释剂≥48%）		1338-23-4	10

续表

序号	危险化学品名称和说明	别名	CAS（美国化学文摘社）号	临界量/t
73	白磷	黄磷	12185-10-3	50
74	烷基铝	三烷基铝		1
75	戊硼烷	五硼烷	19624-22-7	1
76	过氧化钾		17014-71-0	20
77	过氧化钠	双氧化钠，二氧化钠	1313-60-6	20
78	氯酸钾		3811-04-9	100
79	氯酸钠		7775-09-9	100
80	发烟硝酸		52583-42-3	20
81	硝酸（发红烟的除外，含硝酸>70%）		7697-37-2	100
82	硝酸胍	硝酸亚氨脲	506-93-4	50
83	碳化钙	电石	75-20-7	100
84	钾	金属钾	7440-09-7	1
85	钠	金属钠	7440-23-5	10

表 5-6　　未在表 5-5 中列举的危险化学品类别及其临界量

类别	符号	危险性分类及说明	临界量/t
健康危害	J（健康危害性符号）	—	—
急性毒性	J1	类别 1，所有暴露途径，气体	5
	J2	类别 1，所有暴露途径，固体、液体	50
	J3	类别 2、类别 3，所有暴露途径，气体	50
	J4	类别 2、类别 3，吸入途径，液体（沸点≤35 ℃）	50
	J5	类别 2，所有暴露途径，液体（除 J4 外）、固体	500
物理危险	W（物理危险性符号）	—	—
爆炸物	W1.1	—不稳定爆炸物 —1.1 项爆炸物	1
	W1.2	1.2、1.3、1.5、1.6 项爆炸物	10
	W1.3	1.4 项爆炸物	50

续表

<table>
<tr><th>类别</th><th>符号</th><th>危险性分类及说明</th><th>临界量/t</th></tr>
<tr><td>易燃气体</td><td>W2</td><td>类别 1 和类别 2</td><td>10</td></tr>
<tr><td>气溶胶</td><td>W3</td><td>类别 1 和类别 2</td><td>150（净重）</td></tr>
<tr><td>氧化性气体</td><td>W4</td><td>类别 1</td><td>50</td></tr>
<tr><td rowspan="4">易燃液体</td><td>W5. 1</td><td>—类别 1
—类别 2 和 3，工作温度高于沸点</td><td>10</td></tr>
<tr><td>W5. 2</td><td>—类别 2 和 3，具有引发重大事故的特殊工艺条件
包括危险化工工艺、爆炸极限范围或附近操作、操作压力大于 1. 6 MPa 等</td><td>50</td></tr>
<tr><td>W5. 3</td><td>—不属于 W5. 1 或 W5. 2 的其他类别 2</td><td>1 000</td></tr>
<tr><td>W5. 4</td><td>—不属于 W5. 1 或 W5. 2 的其他类别 3</td><td>5 000</td></tr>
<tr><td rowspan="2">自反应物质和混合物</td><td>W6. 1</td><td>A 型和 B 型自反应物质和混合物</td><td>10</td></tr>
<tr><td>W6. 2</td><td>C 型、D 型、E 型自反应物质和混合物</td><td>50</td></tr>
<tr><td rowspan="2">有机过氧化物</td><td>W7. 1</td><td>A 型和 B 型有机过氧化物</td><td>10</td></tr>
<tr><td>W7. 2</td><td>C 型、D 型、E 型、F 型有机过氧化物</td><td>50</td></tr>
<tr><td>自燃液体和自燃固体</td><td>W8</td><td>类别 1 自燃液体
类别 1 自燃固体</td><td>50</td></tr>
<tr><td rowspan="2">氧化性固体和液体</td><td>W9. 1</td><td>类别 1</td><td>50</td></tr>
<tr><td>W9. 2</td><td>类别 2、类别 3</td><td>200</td></tr>
<tr><td>易燃固体</td><td>W10</td><td>类别 1 易燃固体</td><td>200</td></tr>
<tr><td>遇水放出易燃气体的物质和混合物</td><td>W11</td><td>类别 1 和类别 2</td><td>200</td></tr>
</table>

注：以上危险化学品危险性类别及包装类别依据《危险货物品名表》（GB 12268—2012）确定。

生产单元、储存单元内存在危险化学品的数量等于或超过表 5-5、表 5-6 规定的临界量，即被定为重大危险源。单元内存在的危险化学品的数量根据危险化学品种类的多少区分为以下两种情况：

（1）生产单元、储存单元内存在的危险化学品为单一品种时，该危险化学品的数量即为单元内危险化学品的总量，若等于或超过相应的临界量，则定为重大危险源。

（2）生产单元、储存单元内存在的危险化学品为多品种时，按式（5-1）计算，若满足式（5-1），则定为重大危险源。

$$S=\frac{q_1}{Q_1}+\frac{q_2}{Q_2}+\cdots+\frac{q_n}{Q_n}\geqslant 1 \tag{5-1}$$

式中　S——辨识指标；

q_1，q_2，…，q_n——每种危险化学品实际存在量，t；

Q_1，Q_2，…，Q_n——与每种危险化学品相对应的临界量，t。

危险化学品储罐以及其他容器、设备或仓储区的危险化学品的实际存在量按设计最大量确定。

对于危险化学品混合物，如果混合物与其纯物质属于相同危险类别，则视混合物为纯物质，按混合物整体进行计算。如果混合物与其纯物质不属于相同危险类别，则应按新危险类别考虑其临界量。

危险化学品重大危险源辨识流程如图 5-1 所示。

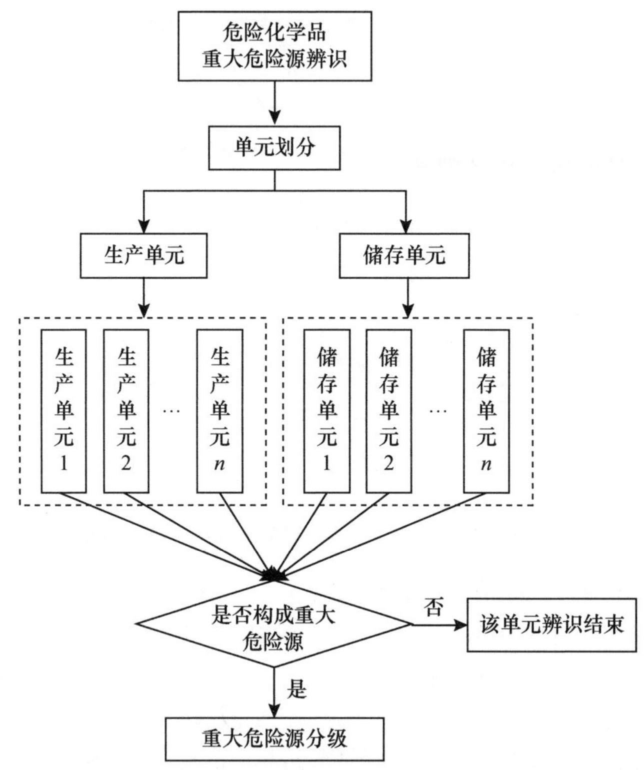

图 5-1　危险化学品重大危险源辨识流程

三、重大危险源分级

1. 分级指标

采用单元内各种危险化学品实际存在量与其相对应的临界量比值，经校正系数校正后的比值之和 R 作为分级指标。

2. 分级指标的计算方法

$$R=\alpha\left(\beta_1\frac{q_1}{Q_1}+\beta_2\frac{q_2}{Q_2}+\cdots+\beta_n\frac{q_n}{Q_n}\right) \tag{5-2}$$

式中　α——该危险化学品重大危险源厂区外暴露人员的校正系数；

β_1，β_2，…，β_n——与每种危险化学品相对应的校正系数；

q_1，q_2，…，q_n——每种危险化学品实际存在量，t；

Q_1，Q_2，…，Q_n——与每种危险化学品相对应的临界量，t。

（1）校正系数 β 的取值。根据单元内危险化学品的类别不同，设定校正系数 β 值。在表 5-7 范围内的危险化学品，其 β 值按表 5-7 确定；未在表 5-7 范围内的危险化学品，其 β 值按表 5-8 确定。

表 5-7　　毒性气体校正系数 β 取值

名称	校正系数 β
一氧化碳	2
二氧化硫	2
氨	2
环氧乙烷	2
氯化氢	3
溴甲烷	3
氯	4
硫化氢	5
氟化氢	5
二氧化氮	10
氰化氢	10
碳酰氯	20
磷化氢	20
异氰酸甲酯	20

表 5-8　　未在表 5-7 中列举的危险化学品校正系数 β 取值

类别	符号	校正系数 β
急性毒性	J1	4
	J2	1
	J3	2
	J4	2
	J5	1
爆炸物	W1. 1	2
	W1. 2	2
	W1. 3	2
易燃气体	W2	1. 5
气溶胶	W3	1
氧化性气体	W4	1
易燃液体	W5. 1	1. 5
	W5. 2	1
	W5. 3	1
	W5. 4	1
自反应物质和混合物	W6. 1	1. 5
	W6. 2	1
有机过氧化物	W7. 1	1. 5
	W7. 2	1
自燃液体和自燃固体	W8	1
氧化性固体和液体	W9. 1	1
	W9. 2	1
易燃固体	W10	1
遇水放出易燃气体的物质和混合物	W11	1

（2）校正系数 α 的取值。根据危险化学品重大危险源的厂区边界向外扩展 500 m 范围内常住人口数量，按照表 5-9 设定暴露人员校正系数 α 值。

表 5-9 暴露人员校正系数 α 取值

厂外可能暴露人员数量	校正系数 α
100 人及以上	2
50~99 人	1. 5
30~49 人	1. 2
1~29 人	1
0 人	0. 5

（3）分级标准。根据计算出的 R 值，按表 5-10 确定危险化学品重大危险源的级别。

表 5-10 危险化学品重大危险源级别和 R 值的对应关系

重大危险源级别	R 值
一级	$R \geqslant 100$
二级	$100 > R \geqslant 50$
三级	$50 > R \geqslant 10$
四级	$R < 10$

四、重大危险源评价

易燃、易爆、有毒重大危险源评价方法是原国家经贸委安全科学技术研究中心在《易燃、易爆、有毒重大危险源辨识评价技术研究》“八五”国家科技攻关项目中提出的风险评价方法。它在大量重大火灾、爆炸、毒物泄漏中毒事故资料的统计分析基础上，从物质危险性、工艺危险性入手，分析重大事故发生的原因、条件，评价事故的影响范围、伤亡人数、经济损失和应采取的预防、控制措施。

该方法能较准确地评价出系统内危险物质、工艺过程的危险程度和危险性等级，计算事故后果的严重程度（危险区域范围、人员伤亡和经济损失），提出工艺设备、人员素质以及安全管理缺陷三方面的 107 个指标组成的评价指标集。方法简介如下：

1. 评价单元的划分

重大危险源评价以危险单元作为评价对象。除前面已定义的“危险单元”外，在一个共同堤坝内的全部储罐也可划分为一个单元；散设在地上的管道不作为独立的单元处理，但配管桥区例外。

2. 评价模型的层次结构

危险性定义为事故频率和事故后果严重程度的乘积，即危险性评价一方面取决于事故的易发性，另一方面取决于事故后果的严重性。现实的危险性不仅取决于由生产物质的特定物质危险性和生产工艺的特定工艺过程危险性所决定的生产单元的固有危险性，而且还与各种人为管理因素及防灾措施的综合效果有密切关系。

重大危险源评价模型具有如图 5-2 所示的层次结构。

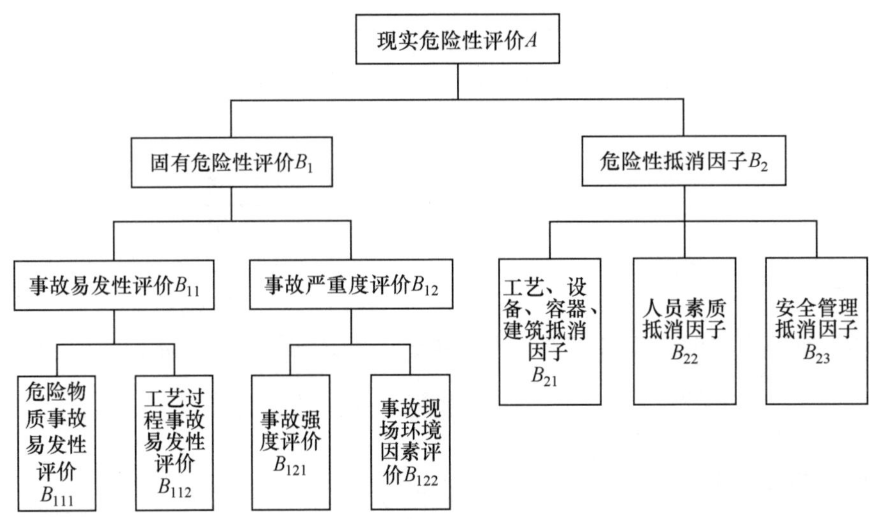

图 5-2　重大危险源评价模型的层次结构

3. 评价的数学模型

重大危险源的评价分为固有危险性评价与现实危险性评价。后者是在前者的基础上考虑了各种危险性的抵消因子，这些抵消因子反映了人在控制事故发生和控制事故后果扩大方面的主观能动作用。固有危险性评价分为事故易发性评价和事故严重度评价。事故易发性取决于危险物质事故易发性与工艺过程事故易发性。评价数学模型如下：

$$A = \left\{ \sum_{i=1}^{n} \sum_{j=1}^{m} (B_{111})_i W_{ij} (B_{112})_j \right\} \times B_{12} \times \prod_{k=1}^{3} (1 - B_{2k}) \tag{5-3}$$

式中　$(B_{111})_i$——第 i 种危险物质的事故易发性系数；

$(B_{112})_j$——第 j 种工艺过程的事故易发性系数；

W_{ij}——第 i 种危险物质的危险性与第 j 种工艺过程危险性相关系数；

B_{12}——事故后果严重程度；

B_{2k}——危险性抵消因子。

4. 危险物质事故易发性 B_{111} 的评价

按照我国相关国家标准，具有燃烧爆炸性质的危险物质可分为 9 大类：爆炸品，气体，易燃液体，易燃固体、易于自燃的物质、遇水放出易燃气体的物质，氧化性物质和有机过氧化物，毒性物质和感染性物质，放射性物质，腐蚀性物质，杂项危险物质和物品（包括危害环境物质）。

每类物质根据其总体危险感度给出权重分；每种物质根据其与反应感度有关的理化参数值给出状态分；每一大类物质下面分若干小类，共计 20 个子类。定义毒性物质为第 6 类危险物质。一种危险物质可以属于易燃易爆 9 大类中的一类，又属于第 6 类。对于毒性物质，其危险物质事故易发性主要取决于下列 4 个参数：毒性等级、物质的状态、气味、重度。物质危险性的最大分值定为 100 分。

5. 工艺过程事故易发性 B_{112} 的评价及工艺-物质危险性相关系数的确定

工艺过程事故易发性的影响因素确定为 21 项：放热反应、吸热反应、物料处理、物料储存、操作方式、粉尘生成、低温条件、高温条件、高压条件、特殊的操作条件、腐蚀、泄漏、设备因素、密闭单元、工艺布置、明火、摩擦与冲击、高温体、电火花、静电和毒物出料及输送。最后一种工艺因素仅与含毒性物质有关系。

同一种工艺条件对于不同类的危险物质所体现的危险程度各不相同，因此必须确定相关系数 W_{ij}。W_{ij} 可以分为以下 5 级：

A 级：关系密切，$W_{ij}=0.9$。

B 级：关系大，$W_{ij}=0.7$。

C 级：关系一般，$W_{ij}=0.5$。

D 级：关系小，$W_{ij}=0.2$。

E 级：没有关系，$W_{ij}=0$。

6. 事故严重度的评价方法

事故严重度用事故后果的经济损失（万元）表示。事故后果系指事故中人员伤亡以及房屋、设备、物资等的财产损失，不考虑停工损失。人员伤亡区分人员死亡数、重伤数、轻伤数。

为了使单元之间事故严重度的评估结果具有可比性，需要对不同性质的伤害用某种标度进行折算再作叠加。

参考我国政府有关部门的一些有关规定，在本评价方法中使用了以下折算公式：

$$S=C+20\ (N_1+0.5N_2+0.0175N_3) \tag{5-4}$$

式中　C——事故中财产损失的评估值，万元；

N_1，N_2，N_3——事故中人员死亡、重伤、轻伤人数的评估值，人。

7. 危险性抵消因子

尽管单元的固有危险性是由物质危险性和工艺过程危险性所决定的，但是工艺、设备、容器、建筑结构上各种用于防范和减轻事故后果的设施，以及危险岗位上操作人员的良好素质和严格的安全管理制度，能够大大抵消单元内的现实危险性。

8. 危险性分级与危险控制程度分级

（1）单元危险性分级。单元危险性分级应以单元固有危险性大小作为分级的依据，这也是国际惯用的做法。分级的目的主要是便于政府对危险源进行分级控制。建议将易燃、易爆、有毒重大危险源划分为四级：一级重大危险源应由国家主管部门直接控制，二级重大危险源由省、自治区、直辖市政府控制，三级重大危险源由县、市政府控制，四级重大危险源由企业重点管理控制。分级标准划定原则应使各级政府直接控制的危险源总量自下而上呈递减趋势。推荐用 $A^*=\lg(B_1^*)$ 作为危险源分级标准（式中 B_1^* 是以十万元为缩尺单位的单元固有危险性的评分值）。

一级重大危险源：$A^*\geqslant 3.5$。

二级重大危险源：$2.5\leqslant A^*<3.5$。

三级重大危险源：$1.5\leqslant A^*<2.5$。

四级重大危险源：$A^*<1.5$。

（2）单元综合抵消因子。单元综合抵消因子的值越小，说明单元现实危险性与单元固有危险性比值越小，即单元内危险性的受控程度越高。因此，可以用单元综合抵消因子值的大小说明该单元安全管理与控制的绩效。一般说来，单元的危险性级别越高，要求的受控级别也应越高。建议用下列标准作为单元危险性控制程度的分级依据：

A 级：$B_2\leqslant 0.001$。

B 级：$0.001<B_2\leqslant 0.01$。

C 级：$0.01<B_2\leqslant 0.1$。

D 级：$B_2>0.1$。

（3）受控标准。各级重大危险源应该达到如下受控标准：

一级重大危险源：在 A 级以上。

二级重大危险源：在 B 级以上。

三级和四级重大危险源：在 C 级以上。

五、重大危险源的管理措施

加强管理是控制重大危险源的重要手段之一。管理的基本功能是实施系统的计划、组织、指挥、协调和控制。通过一系列有计划、有组织的系统安全活动，保障重大危险源的安全运行。

（1）进行重大危险源辨识。通过辨识找出重大危险源，使得管理对象更为明确。

（2）对重大危险源进行评价。通过评价发现隐患，以便为隐患整改提供依据。

（3）实行危险源登记制度。通过登记，政府有关部门能够从宏观上了解重大危险源的分布状况及安全水平，便于进行管理与控制。

重大危险源登记的内容包括企业概况、重大危险源的设置、安全技术措施、安全管理措施、以往发生事故的情况等。

（4）建立健全重大危险源安全监控组织机构。

（5）严格控制各类危险源的临界量。

（6）设置监控预警系统。

（7）建立健全重大危险源安全技术规范和管理制度。

（8）建立完善的灾难性事件应急计划，一旦紧急事态出现，确保应急救援工作顺利进行。

本 章 小 结

本章主要介绍了灾难性事件及应急管理，重大危险源辨识、评价及管理的相关内容。通过对本章的学习，学生应了解灾难性事件的严重程度分级，不同类型灾难性事件的应急计划和重大危险源辨识的标准；掌握灾难性事件的定义和分类，制订应急计划的程序、应急计划的内容和对外联系，重大危险源的概念及其分类，重大危险源与灾难性事件的关系，重大危险源评价的方法，重大危险源管理的一般措施等。

复习思考题

1. 灾难性事件及其应急计划在安全管理中应处于何种地位，与事故预防工作间是何关系？

2. 制订灾难性事件应急计划时应如何考虑企业的具体情况？

3. 如何编制灾难性事件应急计划？

4. 应根据何种原则确定对各类灾难性事件的控制程度及优先次序？

5. 何为重大危险源？

6. 重大危险源辨识中应注意哪些问题？

7. 重大危险源的管理措施主要有哪些？

8. 国内外重大危险源辨识标准是什么？

第六章　人员安全管理

本章学习目标

1. 掌握事故与人的性格、心理状态、生物节律的关系。

2. 掌握影响人的不安全行为的生理和心理因素、人的不安全行为的控制和预防措施。

第一节　事故与人的关系

事故致因理论指出，事故是由于人的不安全行为和物的不安全状态接触所致。资料统计表明，因人的不安全行为导致的事故占比80%以上。影响人的不安全行为的因素很多，其中心理因素是一个不可忽视的重要因素。与事故有关的心理因素主要是人的性格和人的心理状态。

一、事故与性格的关系

性格是指人在生活过程中所形成的对现实的稳定的态度以及与之相适应的习惯化的行为方式。从国内外的研究得知，作业人员的性格特征与事故有着极为密切的关系。技术再好的作业人员，如果没有良好的性格特征，也会常常发生事故。

1. 事故倾向性与易出事故的性格特征

在现实中，容易发生事故的人总是少数人，这种人被称为事故多发者，这种现象叫作事故倾向性。事故多发者的心理特点：情绪不稳定，容易焦虑，感觉–运动协调不好，注意力集中、分配不良，过度紧张，易疲劳等。

具有事故倾向性的性格特征主要如下：

（1）攻击性性格。这种人妄自尊大，骄傲自满，喜欢冒险、挑衅，争强好胜，不采纳别人的意见。

（2）性情孤僻。这种人固执己见，心胸狭窄，对人冷漠，人际关系不好。

（3）性情不稳定。这种人易受情绪感染、支配，容易冲动，受情绪影响长时间不能平静。

具有上述性格特征的人，对作业会产生不安全的影响。不负责任的人，观察事物粗枝大叶，思考问题轻浮草率，工作敷衍了事；骄傲自满的人，往往过高估计自己的能力，盲目行事，违章操作；情绪易冲动的人，常失去正确的判断能力；自制力差的人，碰到不顺心的事，便失去理智，容易违反生产安全的客观规律；好胜心强的人，往往冒险蛮干，容易逞能、打赌，表现自己，总认为有经验，而往往“淹死的总是会游泳的”。

2. 作业人员应具备的性格特征

性格与生产安全有着十分密切的关系，而良好的性格特征是在社会实践中逐步形成的，因此，培养良好的性格，对生产安全是非常必要的。作业人员应当具备以下性格特征。

（1）积极的态度特征。对社会具有高度的责任感、义务感和时代感；关心他人，热爱集体，献身事业；勤奋，对工作负责；严于律己，谦虚谨慎，勇于自我批评。

（2）积极的意志特征。有明确的目标、意志坚定、行动自觉；尊重客观规律，独立思考，善于控制自己，坚毅果断；在较长时期的工作中，不怕任何挫折，不畏困难，力图实现自己的目标。

（3）积极的情绪特征。在情绪的强大和速度方面，能够控制自己，排除各种干扰和影响；在情绪的稳定性方面，不易为琐事而改变情绪；在情绪的持续时间方面，体验深厚，持续较久，经常保持愉快的心境。

（4）积极的智力特征。深思熟虑，细心谨慎，不草率行事，不轻举妄动。

性格是在人与客观事物的相互作用中形成的，是在社会实践活动中产生的，而不是遗传的结果，也不是一成不变的。积极的性格特征是可以培养的。社会、家庭、工作岗位、党团组织都影响着、塑造着一个人的性格。

为了培养作业人员积极的性格特征，可以根据具体情况，采取各种生动活泼、灵活有效的方法，如开展“四有”（有理想、有道德、有文化、有纪律）教育，进行职业道德、法制教育，宣传表彰先进模范人物，开展安全知识竞赛、反违章活动竞赛，搞好事故分析、对比行为结果，增强安全意识和责任感等。通过培养作业人员积极的性格特征，可以有效地避免人为失误，减少事故，提高系统的安全性。

二、事故与心理状态的关系

由于人的生理机能不同，获得信息及处理信息的方式也不同。这是因为每个人的感觉和头脑各具特色，所以作出的判断大有差异。每个人发生事故的可能性也大不一样，其主要差别就是人的心理状态问题。不良的心理状态往往使作业人员出现差错，酿成事故。

1. 白日梦

当作业人员处于白日梦的心理状态时，尤其是意识迂回较深、发生次数频繁时，就有很大的危险性。在此种心理状态下，作业人员几乎看不见或意识不到面前发生的一切。白日梦的心理状态通常是由于工作或生活中遇到烦恼和不满的事情使精神紧张和压抑所致。

2. 消极情感与过于兴奋

作业人员因工作或生活中遇到令其烦恼的事，如夫妻吵架、与领导或同事闹意见、子女待业、家人生病、经济拮据等，而处于心境不佳、厌烦、焦急、消沉等消极情绪时进行作业，往往注意力不易集中或心不在焉，不按操作规程作业等，致使反应变慢、行动迟缓、操作错误增多。尤其带着激情作业，十分危险。

高兴、兴奋是与之相反的积极情绪状态。作业人员在工作或生活中遇到值得庆幸的事，心理上呈积极肯定状态，如中年得子、乔迁新居、子女就业、年轻人热恋期间等。作业人员由于过于兴奋，忘乎所以，往往出现“三违”（违章指挥、违规作业、违反劳动纪律）而导致发生事故。

人的情感是以社会性的需要满足与否为前提的，每一位作业人员都是社会中的人，当某种事物满足了人的要求，便产生积极肯定的情感，反之则产生消极的情感。在实际工作中，安全管理人员应注意情感的感染性，要想所提的安全生产要求为作业人员所接受，在很大程度上需要情感的感染和催化。只有两者产生共鸣，作业人员才能处于良好的心理状态，才会乐意接受安全生产的要求。

3. 满不在乎

工作随随便便，遇事不肯动脑筋，满不在乎，不重视提高自身的安全素质，是造成事故的原因之一。对这种满不在乎的作业人员，平时应时时处处加强安全教育，提高他们的安全素质，并且在安排工作时尽可能让他们与办事稳妥、责任心强的作业人员一起作业，以避免意外事故发生。

4. 思想麻痹、习以为常

对于作业人员来说，要求长时间保持谨慎的、思想集中的工作状态是非常困难的。另外，作业人员在开始干某种工作时，生理机能活跃，行动准确，注意安全；一旦习以为常后，对外界条件的信息判断就不通过大脑，而靠下意识的反射去行动，此时有的人就开始对工作漫不经心，结果导致事故发生。

习以为常、思想麻痹是一种比较普遍的心理状态。有些青年工人和一部分有经验的老工人，不遵守规章制度，把安全技术人员的安全监察、制止违章视为“多管闲事”，我行我素，结果“大意失荆州”。

5. 侥幸心理

怀有侥幸心理的人，虽然明知按自己的干法有一定危险，但总认为灾难不会那么凑巧落到自己头上，明知故犯，省事、凑合着干，结果导致事故发生。

侥幸心理是安全生产的大敌，但在争强好胜的作业人员中普遍存在。对这部分作业人员，平时应注意用类似的典型事故案例进行教育，打消其侥幸心理。

6. 赶任务、图快心理

当要求作业人员尽快完成生产任务，或有的作业人员为了照顾病人、赴约等不想延误下班时间，或为了经济利益而加快工作节奏、赶抢任务时，会出现这种心理。这时其注意力全集中在个人操作上，对周围环境、相关作业环节视而不见，不能对来自周围的各种刺激做出正确的反应，匆忙操作，如果在应该注意而未注意的环节发生差错，容易酿成事故。作业人员产生赶任务、图快心理，不讲究科学方法，不遵守操作规程，往往欲速则不达，甚至发生事故。

7. 好奇心理

好奇心理是由兴趣驱使的，兴趣是人的心理特征之一。青年工人和刚进厂的新工人，对机械设备、环境等有一点恐惧心理，但更多的是好奇心理。他们对安全生产的内涵认识不足，于是将好奇心付诸行动，容易导致事故发生。无证驾驶往往是此种心理使然。

从安全生产的角度而言，应对青年工人和新工人进行形式多样的安全教育活动，增强他们的自我保护意识。因势利导，引导他们学习钻研专业技术，帮助他们学会经常注意自己的行为和周围环境，善于发现事故隐患，从而防止事故的发生。

8. 骄傲、好胜心理

骄傲、好胜心理一般有两种类型。一种是经常性地表现为骄傲好胜的性格特征，总认为别人不如自己，满足于一知半解。尤其是工作多年的老工人，自以为技术过硬而对安全规章制度、安全操作规程持无所谓态度。另一种类型是在特定情况、特定环境下的表现，争强好胜，打赌、不认输。这种类型多出现在青年工人身上，骄傲、好胜心理使当事人夜郎自大，不考虑行为后果的严重性，而导致事故发生。

对前一种类型的人，平时应坚持不懈地对他们进行教育，学海无涯，任何人都没有骄傲自大的资本，只有虚心学习，才能不断进步。对后一种类型的人，平时应结合典型事故案例进行教育，决不能逞一时之勇而伤害自己，应做到“不伤害自己，不伤害别人，不为别人所伤害”。

9. 不懂装懂、冒险蛮干

有些作业人员由于技术不熟练，又不肯向别人学习，意识不到操作方法有错误；有的不懂装懂，出现危险也察觉不出来。偶尔的冒险尝试没有发生事故，他们就形成了藐视危险、敢于冒险的心理定式，而且会渐渐产生一种自我肯定和自豪的心情。具有这种心理的人，在关键时刻往往会感情冲动，不假思索地采取冒险行动，导致事故发生。

10. 敷衍了事、马虎凑合

有些作业人员对所从事的工作不感兴趣，认为作业太简单，自己是大材小用，所以工作不安心，产生厌倦心理或工作马虎凑合，敷衍塞则，将就应付，不顾安全，只想走捷径，从而放松警惕，感觉不到危险，因而导致事故。

11. 盲目自信

盲目自信，即相信自己有本领，不肯学习新技术，存在着怕损害自尊心的心理状态。这些作业人员凭经验操作，不按操作规程进行，把自己的经验看得尽善尽美，相信自己练出来的技能不会错，因而继续沿用落后的作业方式，重复过去的危险行为，导致事故发生。

产生盲目自信这种心理，主观上是因循守旧，没有创新精神；客观上是人生理上的前摄抑制，即先学的东西对后学的记忆有干扰作用，使人不容易记住新的知识。对具有盲目自信心理的人，必须引导他们杜绝盲目自信，不能凭经验干活。在学习新的安全技术时，要突出新技术的特点和原理，以减少经验的干扰，尽快掌握新技术，按操作规程作业，从而防止事故发生。

三、事故与人体生物节律的关系

生物节律是一种自然现象。人体生物节律理论是 1960 年美国冷泉港国际生物节律座谈会以后建立起来的一门新兴学科。人体生物节律理论认为，在人的近百种节律中，最重要的节律有三种，即体力节律、情绪节律和智力节律（妇女多一种月经周期）。人的一生都受这三种节律的影响。人在生物节律的不同时期，其行为可靠性有很大差别。因此，研究人体生物节律理论对避免人为失误，减少事故发生具有重要意义。

1. 人体生物节律理论概述

人体生物节律理论是关于生命活动周期与人的体力、情绪、智力状态关系的理论。体力、情绪、智力这三种节律都存在着明显的周期性变化，每个周期分别为23天、28天、33天。各周期变化相当于正弦曲线变化，各自的周期节律都存在着高潮期、低潮期和临界期。

在人的三种节律周期中，体力节律主要反映人的体力状况、抗病能力、身体各部分的协调能力以及动作速度和生理上的变化。高潮期体力充沛，浑身有劲，反应敏捷；低潮期四肢无力，容易疲劳，做事拖拉；临界期抵抗能力下降，容易生病，劳动能力下降。情绪节律主要反映人的合作性、创造性、对事物的敏感性、情感、精神状态和心理方面的一些机能变化规律。高潮期心情舒畅、精神愉快、情绪乐观；低潮期喜怒无常、情绪低落、烦躁沮丧；临界期情绪不稳定，易出差错，发生事故。智力节律主要反映人的记忆力、敏感性、对事物的接受能力、思维逻辑性和分析能力。高潮期头脑灵敏、思维敏捷、记忆力强，有旺盛的创造力和解决复杂问题的能力；低潮期注意力不易集中，思维迟钝、健忘，判断力降低；临界期判断能力差，干事粗枝大叶，易出差错和事故。这些不同的节律状态，对人的行为和心理状态有着完全不同的影响。它揭示了人们的体力、情绪、智力发生周期性波动的原因。

人体生物节律理论能及时、清楚地揭示人们所处的节律状态，从而有效地指导人们的工作、生活和学习。例如，将人体生物节律理论用在煤矿的安全运输生产中，可以提高矿工的自主保安性，控制或减少事故的发生。

2. 人体生物节律状态的测算

根据人体生物节律理论，可测算每个人在任何一天的生物节律状态。其计算步骤如下：

（1）求出某人从出生日（公历）到测算日的总天数 N：

$$N=365A\pm B+C \tag{6-1}$$

式中 A——测算年份与出生年份之差，即周岁数；

B——本年生日到测算日的天数，测算日未到生日为“-”号，反之为“+”号；

C——经过的闰年数。

（2）总天数 N 分别被23、28、33除，得出3个正整数 D、E、F 及三个正整余数 a、b、c。

体力节律状态：$N/23=D\cdots\cdots a$。

情绪节律状态：$N/28=E\cdots\cdots b$。

智力节律状态：$N/33=F\cdots\cdots c$。

（3）根据3个余数a、b、c查表6-1，就可得出某日的生物节律状态。

表6-1　　生物节律状态

	高潮期	临界期	低潮期
体力节律	2~10	0、1、11、12、22	13~21
情绪节律	2~12	0、1、13、14、15、27	16~26
智力节律	2~15	0、1、16、17、32	18~31

3. 生物节律与事故的关系

现在世界各国都在大力开展人体生物节律理论的研究和应用工作，我国有些行业已开始应用人体生物节律理论来进行安全管理工作，预防伤亡事故，降低事故发生率。

国内外大量研究资料表明，处于临界期的人容易发生事故。这说明了人体生物节律与发生事故之间存在着密切的关系，而且生物节律对不同行业、不同事故的影响具有相同的规律。临界期和低潮期，尤其是临界期，是发生事故的危险时期。

4. 运用人体生物节律理论指导安全生产

绝大多数的事故与人的因素有关。人可以出现不安全行为，可以使物处于不安全状态，使安全管理出现缺陷以及其他事故隐患。实践证明，事故不是不可避免的。运用人体生物节律理论，可以增强作业人员自主保安的自觉性和积极性，从而减少事故的发生，提高系统的安全性。

在运用人体生物节律理论指导安全生产时，可以采用以下几种具体做法：

（1）及时公布生物节律图表。贴在墙上：每月月末在班前会议室张贴全部作业人员下月的生物节律图表；拿在手上：印发作业人员全年的生物节律手册，人手一册，以便随时查看；记在心上：在班前会上，对处于低潮期和临界期的作业人员点名提醒其注意安全，并提醒班组其他人员对此人加强监督和互保。

（2）挂警钟牌。除了在墙上张贴生物节律图表外，还可以增设警钟牌。在会议室挂一块写着当天生物节律处于低潮期或临界期作业人员名字的警钟牌，以引起大家注意，促使人们自觉地控制不安全行为。

（3）坚持互保制。对当天处于低潮期或临界期的作业人员，班组实行互保制，加强联系，发现问题及时解决。

（4）合理安排工作。对处于临界期，尤其是双临界期或三临界期的作业人员，尽可能安排其休假或从事轻松的工作。

运用生物节律理论指导安全生产，有利于安全管理工作。虽然生物节律有规律地支配着每一个人，但不能应用生物节律进行事故预测。生物节律虽然与安全生产密切相关，但并不是说，处于低潮期或临界期就一定会发生事故，高潮期就万无一失。因为是否发生事故与人的心理状态是密切相关的。即使在高潮期，如果盲目乐观，忘乎所以，违章蛮干，麻痹大意，也会发生事故；相反，处于低潮期或临界期，如果有人提醒关照，自己加倍小心，有意识地控制情绪，也完全能够避免事故，做到安全生产。因此，在安全管理工作中，生物节律必须与其他预防和控制措施联合使用，才能有效降低事故发生率。

第二节　人的不安全行为及其控制

大量的事故统计资料表明，绝大多数事故的发生与人的不安全行为有关。我国安全生产中的“三违”现象是导致事故多发的重要原因，它是典型的“人的不安全行为”。由此可见，人对于安全的主导作用贯穿于行业安全的所有方面。不安全行为与其他行为一样具有客观规律性。本节主要从人的心理和生理方面对人的不安全行为进行分析，并提出预防措施。

一、人的不安全行为的生理和心理因素分析

1. 情绪水平失调

导致人的不安全行为的心理因素之一就是人的情绪水平失调。关于情绪的研究已有几十年的历史。德国心理学家普拉切克认为情绪由三个维度组成，即强度、相似性和两极性，并给出了锥形模型，它的八个扇面表示八种基本情绪：狂喜、悲痛、警惕、惊奇、狂怒、恐惧、接受和憎恨。一定情绪水平的维持有利于安全行为的顺利完成，过于激动和紧张的情绪水平就会产生不安全行为，导致事故发生。

情绪既然影响行为，这就要求一定的行为要与一定的情绪水平相匹配。不同性质的劳动要求不同的情绪水平，如从事脑力劳动时，就要求相对较低的情绪水平。

情绪水平的高低是外界刺激引起的。因此，改变外界刺激可以改变情绪的倾向和水平。从组织管理上和个体主观上若能注意创造健康稳定的心理环境并用理智控制不良情绪，就可以大幅度减少由情绪水平失调导致的不安全行为。

2. 个性对不安全行为的影响

很明显，一些有缺陷的个性，如思想保守、容易激动、胆小怕事、大胆冒失、

固执己见、自私自利、自由散漫、缺乏自信等，对人的行为特别是在出现危险情况时会产生不利影响。当分配工作时，在关键岗位上最好不要安排个性有缺陷的人单独工作，这些人应该在有人指导下工作。个性对不安全行为的影响主要表现在以下两个方面：

（1）态度的影响。态度是指对人和事的看法在其言行中的表现。态度可定义为在某种情况下以一种特定方式表现的倾向。在此定义下，心理学中最棘手的问题是言行是否一致，想的和做的是否一样。态度与意念、行为意图及实际行为有一定的关系。态度就是一个人对某事、某人或工作满意不满意。意念是把一个物体、一个人或情况（不论真假）的信息联系起来得出的想法，如认为防护罩会起妨碍作用。行为意图是如果将来出现某种情况时，一个人准备如何去做，如高处作业时应该想到使用安全带。行为是指实际行动，如告诉作业人员应该戴安全帽并实际监督他戴上安全帽。

（2）动机的影响。动机是用来说明人们要努力达到的目的，以及用来达到这些目的的动力。心理学家已提出了不同的动机理论，特别是劳动中的动机理论。动机不同，可能对安全产生不同的效果。

1）经济动力。这种理论认为一旦工作计划确定以后，人们的工作动力是金钱。按照这种观点，人的工作动力是为了挣更多的钱。例如，有些计件工资的作业人员，为了提高产量、多得报酬而发生事故；个人承包的汽车司机由于超时劳动或违章多载客而造成的交通事故屡见不鲜。

2）社会动力。这种理论认为人的工作动力不是金钱而是社会需要，工作的价值是为了人类的利益和社会的需要。对有一定危险但是社会必需的工作，只有具有这种动力的人才能勇于承担任务。

3）自我实现动力。这种理论即美国社会心理学家马斯洛提出的“需要层次论”。他认为人在工作中有自我成长的要求。工作的动机是逐步提高的，其最终目的是使自己在事业上获得成就。为了达到最终目的，人会考虑自己在工作中的安全，离开了安全，就不可能有事业的成就。

4）综合动力。现代动机理论努力把各种理论中有价值的部分结合起来，并认识到人与人之间的动机有差别，而且一个人在不同时期的动机也有差别，对人的鼓励需要尽可能与每个人的情况相结合。这个理论还认识到人的系统要比早期所假定的系统复杂得多，其中期望得到报酬在动机中占重要地位，因为一个人在决定做任何事时，总是想达到最大的个人所得，而不会做出对自己不利的决策。

如果人们了解到要付出很大努力才能增加报酬或增加的报酬实际上与付出的劳

动无关时，人的行为就不会受到报酬的影响。在这种情况下，人的工作动力也会受到影响。当出现危险情况时，这类人主动去排除危险的可能性不大。但当他们认识到消除危险的重要意义时，也可能会积极参加。

综上所述，人的行为受各种因素的影响，可靠和良好的个性、正确的态度和正确的动机才能保障安全生产。在工作中应该依靠这些人作为生产骨干去帮助有缺陷的作业人员来共同维护生产的安全。

3. 人的行为的退化

人的行为有灵敏性和灵活性的特点，易受许多因素的影响。与机器不同，人的行为只有在一定环境条件下才能达到最佳，在其他环境条件下会出现一种缓慢而微妙的退化。

人的行为在出现下列情况时会退化：

（1）劳动时间太长而产生疲劳。

（2）生活节律被打乱，在不能有效发挥体能作用的时间内劳动。

（3）失去完成任务的动力。

（4）缺乏鼓励，结果激励下降。

（5）在包括体力和心理的矛盾、威胁条件下劳动，或在威胁人体自我平衡或应付机能的条件下劳动而产生应激反应。

4. 人的注意力问题

在调查人的不安全行为对防止事故的影响时，往往要探究人的注意力问题。“漫不经心”“心不在焉”“不注意”等造成的事故屡见不鲜。但是发生事故时不能把原因简单地归咎于某人不注意，许多情况下除非玩忽职守者，人们并非故意不注意，谁都不会自始至终地集中注意力。不注意是人的意识活动的一种状态，是意识形态的结果，不是原因。

（1）注意的心理机制。

1）选择的注意。选择的注意是英国剑桥大学勃鲁德彭特提出的。各种外部刺激并行地输入感觉器官，形成短期记忆。这主要是因为人的信息处理能力有限，不可能将信息同时送入神经中枢。通过选择过滤器的选择，仅把必要的信息选取出来，由限定容量通路处理后，将其作为长期记忆保存下来。实验结果表明，新而强的刺激具有更大的被选择性。即当注意某件强刺激或新刺激的事时，对其他事的注意力就下降，甚至视而不见、听而不闻。

2）唤醒水平模型。唤醒水平模型是由苏联的索科洛夫提出的。这一模型与注意的活动性有关，即人对于新的刺激、有兴趣的事情、变化莫测的事情、奇怪的事情等所表现的注意力特别集中，身心活力水平也大大提高；相反，对已习惯的重复的事情、单调的工作，其注意力就下降，身心活力水平也变低。

3）注意的范围。在极短时间内就能处理的刺激量叫作注意范围，或者是指某一时间内能同时清楚地感觉出来的对象数目。实验方法是采用向受试者提供瞬间显示的文字、图形、点、数字等。若在 0.5 s 显示时间内，4 个可完全读下，6 个读下时大体都是正确的，而到 7 个以上错误就多了，那么 6 个就是该受试者的注意范围。听觉印象是 6~8 个。成组的字或声音可使跨度增大。

4）注意的持续。人们对任何事物都不可能长期持久地注意下去。对单一不变的刺激，保持明确意识的时间一般不超过几秒钟。所以人在注意某事物时，总是存在无意识的瞬间。

近年来，随着机械化、自动化的推进，视觉显示仪表增多，对人的警觉性要求逐渐提高。自 1950 年马科乌斯（Mackworth N. H.）进行著名的警觉性典型试验以来，许多学者进行了研究。马科乌斯在视觉方面采用钟表试验，在听觉方面采用耳机试验的方法。试验结果表明，人在试验 30 min 后看错信号的概率显著增大，但在信号出现间隔时间加大时错误率下降。之后的研究结果都是如此，可见 30 min 是人的注意力下降的临界值。

（2）注意的生理机制。从大脑生理学角度分析，不注意（心不在焉）是大脑正常活动的一种状态，十分频繁地反复出现。人的不安全行为发生的内在条件是意识水平（警觉度）降低。大脑信息处理系统的失误依意识水平而有显著的差异。大脑在睡眠时全无意识，可靠性为 0；但当意识水平提高，大脑充分运转，处理大量的信息往往也不发生错误，可靠性达 0.999 999 以上。由 140 亿个细胞组织构成的脑计算机的可靠性是优异的。大脑的意识水平见表 6-2。

表 6-2　　大脑的意识水平

状态等级	注意状态	注意的作用	生理状态	可靠性
0	无意识或神志丧失	无	睡眠或某种脑疾	0
Ⅰ	意识异常	注意迟钝	疲劳、瞌睡、单调、醉酒	<0.9
Ⅱ	正常意识的松弛阶段	消极被动，心不在焉	安静、休息、常规作业	0.99~0.999 999
Ⅲ	正常意识的清醒阶段	积极主动，范围广阔	积极活动	0.999 999 以上
Ⅳ	超长、极度兴奋	凝聚于某一点，判断停止	紧急防卫反应时的恐慌、紧张等	<0.9

状态等级为 0 时，脑计算机不工作，失去意识。状态Ⅰ是醉酒、困倦时的状态，脑计算机只是硬件的结合，软件几乎不工作，是不注意状态，容易出现错误。状态Ⅱ和Ⅲ是正常意识状态。其中，状态Ⅱ是松弛状态，没有把注意力积极地向前推动，因此表现出心不在焉，此时预测力、创造力均低下，人的不安全行为较易产生；状态Ⅲ是明快意识，大脑的软件可做高效率的工作，几乎不出错。状态Ⅳ是过分紧张和激动状态，大脑活动力虽强，但注意力凝结在一点上，信息处理系统不工作，易失误。过分喜悦就属于状态Ⅳ。

二、人的不安全行为的控制与预防

1. 建立与维持兴趣

防止人的不安全行为的一个原则是建立和维持对安全工作的兴趣。加强劳动保护管理工作，搞好安全组织，建立健全安全生产责任制，加强安全检查与三级教育，严肃伤亡事故的调查、分析和处理，以及制订安全措施计划等，本身就是建立和维持对安全工作兴趣的措施，但这些措施是针对个人或集体展开的。

兴趣是获得知识、开阔眼界以及丰富心理生活内容的最强大的推动力。真正有效的兴趣能鼓舞人们去积极追求他的目标，而成为活动最有力的动机。被这种兴趣所推动的人能克服一切障碍去担当重任。一个人的兴趣可由针对性强的一种或多种强烈的感觉、情感或意志、愿望而引起。下述诱发性的个人特性并非专业心理学的研究结论，而是由有经验的安全管理人员在防止事故中所积累的。

（1）荣誉感。即希望与人合作，关心集体的荣誉。当作业人员具有荣誉感时，可用下列方法来建立和维持其对安全工作的兴趣：

1）告诉作业人员，发生工伤事故将影响班组的安全记录，有荣誉感的人为保持班组的安全记录，不会做出不安全行为。

2）有荣誉感的人喜欢支持上级，并遵守安全规程。对此类人不只强调与人合作的好处，而更应强调不合作是不讲荣誉的。

3）告诉作业人员其不安全行为不仅易于引发事故，而且也减少产品数量和降低产品质量，还会增加经费开支，更重要的是有损企业形象。这些对调动有荣誉感的人的安全生产积极性都是有利的。

（2）责任感。即能认清自己义务的心理特征。大多数的人对自己或他人都有某种程度的责任感，责任感也是一种易于利用以引起对安全的兴趣的特征。对有责任感的人，可在安全生产中增加其所负的责任，也可用指派工作的方法发展其兴趣，如选派其当安全员，或令其负责安全报道之类的宣传工作等。

(3) 自尊心。即希望得到自我发展与受到赞赏。自尊心来自对自己工作价值的认识与工作的改进程度。称赞别人工作良好，即表扬，是引起自尊心的一种刺激，也可用展览图表或统计数字的方式来显示作业人员安全努力的成果，或颁发奖状、奖金给安全表现良好的个人或集体。有自尊心的人，在给予其部分管理责任时，往往会有特别的表现。

(4) 从众性。即害怕被人认为与众不同。它的对立特性是标新立异。有从众心理的人，真诚地愿意遵守安全规程，培养安全习惯。对具有这种特性的人，可利用定标准（公布大多数人都能接受的标准），采用比较法（指出违反劳动纪律和安全规程，为大家所不齿），强调系统性和规律性（如定时上油、更换工具，定期召开安全会议），以及指出违反安全规程会脱离群众等方法调动其安全兴趣。

(5) 竞争性。即希望与人竞争。这种人在有人与其竞争时，往往比单独工作时有干劲；在与别人比较时，他的兴趣似乎在于证明自己的优越性。对具有此种特性的人，可多提供其参加安全竞赛的机会，也可确定目标，如安全行车若干公里、几百天或几年无死亡，以及在事故频率与严重度上做对比。

(6) 喜牵头。即希望出头露面。对这种人，可加重其安全工作的责任，利用其心理特性改进安全工作。例如，指派其作为群众安全监督员，令其管理个体防护器材，在安全互检中指定其担任组长或评定人员等。

(7) 逻辑思考能力。即理解的特殊能力。这种人往往以“明察秋毫”自负，好做公正的结论。如果以事实和数据为基础，可引起此类人对安全的兴趣，以修正其不安全的行为；同时也可安排其在安全组织中担任一定职务，用以发挥其思考力的特性。

(8) 希望得到精神和物质奖励。通常许多人希望得到精神上或经济上或其他形式的鼓励，因此，当作业人员在安全方面有突出表现时，可给予表扬或酬劳（如发奖金、奖状，给赠品，给予旅行、疗养或指派有关安全活动的任务），靠政治思想工作与物质奖励相结合建立其对安全的兴趣。

总之，在分析上述心理特性时，要兼顾调查研究当事人的经济地位、家庭情况、健康状况、年龄、嗜好、习惯、性情、气质、心情以及对不同事物的心理反应。选用何种方法调动积极性，应视个人情况而定。

2. 安全教育与培训

安全教育与培训是防止和改变人的不安全行为的重要方法。通过安全教育与培训，可增强安全素质，提高安全意识，认识和掌握事故发生发展的客观规律性，提高安全操作技能，确保安全生产。

安全教育与培训主要包括三个方面：安全知识教育、安全技能教育和安全态度教育。

安全知识教育就是组织学习应“知”的安全生产技术知识和安全管理知识。安全生产技术知识是自己所从事工作必须要掌握的知识，安全管理知识包括事故预防的基本原理和方法、危险识别与控制技术、安全行为科学等。

安全技能教育就是要解决应“会”的问题。通过安全知识教育，尽管作业人员已经充分掌握了安全知识，但不经过实践，仅仅停留在“知”的阶段，是远远不够的。把学到的安全知识变为作业人员的实际行动，这就要求作业人员反复、长期地训练和实践，实现熟练操作、防止误操作，并能有效地处理异常问题。

安全态度教育是安全教育中最重要的内容。安全态度教育是把那些“不负责任、马马虎虎”性格的人，教育成为具有“认真负责、谨慎细心”性格特征的人的教育方式。其目的就是使作业人员自觉地学会安全知识，掌握安全技能，搞好安全生产。

安全知识教育、安全技能教育和安全态度教育三者是密不可分的。安全态度不端正，安全知识教育和安全技能教育进行得再好，也可能出现事故。因此，成功的安全教育不仅使作业人员懂得全面的安全知识，掌握熟练的安全技能，还要有正确的安全态度。

3. 安全监督与检查

安全监督与检查，就是要求人员在生产的全过程中，自觉执行安全技术法律规范，维护安全法规的严肃性，防止人的不安全行为出现。

4. 注意的稳定性

注意的基本特性中有注意的稳定性，要把握作业人员注意安全的稳定性，使他们能够在长时间内不断地集中精力于安全操作，防止注意力分散到其他地方。至于注意力的分配这一基本特征，也是安全教育应研究的内容之一。

结合思想教育，要求作业人员用有意注意来对待他们必须学会的安全知识和安全操作方法。要教育新入职的作业人员用坚强的意志来保持学习的注意力。

要善于运用有意注意与无意注意相互转化的规律组织教学。例如，过分强调听课人依靠有意注意去学习，则容易疲劳。而单靠无意注意又不能发挥听众的主动性及与困难做斗争的意志力，难以完成艰巨的学习任务。故应使有意注意与无意注意交叉进行。

本 章 小 结

本章主要介绍了事故与人的因素的关系以及人的不安全行为的预防与控制。通过对本章的学习，学生应掌握事故与人的性格、心理状态、生物节律的关系，影响人的不安全行为的生理和心理因素，人的不安全行为的控制和预防措施等。

复习思考题

1. 事故与人的性格有怎样的关系？
2. 影响事故的不良的心理状态主要有哪些？
3. 如何利用人体生物节律指导安全生产？
4. 人的不安全行为产生的原因有哪些？
5. 如何预防人的不安全行为？

第七章　系统安全管理

本章学习目标

1. 理解并掌握系统安全和系统安全管理的定义、系统安全管理和传统安全管理的区别。

2. 理解并掌握系统安全的一般要求和详细要求、系统安全大纲计划和实施系统安全管理的要点。

3. 理解全寿命周期各阶段的系统安全工作。

无论安全管理规章制度有多严格，人的安全素质有多高，都不可避免地存在人为失误的可能性。随着系统或产品的复杂化、大型化，这一问题将会越来越严峻。而且通过严格的管理和制度束缚人的行为，也不是现代安全管理追求的目标。系统安全管理通过在系统设计阶段对系统的安全问题进行系统、全面、深入的分析和研究，并合理地采取相应措施，既可提高系统的安全性，也可降低对人行为的约束和限制，用较低的代价取得很好的安全效果。

第一节　系统安全管理概述

一、系统安全

1. 系统安全的定义

系统安全是指在系统的寿命周期所有阶段，以使用效能、时间为条件，应用工程和管理的原理、准则、技术，使系统获得最佳的安全性。上述定义包括以下三点含义：

（1）提高系统的安全性，并非不计代价。在考虑产品成本、性能及应用时，应尽可能通过设计提高系统的安全性，才能使产品或系统获得最大收益。

（2）追求产品的安全性，应当考虑产品全寿命周期的安全性，即力争产品在其寿命周期的各个阶段，保持最佳的安全性能。

（3）实现产品最佳的安全性能，不但要尽可能提高其子系统的安全可靠性，关键是要保证各子系统的最佳耦合。

2. 系统安全的主要特点

（1）早。系统安全问题在系统的设计和构思阶段就应予以分析和考虑。

（2）快。在系统寿命周期的早期发现安全问题，要比在试验甚至使用阶段发现问题后再采取措施快得多。

（3）省。如果在构思、设计阶段发现问题，只需对设计方案或设计图样加以修改，这要比在试验、生产甚至使用阶段发现问题后再进行弥补节约许多。

（4）好。尽量提高产品或系统自身的本质安全性，要比在产品或系统投入使用后再因安全问题而增加安全装置，安全效果更好。

（5）接口。产品的构成元件或系统各要素（子系统）之间是分工协作的关系。单一元件或子系统的最佳安全并不一定能保证整个产品或系统达到最佳的安全性。只有所有元件或子系统实现最佳耦合，才会使系统的总体安全性能达到最佳，因此产品或系统内的接口（也称界面）是实现系统安全的关键。

3. 系统安全与传统的技术安全的区别

系统安全是从根本上提高产品或系统安全水平的有效技术工作方法，它是在传统安全技术工作基础上发展起来的，也是人们对安全问题深化认识的产物。事故的经验教训促使人们去控制和预防事故，也就是查找事故原因，采取措施，防止事故重复发生。措施的内容通常包括：在生产和使用部门设立专职机构，如技术安全处、科；颁布安全规程；设置安全防护设备及用具；开展安全生产宣传和教育等。这种工作方式虽然在防止事故中能发挥重大作用，但属于事故后的管理，很难做到防患于未然。特别是其事故预防的方法，很难跟上产品、系统技术的迅猛发展。面对日益复杂化、大型化的产品和系统及其伴生的事故隐患，传统的技术安全显得力不从心，很难适应现代生产和现代化产品系统发展的需要。而且只有发生一次甚至多次事故后才能找出防止事故的措施和方法，在经济上付出的代价在绝大多数情况下也是企业难以承受的。

系统安全与传统的技术安全的目的虽然都是实现系统的安全，但两者的工作范围和实施方法却有较大区别，具体体现在以下方面：

（1）技术安全的工作范围主要是在生产和使用场所，其目的是保证人员和设备不受到伤害和损坏，它并不直接涉及产品或系统的设计。而系统安全则主要研究产品全寿命过程，包括方案论证、设计、试验、制造、使用直至报废处理等各方面的安全问题，并且把重点放在研制阶段。

（2）传统的技术安全工作大多凭经验和直觉来处理安全问题，而且较少由表及里深入分析，因而难以彻底改善安全状态。而系统安全是利用系统工程的方法，从系统、子系统和环境影响以及它们之间的相互关系来研究安全问题，从而能比较深入、全面地发现潜在危险，预防事故发生。

（3）传统的技术安全多从定性方面进行研究，一般只提出“安全”或“不安全”的概念，对安全性没有定量的描述，因而难以做出准确的判断和评价，也不利于控制和管理。而系统安全利用危险严重性、可能性等参数和指标来定量评价安全的程度，从而使预防事故的措施有了客观的度量，安全程度更加明确。

（4）传统的技术安全是从局部或处于被动状态来解决安全问题，因而不能从根本上提高系统的安全水平。而系统安全从产品或系统论证设计起就开始做系统的安全分析，考虑产品全系统中所有可能的危险，如危险源、各子系统接口、软件对安全的影响等，并随着研制工作的进展，逐步细化安全分析的内容，从而主动而全面地解决安全问题。

（5）传统的技术安全究竟到什么程度才算解决好安全问题，控制重大事故发生，目标值不明确、不具体，工作盲目性较大。而系统安全通过安全分析、试验、评价和优化技术的应用，可以找出最佳的减少和控制危险的措施，使产品或系统的各子系统之间以及设计、制造和使用之间达到最佳配合，用最少的投资获得最佳的安全效果，从而在最大程度上提高产品的安全水平。

二、系统安全管理

系统安全由系统安全管理和系统安全工程两部分组成。系统安全管理是确定系统安全大纲要求，保证系统安全工作项目和活动的计划、实施、完成与整个项目的要求相一致的一门管理学科。

任何管理工作，都是由计划、组织、协调、控制四大部分工作组成。而系统安全管理，实际上就是对产品全寿命周期安全问题的计划、组织、协调与管理。也就是说，通过管理的手段，合理选择危险控制方法，合理分配风险到产品寿命周期的各个阶段，使产品在满足性能、成本、时间等约束条件的前提下，取得最佳的安全性。因而可以说，系统安全管理是产品或系统寿命周期工程管理的组成部分，其主要任务是在寿命周期内规划、组织、协调和控制应进行的全部系统安全工作。系统安全管理的核心是建立并实施系统安全大纲。

三、系统安全管理与系统安全工程

系统安全工程是应用科学和工程的原理、准则和技术，识别和消除危险，以减少有关风险的一门工程学科。

从系统安全工程和系统安全管理的定义可以看出，系统安全工程与系统安全管理是系统安全的两个组成部分。它们一个是工程学科，一个是管理学科，两者相辅相成：前者为后者提供各类危险分析、风险评价的理论与方法及消除或减少风险的专门知识和技能，后者则选择合适的危险分析与风险评价的方法，确定分析的对象和分析深入的程度，并根据前者分析评价的结果做出决策，要求前者对危险进行相应的消除或控制。因此，要想使系统达到全寿命周期最佳的安全性，二者缺一不可，而且还应有机地结合在一起。

四、系统安全管理与传统安全管理

传统安全管理方法基本上是纵向分科、单向业务保安、事后追查处理、侧重作业人员责任安全、凭经验和感觉处理安全问题、从宏观方面查找危险因素，其特点主要是依靠方针、政策、法规、制度，凭经验、靠人治，以“事后”为主。这种管理方法虽能总结事故教训，防止同类事故重复发生，促进安全生产，但有局限性、事后性和表面性的缺陷。

系统安全管理方法是把系统科学和系统工程理论引入安全工作领域，从性能、费用、时间等整体出发，针对系统生命周期的所有阶段，实施综合性安全分析、评价，预测可能发生的事故并采取措施，以获得最佳的安全性。其主要特点：注重系列化、整体化、横向综合化，运用现代新科技和系统工程原理、方法来进行安全管理工作，以“事前”为主。它是从风险识别入手，通过对系统风险的分析、预测、评价去认识问题，从而采取相应措施，消除或控制危险因素，使系统优化，达到最佳安全程度。

区别系统安全管理与传统安全管理可从以下几点入手：

1. 安全的属性

传统安全管理方法中，安全附属于生产，这就导致无安全保障下进行生产的情况经常发生，产量和质量为主、安全为辅的思想普遍存在，人员对安全规定、作业规程等知之甚少或一无所知。系统安全管理则特别强调“安全指导生产，安全第一”，它要求一切经济部门必须高度重视安全，把“安全第一”作为一切工作的指导思想和每个人的行为准则，并要求将安全贯穿于生产全过程。

2. 管理类型

传统安全管理方法的主要类型是事后追查—事故分析，即等到事故发生之后，才对事故加以分析，找出原因，采取措施防止类似事故再次发生，属于被动管理型。而系统安全管理方法是事先预测—安全评价，即从系统工程的观点分析、查找事故影响因素，并通过对风险进行评估、分析，制定消除或控制风险的管理措施。

3. 管理实质

传统安全管理方法是“强制安全—被动的事故管理—治标之策”，在这种管理方式下，事故没有从根本上得到遏制，属于典型的“头痛医头，脚痛医脚”做法。而系统安全管理方法则追求“本质安全化—主动的条件管理—治本之道”，通过实施全员、全方位、全过程的风险预控管理，形成有机协调、自我控制、自我完善的安全管理运行模式，有效控制危险源，消除人的不安全行为、物和环境的不安全状态，保障系统安全运行。

4. 工作重点

传统安全管理重点是对已发生的事故进行统计分析，预防同类事故。系统安全管理的主要内容是风险因素的分析、评价、预测，并采取预防措施，杜绝事故发生或尽可能把事故损失降低到最低限度。

第二节　系统安全管理的实施

系统安全管理的实施过程，实际上就是通过管理的手段，将系统安全要求落实到系统全寿命周期的过程。系统安全要求一般来说分为两类：一类为一般要求，即产品设计应满足的基本系统安全要求，也就是必须满足的必要条件；另一类则为详细要求，即产品的承制方和订购方经讨论协商认为有必要满足的条件或要求，这类条件或要求随产品的复杂性、危险性、成本、使用环境等多种因素的变化而变化，是可选择的要求。但当双方经协商达成一致，形成系统安全要求后，两类要求都必须满足，才有可能保证产品的安全性达到订购方期望的水平。

一、系统安全一般要求

1. 系统安全大纲

为了保证及时、有效地实现系统安全的目标，产品承制方必须建立和实施系统安全大纲。该大纲的主要内容应包括管理系统和关键的系统安全人员两部分。

（1）管理系统。产品承制方应建立系统安全管理系统，旨在保证产品的安全性能符合有关要求。在该管理系统中，承制方主要负责建立、控制、结合、指导和实施系统安全大纲，并应保证将事故风险消除或控制在已建立的可接受风险范围内。此外，该系统中还应设有事故及与安全有关的事件，包括尚未发生的事故或与安全相关事件的潜在的危险条件的报告、调查、处理程序。

（2）关键的系统安全人员。为保证所建立的系统安全大纲实现上述目标，在管理系统中应选择合适的人选负责系统安全大纲的建立及实施管理过程，并在产品安全性方面直接对承制方主要负责人负责。该人选即为关键的系统安全人员，通常限制为对系统安全工作有管理职责和技术认可权的人员。为保证该类关键人员能够胜任这一重要角色，根据产品或系统复杂性的高低，对该关键的系统安全人员的资质要求也有所差异。有关资料提供了可供参照的关键的系统安全人员的资质要求，见表 7-1。

表 7-1　　关键的系统安全人员的资质要求

项目复杂性	教育	经历	证书
高	工程、自然科学 或其他学科理学士①	系统安全或相关学科 4 年以上	要求 CSP② 或专业工程师
中	学士加系统安全训练	2 年以上系统安全或相关学科	最好为 CSP② 或专业工程师
低	高中证书加系统安全训练	系统安全 4 年以上	无

注：①管理部门可能在工作说明中规定其他学位或证书。
②通过美国全国性的专业资格认证的安全专业人员。

2. 系统安全大纲目标

（1）及时、经济地将符合任务要求的安全性设计到系统中。

（2）在系统整个寿命周期内识别、跟踪、评价和消除系统中的危险，或将风险减小到可接受的水平。

（3）考虑并应用以往的安全资料，包括其他系统的经验、教训。

（4）在采纳和使用新的工艺、材料、设计以及生产、试验和操作技术时，寻求最小风险。

（5）将消除危险或将风险减小到管理部门可接受的水平所采取的措施记录成文。

（6）在系统的研制和订购中及时考虑安全特性，以尽量减少为改善安全性而进行的改装。

（7）在设计、建造中或任务要求发生更改时，所采用的方法应使风险保持在管理部门可接受的水平。

（8）在寿命周期内尽早考虑与系统有关的任何有害材料的安全性，并使之易于报废和退役处理。应采取措施尽可能少地使用有害材料，使与使用有害材料有关的风险和寿命周期费用减到最小。

（9）把重要的安全数据作为经验记录下来，并记入数据库，或用作更改设计手册和说明书的建议。

3. 系统安全设计要求

为实现系统安全大纲目标，产品承制方必须在设计过程中满足系统安全设计要求，即满足核心目标需要的一般设计要求。这类要求是在具备了系统设计所采用的有关标准、规范、条例、设计手册、安全设计检查表和其他设计指南等资料后确定的。产品承制方应依据所有可使用的资料，包括初步危险分析（PHA）建立安全设计准则，并以该准则作为编制系统规范中安全要求的基础，同时在其后的研制阶段、研制规范中继续扩充该准则和要求。

一般的系统安全设计要求包括以下方面：

（1）通过设计，包括原材料的选择和代用，消除已识别的危险或减少相关的风险。若必须使用有潜在危险的原材料时，应选择那些在系统寿命周期内风险最小的原材料。

（2）将有害物质、零部件和操作与其他活动、区域、人员及不相容的原材料相隔离。

（3）设备的位置安排应使人员在使用、保养、维护、修理和调整过程中最少地暴露于危险环境中，如危险的化学药品、高压电、电磁辐射、切削刃口或尖锐部位等。

（4）将因为恶劣的环境条件（如温度、压力、噪声、毒性、加速度和振动等）所导致的风险最小化。

（5）系统设计应使在系统使用和保障中由人的差错所导致的风险最小。

（6）考虑采取补偿措施，把不能消除的危险所导致的风险减小到最低程度。这类措施包括联锁、冗余、故障安全设计、系统防护、灭火设备和防护服装、设备、装置和规程等。

（7）用物理隔离、屏蔽等方法，保护冗余子系统的电源、控制装置和关键零部件。

（8）当各种补偿措施仍不能消除危险时，应提供安全和报警装置，并在装配、使用、维护和修理说明书中给出适当的警告和注意事项，在危险零部件、原材料、设备和设施上标出醒目标记，以确保人员和设备得到保护。对于已有的标准尚未顾及的问题，通常应按照为产品承制方和订购方所共同接受的方式或按照管理部门要求的条件予以标准化，并应向管理部门提供全部警告、注意和提示标志的复印件，供检查、评审使用。

（9）使意外事故中人员伤害或设备损坏的严重程度最小。

（10）设计软件控制或监测的功能，使危险事件或事故发生的可能性达到最小。

（11）评审设计准则中对安全不足或过分限制的要求，根据研究、分析或试验数据推荐新的设计准则。

4. 系统安全优先次序

系统安全大纲的最终目标是将系统的风险控制在可接受的范围内。考虑到大多数系统的复杂性，将其设计成完全没有风险是不可能的。系统安全优先次序就是指满足系统安全要求和减小风险所要采取措施的先后顺序。满足系统安全要求和处理已识别危险的优先次序如下：

（1）最小风险设计。首先在设计上消除危险。若不能消除已识别的危险，应通过设计方案的选择将其风险减小到可接受的水平。

（2）应用安全装置。若不能消除已识别的危险或不能通过设计方案的选择充分地降低相应的风险，则应通过使用固定的、自动的或其他安全防护设计或装置，使风险减小到管理部门可接受的水平。可能时，应规定对安全装置作定期功能检查。

（3）提供报警装置。若设计和安全装置都不能有效地消除已识别的危险或充分地降低相关的风险，则应采用报警装置检测危险状况，并向有关人员发出适当的报警信号。报警信号及其使用应设计成使人对信号做出错误反应的可能性最小，并在同类系统中标准化。

（4）制定专用规程并进行培训。若通过设计方案的选择不能消除危险，或采用安全装置和报警装置也不能充分地降低有关风险，则应制定规程并进行培训。除非管理部门放弃要求，对于Ⅰ级和Ⅱ级危险决不能仅仅使用报警、注意事项或其他形式的书面提醒作为减小风险的唯一方法。规程可以包括个人防护装备的使用。警告标志应按管理部门的规定标准化。若管理部门认为是安全关键的工作和活动，则应对考核人员的熟练程度提出要求。

当然，在遵循系统安全优先次序的过程中，在选择某类方法后仍不能降低风险到可接受的水平时，也可以同时选择两类以上方法以尽可能减小风险，但前提是必须遵循优先次序的基本原则。

5. 风险评价

为了明确系统危险发生的可能性及后果的严重程度，以寻求最低的事故发生率和最低损失，必须建立系统的风险评价模型。一个好的风险评价模型应能使决策者正确了解风险的大小及为把该风险降低到可接受的水平所要采取的措施和付出的代价。

在风险评价方法中，应用最为广泛的方法是风险分析矩阵（RAC）法，即用危险的可能性和严重性来表征危险的特性，进而建立相应的评价矩阵。

按系统安全优先次序，首先应通过设计消除危险。在设计阶段初期，通常在风险评价中只考虑危险的严重性；若在设计初期未能消除相应危险，则应综合考虑危险严重性和可能性，来确定纠正措施和处理已识别危险的优先次序。

危险可能性是指危险事件发生的概率。危险可能性可用单位时间事件、人数、项目或活动中可能产生危险的次数来表示。危险严重性是描述某种危险可能引起事故的损失程度。危险严重性等级给出了由人的失误、环境条件、设计缺陷、规程缺陷，以及系统、子系统、部件故障或失效引起的最严重事故的定性度量。

RAC 法将危险的严重性划分为 4 级，将可能性划分成 5 级（见表 7-2 和表 7-3）。按可能性与严重性两个因素建立一个二维的矩阵，矩阵的每一个元素都对应一个可能性和严重性等级，并用一个数值或代码表示，称为风险评价指数，用来表示风险的大小。最为常见的两种风险评价矩阵见表 7-4 和表 7-5。在两种评价矩阵中，均将风险评价指数按风险的大小分为 4 类，并建议采取不同的控制原则。

表 7-2　危险严重性等级

说明	等级	定义
灾难性的	Ⅰ	死亡、系统报废、严重的环境破坏
严重的	Ⅱ	严重伤害、严重职业病、系统或环境的较严重破坏
轻度的	Ⅲ	轻度伤害、轻度职业病、系统或环境的轻度破坏
可忽略的	Ⅳ	轻于轻度伤害及轻度职业病、轻于系统或环境的轻度破坏

表 7-3　　危险可能性等级

说明①	等级	单个项目	总体②
频繁	A	可能经常发生	连续发生
很可能	B	在寿命期内出现若干次	频繁发生
偶然	C	在寿命期内可能有时发生	发生若干次
很少	D	在寿命期内不易发生，但可能发生	不易发生，但有理由可能预期发生
不可能的	E	不易发生，可认为不会发生	不易发生，但可能发生

注：①说明的定义可根据有关数值进行修改。

②应定义总体的大小。

表 7-4　　危险风险评价矩阵示例一

危险等级	Ⅰ（灾难性的）	Ⅱ（严重的）	Ⅲ（轻度的）	Ⅳ（可忽略的）
（A）频繁（$X>10^{-1}$）	1A	2A	3A	4A
（B）很可能（$10^{-1}\geqslant X>10^{-2}$）	1B	2B	3B	4B
（C）偶然（$10^{-2}\geqslant X>10^{-3}$）	1C	2C	3C	4C
（D）很少（$10^{-3}\geqslant X>10^{-6}$）	1D	2D	3D	4D
（E）不可能的（$10^{-6}\geqslant X$）	1E	2E	3E	4E

注：定量准则示例

危险风险指数	建议准则
1A，1B，1C，2A，2B，3A	不可能接受
1D，2C，2D，3B，3C	不希望（需要由 MA 评审）
1E，2E，3D，3E，4A，4B	可接受，但需由 MA 评审
4C，4D，4E	不需评审即可接受

表 7-5　　危险风险评价矩阵示例二

危险等级	灾难性的	严重的	轻度的	可忽略的
频繁	1	3	7	13
很可能	2	5	9	16
偶然	4	6	11	18
很少	8	10	14	19
不可能的	12	15	17	20

注：定量准则示例

危险风险指数	建议准则
1~5	不可接受
6~9	不希望（需由 MA 决策）
10~17	可接受，但需由 MA 评审
18~20	不需评审即可接受

此外，为了评价所选择的危险控制措施，还可采用控制程度指数（control rating code，CRC），按能量控制优先顺序构成一个6×4的二维矩阵，见表7-6。

表7-6　　CRC矩阵

	设计Ⅰ	被动安全设施Ⅱ	主动安全设施Ⅲ	警告设施Ⅳ
消除能量源A	1	1	2	3
限制能量源B	1	1	2	3
防止逸散C	1	2	2	3
提供屏障D	2	2	3	4
改变逸散方式E	2	3	4	4
使伤害最小化F	3	3	4	4

在进行产品或系统的风险评价时，可将RAC与CRC结合起来使用。使用时，RAC采用的形式见表7-7。

表7-7　　危险风险评价矩阵示例

控制类型	危险等级			
	灾难性的	严重的	轻度的	可忽略的
Ⅰ	1	1	3	5
Ⅱ	1	2	4	5
Ⅲ	2	3	5	5
Ⅳ	3	4	5	5

注：定量准则示例

危险风险指数	建议准则
1	高度风险——重点分析和测试
2	中度风险——进行要求与设计分析及进一步测试
3~4	适度风险——进行MA认可的高层次分析与测试
5	低度风险——可接受

采用RAC或CRC结合在一起进行风险评价时，应遵循以下规则：

（1）CRC值小于或等于RAC值。

（2）单点故障的严重性不允许达到Ⅰ级或Ⅱ级。

（3）RAC值为1或2的危险不能只采用“注意”“报警”或个体防护设备来进行控制。

采用 RAC 和 CRC 进行危险风险评价的过程如图 7-1 所示。

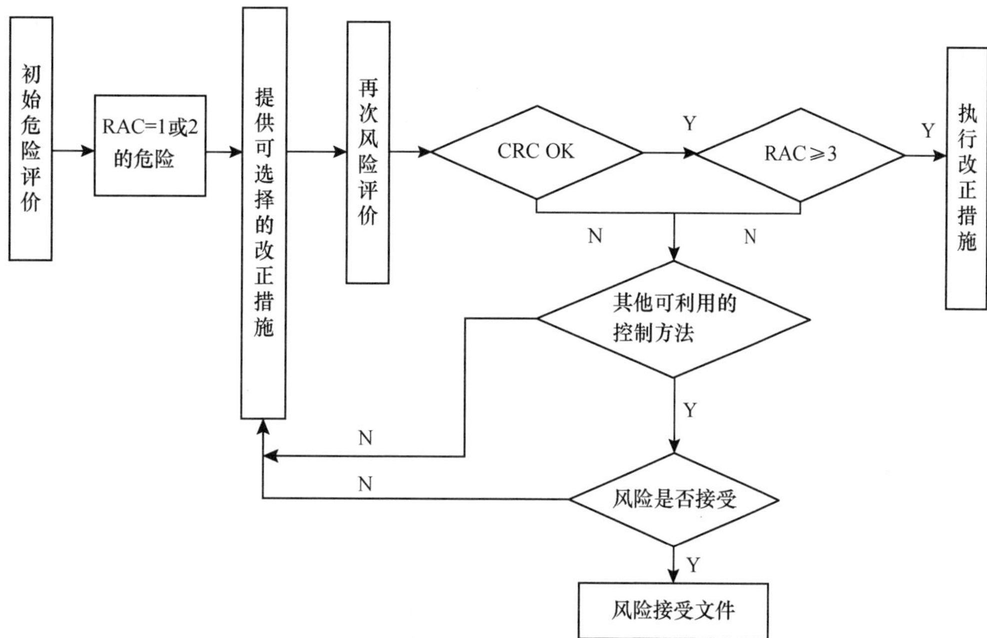

图 7-1　CRC、RAC 评价过程

另一种风险评价方法是总风险暴露指数（TREC）法，它是对 RAC 评价矩阵加以改进得到的。该方法将严重性等级扩充为 10 级，用指数 1～10 表示，而且给出了每级对应的损失费用；同时，用暴露指数（exposure codes）代替了危险的可能性等级。危险的暴露是指在系统寿命周期中暴露了该危险的总时数内导致相应严重性指数所表示的可能的次数。

严重性指数及暴露指数分别见表 7-8、表 7-9。

表 7-8　严重性指数

指数	范围/元	平均值/元
10	$>10^{10}$	50 000 000 000
9	$10^{9}\sim10^{10}$	5 000 000 000
8	$10^{8}\sim10^{9}$	500 000 000
7	$10^{7}\sim10^{8}$	50 000 000
6	$10^{6}\sim10^{7}$	5 000 000

续表

指数	范围/元	平均值/元
5	$10^5 \sim 10^6$	500 000
4	$10^4 \sim 10^5$	50 000
3	$10^3 \sim 10^4$	5 000
2	$10^2 \sim 10^3$	500
1	$<10^2$	50

表 7-9　　暴露指数

指数	范围/元	平均值/元
10	>1 000	5 000
9	100～1 000	500
8	10～100	50
7	1～10	5
6	0. 1～1	0. 5
5	0. 01～0. 1	0. 05
4	0. 001～0. 01	0. 005
3	0. 000 1～0. 001	0. 000 5
2	0. 000 01～0. 000 1	0. 000 05
1	<0. 000 01	0. 000 005

将严重性指数及暴露指数构成一个二维矩阵，矩阵中每一元素即为 TREC 值，见表 7-10。

表 7-10　　TREC 值

严重性指数	暴露指数									
	10	9	8	7	6	5	4	3	2	1
10	20	19	18	17	16	15	14	13	12	11
9	19	18	17	16	15	14	13	12	11	10
8	18	17	16	15	14	13	12	11	10	9
7	17	16	15	14	13	12	11	10	9	8

续表

严重性指数	暴露指数									
	10	9	8	7	6	5	4	3	2	1
6	16	15	14	13	12	11	10	9	8	7
5	15	14	13	12	11	10	9	8	7	6
4	14	13	12	11	10	9	8	7	6	5
3	13	12	11	10	9	8	7	6	5	4
2	12	11	10	9	8	7	6	5	4	3
1	11	10	9	8	7	6	5	4	3	2

采用 TREC 进行风险评价时，可求出以下数据：

总风险暴露 TRE（total risk exposure）值：

$$\text{TRE}=5\times10^{(\text{TREC}-5)} \tag{7-1}$$

年风险暴露 ARE（annual risk exposure）值：

$$\text{ARE}=\frac{\text{TRE}}{\text{项目寿命}} \tag{7-2}$$

单位风险暴露 URE（unit risk exposure）值：

$$\text{URE}=\frac{\text{TRE}}{\text{装置总数}} \tag{7-3}$$

风险暴露率 RER（risk exposure rate）值：

$$\text{RER}=\frac{\text{TRE}}{\text{总投资}} \tag{7-4}$$

6. 已识别危险的处理

对已识别的危险，应采取措施将其消除或把相应的风险减小到可接受的水平。对灾难性的、严重性的和产品订购方指定的风险，不能仅依赖警告、提示和规程、培训的手段。如难以实现上述目标，则应向主管部门推荐替代的方法。

在采取了上述措施后，仍存在一些危险，包括无合适控制措施的危险、不打算采取控制措施的危险和控制措施尚不完善的危险，这三类危险的风险称为剩余风险。产品承制方应将剩余风险的现状和解决方法不完善的原因及时告知产品订购方或有关主管部门。如果剩余风险仍不能满足订购方的要求，则承制方必须选择是进一步采取措施，还是放弃对该产品或系统的投标或承制。

二、系统安全详细要求

系统安全详细要求是由产品订购方和承制方经协商选择所确定的系统安全要求。这主要是双方在考虑了资金、进度及技术水平限制等因素的基础之上所确定的。而且一旦确定以后，系统安全详细要求与一般要求具有同样的约束力。

系统安全详细要求可分为四大类，即大纲的管理与控制、设计与综合、设计评估、符合与验证，各类的主要内容见表 7-11。

表 7-11　　系统安全详细要求明细

项目	主要内容
管理与控制	①系统安全大纲 ②系统安全大纲计划 ③对承制方、供应方和建筑工程单位协调和管理 ④系统安全大纲评审 ⑤对系统安全工作组的保障 ⑥危险跟踪和风险消除 ⑦系统安全进展报告
设计与综合	①初步危险表 ②初步危险分析 ③安全要求/准则分析 ④子系统危险分析 ⑤系统危险分析 ⑥使用与保障危险分析 ⑦健康危险分析
设计评估	①安全评价 ②试验和评估安全 ③工程更改、规范更改、软件问题和偏离/废弃申请的安全审查
符合与验证	①安全验证 ②安全符合评价 ③爆炸物危险分类和特性资料

系统安全详细要求的选择，取决于所研制产品或系统的复杂程度、资金投入和产品或系统所处的研制阶段。系统项目的应用矩阵（见表 7-12）和设施采办应用矩阵（见表 7-13）是通用的详细要求选择指南，它们可以用来初步确定在某一特定阶段系统安全大纲应包括的典型内容。在使用应用矩阵表时，可根据某项详细要求的描述，确定是否将该详细要求列入大纲之中。

表 7-12　　系统项目的应用矩阵

工作项目	题目	类型	项目阶段				
			0	Ⅰ	Ⅱ	Ⅲ	Ⅳ
101	系统安全大纲	MGT	G	G	G	G	G
102	系统安全大纲计划	MGT	G	G	G	G	G
103	辅承包商、子承包商及建筑和工程单位的协调/管理	MGT	S	S	S	S	S
104	系统安全评审/审查	MGT	S	S	S	S	S
105	系统安全组/系统安全工作组织的保障	MGT	G	G	G	G	G
106	危险跟踪和风险消除	MGT	S	G	G	G	G
107	系统安全进展报告	MGT	S	G	G	G	G
201	初步危险表	ENG	G	S	S	S	N/A
202	初步危险分析	ENG	G	G	G	G	G
203	安全要求/准则分析	ENG	G	S	S	S	G
204	子系统危险分析	ENG	N/A	GG	GG	GC	GC
205	系统危险分析	ENG	N/A	GG	GG	GC	GC
206	使用与保障危险分析	ENG	S	GG	GG	GC	GC
207	健康危险分析	ENG	G	GG	GG	GC	GC
301	安全评价	ENG	S	GG	GG	GC	GC
302	测试和评估安全	ENG	G	G	G	G	G
303	工程更改建议、规范修改通知、软件问题报告和偏离/废弃申请的安全审查	ENG	N/A	G	G	G	G
401	安全验证	ENG	S	G	G	S	S
402	安全符合评价	ENG	S	G	G	S	S
403	爆炸物危险分类和特性数据	MGT	S	S	S	S	S
404	爆炸性武器处理的原始数据	MGT	S	S	S	S	S

注：工作项目类型中，ENT 表示系统安全工程，MGT 表示系统安全管理。

项目阶段中，0 为方案探索阶段，Ⅰ为论证和批准阶段，Ⅱ为工程/研制阶段，Ⅲ为生产/部署阶段，Ⅳ为使用/保障阶段。

适用性代码中，S 表示可选用，G 表示一般适用，GC 表示一般仅适用于设计更改，N/A 表示不适用。

表 7-13　　设施采办应用矩阵

工作项目	题目	类型	项目阶段				
			0	Ⅰ	Ⅱ	Ⅲ	Ⅳ
101	系统安全大纲	MGT	G	G	G	G	
102	系统安全大纲计划	MGT	S	G	G	S	
103	辅承包商、子承包商及建筑和工程单位的协调/管理	MGT	S	S	S	S	
104	系统安全评审/审查	MGT	G	G	G	G	
105	系统安全组/系统安全工作组织的保障	MGT	G	G	G	G	
106	危险跟踪和风险消除	MGT	G	G	G	G	
107	系统安全进展报告	MGT	S	S	S	S	
201	初步危险表	ENG	G	N/A	N/A	S	
202	初步危险分析	ENG	G	S	N/A	S	
203	安全要求/准则分析	ENG	G	S	S	GC	
204	子系统危险分析	ENG	N/A	S	G	GC	
205	系统危险分析	ENG	N/A	G	S	GC	
206	使用与保障危险分析	ENG	S	G	G	GC	
207	健康危险分析	ENG	G	S	N/A	N/A	
301	安全评价	ENG	N/A	S	G	S	
302	测试和评估安全	ENG	G	G	G	G	
303	工程更改建议、规范修改通知、软件问题报告和偏离/废弃申请的安全审查	ENG	S	S	S	S	
401	安全验证	ENG	N/A	S	S	S	
402	安全符合评价	ENG	N/A	S	S	S	
403	爆炸物危险分类和特性数据	MGT	N/A	S	S	S	
404	爆炸性武器处理的原始数据	MGT	N/A	S	S	S	

注：项目阶段Ⅰ——计划与要求的制定，Ⅱ——初步设计，Ⅲ——最终设计，Ⅳ——建造。

此外，在详细要求选择中，还应考虑资金等方面的限制，表 7-14 提供了基于资金或风险程度的典型项目的工作项目选择示例。当然，上述各表仅是一种参考，具体制定系统安全大纲时，还应考虑订购方需要、有关法规标准及技术水平等具体情况。

表 7-14　　基于资金或风险程度的典型项目的工作项目选择示例

低资金或低风险项目		中等资金或中等风险项目		高资金或高风险项目	
工作项目	题目	工作项目	题目	工作项目	题目
101	系统安全大纲	101	系统安全大纲	101	系统安全大纲
102	系统安全大纲计划	102	系统安全大纲计划	102	系统安全大纲计划
201	初步危险表	104	评审/审查	103	承包商综合管理
202	初步危险分析	105	系统安全组/系统工作组	104	评审/审查
205	系统危险分析	106	危险跟踪	105	系统安全组/系统工作组
301	安全评价	201	初步危险表	106	危险跟踪
		202	初步危险分析	107	系统安全进展报告
		204	子系统危险分析	202	初步危险分析
		205	系统危险分析	203	安全要求/准则分析
		206	使用与保障危险分析	204	子系统危险分析
		207	健康危险分析	205	系统危险分析
		402	安全符合评价	206	使用与保障危险分析
				207	健康危险分析
				301	安全评价
				302	测试和评估安全
				303	安全工程更改建议
				401	安全验证
				403	爆炸物危险分类

三、系统安全大纲计划

在实施系统安全大纲过程中，最主要的工作包括制订、完成工作计划，提出执行工作计划的合格人选，赋予各级管理人员应有的权力及合理地分配人力、物力资源。特别是系统安全大纲计划，为使在整个系统寿命周期内识别、评价及消除或控制危险，或将相应的风险减小到管理部门可以接受的水平，对系统安全管理和系统安全工程各部门应进行的工作等进行了详尽的描述，这也为产品订购方与承制方之间在怎样执行系统安全大纲以满足各项系统安全要求方面，建立了相互理解沟通的基础。

系统安全大纲计划（SSPP）的内容见表 7-15。

表 7-15　系统安全大纲计划（SSPP）的内容

项目	内容
大纲的范围和目标	①整个大纲及相关系统大纲的范围 ②系统安全管理和系统安全工程的工作内容 ③所有合同上要求的工作和责任
系统安全组织	①阐明在整个系统组织机构中系统安全组织及其职能 ②阐明系统安全人员、系统安全部门及其他涉及系统安全工作的部门的责任和权力 ③阐明系统安全组织机构的人员构成，包括人力分配、资源控制及主要负责人 ④阐明产品承制方综合和协调系统安全工作的过程 ⑤阐明产品承制方制定管理决策的过程 ⑥阐明有关主管部门采取与系统安全相关的决策和措施的详情
系统安全大纲关键点	①确定系统安全大纲的关键点，并将它们与整个项目的关键点相联系 ②提供整个系统安全工作的日程安排 ③为避免重复性工作，确定在其他产品研究和开发工作中进行的各项与系统安全大纲的执行有关的工作 ④提出完成各项系统安全工作的人力需求
一般系统安全要求和准则	①阐明对安全的一般工程要求和设计准则 ②阐明对保障设备的安全要求和系统寿命周期各阶段（包括报废阶段）的安全要求 ③列出应服从的安全标准和含有安全要求的系统规范 ④描述风险评价过程，确定危险严重性和可能性等级及为满足产品的安全要求所应遵循的系统安全优先次序 ⑤阐述在风险评价中应用的定性或定量评价方法及可接受的安全水平 ⑥阐述采取措施解决已确定的不可接受风险的过程
危险分析	①阐明为确定危险及其原因与后果，确定危险消除方法或风险降低措施而进行的定性或定量分析技术 ②阐明每项分析技术应用的深度和广度 ③阐明承制方所做的危险分析与整个系统危险分析的结合 ④阐明识别和控制方在系统全寿命周期内使用材料相关的危险工作
系统安全资料	①阐明应收集和处理的与以往有关的危险、事故的资料和已有的安全方面的经验教训等 ②确定资料的交付方式 ③确定资料的获取方式及保存方法

续表

项目	内容
安全验证	①阐明通过试验、分析、检查等手段进行安全验证的要求，以保证所有安全问题都经过适当的验证 ②确定对软件、安全装置或其他特殊的安全性能（如应急处理过程）的鉴定要求 ③阐明保证将与安全相关的验证信息发送到有关部门以供评审和分析所用的规程 ④阐明保证所有试验安全进行的规程
大纲审查	阐明产品承制方采用的方法和程序，以保证能达到系统安全大纲的目标和要求
培训	阐明对工程、技术、维修人员应进行的安全培训
事故报告	阐明事故和事故征兆的通知和调查、报告过程
系统安全接口	①系统安全与所有其他应用安全学科之间的接口，包括电气安全、核安全、爆炸物安全、化学和生物安全等安全学科 ②系统安全与系统工程及其支持学科，如可维修性、质量控制、可靠性、软件开发、人机工程、医疗保障等之间的接口 ③系统安全与其他系统综合及试验学科之间的接口

四、实施系统安全管理的要点

系统安全管理是实现系统安全的必要手段。而系统安全管理的成功与否，其关键就在于能否解决好以下问题：

1. 建立健全系统安全组织机构

系统安全组织机构的健全与否决定了能否有效地实施系统安全管理。安全问题是产品或系统设计、生产过程中必须关注的问题。因此，需要赋予系统安全组织机构适当的职权。有一点应是明确的，即单位的系统安全组织机构在管理上应能直通本单位的最高管理机构。

另外，订购方或承制方都应建立健全系统安全组织机构。只有这样，订购方才能提出科学合理的系统安全要求，并监督和控制承制方实现这些要求；承制方也才能应用科学的方法去实现订购方的要求，使产品或系统获得所需的安全性。这是开展系统安全工作最基本的条件。

2. 强调系统安全设计的重要性

安全性是一种设计特性，必须在设计中充分考虑全寿命周期的安全问题，才能获得安全的系统。产品或系统的安全性不应在事故发生后或危险已十分明显时才去研究、分析，这样的损失十分巨大，而且有时是无法弥补的。如果在生产和使用中才考虑采取安全措施，则会付出比设计阶段大得多的代价，有时还可能无法解决问题。所以，在产品或系统研制的早期就应该进行系统安全设计，充分考虑安全问题，确定系统中存在的危险，采取适当的矫正措施控制危险，这是最有效、最经济的解决安全问题的方法。

3. 危险分析是系统安全大纲的核心

进行系统安全设计，首先要确定系统中存在的危险。只有这样，才能找出事故发生的原因并采取有效的矫正措施。确定系统中存在的危险，就要依赖各类危险分析的方法与手段，如初步危险分析（PHA）、子系统危险分析（SSHA）、系统危险分析（SHA）、操作和保障危险分析（O&SHA）等。危险分析是系统安全工程师的主要工具。将危险分析得出的结论，即产品或系统中存在的安全问题及解决方法提供给设计师，就能获得符合安全要求的设计方案。此外，危险分析还可以作为验证设计更改后系统安全效果的一种方法。

（1）系统安全大纲计划是实施大纲的关键。系统安全大纲的有效实施，必须依靠周密的大纲计划予以保障。系统安全大纲计划（SSPP）是系统安全工作中最重要的文件，它决定了系统安全工作的广度和深度。周密的大纲计划能协调好系统安全与其他工程的关系，及时获取有效信息，有效且经济地实现系统安全目标。

（2）信息是系统安全工作的基础。从系统安全要求的提出到实现这个目标的整个过程中，安全信息是必不可少的。只有拥有了相似系统的信息，才有可能准确地提出安全要求；没有信息，危险分析工作就无法进行。安全准则的确定同样也需要足够的信息。可以说，没有信息，系统安全工作就无法进行。所需的安全信息可以从以往相似系统的历史资料和经验教训中获得，也可以从系统的研制与生产中获得。因此，必须建立安全信息管理系统，收集和处理故障、事故、职业卫生、危险源以及应急措施等方面的信息，并与其他专业工程有信息交换的渠道，使系统安全工作深入、细化。

第三节　全寿命周期的系统安全管理

无论是产品还是工程项目，全寿命周期内总的系统安全目标都是一致的。但是在寿命周期的各个阶段，其具体的系统安全工作各有不同。深入地了解这一点，对于搞好系统安全管理工作十分必要，尤其是在产品研制阶段。

一、技术指标论证阶段

技术指标论证阶段的大部分工作集中在对设计方案的评价上。在评价每个备选设计方案时，系统安全是一个很重要的因素。在该阶段，系统安全工作有两个主要作用：一是对于系统的设计，即确定各备选方案的安全状态和安全要求，以作为选择设计方案的基础；二是对于大纲的管理，主要是为使系统安全工作贯穿系统的寿命周期而制订总体的特别是本阶段的系统安全工作计划。本阶段具体的系统安全工作包括以下内容：

（1）制定 SSPP，以阐明本阶段要进行的系统安全工作。

（2）评价考虑采用的在寿命周期内会影响系统安全性的材料、设计特性、维修、保养、使用方案和环境，考虑在整个系统、部件或专用保障设备的最终处理时因其含有有害材料与物质而可能遇到的危险。

（3）运用预先危险因素列表（the preliminary hazard list，PHL）或预先危险性分析法（preliminary hazard analysis，PHA）确定各备选方案相关的危险。

（4）确定可能的安全接口问题，包括与软件控制系统功能相关的问题。

（5）强调特殊的安全问题，如系统限制条件、风险和人员等级要求等。

（6）考察与备选方案类似的在安全方面获得成功的系统。

（7）根据类似系统的经验确定系统安全要求。

（8）确定所有对安全设计的分析、测试、论证与批准的要求。

（9）将有希望的备选方案的系统安全分析及其结果和建议记录成文。

（10）制定下一阶段的系统安全大纲，包括合同文件中的详细要求。

二、方案论证及初步设计阶段

在方案论证及初步设计阶段，系统研制的重点转向初始的硬件设计。本阶段系统安全工作的目标是论证并确认系统的设计方案能达到并维持在满意的安全水平。本阶段的系统安全工作包括危险分析、危险控制措施的选取等。

（1）制定或修改 SSPP，阐明本阶段要进行的系统安全工作。

（2）参与与系统安全要求和风险影响有关的综合权衡研究，并根据研究结果提出系统设计改进意见，以确定获得符合性能和系统要求的最佳安全水平。

（3）采用或修改 PHL（或 PHA）报告评估要被测试的系统结构，并根据计划的测试环境和测试方法进行结构测试的系统危险分析（SHA）。

（4）建立系统设计的系统安全要求及验证原则，并确定这些要求已被纳入相应规范之中。

（5）对设计进行详细的危险分析（SSHA 或 SHA），以评价在系统硬件和软件试验中的风险，获取在系统论证试验中要采用的其他承制方提供的设备以及所有接口和辅助设备的风险评价结果，确定论证、评估安全性所需的特殊试验要求。

（6）确定可能影响安全性的关键零件、组件、生产技术、组装程序、设施、试验和检查要求，确保以下内容：在生产线的规划和布局设计中已包括了适当的安全保障措施，以建立对在生产过程和使用中系统的安全控制方法；在为所生产的设备实施质量控制的检查、测试、规程和检查表中包括充分的安全保障措施，以使设计中的安全考虑在生产中得以保证；生产技术手册或制造规程中包含了所需的警告、提示及专门的安全规程；尽早运用试验和评价手段检测和矫正安全方面的缺陷；在采用新设计、新材料及新的生产和试验技术中，涉及的风险最小化。

（7）确定对订购方或其他承制方提供的设备的分析、检查与试验要求，以确认在使用前已满足相关的系统安全要求。

（8）对每项试验进行使用和保障危险分析，并评审所有的试验计划和规程。在试验系统装配、调试、使用、出现可预见的紧急情况或拆卸、拆除时，评估试验系统与人员、保障设备、专用试验设备、试验设施及测试环境之间的接口，确保通过分析和测试识别出的危险被消除或使相关的风险降至最低。确定论证和评估试验功能安全性所需的特殊试验。

（9）评审培训大纲和培训计划，以确保充分考虑了安全性问题。

（10）评审系统在使用和维护方面的规程、规范是否充分考虑了安全问题，并确保其符合职业安全卫生方面的法规要求。

（11）评审后勤保障方面的规程、规范，以确保其符合国家有关环境保护、职业安全卫生方面的要求。

（12）评估在本阶段所做的安全测试、故障分析和事故调查的结果，并提出设计更改或其他矫正措施。

（13）确保已将系统安全要求纳入基于最新的系统安全研究、分析及试验的系统规范与设计文件之中。

（14）编写在本阶段所进行的系统安全工作的总结报告，以保障决策过程。

（15）继续完善系统安全大纲，并制订和修订下阶段的 SSPP。

（16）进行初步的使用和保障危险分析，以识别所有与环境、人员、规程及设备相关的主要风险。

（17）确定系统寿命周期中可能需要废弃或偏离的安全要求。

三、工程研制阶段

工程研制阶段的系统安全工作大多是前阶段工作的延续。本阶段的重点工作是使用和维修的安全性，具体的系统安全工作包括以下内容：

（1）制订或修订本阶段系统安全工作计划，在设施的最后设计阶段继续及时有效地实施 SSPP。

（2）评审初步工程设计，以确保充分考虑了安全设计要求，并且前两个阶段识别出的危险已被消除或降低到可接受的水平。

（3）修改系统规范及设计文件中的系统安全要求。

（4）应用或修改系统危险分析、子系统危险分析、使用和保障危险分析及与设计、试验工作同时进行的安全研究，以确定设计和使用与保障危险，并提出必要的设计更改和控制措施。

（5）进行每项试验的使用和保障危险分析并评审所有的试验计划和规程。在试验系统结构装配、调试、运行、出现可预见的紧急状况及拆卸或拆除过程中，评估试验系统与人员、保障设备、专用试验设备、试验设施及测试环境之间的接口，确保消除经过分析和试验识别出的危险或控制其相关的风险。确定论证或评估系统安全功能所需的专门试验。确定对其他承制方或订购方提供的设备的分析、检查和试验要求，确保在使用前这类设备已满足了相应的安全要求。

（6）参与技术设计和项目评审，并提交系统危险分析、子系统危险分析、使用和保障危险分析的结果。

（7）确定和评估储存、包装、运输、装卸、试验、使用和维护等各项工作对系统及其部件安全性的影响。

（8）评估安全性试验、其他系统试验、失效分析和事故调查的结果，并提出设计更改方案或其他矫正措施。

（9）确定、评估并提出对安全性的考虑或权衡研究。

（10）评审有关工程文件，如图纸、规范等，确保其充分考虑了安全问题。

（11）确定系统寿命周期内可能需要废弃或偏离的安全要求。

（12）评审后勤保障方面的规程、规范，确保其充分考虑了安全性问题，并保证其符合国家有关环境保护、职业安全卫生方面的要求。

（13）验证安全和报警装置、生命保障设备和人员防护设备是否完备。

（14）确定安全培训需求，并且为安全培训提供资料。

（15）为生产和全面投产规划提供系统安全监督和保障，确定可能影响安全的关键零部件、生产技术、装配规程、设施、试验及检查的要求，确保以下内容：在生产线的规划和布局中充分考虑了安全要求，以确认在生产过程或运行中实施了安全控制；对制造中的设备进行质量控制的检查、试验、规程及检查表中充分考虑了安全要求，在生产过程中充分实现了设计对安全性的考虑；生产和制造过程控制手册和规范中含有所需的告警、提示及专门的安全规程；尽早采用试验和评估的方法检测和矫正安全缺陷；在采用新设计、新材料及新的生产和试验技术时应使风险最小。

（16）确保为系统试验、维修、使用和保养制定的规程中考虑了对有害材料的安全处理方法，包括在计划的使用、拆除或维修工作中，或在有理由预见的由操作引起的意外事件中，人员可能接近的所有含有有害物质的材料或部件。在子系统危险分析、系统危险分析和职业卫生危险分析和安全评价中汇总的安全资料，必须确定系统或其部件在最终退役或清除时必须考虑的所有危险。

（17）编写在本阶段实施的系统安全工作的总结报告。

（18）完善系统安全大纲，制定或修改下阶段的系统安全大纲要求。

四、生产阶段

1. 产品或系统的生产阶段

生产阶段系统安全工作的主要目的是确保按批准的规范和设计进行产品或系统的生产。本阶段的系统安全工作包括以下内容：

（1）制订或修改 SSPP，以反映对本阶段系统安全大纲的要求。

（2）确定可能影响安全性的关键部件、生产技术、装配规程、设施、试验和检查要求，并确保以下内容：在生产线的规划和布局中采取了合适的安全措施，在生产和使用中建立了对系统的安全控制；在对所生产的设备实施质量控制的检查、试验、规程和检查表中充分考虑了安全问题，使设计中的安全考虑得以实现；在生产技术手册和制造规程中包括了必要的告警、提示及专门的安全规程；在采用新设计、新材料及新的生产和试验技术时，涉及的风险最小。

（3）保证在生产初期完成相关的试验和评价工作，以尽早检测和矫正安全方面的缺陷。

（4）对各次试验进行操作和保障危险分析，并评审所有的试验和规程。评估在试验系统装配、调试、运行、出现可预见的紧急情况及拆卸或拆除期间，试验系统与人员、保障设备、专用试验设备、试验设施及试验环境之间的接口，确保经分析和试验识别出的危险被消除或将相应风险降低到可接受的水平。

（5）评审在操作与保障危险分析中为保证安全操作、维护、服务、储存、包装、装卸、运输和处理所采用的技术资料，主要有告警、注意事项和特殊规程3个方面的内容。

（6）实施安装过程的操作与保障危险分析，评审安装方案和规程。在运输、储存、装卸、装配、安装、调试以及演示/试验运行期间，评估正在安装的系统与人员、保障设备、包装材料、设施和安装环境之间的接口，确保经分析识别出的危险已被消除或将相应风险降低到可接受的水平。

（7）评审各项规范并监控现场定期检查和测试的结果，以确保其达到安全的可接受水平，并确定关键的安全部件随时间、环境条件或其他因素而降低的主要或关键特性。

（8）实施或修改危险分析，确定所有可能由设计更改引起的新的危险，并确保在所有的状态控制措施中考虑了更改对安全性的影响。

（9）评价失效分析和事故调查的结果，提出矫正措施。

（10）对系统进行监测以确定设计的适用性及使用、维护和应急措施。对已有的安全资料进行分析评估，并向主管部门推荐更改或矫正措施。

（11）对新提出的操作和维修规程或更改措施进行安全评审，确保这些规程、告警和注意事项适当，并不降低原有的安全水平；同时应将评审结果记录成文，作为操作和保障危险分析的补充。

（12）记录系统的危险状况和安全缺陷，并据此确定对新系统或改型系统的安全要求。

（13）对诸如设计手册、标准和规范等安全文件予以适当修改，以及时反映安全方面的经验教训。

（14）评价安全与报警装置、生产保障设备和人员防护设备的完备程度。

2. 工程项目或设施建设的施工阶段

在工程项目或设施建设的施工阶段，系统安全工作则应包括以下内容：

（1）确保工程项目或设施建设符合所有相关的建筑安全法规的要求以及其他与设施有关的安全要求。

（2）进行危险分析以确定对设施和计划安装的系统之间的所有接口的安全要求。

（3）评审设备安装、使用及维护方案，确保其满足所有设计和规程的安全要求。

（4）继续改进从设计阶段就开始的危险矫正、跟踪工作。

（5）评估事故及其他损失，以确定其是否是由安全缺陷或疏忽造成的。

（6）修改危险分析，以识别所有由相关变更而导致的新危险。

五、使用和保障阶段

使用和保障阶段的系统安全工作主要是保障系统的安全使用并收集处理使用中存在的危险与事故信息。本阶段的主要工作包括以下内容：

（1）评估失效分析和事故调查的结果，并提出改进措施。

（2）根据对系统或设施的实际经验，修改危险分析以反映风险评价中的变化及识别所有新的危险，确保在所有系统状态控制措施中都考虑了变化对安全性的影响。

（3）对诸如设计手册、标准和规则等安全文件进行修改，以反映安全方面的新的经验和教训。

（4）评审有关规程并定期监测现场检查或试验的结果，以确保系统保持在可接受的安全水平。确定关键部件的安全性随时间、环境条件或其他因素而降低的主要的或关键的特征。

（5）在整个寿命周期内监测该系统，以确定设计、使用、维护及应急等措施的适合程度。

（6）记录系统的危险状况和安全缺陷，并据此确定设计新系统或改型系统应遵循的安全要求。

（7）评审和修改报废处理方案及分析结论。

六、报废或退役处理阶段

报废或退役处理是系统寿命周期的最后一个阶段。SSPP 中包括系统及其有潜在危险部件的安全处理措施。

系统报废或退役处理需要重点考虑的是安全和环境污染的问题。例如，含有爆炸物、毒性或腐蚀性化学物质或放射性物质等的系统在处理时会产生特殊的安全和环境问题，带有强力弹簧、液压装置、高压容器、封闭容器的系统在处理时也会产生危险。因此，本阶段的系统安全工作主要应包括以下内容：

（1）确定子系统、部件或组件的危险及其相关风险。

（2）确定需制定的针对上述设备危险部分报废和退役处理的专用规程。

（3）确定危险部分的特性和数量。

（4）确定在处理中应采取的安全措施。

（5）确定在处理时可能产生的社会影响。

（6）确定是否有危险部分的处理场所。

本章小结

本章主要介绍了系统安全管理的实施及全寿命周期各阶段的系统安全工作。通过对本章的学习，学生应理解系统安全和系统安全管理的概念、系统安全的一般要求和详细要求、系统安全大纲计划和实施系统安全管理的要点，以及全寿命周期各阶段的系统安全工作。

复习思考题

1. 什么是系统安全？
2. 什么是系统安全管理？
3. 如何理解系统安全管理与系统安全之间的联系与区别？
4. 系统安全管理有哪些主要特点？
5. 如何实施系统安全管理？

第八章 安全目标管理

本章学习目标

1. 理解目标、安全目标的概念，以及安全目标管理的特点和作用。
2. 理解并掌握安全目标管理的程序和安全目标考核方法。
3. 理解实施安全目标管理的注意事项。

第一节 安全目标管理概述

目标管理（Management by Objective，MBO）的概念是管理专家彼得·德鲁克（Peter Drucker）于1954年在其名著《管理实践》（*The Practice of Management*）中最先提出的，其后他又提出“目标管理和自我控制”的主张。彼得·德鲁克认为，并不是有了工作才有目标，而是相反，有了目标才能确定每个人的工作。所以“企业的使命和任务，必须转化为目标”。如果一个领域没有目标，这个领域的工作必然会被忽视，因此管理者应该通过目标对下级进行管理。当组织最高层管理者确定了组织目标后，必须对目标进行有效分解，将其转变成各个部门以及各个人的分目标，管理者根据分目标的完成情况对下级进行考核、评价和奖惩。

目标管理的概念提出以后，便在美国迅速流传。时值第二次世界大战后西方经济由恢复转向迅速发展的时期，企业急需采用新的方法调动职工积极性以提高竞争力，目标管理的出现恰逢其时，遂被广泛应用，并很快为日本、西欧国家的企业所仿效，在世界管理界大行其道。

目标管理的理论依据是目标设置理论。根据该理论，人的行为的一个重要特征是有目的。目标是一种刺激，合适的目标能够激发人的动机，规定行为的方向。通过目标管理，可以把目标这种外界的刺激转化为个人的内在动力，形成从组织到个人的目标体系（图 8-1）。

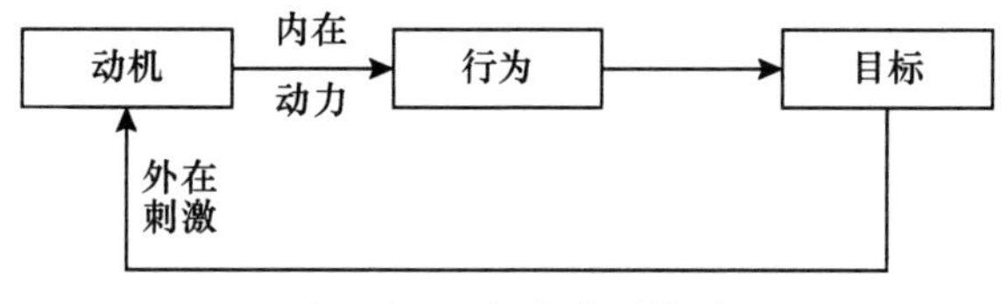

图 8-1　目标的激励作用

一、安全目标管理的含义

安全目标管理是指企业内部各个部门以至每个人，从上到下围绕企业安全生产的总目标，制定各自的目标，确定行动方针，安排工作进度，有效地组织实施，并对成果严格考核的一种管理制度。安全目标管理是参与管理的一种形式，是根据工作目标来控制企业安全生产的一种民主的、科学有效的管理方法，是我国工业企业实行现代安全管理的一项重要内容。

二、安全目标管理的特点

安全目标管理具有目的性、分权性和民主性等 3 个主要特点。

（1）目的性。实行目标管理，将企业在一定时期内的目标和任务转化为全体人员上下一致的、明确的目标，使每个成员有努力的方向，有利于自上而下的领导、检查和考核，并减少企业内部的矛盾和浪费。这里所说的目标与过去传统的目标概念有所不同，它包含达成程度、达成期限、完成体系、根据原定目标测定执行人员的成绩等。

（2）分权性。随着企业安全生产总目标的逐层分解、展开，要逐层下放目标管理的自主权，实行分权，即在制定目标以后，上级根据目标的内容授给下级人事、财务和对外的最大限度的权力，使下级能运用这些权力来实现目标。有工作水平的上级领导在目标管理中只抓两项工作：一是根据企业总目标向下一层次发出指令信息，最后考核指令的执行结果；二是解决下一层次各单位之间的不协调关系，对有争议的问题做出裁决。

（3）民主性。安全目标管理是全员参加的，企业领导应制定目标并集中全体职工的智慧和力量去实现目标。在工业企业，企业领导制定目标，经过职工代表大会讨论通过后，编制企业目标展示图，层层展开，层层落实，围绕目标值制定主要措施，落实责任者和进度要求，从而形成目标连锁。这样，通过有效地实行自主管理和自我控制，就可以进一步发挥广大职工的主人翁意识，充分发挥他们的积极性、创造性和主动性，更好地实现企业的总目标。

三、安全目标管理的作用

实行安全目标管理，能充分启发、激励、调动企业全体职工在安全生产中的责任感和创造力，有效地提高企业的现代安全管理水平。安全目标管理的作用具体体现在以下三方面：

（1）充分体现了“安全生产，人人有责”的原则，使安全管理向全员管理发展。安全目标管理通过目标层层分解、措施层层落实、工作层层开展来实现全员参与、全员管理和全过程管理。这种管理事先为企业职工明确了责任和任务，并规定了完成这些责任、任务的时间、指标、质量等具体要求，每个人都可以在自己的管辖或工作范围内自由选择实现这些目标的方式和方法。职工在“自我控制”的原则下，充分发挥自己的能动性、积极性和创造性，实现人人参与管理。这样可以消除传统管理中常出现的“管理死角”的弊端。

（2）有利于提高职工的安全技能和素质。安全目标管理的重要特色之一，就是推行“成果第一”的方针，而成果的取得主要依赖个人的知识结构、业务能力和努力程度。安全生产以预防各类事故的发生为目标，因此，职工为了实现自己的安全目标，就必须在日常的生产工作过程中，增长知识，提高自己在安全生产上的技能和素质。这样就能够促使职工自我学习和提高工作能力，使职工对安全技术知识的学习由被动型转化为主动型。经过若干个目标周期，职工的安全意识、安全知识、安全技术水平都将得到很大的提高，职工自我预防事故的能力也会得到增强。

（3）促进在企业内推行安全科学管理。在目标管理上，传统安全管理不能明确地提出降低事故目标值的要求，不能制定出实现目标值的保证措施。同时，传统安全管理不能对事故进行定量分析，达不到预测、预防事故的根本目的。而安全目标管理要求利用科学的预测方法，确定设计过程、生产过程、检修过程和工艺设备中的危险部位，明确重点部位的“危险控制点”或“事故控制点”。

因此，企业安全目标管理的推行，使许多科学的管理方法得以广泛应用。要想控制事故的发生，就必须采用安全检查、事故树分析法、故障类型及影响分析法等安全系统工程的分析法和 QC（质量控制）活动中的 PDCA（计划、实施、检查、行动）循环、排列图、因果图和矩阵数据分析图等全面质量管理的方法，确定影响安全的重要岗位、危险部位、关键因素、主要原因，然后依据测定、分析、归纳的结果，采取相应的措施，加强重点管理和事故的防范，以达到目标管理的最终目的。这些科学预测方法和管理方法在企业安全目标管理上的应用，正是企业推行安全目标管理的结果。反过来，只有采用这种科学管理方法，才能使企业安全目标管理得以实现。

第二节　安全目标管理的程序

安全目标管理可分为目标的制定、目标的实施、目标的评价与考核等步骤，如图 8-2 所示。

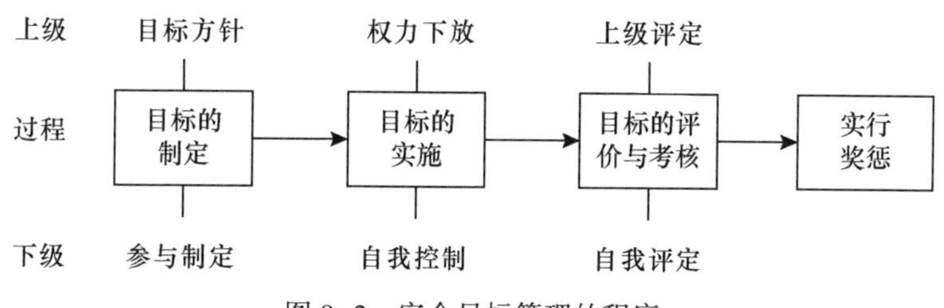

图 8-2　安全目标管理的程序

一、目标的制定

企业为了提高生产经营活动的安全成果，必须自上而下地共同商定切实可行的企业安全总目标，而全体职工都要制定与安全总目标相一致的分目标，从而形成以总目标为中心的完整的安全目标体系。

1. 安全目标制定的原则

安全目标的制定必须有一定的管理依据，要科学分析，结合各方面因素，做到重点突出，主攻方向明确，先进可行，目标、措施对应。

（1）目标的重点性。要分清主次，绝对不能平均分配、面面俱到。安全目标一般应突出重大事故、负伤频率、尘毒监测率、合格率等方面的指标。当然，在保证重点目标的基础上，还应做到次要目标对重点目标的有效配合。

（2）目标的先进性。目标的先进性即它的适用性和挑战性。确定目标高低的原则：一般略高于执行者的能力和水平，使之经过努力可以完成。应该是“跳一跳，够得到，不能高不可攀，望而生畏”，也不能“毫不费力，一步登天”，从而达到调动职工积极性的目的。

（3）目标的可比性。应尽最大努力使目标的预期成果做到具体化、定量化、数据化。例如，对于负伤频率，不能只笼统提比去年有所下降，而应提出降低百分之几，这样有利于比较，易于检查和评价。当然，当轻伤事故降到一定程度后，根据质量指标波动理论，负伤频率不可能一直连年下降，有时可能会波动回升，只要在指标范围内还是允许的，要灵活掌握。

(4) 目标的综合性。企业安全目标管理，既要保证上级下达指标的完成，又要兼顾企业各个环节、各个部门及每位职工的能力，不能顾此失彼。要使每个部门、每位职工都能接受，要有针对性，要有实现的可能性。

(5) 目标与措施的相应性。如果措施不为目标服务，或目标不用措施保证，则会成为没有措施保证的目标或没有目标的保证措施，目标管理就失去了科学性、针对性和有效性。

合理确定安全目标值是安全目标管理中最困难和最重要的工作。合理、适宜的目标值应该是企业科学技术装备和管理水平的客观反映，也是先进性和可行性的辩证统一，太高或太低都不合适，甚至会产生副作用。因此，定目标值应慎重，要进行纵横比较和对比调整，从而制定出较为先进的、被上级认可的安全目标值，作为年度或阶段考核指标。

2. 安全目标体系的建立

安全目标管理涉及企业各个部门、各个单位，是关系安全生产全局的大问题。安全目标体系具有包容性、适用性和科学性。编制好一个完善的目标体系是实现目标管理的前提。安全目标管理体系由安全目标体系和措施体系组成。

(1) 目标。所谓目标，就是某单位、某团体、某人所从事的某项工作、某一活动，在未来的某一时间内，预计取得的结果。

作为目标，必须具备这样几个特性：责任性，即目标的主体是谁；确切的定义，即目标的内容；确定的标准，即目标值或应达的程度；时间性，即哪一时期的目标；激励性，即目标的水平一般情况下总要高于已经达到的程度。

目标与指标不是相同的概念，但有密切联系。指标一般是指在计划经济体制下，国家给企业下达的或考核的控制数字。指标按其发生的时间可分为计划指标和统计指标。目标则是指企业自定的预计成果。目标只有“计划”的，没有统计的。企业经营计划中的指标，实际就是企业的目标，不能搞成两套。

目标按不同的标志可做不同的分类：按重要性，可分为主要目标和次要目标；按目标内容，可分为生产经营目标和管理业务目标等；按管理的作用，可分为指令性目标和指导性目标；按目标的性质，可分为定性目标和定量目标；按目标期，可分为远期目标和近期目标；按企业管理层次，可分为企业目标、车间目标、班组目标；按目标的重复性，可分为重复性目标和一次性目标。上述分类从不同角度揭示了企业管理目标存在的规律性，对不同的目标要施以不同的管理方法。

（2）安全目标体系。安全目标体系就是安全目标的网络化、细分化，是安全目标管理的核心部分。安全目标体系是由总目标、分目标、子目标构成的一个自上而下的完整体系。安全总目标是企业所需要实现的目标。各车间（科室）根据本部门实际情况，为完成安全总目标可提出车间（科室）分目标、工段（班组）和个人目标。

安全目标的内容主要包括：安全管理水平提高目标、安全教育程度目标、伤亡事故控制目标、劳动环境与劳动条件治理后的尘毒有害作业场所达标率提高目标、事故隐患整改完成率目标、现代化科学管理方法应用目标、安全标准化班组达标率目标、工厂安全性评价目标、厂长任职安全目标、各项安全工作目标等。

各车间、部门和有关科室应围绕安全总目标层层展开工作。安全生产目标展开见表 8-1。

表 8-1　　安全生产目标展开

<table>
<tr><th></th><th colspan="3">P</th><th colspan="5">D</th><th colspan="5">C</th><th>A</th></tr>
<tr><td rowspan="2">方针</td><td rowspan="2">编号</td><td rowspan="2">目标</td><td rowspan="2">目标值</td><td rowspan="2">序号</td><td rowspan="2">措施</td><td colspan="2">负责者</td><td rowspan="2">要求完成日期</td><td colspan="4">检查时间（季）</td><td rowspan="2">检查者</td><td rowspan="2">总结要求</td></tr>
<tr><td>责任者</td><td>配合者</td><td>一</td><td>二</td><td>三</td><td>四</td></tr>
<tr><td></td><td></td><td></td><td></td><td></td><td></td><td></td><td></td><td></td><td></td><td></td><td></td><td></td><td></td><td></td></tr>
</table>

目标分解要做到横向到边（如图 8-3 所示），纵向到底（如图 8-4 所示），纵横连锁，形成网络。横向到边就是把企业安全总目标分解到各个科室、车间、部门；纵向到底就是把企业安全总目标由上而下地一层一层分解，明确责任，使责任落实到每个人，实现多层管理安全目标连锁体系。

（3）措施体系。措施体系是安全目标落实的保证，是安全措施（包括组织保证措施、技术保证措施、管理保证措施等）的具体化和系统化，是安全目标管理的关键部分。

根据目标层层分解的原则，保证措施也要层层落实，做到目标和保证措施相对应，使每个目标值都有具体保证措施。就目前的安全管理来看，保证措施的主要方面如下：落实各级安全生产责任制；加强全员安全培训，提高职工安全技能和素

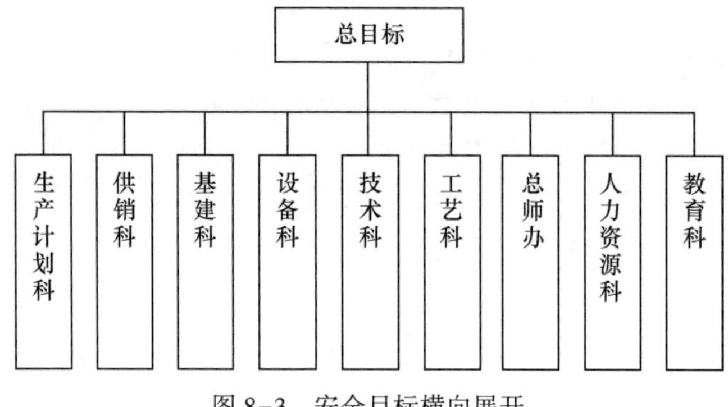

图 8-3　安全目标横向展开

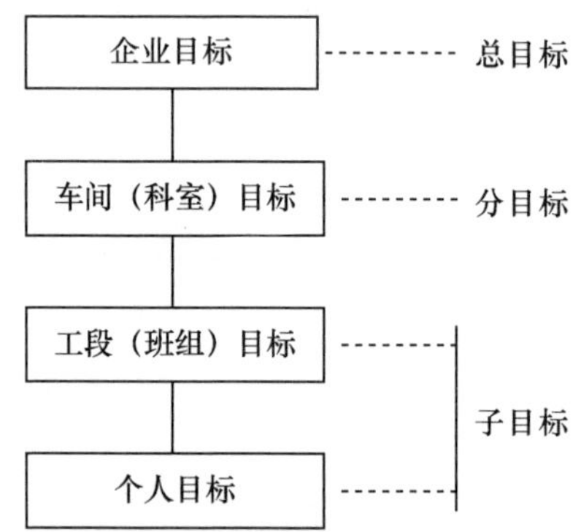

图 8-4　安全目标纵向展开

质；编制、修订各类安全管理制度；有毒、有害岗位治理；落实安全技术措施项目；加强各类安全检查，及时消除事故隐患；开展事故预测，提高防灾害能力；确定危险岗位，管理危险设备；完善各种安全措施等。保证措施的落实在整个目标管理中的作用很大，关系目标管理的最后结果。所以，措施的制定应越往下越具体，要有质量、时间等方面的要求，并尽可能做到定量化、细分化。

安全目标体系与措施体系的关系，就是所制定的目标要有具体的安全对策来保证，并要做到目标自上而下层层分解，措施自下而上层层保证（如图 8-5 所示）。把企业内部上一层次管理目标细分和上一层次保证措施具体化，形成下一层次的管理目标，直至形成个人目标。

在制定目标和措施时，还要制定考核细则。考核细则包括目标标准和考核办法，它是目标管理中对执行者完成情况进行评价的尺度和方法，是编制目标管理的

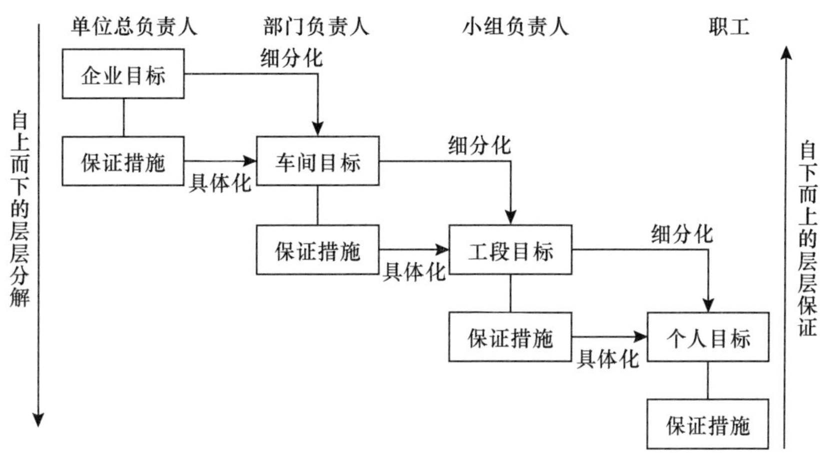

图 8-5　安全目标分解与保证体系

一个不可缺少的内容。考核细则中的项目应力争做到定量化，对定性目标也要有可比的标准和考核办法。考核细则中的工作标准、奖惩标准与措施部分的工作指标和考核条件应保持一致。

二、目标的实施

安全目标管理的实施阶段是取得成效的关键环节。安全目标的实施就是执行者根据安全目标规定的实施细则、措施、手段和进度认真执行，并保证按要求实现目标。具体来说要做好以下工作：

1. 建立安全目标分级负责的安全责任制

当目标制定完毕转入执行过程中，企业要同部门和职工就所实现具体目标的内容、方法和条件达成协议，使他们自觉自愿地为实现目标而努力。领导应根据下级实现目标的要求授予相应的自主权，以便下级自主地处理问题。对企业的各个部门、各个单位、各个职工，都应明确规定其在安全工作上的具体任务、职责和权限。

2. 建立安全保证体系

其目的是使企业从总负责人到职工，从专职部门到其他业务部门，从行政科室到政工科室，把各部门、各环节的安全管理活动严密地组织在一个统一的安全管理大系统内。通过这个体系，形成信息交流网，加快各层次间信息的收集、处理、传递，使各部门、各环节、各层次互相了解、互相促进，推动目标管理顺利而扎实地开展。

3. 建立各级目标管理组织

其目的是加强本部门对目标管理工作的领导、协调，调整与其他部门的关系，组织本部门对目标管理的实施，进行自我检查和自我评价等工作。

4. 制作安全目标卡

安全目标卡是推动安全目标管理所特有的管理方式和表现形式。它是以固定的表格形式，对安全目标管理活动的进展情况所做的书面记载。采用卡片形式，可把每位职工在安全目标管理中的活动情况，系统地归纳到一张表格上，使安全目标管理活动更加系统化、制度化和规范化，有利于推动安全目标管理的深入开展。安全目标卡的基本形式见表 8-2。

表 8-2　　　　安全目标卡的基本形式

<table>
<tr><td colspan="16">部门表</td><td>责任者</td><td></td><td>主管领导</td><td></td></tr>
<tr><td colspan="2">安全目标</td><td rowspan="3">对策措施</td><td colspan="12">进度（季、月）</td><td rowspan="3">权限</td><td colspan="4">评价</td></tr>
<tr><td rowspan="2">项目</td><td rowspan="2">比例/%</td><td colspan="3">一季</td><td colspan="3">二季</td><td colspan="3">三季</td><td colspan="3">四季</td><td rowspan="2">自我评价</td><td rowspan="2">得分</td><td rowspan="2">领导评价</td><td rowspan="2">得分</td></tr>
<tr><td>1</td><td>2</td><td>3</td><td>4</td><td>5</td><td>6</td><td>7</td><td>8</td><td>9</td><td>10</td><td>11</td><td>12</td></tr>
<tr><td></td><td></td><td></td><td></td><td></td><td></td><td></td><td></td><td></td><td></td><td></td><td></td><td></td><td></td><td></td><td></td><td></td><td></td><td></td><td></td></tr>
<tr><td colspan="2">备注</td><td colspan="18"></td></tr>
</table>

安全目标卡在安全目标管理中可作为上下级之间协商目标值和实施措施手段的资料，也可作为上级领导监督、检查和评价的依据。它有利于目标责任者总结经验教训，从而在下个周期的目标循环中发扬成绩、纠正错误，以取得理想的成果。此外，由于目标卡片平时由目标责任者自己掌握，因此，它还可以经常督促、提醒目标责任者为实现自己的目标任务而努力，增强目标责任者实现目标的自觉性。

安全目标卡按使用期限可分为长期目标卡、年度目标卡、半年度目标卡、季度目标卡、月度目标卡，按使用者可分为生产车间目标卡、部门目标卡、班组目标卡和个人目标卡等。

三、目标的评价与考核

实现安全目标过程中和实现目标后，要对各项目标实现的情况进行检查。检查是评价、考评的前提，是实现目标的手段。检查方式有自我检查和上级检查两种。自我检查可随时进行；上级检查一般是在目标完成后，结合各种大检查、上半年或年终工作总结等活动进行。检查要做到依据目标标准，坚持原则，为以后的目标评价打下实事求是的基础。

对目标执行情况进行检查和评价，是发挥目标管理激励作用的最终体现。一个循环周期结束后，必须对执行结果进行评价，总结经验教训，使达标者增加信心，未达标者明确前进的方向。

1. 目标考评的原则

（1）自我评价与上级评定相结合。目标成果考评要充分体现自我激励的原则。要以自我评价为主，即在各个层次的评价中，首先进行自我评价。个人在班组内，班组在车间内，车间在全厂内，对照自己的目标，总结自己的工作，本着严格要求自己的原则，对实现目标的情况实事求是地进行评价。由于目标责任者对自己目标的实现过程和目标成果了解得最清楚，比较容易作出正确的评价。

在自我评价的基础上，还要搞好上级领导的评定，而且要以领导的评定结果作为最终的结果。上级评定要注意民主协商和具体指导，即在下级进行自我评价时要给以同志式的指导和帮助，启发下级客观地评价自己，正确地总结经验教训；在领导评定时，要与下级充分交换意见，产生分歧时，要认真听取和考虑下级的申诉，力求最后评定的结果公正准确。在上级评定的同时，也要征求下级对自己的评价，因为目标成果的取得是上下级共同努力的结果。

（2）重视成果与综合评价相结合。目标成果评价应重视成果，以目标值的实现程度作为主要的依据，要依据事实和数据，切忌只关注表面印象。同时要考虑不同组织和个人实现目标的复杂困难程度以及在达标过程中的主观努力程度，还要参考目标实施措施的有效性和单位之间的协作情况。应对所有这些方面的内容区分主次，综合评价，力求得出客观公正的结果。

2. 目标评价方法

在安全目标管理上，评价方法主要有打分法和综合评价法。

（1）打分法。目标考评一般可用打分法，其步骤如下：

1）确定各目标项目得分比例。把完成全部目标项目得分定为100分，再按各个项目的重要程度，分别规定其比例，如工伤事故指标、经济损失指标、尘毒合格率指标、日常安全管理指标的比例为4∶1∶2∶3。

2）给各目标项目打分。对每个目标项目，根据其达标程度、目标复杂困难程度、达标过程中的努力程度等方面的内容分别打分，同时确定各方面内容的比例，用每一方面内容的得分乘以相应的比例后相加，则得到每个目标项目的总分。例如，假设达标程度、目标复杂困难程度、达标过程努力程度的比例为5∶3∶2，则目标项目得分=达标程度得分×50%+目标复杂困难程度得分×30%+达标过程努力程度得分×20%。比例的分配是人为的，可根据需要适当加以调整。例如，当强调要求下级发挥能力时，则可把努力程度得分的比例提高。

3）综合评定。把每个目标项目的得分乘以其比例后，逐项相加，就可得到所有目标项目的得分总和，以此为基础，再考虑目标实施措施的有效性和协作情况就可得到目标成果的总分值，即：

目标成果总分值=各目标项目得分总和+实施措施有效性分+协作分　（8-1）

式中后两项的得分均以各目标项目得分之和乘以系数得到，两项的系数之和以不超过20%为宜。例如，设目标项目得分总和为90分，实施措施有效性和协作情况的系数均为5%，则：目标成果总分值=90+90×5%+90×5%=99。

（2）综合评价法。综合评价法的公式为：

综合评价=完成程度×复杂困难程度×达标过程努力程度±修正值　（8-2）

修正值是因客观条件出乎意料的变化，使目标完成比制定时变难（+）或变易（-）而给定的一个修正系数。三者比例应事先确定，比例大小为完成程度≥复杂困难程度≥达标过程努力程度。

评价内容一般包括目标执行各层次情况的汇总，存在各类问题的汇总，按照评价方法中规定的标准对目标完成情况进行自我评定，对完成目标所实施的方案、进度、手段、条件等情况进行评定，总结成功的经验和失败的教训。评价内容还应包括上级指导情况。上级以检查结果和目标卡片、资料台账为依据，在协商、讨论的基础上，对目标执行者进行指导，正确评价其结果，找出成功点和教训点。评价结果作为奖惩依据，要切实兑现，使安全目标管理具有严肃性和持久性。

3. 奖惩与总结

在综合评定的基础上要根据预先制定的奖惩办法进行奖惩，使先进的得到鼓励，落后的受到鞭策。既要有经济上的奖惩，也要注意精神上的表彰，使达标者获得精神上的满足，使未达标者受到精神上的激励。

对待奖惩，上级领导要说话算数，兑现诺言，严格执行奖惩规定。不能搞“照顾情绪”“平衡关系”。否则失信于民，会给下期安全目标管理造成困难。

目标考评不但应得出正确的评定结果，还应达到改进提高的目的。因此，在目标考评的全过程中，要注意引导全体职工认真总结经验教训，发扬成绩，改正缺点，明确前进的方向。

总之，要以鼓励为主，对未达标者，也应充分肯定其达到的目标成果和为达标所做出的努力，同时热情地帮助他们分析研究存在的问题，提出改进的措施。

4. 成果考评的注意事项

为了搞好目标成果考评，应注意做好下列事项：

(1) 建立好评价组织。要在统一领导下，建立企业、车间、班组三级评价小组。要选作风正、懂业务、会管理、有威信的人参加评价小组，使之具有权威性。各级领导应当参与评价小组的工作。

(2) 要在民主协商的基础上，预先制定好考核细则、评价标准、奖惩办法，并在安全目标管理开始时就告知全体职工。

第三节　推行安全目标管理的注意事项

企业在推行安全目标管理时应注意以下事项：

(1) 企业领导要理解并支持安全目标管理。如果企业领导不理解或不支持，则无法有效地制定企业的总体目标，无法展开基层单位直至每个人的目标，不能有效地对整个目标进行计划、指挥、组织、监督和调节工作，不能很好地以最终成果作为考核评价的标准，也不能由此决定职工的职务升降和奖惩。

(2) 要加强对中下层干部的思想教育。中层及以下干部是企业安全管理中主要的管理、监督层，是促进目标管理的重要因素。因此，要加强对他们的教育并经常督促，使他们破除可能存在的安于现状、墨守成规、不求进取等旧习惯。

(3) 要加强对全体职工的思想教育。为统一全体职工对安全目标管理的认识，必须进行全员教育，充分发挥广大职工在目标管理中的积极作用。在推行中，要认真研究职工心理变化的规律，做好对职工的刺激与引导工作。

(4) 要有较完善、系统的安全管理基础。企业管理基础工作直接决定着企业安全目标制定的完整性和先进性。例如，为了制定既先进又可行的职工工伤频率指标和保证措施，必须有本企业历年来事故统计资料、职工接触尘毒情况、有毒有害岗位监测情况和治理结果等基础工作。只有这样，才能把安全目标管理建立在可靠的基础之上。

(5) 全员参与安全目标管理。由于安全目标管理以“自我控制”为特点，实行全员、全过程管理，并且是通过目标层层分解、措施层层落实来实现的，所以必须充分发动群众，将企业的全体职工都严密地、科学地组织在安全目标管理体系内。在制定目标时，要充分和职工协商。安全管理要落实到每位职工身上，渗透到每个操作环节中。实际上，每位职工在企业安全管理上都承担一定的目标值。没有广大职工参与安全目标管理，就失去了目标管理的真正意义。

（6）安全目标管理要责、权、利相结合。企业实行安全目标管理时，要明确职工在目标管理上的职责，因为没有职责的责任制就等于流于形式。同时要赋予他们在日常管理的权限，权限的大小应根据各人所担负的目标责任的大小和完成目标任务的实际需要来确定。还要给予他们应得的利益，不能“干与不干一个样”，这样才能调动广大职工在安全目标管理上的积极性，并使安全目标管理具有持久性。

（7）安全目标管理是综合性很强的管理方法。目标管理是各管理方法中总的管理方法，它包含了其他各种管理方法。其他管理方法是目标管理的分支和组成部分，因为它们在应用范围和管理内容的深度上都有限。所以，抓安全目标管理，能做到“纲举目张”。例如，基本管理中的建立健全责任制，加强安全检查、安全教育等都是为完成企业安全总目标而采取的一种措施手段。安全系统工程、人机工程学中的一些方法都是措施和手段。因此，在实践中，可以同时应用这些方法。

总之，安全目标管理在企业的安全管理中运用很广，它作为一种先进的科学管理方法，今后必将在企业管理中起到越来越大的作用。

本章小结

本章主要介绍了安全目标管理方法。通过对本章的学习，学生应了解安全目标管理的发展历程；理解目标、安全目标的概念，以及安全目标管理的特点和作用；理解并掌握安全目标管理的程序、安全目标考核的方法；理解实施安全目标管理的注意事项。

复习思考题

1. 简述目标、安全目标、安全目标管理的概念。
2. 安全目标管理有哪些特点？

3. 安全目标管理的作用主要体现在哪些方面?
4. 简述安全目标管理的程序。
5. 安全目标考评的方法主要有哪些?
6. 实施安全目标管理应注意哪些问题?

第九章 企业安全文化

本章学习目标

1. 了解安全文化的发展历程，理解安全文化的概念、内涵和特点。

2. 了解企业安全文化对安全生产的重要性，理解并掌握企业安全文化的功能和作用。

3. 理解企业安全文化建设的总体模式、推进与保障体系，掌握企业安全文化建设的基本要素。

随着国家安全文化建设的整体推进和企业文化建设的深入发展，现代企业的经营者都十分关注企业的长远发展，越来越重视企业安全文化的功能和作用，相信并依靠企业安全文化潜移默化的功能，从抓根本入手，全面带动和促进企业的生产经营活动，使安全文化成为企业形象的重要标志，成为推动企业安全生产持续发展的物质保障和精神动力。

第一节 概　　述

对于现代工业生产，企业的事故预防不仅要依靠安全技术、安全工程设施等安全的硬手段，更需要安全管理、安全法制、安全教育等安全科学的软技术。尽管过去做了很多工作，采取了很多措施，工业生产中依然会发生各种各样的事故，特别是像核工业这样的高风险行业。人们在经过深刻的反省和系统科学的分析后发现，在安全文化提出之前，人们对事故致因中“人因”的认识还存在着深层次上的欠缺。在认识到安全知识、安全技能、安全意识的重要作用以外，还应正视安全观念、态度、品行、道德、伦理、修养等更为基本和深层的人文因素和人文背景。这些因素归纳起来就是安全文化，安全文化全面、深刻地影响着人的观念、思维和行为，从而影响物态和环境的安全质量。因此，要保证人的行为、设施和设计等物态和生产环境的安全性，需要从人的基本素质出发，即建立安全文化建设的思路、策略，进行系统的安全文化建设。从安全生产各要素出发，进行全方位、立体式的有效协调、管理和建设，是安全文化建设的目标，是企业安全生产的立命之本。营造良好的安全文化氛围，保障企业安全生产，是安全文化建设的基本目的。

一、安全文化的内涵

1. 安全文化的概念

到目前为止，安全文化（企业安全文化）的概念尚未形成统一的认识，下面列出几种常见的安全文化的概念。

1991 年国际核安全咨询组（INSAG）在《安全文化》中首次给出的核电企业安全文化的定义为："安全文化是存在于单位和个人中的特种素质和态度的总和，它建立一种超出一切的观念，即核电厂的安全问题至关重要，要给予足够的重视。"

英国工业联盟（Confederation of British Industry）在 1991 年将安全文化定义为："安全文化是组织中所有成员对待风险、事故和疾病的共同观点和信仰。"

英国安全健康委员会等机构（HSC/ACSNI Human Factor Study Group）在 1993 年将安全文化定义为："安全文化是个人和群体的价值、态度、观念、能力和行为方式的产物，它决定了对组织安全和健康管理的承诺，以及该组织的风格和熟练度。"

澳洲矿业协会（Minerals Council of Australia）认为安全文化是指企业内正式的安全观点，涉及对管理的理解、监督和管理制度及对组织机构的理解。

国内学者于 20 世纪 90 年代初就认识到了安全文化建设的必要性并展开了充分的讨论。我国安全文化界将安全文化归纳如下："安全文化是人类在社会发展过程中，为维护安全而创造的各类物态产品及形成的意识形态领域的总和，是人类在生产活动中所创造的安全生产、安全生活的精神、观念、行为与物态的总和，是安全价值观和安全行为标准的总和，是保护人的身心健康、尊重人的生命、实现人的价值的文化。"

《企业安全文化建设导则》（AQ/T 9004—2008）将安全文化定义为"被企业组织的员工群体所共享的安全价值观、态度、道德和行为规范组成的统一体"。

2. 安全文化的基本内涵

从上述列举的几种安全文化的定义可知，企业安全文化是企业在长期安全生产经营活动中形成的，或有意识塑造的，为全体职工接受、遵循的，具有企业特色的安全思想和意识、安全作风和态度、安全规章制度与安全管理机制及行为规范，企业安全生产的奋斗目标和企业安全进取精神，为保护职工身心安全与健康而创造的安全而舒适的生产和生活环境和条件，防灾避难应急的安全设备和措施以及企业安全生产的形象，安全的价值观、安全的审美观、安全的心理素质、企业的安全风貌、习俗等种种企业安全物质财富和安全精神财富的总和。

企业安全文化包括保护职工在从事生产经营活动中的身心安全与健康，既包括无损、无害、不伤、不亡的物质条件和作业环境，也包括职工对安全的意识、信念、价值观、经营思想、道德规范、企业安全激励进取精神等安全的精神因素。

企业安全文化是多层次的复合体，由安全观念文化、安全行为文化、安全管理文化、安全物质文化组成。

企业安全文化以人为本，提倡对人的“爱”与“护”，以“灵性管理”为基础，是以职工安全文化素质为基础所形成的、群体和企业的安全价值观（即生产与人的价值在安全取向上的统一）和安全行为规范，表现为职工在受到激励后的安全生产的态度和敬业精神。

企业安全文化的目的是建立起“安全第一、预防为主”“尊重人、关心人、爱护人”“珍惜生命、文明生产”“保护劳动者在生产经营活动中的身心安全与健康”的安全文化氛围，不断完善“以人为本”的安全文明生产经营机制，结合企业生产经营活动的实际，在安全文化的各个层面上制定出不同的目标，通过宣传、教育，在生产实践中不断完善、提炼，实现预期安全目标。

3. 企业安全文化是关爱、教育职工及不断提高其安全文化素质的高雅文化

企业安全文化是广施仁爱、尊重人权、保护人的安全与健康的高雅文化，也是人类生存、繁衍和发展的大众安全文化。要增强企业职工自护、互爱、互救意识，建立以企业为家、以企业安全为荣的企业形象和风貌，要在职工的心灵深处树立起安全、健康、高效的个人和群体的共同奋斗意识。

倡导和弘扬企业安全文化，提高企业职工安全文化素质的最根本的方法和途径就是长期不懈地对职工进行安全知识和技能教育、安全文化教育，从法制、制度上保障职工受教育的权利，为职工提供学习条件，不断创造和保证提高职工安全技能和安全文化素质的机会。

企业应根据自身特点和安全管理的经验，以创造和建立保护职工身心安全的安全文化氛围为首要条件，依靠先进的安全科技和现代安全防灾的风险控制方法，建立全新的安全生产营运机制，提高生产效益，实现共同的安全价值观，形成具有时

代特色的企业安全文化。

二、安全文化的形态体系

安全文化是一个大的概念，其包含的对象、领域、范围是广泛的。企业安全文化是安全文化最为重要的组成部分。企业安全文化与社会的公共安全文化既相互联系，又相互作用。安全文化的范畴包含安全观念文化、安全行为文化、安全管理文化和安全物质文化。

1. 安全观念文化

安全观念文化是指企业领导和职工共同接受的安全意识、安全理念、安全价值观。安全观念文化是安全文化的核心和灵魂，是形成和提高安全行为文化、安全管理文化、安全物质文化的基础和原因。当前需要建立的安全观念文化主要有“预防为主”的观点、“安全也是生产力”的观点、“安全第一”的观点、“安全就是效益”的观点、“安全性是生活质量”的观点、风险最小化观点、最适安全性观点、安全超前观点和安全管理科学化观点等。同时，还要树立自我保护意识、保险意识、防患于未然意识等。

2. 安全行为文化

安全行为文化是指在安全观念文化指导下，人们在生产和生活过程中所表现出的安全行为准则、思维方式、行为模式等。安全行为文化既是安全观念文化的反映，同时又作用并改变安全观念文化。现代工业社会需要发展的安全行为文化是进行科学的安全思维，强化高质量的安全学习，执行严格的安全规范，进行科学的安全指挥，掌握必需的应急自救技能，进行合理的安全操作等。

3. 安全管理文化

安全管理文化又称安全制度文化，是指对企业和职工的行为产生规范性、约束性影响和作用，集中体现安全观念文化和安全物质文化对企业领导和职工的要求。安全管理文化的建设包括建立法制观念，强化法制意识，端正法制态度，科学地制定法规、标准和规章，建立严格的执法程序和自觉的守法行为等。同时，安全管理文化建设还包括行政手段的改善和合理化、经济手段的建立与强化等。

4. 安全物质文化

安全物质文化是安全文化的表层部分，是形成安全观念文化和安全行为文化的条件。安全物质文化往往能体现出企业领导的安全认识和态度，反映出企业安全管理的理念和哲学，折射出安全行为文化的成效。所以说，物质既是文化的体现，又是文化发展的基础。生产中的安全物质文化主要体现在两个方面：一是人类技术和生活方式与生产工艺的本质安全性，二是生产和生活中所使用的技术和工具等人造物及与自然相适应有关的安全装置、工具等物态本身的安全条件和安全可靠性。

三、企业安全文化的特点

企业安全文化是安全文化在生产经营活动领域的特殊表现形式，是为保护企业职工在生产经营活动中的生命安全与身体健康而创造的安全的物质和精神财富。它继承了前人的安全文化，同时融合了企业文化的内容，包含企业文化范畴的安全文化先进成分，具有以下特点：

（1）企业安全文化是指企业在生产经营过程中，为保障企业安全生产，保护职工身心安全与健康所涉及的种种文化实践及活动。

（2）企业安全文化与企业文化目标基本一致，都着重于培养人的科学精神，突出人的先进思想和意识，发挥人的积极因素和主人翁责任感，即以人为本，以“灵性管理”为基础。

（3）企业安全文化更强调企业的安全形象、安全奋斗目标、安全激励精神、安全价值观和安全生产及产品安全质量、企业安全风貌及商誉效应等，是企业凝聚力的体现，对职工有很强的吸引力和无形的约束作用，能激发职工产生强烈的责任感。

四、企业安全文化的发展历程

安全文化伴随着人类社会的进步而发展，但是直到20世纪80年代，人们才开始有意识地研究安全文化。1986年，国际原子能机构（International Atomic Energy Agency，IAEA）的国际核安全咨询组在切尔诺贝利核事故后提交的《关于切尔诺贝利核电厂事故后审评会议总结报告（INSAG-1）》中首次使用了“安全文化”一词，标志着安全文化概念被正式引入核安全领域。1991年国际核安全咨询组发表名为《安全文化》的安全丛书（即No.75-INSAG-4），安全文化的概念被进行了更加规范的定义，这一定义被世界许多国家的许多行业所接受，得到广泛的认同。1994年国际核安全咨询组制定（1996年修订）出了用于评估安全文化的方法和指南《ASCOT指南》（*Assessment of Safety Culture in Organizations Team Guidelines*）。1998年，IAEA发表了安全系列报告中的第11号（IAEA Safety Reports Series No.11）《在核能活动中发展安全文化：帮助进步的实际建议》。此后，国际核安全咨询组相继推出了《核电厂基本安全原则》（INSAG-12，1999年）、《核电厂运营安全管理》（INSAG-13，1999年）、《加强安全文化的关键实际问题》（INSAG-15，2001

年）等一系列报告，使得安全文化的概念逐步明晰、内容逐步丰富和具体。

从20世纪90年代起，安全文化建设开始在我国蓬勃兴起。萌发初期的研究仅在理论探讨、安全求索及中外文化对比方面，由少数专家、学者研究，在核工业领域内传播和实践。1994年，劳动部部长李伯勇指出："要把安全工作提高到安全文化的高度来认识。"1995年，中国劳动保护科学技术学会成功主办首届安全文化高级研讨会，并出版安全文化及其建设的专刊与专著，对国内的安全文化实践进行了有益的总结，并展望了未来安全文化产业的发展。多年来，在中国劳动保护科学技术学会专家、学者的倡导下，在原劳动部（原劳动和社会保障部）领导的关怀和指导下，我国安全文化建设取得了初步成果。特别是原国家安全生产监督管理总局的关注、支持和正确引导，安全文化建设已成为政府和企业安全工作的重要内容。实践已证明，传统的安全管理模式已经不能完全满足企业对于安全的需求，难以真正有效地控制事故和灾难。安全管理思想亟待进入依靠文化价值观引导的新境界。只有超越传统安全监督管理的局限，用安全文化去塑造每一位职工，从更深的文化层面来激发职工"关注安全、关爱生命"的本能意识，才能确立安全生产的长效机制，实现企业长期、健康、稳定发展。

在全面建设小康社会的进程中，为了实现我国的安全生产战略目标，原国家安全生产监督总局局长李毅中在2005年提出了"五要素"战略思想，指出："加强安全生产要重视五个要素，即安全文化、安全法规、安全责任、安全科技和安全投入。""五要素"是确保安全的一种思路，是搞好工作的科学方法，它通过点与面的有机结合，构成实现安全的有效机制。《北京市安全文化建设纲要》（2007—2010年）中特别强调："安全文化作为安全生产五要素之一，是五要素的灵魂，是各要素产生之根本；而各要素又是安全文化之所以具有现实社会功能的主要形式。"由此可见安全文化在"五要素"中的重要地位，各要素之间相互影响、相互作用，并在它们所属文化的空间结构中，从不同的层面共同促进着经济社会的安全发展。为了在企业发展和推进自身安全文化建设的过程中提供规范化、系统化的指导准则，原国家安全生产监督管理总局在2008年颁布了两个安全文化建设方面的推荐性行业标准，即《企业安全文化建设导则》（AQ/T 9004—2008）和《企业安全文化建设评价准则》（AQ/T 9005—2008），以期通过标准化建设来解决企业安全文化建设过程中存在的对安全文化内涵认识模糊、重"文化活动形式"轻"对文化作用机制的理解"、建设缺乏系统性等一系列问题。

2010年之后，我国企业安全文化建设迎来了快速发展的黄金机遇期，原国家安全生产监督管理总局推出了安全文化建设示范企业创建活动，各省市也紧随其后纷纷开展省市安全文化建设示范企业创建活动，此举有效推动了全国范围内各行业、各地区企业安全文化建设的快速发展，安全文化建设从我国的核工业延伸到了其他各个行业领域。

第二节　企业安全文化的功能与作用

一、企业安全文化的功能

通过充分发挥企业安全文化机制的作用，有助于企业创造安全文化形象和宜人的安全文化氛围，使企业职工建立正确的安全价值观念和思维方法，树立科学的安全意识、态度和遵章守纪的安全行为准则，正确地规范安全生产经营活动和安全生活方式，使企业安全文化向更高的层次发展。总之，安全文化对企业、社会和职工及其家庭，甚至全民会产生深刻的影响，发挥十分重要的作用。

1. 导向功能

企业要在市场经济中求得生存和发展，必须抵抗市场经济浪潮的冲击，摆脱潜伏的危机困扰。而安全的投入、管理和安全文化的建设起着十分重要的作用。一个企业没有完备的安全生产规章制度和严格的约束机制，企业领导、职工没有统一的安全生产理念、认识和规范的行为，事故隐患随处可见，必然导致事故不断。企业整天应付事故处理，职工人心涣散，社会负面影响大，严重的还会导致企业全面停产、瘫痪甚至破产倒闭，此类事件屡见报端。事故和事故隐患以及企业领导、职工不良的理念认识和行为是企业生产经营的大敌，桎梏着企业的生存和发展。摆脱事故困扰势必成为企业生产经营管理中的一项首要任务。

优秀的企业安全文化可渗透到企业生产经营管理中，发挥不可忽视的重要作用。实质上通过企业安全文化的建设，有利于明确企业生产经营发展的目标、方针，建立完善的安全生产规章制度和约束机制，使安全生产管理规范化、科学化。同时，建设企业安全文化可培育企业领导和职工先进的理念认识及共同的价值取向，以此统一、规范企业领导、职工的思想行为，最终实现安全生产目标，引导企业生产经营健康、正常地向前发展。因此，企业安全文化具有不可忽视的导向功能。

2. 凝聚功能

企业在市场经济的浪潮中赖以生存、发展的基础是物质文化。企业职工生活在企业，其生存同样靠的是企业丰厚的物质文化，以满足职工群体日益增长的物质需求。企业、职工之间形成了“企业靠职工发展，职工靠企业生存”的利益共同体，决定了共同追求丰厚的物质文化是双方的动力源泉。安全生产无疑是维护和确保实现共同目标的必要条件。

优秀的企业安全文化建设，能使双方充分认识到安全对实现共同的物质文化目标具有至关重要的作用。企业安全文化实质上是通过多方面、多渠道的方式培育企业、职工群体对安全生产的理念和认识，使职工统一思想、行为，同时传递、沟通心理情感，促进情感相互交融，把共同的利益目标同安全文化建设的结果等同起来，充分激励、调动双方的安全生产热情，使双方形成巨大的合力向共同目标奋进，以追求更高的物质文化水平。由此可见，企业安全文化能把企业、职工群体的价值观念、思想行为、心理情感联合起来，为追求共同的利益目标形成合力，具有强大的凝聚功能。

3. 规范功能

企业安全文化实质上是有形的和无形的安全文化。有形的安全文化是国家的法律条文、企业的规章制度、约束机制、管理办法和环境设施状况。一方面，企业在生产经营活动中，不得不制定出规章制度、约束机制，对企业、职工群体的思想、行为以及环境设施进行安全性的规范、约束；另一方面，对违反有形安全文化的进行教育、惩处，这种“硬约束”在企业、职工中形成自觉的行为约束力量。无形的安全文化是企业、职工的理念、认识和职业道德，它能使有形的安全文化被双方所认同、遵循，同样形成一种自觉的约束力量，这种有效的“软约束”可削弱规章制度等“硬约束”对职工心理的冲撞，削弱其心理抵抗力，从而规范企业环境设施状况和职工的思想、行为，使企业生产关系达到统一、和谐，维护企业、职工的共同利益。安全文化在此意义上具有有形和无形的规范约束功能。

4. 辐射功能

企业安全文化是一扇窗口，透过它可以展示一个企业生产经营规范化、科学化的管理水平，以及企业、职工优秀的整体素质。它从一个侧面显示企业高尚的精神风范，树立良好的企业形象，能激发职工的自豪感、责任感，促进生产力向前发展，提高企业的市场竞争力、社会的知名度和美誉度，辐射并影响其他企业、行业推行企业形象战略。有色金属行业中的白银公司，从 1983 年首先开创“安全标准化作业班组”建设活动以来，安全生产成效显著。它以其独特的安全文化充分展示了企业的形象，赢得了社会的肯定。今天，无论是有色金属行业还是其他行业的企业均以此为榜样，标准化班组、工厂像雨后春笋一样茁壮成长起来。可见，优秀、先进的企业安全文化能够以自己独特的方式以点带面向周围辐射，影响其他企业、行业和地区，即具有一定的辐射功能。

5. 激励功能

企业安全文化建设建立在企业、职工共同价值取向的基础之上。“厂兴我荣，厂衰我耻”充分体现了双方共同价值观念的取向。

企业安全文化实质上是采取多方面、多渠道的方式让职工参与安全管理和决策，听取职工意见和建议。一方面，对表现优秀的职工进行表彰奖励；另一方面，对过失、受挫的职工进行教育、帮助、关心，沟通思想，交流感情，化解矛盾，在浓厚的安全文化氛围中向职工展示企业理解人、尊重人、关心人的理念，从而形成一种团结向上的气氛，充分激发、调动职工的积极性和创造性。企业安全文化有助于职工在企业生产经营管理中体现个人的价值，赢得社会的尊重、赞许，有力地激励职工发挥潜能，同企业一道在市场经济的浪潮中披荆斩棘，共求生存、同谋发展。这种激励功能对企业物质文化的丰富发挥着重要的作用。

6. 调适功能

企业生产属社会性的大生产。在生产经营的过程中，人的心理因素、人际关系会随着时间的推移而发生改变，市场环境会随着先进技术的广泛应用而发生改变，机制为适应生产力的发展要求适时调整、变化，物质环境随着生产力的发展同样会发生改变，从而导致生产关系难以避免发生改变，产生对生产力发展的制约作用，对企业生产经营产生不可忽视的负面影响。

企业在安全文化的建设中，可以通过形式多样的活动沟通信息，交流思想，传递情感，统一认识，创造良好的心理环境，增强职工自我承受力、适应性和应变能力，消除心理冲突，化解人际关系的矛盾。同时，建设企业安全文化有助于为职工创造整洁、优雅、舒适的环境，净化其心灵，让职工在轻松愉快的工作环境中感受企业大家庭的温暖，激发其劳动热情，自觉创造和寻求融洽和谐的生产关系，使企业生产经营充满生机、活力。企业安全文化在企业生产经营管理中协调了生产关系，适应了企业生产力的发展，在此意义上，企业安全文化具有较强的调适功能。

二、企业安全文化的作用

1. 安全认识的导向作用

通过企业安全文化建设，可使企业逐渐明白安全意识、态度、信念、道德、伦理、目标、行为准则等对安全生产、生活的重要作用，从而在生产经营和日常生活活动中为职工提供科学的指导思想和精神力量，使企业职工都能成为生产和生活安全的创造者和保障人。没有正确的理念，就会迷失方向，安全文化理念对企业安全生产活动有重要的引导和导向作用。

2. 安全思维的启迪和开发作用

企业安全文化建设，实际上是不断地教育、培养、启迪、开发职工唯物、科学的思维方法。正确掌握人思维的机理及规律性，不断启迪和开发职工对安全（或不安全）的认知和判断力，最后产生相应的安全反响或行动。没有正确的思维方法，其意识和行为就是不完美的，甚至是错误的。安全思维方法决定了人的安全意识及安全行为，正确认识和科学处理安全生产或安全活动离不开科学的思维方法。

3. 安全意识的更新作用

企业安全文化建设不断给职工提供适应深化改革、发展市场经济、推动企业安全生产的新理论、新观点、新思路、新方法，从而提出企业安全生产经营活动的新举措、新观点、新途径、新手段。这就必然要求职工及时更新或转变思维方法、安全意识和观念，以不断完善和提高职工安全意识和自我保护能力。

安全意识是一种潜在的安全自护器，表现在生产、生活的一切活动中，安全意识已成为安全习俗、安全信仰的基础，是安全行为的第一道防线。安全意识的更新，标志着人们对安全本质及其运动规律认识的深化，标志着自我保护意识的提高或增强。安全文化潜移默化地影响人的安全意识，更新人的安全认识。

社会和企业建立正确的企业安全文化机制，逐渐形成宜人的安全文化氛围，职工的安全意识和安全行为将成为企业安全生产经营活动的根本保障。安全是职工最基本的需求，并受国家法律保护。正确的安全理念和安全意识，可使人的安全行为和活动从被动消极的状态变成一种自觉、积极的行动。通过安全文化的宣传教育、培训手段，转变思维，提高安全意识，从而对人的安全行为起到激励和完善的作用。

4. 安全行为的规范作用

安全文化的宣传和教育，使职工懂得“以人为本”要从自身做起，保护自己的安全与健康是职工的权利和义务。因此，企业安全文化可使职工加深对安全规章制度的理解和认识，学习和掌握安全生产技能，从而对职工生产过程的安全操作和生产劳动，以及社会公共交往和行动起到安全规范的作用或对不安全的行为形成无形的约束力量。

5. 安全生产的动力作用

安全文化建设的目的之一是树立安全文明生产的思想、观念及行为准则，使职工产生强烈的安全使命感和激励推动力量。心理学表明，越能认识行为的意义，行为的社会意义越明显，越能产生行为的推动力。安全文化建设可以提高生产力要素中人的安全素质、安全意识，规范安全行为。自我保护意识必然成为安全生产的原动力。

倡导安全文化正是帮助职工认识安全文化活动的意义，宣传“安全第一、预防为主”“关爱生命、珍惜生命”的理念就是要求职工从“要我安全”转变为“我要安全”，进而发展到“我会安全”。这样既能不断提高安全生产水平，又能保护职工安全与健康。职工文化素质体现了安全生产的动力作用，同时又推动了文明生产。

6. 安全知识的传播作用

通过安全文化的教育功能，因地制宜，采用各种传统的、现代的文化教育方式，对职工进行安全科技文化教育，如各种安全常识、安全技能、事故案例、安全意识、安全法规等安全知识的教育，从而广泛地宣传安全文化知识和安全科学技术，提高公众安全文化意识和自我保护水平。

7. 安全文化的其他作用

企业安全文化还有凝聚力和向心力功能，融合功能，示范、信誉、辐射功能等。不断地利用企业安全文化的导向、激励、规范、约束、凝聚、融合、自控、协调、塑造形象、信誉、辐射等功能，结合实际，有的放矢，就能更好地发挥企业安全文化的重要作用。

企业安全文化建设具有安全生产务实作用和文明生产的战略意义。归根结底，企业安全文化是“以人为本”，是“关爱生命、珍惜生命”，是保护生产力、发展生产力，是尊重人、爱护人，是安全文明生产，是心灵深层次人因工程开发的、与时俱进的先进文化。安全文化建设是保障企业安全生产，保护职工安全与健康，提高大众安全生活质量和水平的根本途径。

三、企业安全文化的重要性

安全文化应用于工业领域就成了企业安全文化。企业安全文化建设就是要在企业的一切方面、一切活动之中，形成一个强大的安全文化氛围。在这种氛围中，企业职工的一切行为将自然地规范在这种安全价值取向和安全行为准则之中，别无选择。

安全文化建设是企业文化建设的重要内容。企业在生存和发展过程中，其战略、机制、人员、作风、技能、结构、共同价值观决定了企业管理的系统及其功能，企业管理的核心在于企业价值观的实现。企业要实现自己的价值观，重点在于企业文化的建立和发展。企业运营的全过程，又与生产安全密切相关。要做到安全生产，实现文明生产，其关键在于建立和发展企业安全文化。安全文化是企业管理的灵魂，是企业管理科学的升华。安全文化既是企业文化之本，也是企业文化的归宿。

安全文化提出“安全第一”的工作原则、“安全第一”的行为准则、“安全第一”的企业经营方针，体现出安全已成为人的第一需求。企业安全文化建设，可在生产活动中激发职工的安全思维，培养职工的安全行为，使职工遵守安全道德规范，最终实现安全价值。

搞好企业安全文化建设，用安全文化造就具有完善的安全心理、高尚的行为取向和文明生产生活秩序的现代人，是企业在生产、经营、发展中长期一贯的追求。

因此，企业安全文化建设是企业预防事故的基础性工程。企业安全文化建设具有保障安全生产和生活的战略性意义。企业安全文化建设不仅包括安全宣传、文艺、管理、教育、文化、经济等软手段的建设，还包括安全科技、安全工程、安全设备、工具等硬技术的建设，所以具有综合性、全面性和可操作性。

第三节 企业安全文化建设

企业安全文化建设就是通过综合的组织、管理等手段，使企业的安全文化不断进步和发展的过程。

一、企业安全文化建设的总体模式

企业在安全文化建设过程中，应充分考虑自身内部和外部的文化特征，引导全体职工的安全态度和安全行为，实现在法律和政府监管要求之上的安全自我约束，通过全员参与实现企业安全生产水平持续提高。

企业安全文化建设的总体模式如图 9-1 所示。

二、企业安全文化建设的基本要素

1. 安全承诺

（1）企业应建立包括安全价值观、安全愿景、安全使命和安全目标等在内的安全承诺。安全承诺应符合以下要求：

1）切合企业特点和实际，反映共同安全志向。

2）明确安全问题在组织内部具有最高优先权。

3）声明所有与企业安全有关的重要活动都追求卓越。

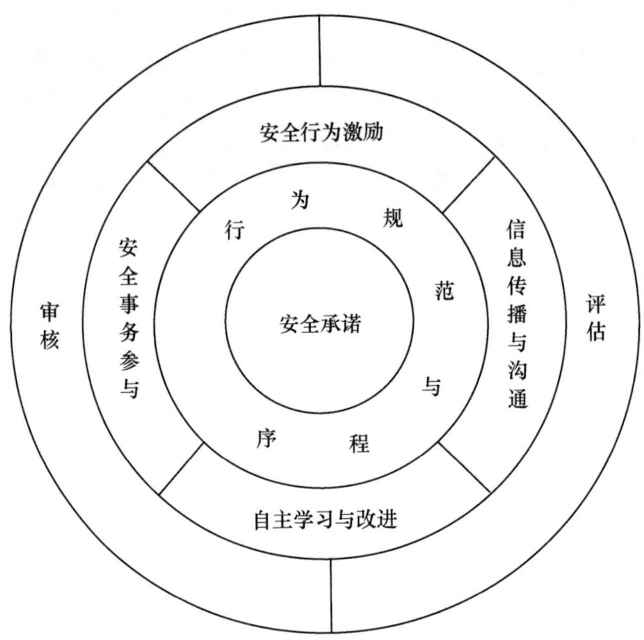

图 9-1 企业安全文化建设的总体模式

4）含义清晰明了，并被全体职工和相关方所知晓和理解。

（2）企业的领导应对安全承诺做出有形的表率，应让各级管理者和职工切身感受到企业领导对安全承诺的实践。企业领导应做好以下工作：

1）提供安全工作的领导力，坚持保守决策，以有形的方式表达对安全的关注。

2）在安全生产上真正投入时间和资源。

3）制定安全发展的战略规划，以推动安全承诺的实践。

4）接受培训，有能力处理与企业相关的安全事务。

5）授权企业的各级管理者和职工参与安全生产工作，积极质疑安全问题。

6）安排对安全实践或实施过程的定期审查。

7）与相关方进行沟通和合作。

（3）企业的各级管理者应对安全承诺的实践起到示范和推进作用，形成严谨的制度化工作方法，营造有利于安全的工作氛围，培育重视安全的工作态度。各级管理者应做好以下工作：

1）清晰界定全体职工的岗位安全责任。

2）确保所有与安全相关的活动均采用了安全的工作方法。

3）确保全体职工充分理解并胜任所承担的工作。

4）鼓励和肯定在安全方面的良好态度，注重从差错中学习和获益。

5）在追求卓越的安全绩效、质疑安全问题方面能以身作则。

6）接受培训，有能力推进和辅导职工改进安全绩效。

7）保持与相关方的交流合作，促进企业部门之间的沟通与协作。

（4）企业的职工应充分理解和接受企业的安全承诺，并结合岗位工作任务实践这种安全承诺。职工应做到以下几点：

1）在本职工作上始终采取安全的方法。

2）对任何与安全相关的工作保持质疑的态度。

3）对任何安全异常和事件保持警觉并主动报告。

4）接受培训，在岗位工作中具有改进安全绩效的能力。

5）能与管理者和其他职工进行必要的沟通。

（5）企业应将自己的安全承诺传达到相关方，必要时应要求供应商、承包商等相关方提供相应的安全承诺。

2. 行为规范与程序

（1）行为规范。企业内部的行为规范是企业安全承诺的具体体现和安全文化建设的基础要求。企业应确保拥有能够达到和维持安全绩效的管理系统，建立清晰界定的组织结构和安全职责体系，有效约束全体职工的行为。行为规范的建立和执行应满足以下要求：

1）体现企业的安全承诺。

2）明确各级各岗位人员在安全生产工作中的职责与权限。

3）细化有关安全生产的各项规章制度和操作程序。

4）行为规范的执行者参与行为规范的建立，熟知自己在企业中的安全角色和责任。

5）由正式文件予以发布。

6）引导职工理解和接受建立行为规范的必要性，知晓由于不遵守规范所引发的潜在不利后果。

7）通过各级管理者或被授权者观测职工行为，实施有效监控和缺陷纠正。

8）广泛听取职工意见，建立持续改进机制。

（2）程序。程序是行为规范的重要组成部分。企业应建立必要的程序，以实现对与安全相关的所有活动进行有效控制的目的。程序的建立和执行应满足以下要求：

1）识别并说明主要的风险，简单易懂，便于实际操作。

2）程序的使用者（必要时包括承包商）参与程序的制定和改进过程，并应清楚理解不遵守程序可能导致的潜在不利后果。

3）由正式文件予以发布。

4）通过强化培训，向职工阐明在程序中给出特殊要求的原因。

5）对程序的有效执行保持警觉，即使在生产经营压力很大时，也不能容忍走捷径和违反程序的行为。

6）鼓励职工对程序的执行保持质疑的安全态度，必要时采取更加保守的行动并寻求帮助。

3. 安全行为激励

企业在审查和评估自身安全绩效时，除使用事故发生率等消极指标外，还应使用旨在对安全绩效给予直接认可的积极指标。

应鼓励职工在任何时间和地点，挑战所遇到的潜在不安全实践，并识别存在的安全缺陷。对职工所识别的安全缺陷，企业应给予及时处理和反馈。

企业应建立职工安全绩效评估系统，建立将安全绩效与工作业绩相结合的奖励制度。审慎对待职工的差错，避免过多关注错误本身，而应以吸取经验教训为主要目的。应仔细权衡惩罚措施，避免因处罚而导致职工隐瞒错误。

应在企业内部树立安全榜样或典范，发挥安全行为和安全态度的示范作用。

4. 安全信息传播与沟通

企业应建立安全信息传播系统，综合利用各种传播途径和方式，提高传播效果。

企业应优化安全信息的传播内容，将企业内部有关安全的经验、实践和概念作为传播内容的组成部分。

企业应就安全事项建立良好的沟通程序，确保企业与政府监管机构和相关方、各级管理者与职工、职工相互之间的沟通。沟通应满足以下要求：

（1）确认有关安全事项的信息已经发送，并被接受方所接收和理解。

（2）涉及安全事件的沟通信息应真实、开放。

（3）职工应认识到沟通对安全的重要性，从他人处获取信息和向他人传递信息。

5. 自主学习与改进

企业应建立有效的安全学习模式，实现动态发展的安全学习过程，保证安全绩效的持续改进。企业安全自主学习过程模式如图 9-2 所示。

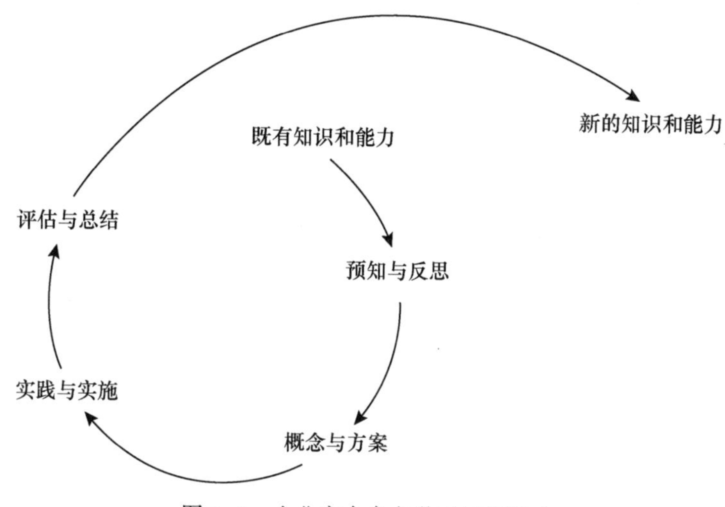

图 9-2　企业安全自主学习过程模式

企业应建立正式的岗位适任资格评估和培训系统，确保全体职工充分胜任所承担的工作。企业应做好以下工作：

（1）制定人员聘任和选拔程序，保证职工具有岗位适任要求的初始条件。

（2）安排必要的培训及定期复训，评估培训效果。

（3）培训内容除有关安全知识和技能外，还应包括对严格遵守安全规范的理解，以及个人安全职责的重要意义和因理解偏差或不严谨而产生失误的后果。

（4）除借助外部培训机构外，应选拔、训练和聘任内部培训教师，使其成为企业安全文化建设过程中知识和信息传播者。

企业应将与安全相关的任何事件，尤其是人员失误或组织错误事件，当作能够从中汲取经验教训的宝贵机会与信息资源，从而改进行为规范和程序，获得新的知识和能力。

应鼓励职工对安全问题予以关注，进行团队协作，利用既有知识和能力，辨识和分析可供改进的机会，对改进措施提出建议，并在可控条件下授权职工自主改进。

经验教训、改进机会和改进过程的信息应编写到企业内部培训课程或宣传教育活动的内容中，使职工广泛知晓。

6. 安全事务参与

全体职工都应认识到自己负有对自身和他人安全做出贡献的重要责任。职工对安全事务的参与是落实这种责任的最佳途径。

职工参与安全事务的方式包括但不局限于以下类型：

（1）建立在信任和免责备基础上的微小差错职工报告机制。

（2）成立职工安全改进小组，给予必要的授权、辅导和交流。

（3）定期召开有职工代表参加的安全会议，讨论安全绩效和改进行动。

（4）开展岗位风险预见性分析和不安全行为或不安全状态的自查自评活动。企业应根据自身的特点和需要确定职工参与的形式。

所有承包商对企业的安全绩效改进均可做出贡献。企业应建立让承包商参与安全事务和改进过程的机制，包括以下方式：

（1）应将与承包商有关的政策纳入安全文化建设的范畴。

（2）应加强与承包商的沟通和交流，必要时给予培训，使承包商清楚企业的要求和标准。

（3）应让承包商参与工作准备、风险分析和经验反馈等活动。

（4）倾听承包商对企业生产经营过程中所存在的安全改进机会的意见。

7. 审核与评估

企业应对自身安全文化建设情况进行定期的全面审核，并做好以下工作：

（1）企业领导应定期组织各级管理者评审企业安全文化建设过程的有效性和安全绩效结果。

（2）企业领导应根据审核结果确定并落实整改的优先次序，并识别新的改进机会。

（3）必要时，应鼓励相关方参与，以确保其安全绩效与企业协调一致。

在安全文化建设过程中及审核时，应采用有效的安全文化评估方法，关注安全绩效下滑的前兆，给予及时的控制和改进。

三、企业安全文化建设的推进与保障

1. 规划与计划

企业应充分认识安全文化建设的阶段性、复杂性和持续改进性，由企业最高领导组织制定推动本企业安全文化建设的长期规划和阶段性计划。规划和计划应在实施过程中不断完善。

2. 保障条件

企业应提供安全文化建设的保障条件，主要包括以下内容：

（1）明确安全文化建设的领导职能，建立领导机制。

（2）确定负责推动安全文化建设的组织机构与人员，落实其职能。

（3）保证必需的建设资金投入。

（4）配置适用的安全文化信息传播系统。

3. 骨干的选拔和培养

企业应在管理者和普通职工中选拔和培养一批能够有效推动安全文化发展的骨干。这些骨干扮演职工、团队和各级管理者指导老师的角色，承担辅导和鼓励全体职工向良好的安全态度和行为转变的职责。

四、企业安全文化建设模式

企业安全文化的核心问题就是人的问题。企业安全文化建设的模式主要围绕安全观念文化、安全行为文化、安全管理（制度）文化、安全物质文化 4 个方面来展开，其实质就是规范企业广大职工的安全行为，从而使职工将实现职业安全与健康作为共同的价值观念，保障安全生产，防止各类事故，尤其是杜绝重大恶性事故的发生。

1. 安全观念文化的建设

安全观念文化是包括价值观、准则、信念、意识、态度、社会知觉、士气、认识论等思想、观点、精神层次上的上层建筑，是个体和团体行为、活动的理论基础。安全观念文化的建设就是要建立起“安全第一”的哲学观念；预防为主，安全为天的意识；安全维系职工的生命、健康与幸福的伦理观念；安全既有经济效益，又有社会效益的价值观念；安全科学与技术也是生产力的科学观念；安全系统是控制系统，生产系统是被（安全）控制的辩证观念。企业领导要建立安全为了生产，生产必须安全的认识；全面安全管理的意识；“三同时”“五同时”的意识；安全经济保障与信息流的意识；安全责任制与事故超前预防的意识等。职工要建立安全生产、人人有责的意识；遵章光荣，违章可耻的意识；珍惜生命，修养自我的意识；自律、自爱、自护、自救的意识；保护自己，爱护他人的意识；事故源于“三违”与失误的意识；消除隐患，事事警觉的意识；遵照科学、规范行为的科学意识；学习安全技术、提高技能的意识等。

2. 安全行为文化的建设

安全行为文化是企业安全文化的动态部分。安全行为文化的建设包括领导安全行为的建设和职工及家属安全行为的建设。领导安全行为的建设是指改善领导对安全工作的态度；改善领导对现场指挥的策略、方式及能力；改善领导对安全经费的决策及态度，以及对安全专职人员的用人及态度；改善在“五同时”方面的表现；

改善责任制范围内的工作表现；改善学习安全规程、知识、管理等方面的表现；改善事故发生时的行动及指挥能力表现等。职工安全行为的建设包括对职工进行三级教育、特殊教育、日常教育、安全宣传、班组建设等，使职工遵章守纪，提高职工的操作技能，减少职工的行为失误，改善职工工作态度等方面。职工及家属相关行为的建设指企业要关心职工的家庭生活，及时解决职工在生活中遇到的困难，使职工安心工作，减少不安全行为等。

3. 安全管理（制度）文化的建设

安全管理（制度）文化是企业安全生产的运作保障机制。安全管理文化的建设包括落实企业责任，对法律法规的认识和理解，自身安全制度和标准体系的建设等方面。责任制的落实包括落实法定代表人、主管领导、各职能部门及其负责人、各级机构（车间、班组等）及负责人的安全生产职责。对法律法规的认识和理解包括对法律法规的学习、认识及落实状况。企业自身安全制度和标准体系的建设包括各种岗位和工程的安全制度和规范，安全检查、检验制度，安全学习及培训制度，安全训练（操作、防火、自救等）制度，安全教育及宣传制度，事故调查与处理制度，劳动保护和女职工保护等一系列制度的建设，这些制度和标准起着规范人们安全行为的作用。

4. 安全物质文化的建设

安全物质文化是企业安全生产的物态或硬件部分，主要体现在科学技术的应用方面。科学技术包括生产工艺的科学技术及安全的科学技术，具体涉及生产的工具、设备、设施、材料、燃料、仪器、物化环境，以及安全工程设施、设备、装置、检测手段、防火及应急手段、安全信息手段等物质条件。安全物质文化的建设，是指通过采用先进、高效的生产工艺技术，安全性高的生产设备，灵敏、可靠的安全预警、预报和防护系统，快捷的事故应急系统，现代化的安全检验及环境监控系统，先进的人、机、环境信息管理技术，完善的标准及规程等来规范人的行为，从而极大减少事故的发生。

安全文化建设的目标和模式应该因地制宜，以企业的实际情况为基础，根据企业的需求或特殊目的而创建或选用。通过国内一些企业安全文化建设的实践，证明有效的方式、方法、模式和途径繁多，一些专家、学者将企业安全文化建设的模式设计概括为10大类模式（见表9-1至表9-10），每种模式可采用定期组织操作或非定期组织操作的方式进行。定期组织操作模式可采用安全宣传月、安全教育月、安全管理（法制）月、安全活动月、安全科技月、安全检查月、安全总结月等。非定期组织操作模式可采用安全技能状元赛、安全生产标兵事迹报告会、重大伤亡分析会、安全文化讲演赛等。每一种模式可能成为企业安全文化建设的一项经常性工作，需常抓不懈。

表 9-1　　安全宣传建设

项目	内容	方式	目标	对象	责任人
三个第一	第一个文件是“安全文件”，第一个大会是“安全大会”，第一项工作是“安全 1 号文件的宣传月活动”	会议、学习、广播、电视、考试	突出安全、抓好安全，为全年的安全工作开好头	全员	党政负责人、宣传和安技部门
“三个一”工程	区队一套挂图，矿区一幅图标，每周一场录像	实物建设	增长知识	全员	安技和宣传部门
标志建设	禁止标志、警告标志、指令标志、提示标志	实物建设	警示作用、强化意识	职工	安技和宣传部门
宣传墙报	安全知识、事故教训等	实物建设	增长知识	全员	安技和宣传部门

表 9-2　　安全教育（学习）建设

项目	内容	方式	目标	对象	责任人
特殊教育	特殊工种、岗位、部门必备的安全知识和规程	学习、演练、考核	细化意识，掌握知识和技能	特殊工种	区队、安技部门及动力设备相关部门
全员教育	安全知识、事故案例、政策规程	组织学习、研讨、广播、电教	增强观念，扩展知识，提高素质	全员	安技部门
家属教育	厂情、工种和岗位知识	座谈、家访	创造协调的家庭生活背景	结合岗位	安技部门和工会
班组读报活动	选择与自己安全生产相关的读报内容，如事故案例分析、安全知识、政策法规等	班组安全活动会	提高认识，增加知识，强化意识	班组成员	班组长或班组安全员
干部教育	政策、法规、管理知识	学习、报告、座谈	强化意识，提高管理素质	各级领导	主要负责人、安技部门

表 9-3　　安全管理（法制）建设

项目	内容	方式	目标	对象	责任人
全面管理	责任制建设、各种法规文件、技术标准	通过安全文件建设，定员、定岗、定责	强化责任，落实措施，明确目标，做到横向管理到边（各职能部门）、纵向管理到底（班组岗位）	全员	主要负责人、安技部门专业人员
“四全”管理	全员、全面、全过程、全天候管理	全员运动	人人、处处、事事、时时把安全放在首位	全员	党政负责人、企业管理部门、安技部门
“三群”对策	安全生产推行群策、群力、群管	群策：人人献计献策，群力：人人遵章守纪；群管：人人参与监督检查	创造全方位科学管理、严格管理的群众氛围，使安全责任得以贯彻、安全规章得以遵守、事故对策得以落实	全员	各级管理人员及安技部门
“三负责”制	从文化精神的角度激励情感，从行政与法制的角度明确“三负责”：向职工负责，向家人负责，向自己负责	通过各种教育的手段，学习规程、制度，明确责任	落实安全生产、人人有责的原则，激发安全生产的责任心与责任感	全员	各级管理人员
系统管理工程	人员、设备、环境的安全性分析、对策	专题研究、分析报告	找出问题，分析对策，提出措施	生产要素	安技部门
无隐患管理	隐患分析、管理、控制	全员运动	查出隐患，分级排列，采取对策措施	人机环境	安技部门
“定置”管理	对工作车间（岗位）和职工操作行为进行定置管理	通过严格的标准化设计和建设要求规范，实施物态环境和职工操作行为的管理	创造良好的生产物态环境，使物态环境隐患得以消除；控制职工作业操作过程的空间行为状态，使行为失误减少和消除	车间或岗位的物态（设施、设备、工具等）、现场职工	车间生产管理人员和班组长

续表

项目	内容	方式	目标	对象	责任人
“5S”活动	整理、整顿、清扫、清洁、态度	全员运动	改善工作环境，养成良好的工作习惯和生活习惯，实现提高工作效率和职工素质、确保安全生产的目标	人机环境	党政负责人及安技、企业管理和环保部门
保险对策	对比分析保险效果，进行研究，提出新的对策	研究、分析对比、投保	有效投保，提高安全投资效益	相关人员	安技和财务部门

表 9-4　安全百日竞赛活动

项目	内容	方式	目标	对象	责任人
安全竞赛	区队、班组、岗位进行全面安全竞赛	查现场，问职工，看效果，定量评比	强化观念，落实措施，提高事故预防能力	生产一线	主要负责人、安技部门
安全生产周	结合全国活动主题，进行针对性活动	根据形势适时确定	提高安全生产水平	全员	各级党政负责人
安全演讲比赛	安全常规知识、专业知识、厂情状况	演讲	深入基层，动员全员参与，强化认识	班组	相关部门、区队
事故祭日	本单位案例或同行业重大事故案例回顾	会议报告、挂黑旗	警钟长鸣，教训常温，强化意识	全员	安技部门
安全贺年活动	为 30 年安全生产先进工作者庆贺平安人生	大会挂彩、奖励表彰	号召向榜样学习，激励自我安全意识	全员	党、政、工、安技部门
“信得过”活动	生产、工艺、纪律、安全、环保等方面	“四一”工作程序法：班组一日一考核，一周一汇总；车间一月一检查，一季一总结；厂半年一次检查验收；公司半年一次联合验收	改善工作环境，养成良好的工作习惯和生活习惯，实现提高工作效率和职工素质、确保安全生产的目标	全员或各班组	党政负责人、企业管理部门、环保部门、工会

续表

项目	内容	方式	目标	对象	责任人
文艺活动	诗歌、歌曲、灯谜等文艺形式	结合劳动节自编或邀请	寓教于乐，增强安全意识	全员	工会和安技部门

表 9–5　　安全科技建设

项目	内容	方式	目标	对象	责任人
标准化岗位建设（三标）	区队、班组、岗位进行安全标准化作业建设（防火、防毒、防电、防尘）	定标准、定项目、定内容硬件建设	在硬件上做到达标合格，提高硬件的本质安全水平	生产一线	技术部门、安技部门
“绿色岗位”建设	针对特殊岗位进行全方位（人、机、环）安全建设	定方案进行全面建设	提高特殊岗位的事故防范能力	特殊岗位	技术部门、安技部门
人机界面安全设计	对企业内部各种条件下的人机界面进行研究、分析，通过硬件设计、改造实现本质安全	技术革新、硬件改造	提高各种条件下的人机界面安全性	人机操作岗位	技术部门、安技部门
应急预案	对可能发生的火灾、爆炸、泄漏等事故，设计应急实施方案	软件方案、硬件建设逐步完善	根据危险性级别，能够快速反应、高效应对	危险场所岗位	安技部门、技术部门
“三点”控制	对生产现场的重要位置进行整体重点控制	以区队或岗位为单位，进行有目标、责任明确的分级控制和分级管理	对危险性和危害性严重的生产作业点进行整体、有效的控制	事故多发点、事故危险点、尘毒危害点	班组、区队、安技部门
“三治”工程	治烟、治尘、治毒	每年进行项目预算、立项，采取安技项目推广制	通过采用各种新技术、新方法，落实安全生产的工程技术对策，尽力实现物态的本质安全化	生产工艺关键部位	安技部门和技术部门
隐患整治	对生产技术及工艺中存在的隐患进行分期、分批的改造、整治	技术革新、改造工艺	按隐患的严重性程度，进行有计划的达标整治（作业条件危险评价法）	隐患设施	技术设计部门、安技部门

表 9-6　　安全日常活动

项目	内容	方式	目标	对象	责任人
“三不伤害”活动	进行不伤害自己、不伤害别人、不被别人伤害的宣传教育活动	教育、宣传，查行为、表态度	让企业职工在思想、意识、观念上有深刻的认识	一线职工	安技和宣传部门、工会、青工
事故判定活动	经过专门设计，组织区队一线兼职安全员对可能发生事故的状况进行分析判定	座谈会；填表，综合统计分析	对可能发生事故的状况进行超前判定，以指导有效的预防活动	兼职安全员	安技部门
危险预知活动	生产班组通过定期的班前、班后会议，进行危险作业分析、揭露、警告等活动	以生产班组为单位，对生产过程进行危险分析	通过职工自身的安全活动，控制生产过程中的危险行为和物的危险状况	生产中的人和机	区队、生产班组
班组建“小家”活动	班组活动室的卫生文明建设	组织全体成员对环境、物态进行卫生文明建设	创造卫生文明环境，形成一种环境的行为约束力，使职工自觉地执行安全文明的行为规范，对不安全行为形成一种无形的约束力	班组活动室或操作间	班组全体成员
“六个一”安全主题活动	查一个事故隐患，提一条安全建议，背一条安全规程，讲一件事故教训，当一周安全监督员，献一元安措经费	定方案、有程序、有步骤地进行	对青年职工进行一次自我安全教育，提高其安全生产的能动性，做到预防为主	青年职工	安技部门
安全目标管理	在安全教育、安全制度建设、安全技术推广、安全措施经费等方面进行目标化的管理	管理科学化	使安全管理做到有目标、有计划、有步骤、有措施、有资金、有条件	安全管理层	安技部门

续表

项目	内容	方式	目标	对象	责任人
安全生产委员会会议	上季安全工作总结、安全隐患治理情况通报，下季安全工作布置，重大的安全生产决策	有布置、有总结、分级管理并且落实	安全决策，措施落实，隐患控制	厂长（经理）、各级管理者	安全生产委员会成员
经济对策	通过事故罚款、入厂风险金、安全奖金、安全措施保证金、工伤保险、事故赔偿、安全措施提成、建立安全基金等手段，进行安全强化管理		建立激励机制，强化安全的科学管理	职工、区队、班组	安技部门
风险抵押制	采取安全生产风险抵押承包方式，进行事故目标控制的管理（责任书、承包目标、考核内容、奖罚办法等）	年初承包抵押，年底考核奖罚	强化意识，强化管理力度，使责任到位，严格管理	各级领导、基层安全员	安技部门
无隐患管理	对生产过程中的隐患进行有目标的控制性管理	分类、分级、建档、报表、统计、分析	对隐患管理达到像事故管理一样的程度，消除隐患，保障安全	岗位职工	安技部门
开工安全警告会	对新上项目、更改项目等新的项目开工召开安全警告会	会议	强化安全意识，深化安全管理	生产管理者	第一把手、安技人员
现场安全正计时	在生产现场挂牌，标记表明安全生产（无重大伤亡、无事故停产、无火灾爆炸等）天数	警示牌	警告作用	现场职工	区队
事故告示	对发生伤亡的时间、休工损失、险肇事件等事故状况进行挂牌警告	警示牌	警告作用	现场职工	安技部门

表 9-7　　安全检查活动

项目	内容	方式	目标	对象	责任人
人因安全性检查	对各级领导、职工进行责任制、安全培训、技能等方面的考评	填表、抽查、分析评价	使企业各级领导和职工的安全意识、安全知识技能达标	全员	安技、教育、人事部门
物态安全性检查	对各种生产设备、装置、工具、材料等生产物质进行全面的安全可靠性检查和评价	安全检查表	通过全面检查和评价发现隐患，指导有效整改	生产物质	技术、设备、安技部门
“四查”工程	查思想、查制度、查设施、查教育、查防护品、查隐患、查“三违”	岗位一天一查，班组区队一周一查，矿级一月一查，公司一季一查	岗位设施安全运行，职工安全操作；班组安全作业，安全生产；区队环境安全，规范文明生产；矿责任落实到位，安全管理规范化	岗位、班组、区队、矿	班组长、区队领导、安技人员
安全管理效能检查	对企业的安全机构、人员、职能、制度、经费投入等安全管理的效能进行全面系统的检查	分层次、对象，采用座谈分析、项目对照方式	通过系统分析和检查，促使企业完善安全管理，提高安全管理效能	机构职能安全目标	第一把手，人事、安技部门
岗位责任制检查	岗位专责制、交接班制、巡回检查制、设备维护保养制、质量负责制、岗位练兵制、安全生产制、班组经济核算制、文明生产制、班组思想政治工作制	每季一次现场生产管理大检查，先自查、后公司联合检查	全面贯彻落实以“岗位责任制”为中心的十大规章制度	生产区队、科室	企业管理部门、安技部门

表 9-8　　安全演练活动

项目	内容	方式	目标	对象	责任人
灭火技能演习	进行各种消防器材的实际使用演练	模拟式实物训练	使职工熟悉每一种常规消防器材的使用	职工	安技部门

续表

项目	内容	方式	目标	对象	责任人
火灾应急技能演习	对可能出现的火灾事故进行有效的车间岗位应急处置、个人救生等应急技能演练	现场模拟方式，按应急预案进行	对可能发生的险情做到正确的判断、处置、求生	职工	安技部门
爆炸应急技能演习	对可能出现的爆炸事故进行有效的车间岗位应急处置、个人救生等应急技能演练	现场模拟方式，按应急预案进行	对可能发生的险情做到正确的判断、处置、求生	职工	安技部门
泄漏应急技能演习	对可能出现的泄漏事故进行有效的车间岗位应急处置、个人救生等应急技能演练	现场模拟方式，按应急预案进行	对可能发生的险情做到正确的判断、处置、求生	职工	安技部门

表 9–9　　安全报告活动

项目	内容	方式	目标	对象	责任人
知识竞赛	进行安全知识竞赛活动	会议方式、电视实况	使职工重温安全知识，对新职工进行安全知识强化教育	区队、班组、职工	安技、宣传、教育部门
事故报告会	对当年本企业或同行业发生的事故进行报告	职工大会或区队会议	吸取教训，警钟长鸣	区队、班组、职工	生产部门、安技部门
安全汇报会	以二级分厂为单位对安全生产状况、隐患、问题、全年工作状况、来年的工作重点进行报告	中层干部会议	总结工作、分析问题，规划目标、制定对策	中层管理人员	企业领导、生产与安技部门

表 9–10　　安全评价活动

项目	内容	方式	目标	对象	责任人
安全评价	对企业在安全管理、安全教育、安全设施、现场环境等安全生产的软件、硬件进行全面评价	专家组检查、分析	发现问题，抓住薄弱环节，指导来年安全工作对策	管理设施、设备、环境	技术和安技部门、生产负责人

续表

项目	内容	方式	目标	对象	责任人
安全庆功会	对安全生产先进的班组、区队、个人进行表彰、奖励	全体会议	鼓励先进、促进落后	区队、班组、职工	企业最高行政机构
安全人生祝贺活动	对安全生产30年、安全驾驶50万公里等长期安全生产的职工进行安全人生庆贺活动	用生日晚会的形式激发职工安全生产热情，用文化和精神的手段感染人、教育人		一线职工	安技和宣传部门、工会

本章小结

本章主要介绍了企业安全文化的有关知识。通过对本章的学习，学生应了解安全文化的发展历程、企业安全文化建设的重要性；理解安全文化的概念、基本内涵和特点；掌握安全文化的形态体系、安全文化的功能和作用、企业安全文化建设的基本要素和建设模式。

复习思考题

1. 何为安全文化？
2. 简述安全文化的形态体系。
3. 安全文化具有哪些功能？
4. 安全文化对安全生产的作用体现在哪些方面？
5. 企业安全文化建设的基本要素有哪些？
6. 如何建设企业安全文化？

第十章　系统安全评价与危险控制技术

本章学习目标

1. 理解系统安全评价的原则、目的和程序，事故预警和应急系统的流程。
2. 理解并掌握系统安全评价的定性和定量方法、系统危险的控制技术。
3. 了解系统安全评价的意义、事故预警和应急系统的必要性。

第一节　系统安全评价

任何系统在其生命周期内都有发生事故的可能，区别只在于发生频率和损失严重度不同而已。因为在系统的规划、设计、制造、试验、安装、使用等各个阶段都可能产生各种类型的危险因素。在一定条件下，如果对危险因素失去控制或防范不周，就会发展为事故，造成人员伤亡和财产损失。为了控制危险因素，使其不发展为事故，或减少事故损失，就必须对它们有充分认识，掌握危险因素发展为事故的规律。即充分揭示系统存在的所有危险因素及其造成事故的可能性和发生事故造成损失的大小，进而衡量系统的事故风险大小，据此确定是否需要进行系统技术改造和采取防范措施，变更后的系统危险因素能否得到有效控制，技术上是否可行，经济上是否合理，以及系统是否最终达到了社会认可的安全指标。这些就是安全评价的基本内容和过程。

一、概述

系统安全评价也称系统风险评价，它是安全系统工程的重要组成部分。系统安全评价是采用系统科学的方法辨识系统存在的危险因素，并根据事故风险大小采取相应安全措施，以达到系统安全的过程。

1. 系统安全评价的目的和内容

安全评价，在国外也叫“风险评价”（risk assessment，RA）。系统安全评价以实现系统安全为目的，按照科学的程序和方法，对系统中存在的危险因素、发生事故的可能性、损失和伤害严重程度进行调查研究与分析论证，从而确定是否需要改进技术路线和防范措施，整改后危险性将得到怎样的控制和消除，技术上是否可行，经济上是否合理，以及系统是否最终达到社会所公认的安全指标。具体来说，系统安全评价的目的主要有以下方面：

（1）通过系统安全评价，将实现系统安全的措施纳入设计方案。

（2）评价系统的各种潜在危险，在时间、技术、投资等限制条件下，将危险性降低到允许的范围。

（3）当采用新方法、新工艺、新技术时，通过系统安全评价，使危险性降低到最小。

（4）在系统运行期间保持一定的安全水平。

（5）根据过去的事故案例，进行防止重复事故发生的评价。

系统安全评价应解决两类问题：一类是确认新建和改扩建项目中存在的危险因素的危险性，以便采取适当降低危险性的措施；另一类是对现有生产工艺、设备状况、环境条件、人员素质和管理水平进行全面衡量，评价其安全可靠性。

系统安全评价的根本问题是确定安全与危险的界限，分析危险因素的危险程度，采取降低危险性的措施，寻求危险与危险控制的平衡。

系统安全评价的内容如图 10-1 所示，它由两个相互关联的步骤组成：第一步是危险性确认。在评价安全性之前，必须确认系统的危险性，并尽可能有量的概念。第二步是根据危险的影响范围和社会公认的安全指标，对危险性进行具体评价，并采取措施消除或降低系统的危险性，使其达到允许的范围。所以，系统安全评价是一项综合性的工作。

2. 系统安全评价的原则

系统安全评价应遵守以下原则：

（1）不可能完全根除一切危害和危险。

（2）应减少现有的危害和危险。

（3）减少全面的危险，而不是彻底根除几种选定的危险。

3. 系统安全评价方法分类

系统安全评价方法很多，基本可划分为两类，即定性评价和定量评价。

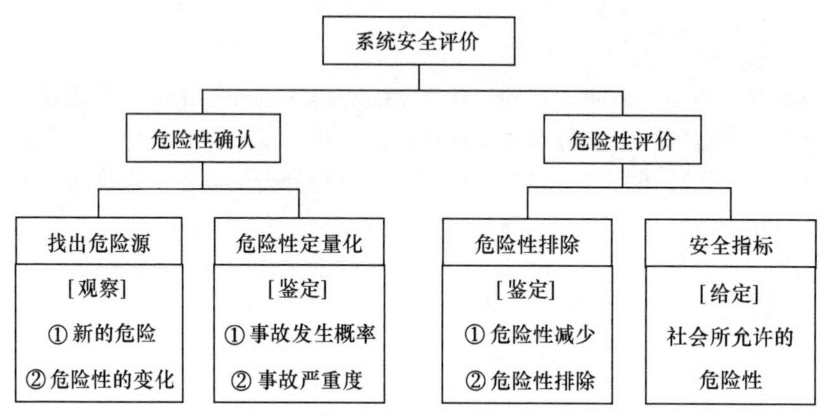

图 10-1　系统安全评价的内容

定性评价不需要精确的数据和计算，应用起来比较方便，节省时间。它可以按次序揭示系统、子系统中存在的所有危险性，做到不漏项，还能大致把危险性进行重要程度的分类，分出轻重缓急，以便采取适当的安全措施，并为定量评价做好准备。

定性评价方法一般用于评价对象并非特别重要，或者发生事故后不会产生极为严重后果的系统。定性评价的方法有多种，常用的有检查表式综合评价法、严重伤害事故发生可能性评价法等，可以根据需要选用。

定量评价是在定性评价的基础上发展起来的，它是安全系统工程的一个里程碑，用来确定系统的安全与危险的数量关系。定量评价有 3 种类型：可靠性安全评价法、指数法或评点法、多属性综合评价法。可靠性安全评价法是以可靠性、安全性为基础的评价方法，此法分析过程严密，评价结果精度较高，但需一定的数学基础和数据，使用起来有一定困难，一般用于评价某些特定的系统。美国道化学公司在 20 世纪 60 年代开发了火灾、爆炸危险指数评价法，这种方法以物质的理化特性为基础，结合其他条件计算出系统的火灾、爆炸指数进行评价。后来日本又开发了匹田法、岗山法、劳动省评价法，把各种危险性计算成点数参加评价。这类方法使用起来比较简单，但精度稍差，一般适用于系统综合评价。多属性综合评价方法是借助多属性决策理论与方法对系统的安全性进行评价，如灰色综合评价法、TOPSIS 评价法等。

4. 系统安全评价的程序

系统安全评价的主要工作是对系统的危险源进行辨识、分析、判断，采取相应的安全对策并对系统的安全性作出结论。

系统安全评价一般采取由企业自己进行评价、企业与有关单位合作评价、邀请外单位专家评价、委托专业安全评价机构评价等几种方式。系统安全评价一般包括下列程序：

（1）评价前的准备。应明确评价的对象和分析范围，了解工艺技术概要，确定分析方法，收集有关资料和事故案例，准备必要的替代方案，制订评价的实施计划。

（2）系统危险的辨识与分析。通过一定的手段，运用安全系统工程的方法，分析、判断系统的危险，包括各种固有危险和潜在危险，以及可能出现的新危险和在一定条件下转化生成的危险。

（3）危险性定量化。对已识别的危险，通过数学方法进行定量化的处理，确定其危险程度的等级或发生概率，为评价提供数量依据。

（4）制定安全对策。为了消除危险，应采取相应的安全技术与管理措施，包括对设备或工艺过程进行改进，制定相应的规程和操作指南等。

（5）综合评价。在上述量化的基础上，充分考虑各种危险因素的影响，综合进行评价，用单一的数字表示评价结果，并据此与有关标准比较，判断其相应的安全等级。

二、定性安全评价方法

1. 检查表安全评价法

检查表安全评价法既是一种系统安全分析方法，又是一种系统安全评价方法。用检查表进行系统安全评价，目前在国内应用广泛。为了使评价工作最终取得系统安全程度方面量的概念，国内外开发了许多行之有效的评价计值方法。

（1）逐项赋值法。这种方法应用范围很大，我国初期的安全评价均采用这种方法。《机械工厂安全性评价标准》采用的就是典型的逐项赋值法。

该法是针对检查表的每项检查内容，按其重要程度不同，由专家讨论赋予一定的分值。评价时，单项检查完全合格者给满分，部分合格者按标准规定给分，完全不合格者为 0 分。这样，逐条逐项检查评分，并累计所有各项得分，取得系统评价总分。最后根据标准规定，确定系统安全评价等级。

关于单项评价计分方法，菲利浦公司的消防评价标准直接给出了 3 个评分系列：0—1—2—3，0—1—3—5，0—1—5—7，分别表示完全不合格、基本不合格、基本合格、完全合格的给分标准。

（2）加权平均法。这种评价方法是把企业或某一较复杂的大系统的评价，按评价内容分成若干检查表，所有检查表不管评价条款有多少，均按统一计分制分别评价计分。按照各检查表的评价内容对企业或系统安全的影响大小，分别赋予权重系数（一般各检查表的权重系数之和为1）。实际评价中，以各检查表评价所得的分值分别乘以各自的权重系数并求和，就可得到该企业或该系统的安全评价结果。即：

$$m = \sum_{i=1}^{n} k_i m_i \tag{10-1}$$

式中 m——企业或系统的安全评价结果值；

m_i——按某一检查表评价的实测值；

k_i——某一检查表评价计值的权重系数，可采用因素比较法或专家评分法确定；

n——评价表的个数；

i——评价表的序数。

取得 m 值，就可按评价标准规定确定企业或系统的安全等级。

（3）评价等级加权法。该法是把检查表的所有评价项目视为同等重要，按标准分别给以优、良、可、劣，或可靠、基本可靠、基本不可靠、不可靠等定性的评定等级，同时赋予不同的定性评定等级以相应的权重，累计求和，取得实际评价值。即：

$$S = \sum f_i g_i \tag{10-2}$$

式中 S——安全评价值；

f_i——评价等级的权重；

g_i——取得某一评价等级的项数。

（4）单项否定计分法。这种评价计分法适用于系统比较复杂、危险点较多、危险性较大的系统。可以利用检查表列出若干项主要危险，评价时只要有一项评价不合格，则认为整个系统安全评价不合格。例如，对锅炉、起重设备、飞机、核设施等系统的安全评价，就可以采用这种评价计分法。

上述4种评价方法在我国都有一定的应用范围。其中，以逐项赋值法最为简单，应用范围较广；加权平均法的系统性、科学性较强，便于企业按工作范围分别进行评价；评价等级加权法的前提条件是所有评价项目的重要程度相同；单项否定计分法则只适用于危险点多、危险性大的系统的安全评价。

2. 作业条件危险（LEC）评价法

（1）方法介绍。对于具有潜在危险性的作业条件，K. J. 格雷厄姆和 G. F. 金尼认为，影响危险性的主要因素有 3 个：发生事故或危险事件的可能性、暴露于这种危险环境的情况、事故一旦发生可能产生的后果。具体公式如下：

$$D=L\cdot E\cdot C \tag{10-3}$$

式中　D——作业条件的危险性；

L——发生事故或危险事件的可能性；

E——暴露于危险环境的频率；

C——发生事故或危险事件的可能结果。

1）发生事故或危险事件的可能性。事故或危险事件发生的可能性与其实际发生的概率相关。若用概率来表示，绝对不可能发生的概率为 0；而必然发生的事件，其概率为 1。但在考察一个系统的危险性时，绝对不可能发生事故是不确切的，即概率为 0 的情况不确切。所以，将实际上不可能发生的情况作为“打分”的参考点，定其分值为 0. 1。

在实际生产条件下，事故或危险事件发生的可能性范围非常广泛，因此，人为地将完全意外、极少可能发生的情况规定为 1，能预料将来某个时候会发生事故的分值规定为 10，在这两者之间再根据可能性的大小相应地确定几个中间值，如将“不常见，但仍然可能”的分值定为 3，“相当可能”的分值定为 6。同样，在 0. 1 与 1 之间也插入与某种可能性对应的分值。于是，将事故或危险事件发生的可能性的分值从实际上不可能的事件为 0. 1，到完全意外、极少可能发生的事件为 1，最后到完全会被预料到的事件为 10（见表 10-1）。

表 10-1　　事故或危险事件发生可能性分值

分值	事故或危险事件发生的可能性	分值	事故或危险事件发生的可能性
10①	完全会被预料到	0. 5	可以设想，但高度不可能
6	相当可能	0. 2	极不可能
3	不常见，但仍然可能	0. 1①	实际上不可能
1①	完全意外，极少可能		

注①：为“打分”的参考点。

2）暴露于危险环境的频率。众所周知，作业人员暴露于危险环境的次数越多、时间越长，则受到伤害的可能性就越大。为此，K. J. 格雷厄姆和 G. F. 金尼规定了连续出现在危险环境的暴露频率分值为 10，一年中仅出现几次、非常稀少的暴露频率分值为 1。以 10 和 1 为参考点，再在其区间根据在危险环境中的暴露情况进行划分，并对应地确定其分值。例如，每月暴露一次的分值定为 2，每周一次或偶然暴露的分值为 3。当然，根本不暴露的分值应为 0，但这种情况实际上是不存在的，是没有意义的，因此无须列出。暴露于危险环境频率的分值见表 10-2。

表 10-2　　暴露于危险环境频率的分值

分值	暴露于危险环境的频率	分值	暴露于危险环境的频率
10①	连续出现在危险环境	2	每月暴露一次
6	逐日在工作时间内暴露	1①	一年中仅出现几次，非常稀少
3	每周一次或偶然暴露	0.5	非常罕见地暴露

注①：为“打分”的参考点。

3）发生事故或危险事件的可能结果。事故或危险事件中的人身伤害或物质损失可在很大范围内变化，以工伤事故而言，可以从轻微伤害到许多人死亡。因此，K. J. 格雷厄姆和 G. F. 金尼将需要救护的轻微伤害的可能结果分值规定为 1，以此为一个参考点；将造成许多人死亡的可能结果分值规定为 100，作为另一个参考点。在两个参考点之间，插入相应的中间值，从而列出发生事故或危险事件可能结果的分值，见表 10-3。

表 10-3　　发生事故或危险事件可能结果的分值

分值	可能结果	分值	可能结果
100①	大灾难，许多人死亡	7	严重，严重伤害
40	灾难，数人死亡	3	重大，致残
15	非常严重，一人死亡	1①	需要救护的轻微伤害

注①：为“打分”的参考点。

4）作业条件的危险性。确定了上述 3 个具有潜在危险性的作业条件的分值，并按公式进行计算，即可得危险性分值。根据相关标准，可确定其危险性程度。

由经验可知，危险性分值在 20 以下的环境属低危险性，一般可以被人们接受，这样的危险性比骑自行车通过拥挤的马路去上班之类的日常生活活动的危险性还要低。当危险性分值在 20~70 时，则需要加以注意。危险性分值为 70~160 时，则有明显的危险，需要采取措施进行整改。同样，根据经验，危险性分值为 160~320 的作业条件属高度危险的作业条件，必须立即采取措施整改。危险性分值在 320 以上时，则表示该作业条件极其危险，应该立即停止作业直到作业条件得到改善为止。危险性分值详见表 10-4。

表 10-4　危险性分值

分值	危险程度	分值	危险程度
>320	极其危险，应该立即停止作业	20~70	可能危险，需要注意
160~320	高度危险，必须立即采取措施整改	<20	稍有危险，或许可以接受
70~160	有明显的危险，需要采取措施进行整改		

（2）优缺点及适用范围。作业条件危险性评价法评价人们在某种具有潜在危险的作业环境中进行作业的危险程度，该法简单易行，危险程度的级别划分比较清楚、醒目。但是，由于这种方法主要是根据经验来确定 3 个因素的分值及划定危险程度等级，因此具有一定的局限性。而且它是一种作业条件的局部评价，故不能普遍适用。在具体应用时，还可根据自己的经验、具体情况适当加以修正。

3. MES 评价法

该方法将风险程度（R）表示为 $R=LS$，其中 L 表示事故发生的可能性，S 表示事故后果。人身伤害事故发生的可能性主要取决于人体暴露于危险环境的频率 E 和控制措施的状态 M。对于单纯的财产损失事故，不必考虑暴露问题，只考虑控制措施的状态 M。该方法评价程序如图 10-2 所示。

MES 评价法的适用范围很广，不受专业的限制，可以看作是对 LEC 评价法的改进。

4. MLS 评价法

该评价法由中国地质大学马孝春博士设计，是对 MES 和 LEC 评价法的进一步改进。经过与 LEC、MES 评价法的对比，其评价结果更贴近于真实情况。该方法的评价方程式如下：

$$R=\sum_{i=1}^{n}M_iL_i(S_{i1}+S_{i2}+S_{i3}+S_{i4}) \tag{10-4}$$

式中，R 为危险源的评价结果，即风险，无量纲；n 为危险因素的个数；M_i 是指对第 i 种危险因素的控制与监测措施；L_i 指作业区域第 i 种危险因素发生事故的频率；S_{i1} 代表由第 i 种危险因素发生事故所造成的可能的一次性人员伤亡损失；S_{i2} 代表由于第 i 种危险因素的存在，所带来的职业病损失（S_{i2} 即使在不发生事故时也存在，按一年内用于该职业病的治疗费用来计算）；S_{i3} 代表由第 i 种危险因素诱发的事故造成的财产损失；S_{i4} 代表由第 i 种危险因素诱发的环境累积污染及一次性事故的环境破坏所造成的损失。

事故发生的可能性（*L*）

分值	控制措施的状态（*M*）	分值	人体暴露于危险环境的频率（*E*）
5	无控制措施	10	连续出现在危险环境
		6	逐日在工作时间内暴露
3	有减轻后果的应急措施，包括警报系统	3	每周一次或偶然暴露
		2	每月暴露一次
1	有预防措施，如机器防护装置等	1	一年中仅出现几次，非常稀少
		0.5	非常罕见地暴露

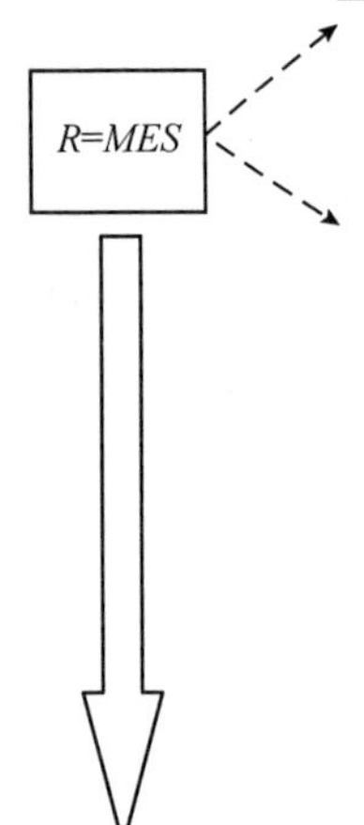

事故后果（*S*）

分值	伤害	职业相关病症	设备财产损失	环境影响
10	有多人死亡		>1亿元	有重大环境影响的不可控排放
8	有一人死亡	职业病（多人）	1千万～1亿元	有中等环境影响的不可控排放
4	永久失能	职业病（一人）	100万～1000万元	有较轻环境影响的不可控排放
2	需医院治疗，缺工	职业性多发病	10万～100万元	有局部环境影响的可控排放
1	轻微，仅需急救	身体不适	<3万元	无环境影响

分级依据：*R=MES*

分级	有人身伤害的事故（*R*）	单纯财产损失事故（*R*）
一级	≥180	30～50
二级	90～150	20～24
三级	50～80	8～12
四级	20～48	4～6
五级	≤18	≤3

图 10-2　MES 法评价程序

MLS 评价法充分考虑了待评价区域内的各种危险因素及由其所造成的事故严重度：除考虑了危险源固有危险性外，还有反映对事故是否有监测与控制措施的指标；对事故严重度的计算则考虑了事故所造成的人员伤亡、财产损失、职业病、环境破坏的总影响。这种评价方法客观再现了风险产生的真实后果，即一次性的直接事故后果和长期累积的事故后果。MLS 评价法比 LEC 评价法和 MES 评价法更加贴近实际，更加易于操作，在实际评价中也取得了较好效果，值得在实践中推广。

三、定量安全评价方法

1. 道化学火灾、爆炸指数评价法

（1）概述。美国道化学公司自 1964 年开发火灾、爆炸指数评价法以来，不断修改完善，在 1993 年推出了第七版，以已往的事故统计资料及物质的潜在能量和现行安全措施为依据，定量地对工艺装置及所含物料的实际潜在火灾、爆炸和反应危险性进行分析评价，可以说更臻完善、更趋成熟。其目的是量化潜在火灾、爆炸和反应危险性事故的预期损失；确定可能引起事故发生或使事故扩大的装置；向有关部门通报潜在的火灾、爆炸危险性；使有关人员了解各工艺部门可能造成的损失，以此确定减轻事故严重性和总损失的有效、经济的途径。

火灾、爆炸指数评价法风险分析计算程序如图 10-3 所示。几种基本系数的取值见表 10-5 至表 10-8。

（2）道化学火灾、爆炸指数评价法计算说明如下：

1）选取工艺单元相关内容如下：

①确定评价单元。生产单元是指包括化学工艺、机械加工、仓库、包装线等在内的整个生产设施。

工艺单元是指工艺装置的任一主要单元。一套生产装置包括许多工艺单元，但计算火灾、爆炸指数时，只评价那些从损失预防角度来看影响比较大的工艺单元，这些单元称为评价单元。工艺单元要根据设备间的逻辑关系划分。

恰当工艺单元是指在计算火灾、爆炸指数时，只评价从预防损失角度考虑对工艺有影响的工艺单元，简称工艺单元。

②选择恰当工艺单元的重要参数，主要如下：

a. 潜在化学能（物质系数）。

b. 工艺单元中危险物质的数量。

c. 资金密度（每平方米美元数）。

d. 操作压力和操作温度。

e. 导致火灾、爆炸事故的历史资料。

f. 对装置起关键作用的单元。

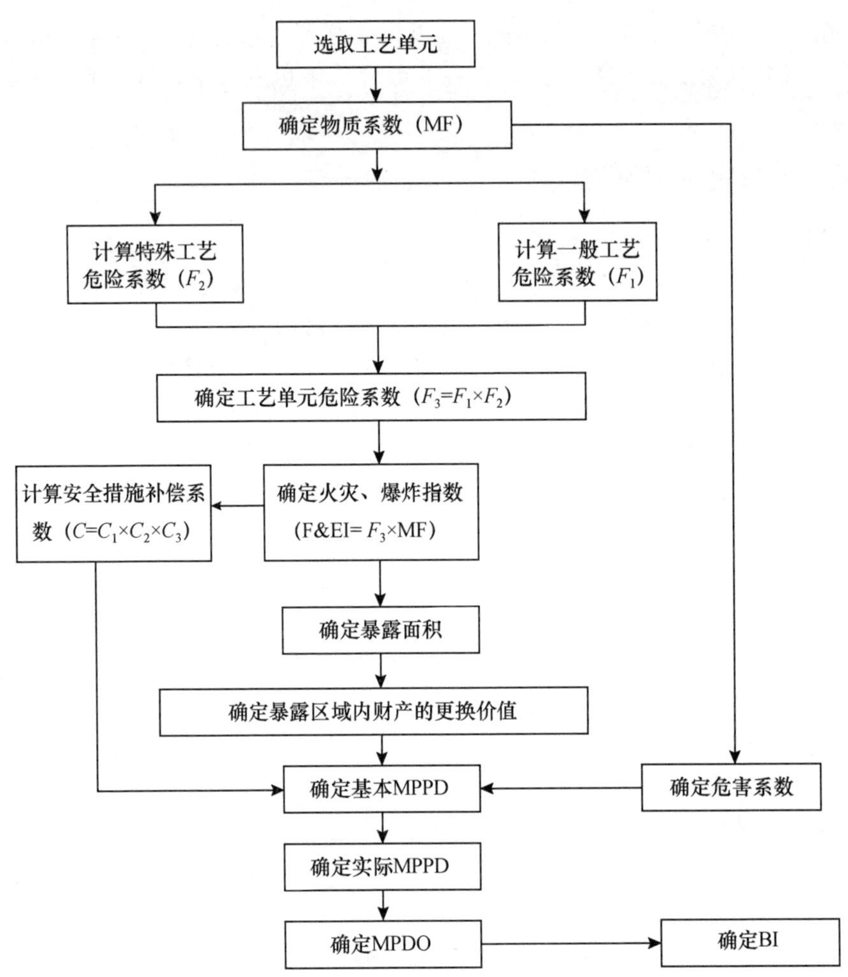

图 10-3　火灾、爆炸指数评价法风险分析计算程序

表 10-5　　火灾、爆炸指数（F&EI）

<table>
<tr><td colspan="2">地区/国家：</td><td colspan="2">部门：</td><td colspan="2">场所：</td><td>日期：</td></tr>
<tr><td colspan="3">位置：</td><td colspan="2">生产单元：</td><td colspan="2">工艺单元：</td></tr>
<tr><td colspan="3">评价人：</td><td colspan="2">审定人（负责人）：</td><td colspan="2">建筑物：</td></tr>
<tr><td colspan="3">检查人：（管理部）</td><td colspan="2">检查人：（技术中心）</td><td colspan="2">检查人：（安全和损失预防）</td></tr>
<tr><td colspan="7">工艺设备中的物料：</td></tr>
<tr><td colspan="6">操作状态：设计—开车—连续操作—停车</td><td>确定 MF 的物质：</td></tr>
</table>

续表

操作温度：	物质系数：	
1. 一般工艺危险	危险系数范围	采用危险系数
基本系数	1.00	1.00
a. 放热化学反应	0.30～1.25	
b. 吸热反应	0.20～0.40	
c. 物料处理与输送	0.25～1.05	
d. 密闭式或室内工艺单元	0.25～0.90	
e. 通道	0.20～0.35	
f. 排放和泄漏控制	0.20～0.50	
一般工艺危险系数（F_1）		
2. 特殊工艺危险		
基本系数	1.00	1.00
a. 毒性物质	0.20～0.80	
b. 负压操作（<500 mmHg，1 mmHg=133.322 4 Pa）	0.50	
c. 接近燃烧范围的操作：惰性化、未惰性化		
（1）罐装易燃液体	0.50	
（2）过程失常或吹扫故障	0.30	
（3）一直在燃烧范围内	0.80	
d. 粉尘爆炸	0.25～2.00	
e. 压力：操作压力（绝对）/kPa 释放压力（绝对）/kPa		
f. 低温	0.20～0.30	
g. 易燃和不稳定物质的数量/kg 物质燃烧热（H_c）/（$J\cdot kg^{-1}$）		
（1）工艺中的液体及气体		
（2）储存中的液体及气体		
（3）储存中的可燃固体及工艺中的粉尘		
h. 腐蚀与磨损	0.10～0.75	
i. 泄漏——接头和填料	0.10～1.50	

续表

j. 使用明火设备		
k. 热油、热交换系统	0.15~1.15	
l. 转动设备	0.50	
特殊工艺危险系数（F_2）		
工艺单元危险系数（$F_3=F_1×F_2$）		
火灾、爆炸指数（F&EI=F_3×MF）		

注：无危险时系数取0.00。

表10-6　　安全措施补偿系数

项目	补偿系数范围	采用补偿系数①	项目	补偿系数范围	采用补偿系数①
1. 工艺控制			c. 排放系统	0.91~0.97	
a. 应急电源	0.98		d. 联锁装置	0.98	
b. 冷却装置	0.97~0.99		物质隔离安全补偿系数 $C_2$②		
c. 抑爆装置	0.84~0.98		3. 防火设施		
d. 紧急停车装置	0.96~0.99		a. 泄漏检测装置	0.94~0.98	
e. 计算机控制	0.93~0.99		b. 钢结构	0.95~0.98	
f. 惰性气体保护	0.94~0.96		c. 消防水供应系统	0.94~0.97	
g. 操作指南或操作规程	0.91~0.99		d. 特殊灭火系统	0.91	
h. 化学活性物质检查	0.91~0.98		e. 洒水灭火系统	0.74~0.97	
i. 其他工艺过程危险分析	0.91~0.98		f. 水幕	0.97~0.98	
工艺控制安全补偿系数 $C_1$②			g. 泡沫灭火装置	0.92~0.97	
2. 物质隔离			h. 手提式灭火器和喷水枪	0.93~0.98	
a. 遥控阀	0.96~0.98		i. 电缆防护	0.94~0.98	
b. 卸料/排空装置	0.96~0.98		防火设施安全补偿系数 $C_3$②		

注：安全措施补偿系数 $C=C_1×C_2×C_3$。

①无安全补偿系数时，填入1.00。

②工艺控制安全补偿系数、物质隔离安全补偿系数、防火设施安全补偿系数分别是所采用的各项补偿系数之积。

表 10-7　　**工艺单元危险分析汇总**

序号	内容	工艺单元具体情况
1	火灾、爆炸指数（F&EI）	
2	危险等级	
3	暴露区域半径/m	
4	暴露区域面积/m^2	
5	暴露区域内财产价值/元	
6	危害系数	
7	基本最大可能财产损失（基本 MPPD）/元	
8	安全措施补偿系数	
9	实际最大可能财产损失（实际 MPPD）/元	
10	最大可能停工天数（MPDO）/天	
11	停产损失（BI）/元	

表 10-8　　**生产单元危险分析汇总**

地区/国家：			部门：			场所：	
位置：			生产单元：			操作类型：	
评价人：			生产单元总替换价值：			日期：	
工艺单元主要物质	物质系数	火灾、爆炸指数（F&EI）	影响区内财产价值/元	基本 MPPD/元	实际 MPPD/元	最大可能停工天数（MPDO）/天	停产损失（BI）/元

一般情况下，参数值越大，则该工艺单元就越需要评价。

③选择恰当工艺单元时应注意的要点如下：

a. 由于确定火灾、爆炸指数时假定工艺单元中所处理的易燃、可燃或化学活性物质的最低量为 2 268 kg 或 2. 27 m^3，因此，若单元内物料量较少，则评价结果就有可能被夸大。一般所处理的易燃、可燃或化学活性物质的量至少为 454 kg 或 0. 454 m^3，评价结果才有意义。

b. 当设备串联布置且相互间未有效隔离时，要仔细考虑如何划分单元。

c. 要仔细考虑操作状态（如开车、连续操作、停车、装料、卸料、填加触媒等）及操作时间、对 F&EI 有影响的异常状况，判别选择一个阶段还是几个阶段来确定重大危险。

d. 在决定哪些设备具有最大潜在火灾、爆炸危险时，可以请教设备、工艺、安全等方面有经验的工程技术人员或专家。

2）确定物质系数。物质系数（MF）是表述物质在燃烧或发生其他化学反应引起火灾、爆炸时释放能量大小的内在特性，是一个最基础的数值。

物质系数是由美国消防协会规定的 N_F、N_R（分别代表物质的可燃性和反应性等级）决定的。通常，N_F 和 N_R 是针对正常环境温度而言的，物质发生燃烧和其他化学反应的危险性随着温度的升高而急剧加大。例如，在闪点之上的可燃液体引起火灾的危险性就比正常环境温度下的易燃液体大得多，反应的速度也随着温度的升高而急剧加大，所以当温度超过 60 ℃时，物质系数要修正，具体可参照物质系数修正表。

附录中提供了大量的化学物质系数，能用于大多数场合；附录中未列出的物质，其 N_F、N_R 可以根据 NFPA325M（National Fire Protection Association）或 NFPA49 加以确定，并依照温度修正后，由表 10-9 确定其物质系数。对于可燃性粉尘而言，确定其物质系数时用粉尘可燃性等级（S_t）而不是 N_F。

①表外的物质系数。在求取附录、NFPA49 和 NFPA325M 中未列出的物质、混合物的物质系数时，必须确定其可燃性等级（N_F）或粉尘可燃性等级（S_t）。首先确定表 10-9 左栏中的参数，液体和气体的 N_F 由闪点求得，粉尘或尘雾的 S_t 由粉尘爆炸试验确定，可燃固体的 N_F 则依其性质不同在表 10-9 左栏中分类标示。

表 10-9　物质系数取值

可燃性固体、液体、气体的易燃性或可燃性	NFPA 325M 或 NFPA49	反应性或不稳定性					备注
		$N_R=0$	$N_R=1$	$N_R=2$	$N_R=3$	$N_R=4$	
不燃物	$N_F=0$	1	14	24	29	40	暴露在 816 ℃的热空气中 5 min 不燃烧
F. P. >93. 3 ℃	$N_F=1$	4	14	24	29	40	F. P. 为闭杯闪点
37. 8 ℃<F. P. ≤93. 3 ℃	$N_F=2$	10	14	24	29	40	
22. 8 ℃≤F. P. ≤37. 8 ℃或 F. P. <22. 8 ℃且 B. P. ≥37. 8 ℃	$N_F=3$	16	16	24	29	40	B. P. 为标准温度和压力下的沸点
F. P. <22. 8 ℃且 B. P. <37. 8 ℃	$N_F=4$	21	21	24	29	40	

续表

可燃性固体、液体、气体的易燃性或可燃性	NFPA 325M 或 NFPA49	反应性或不稳定性					备注
		$N_R=0$	$N_R=1$	$N_R=2$	$N_R=3$	$N_R=4$	
可燃性粉尘或烟雾							
S_t-1（$K_{st}\leqslant 2\times10^4$ kPa · m/s）		16	16	24	29	40	K_{st} 是用带强点火源的 16 L 或更大的密闭试验容器测定的，见 NFPA68
S_t-2（$K_{st}=2.01\times10^4\sim3\times10^4$ kPa · m/s）		21	21	24	29	40	
S_t-3（$K_{st}>3\times10^4$ kPa · m/s）		24	24	24	29	40	
可燃性固体							
厚度>40 mm，紧密的	$N_F=1$	4	14	24	29	40	包括 50.8 mm 厚的木板、镁粉、紧密的固体堆积物、紧密的纸张或废料薄膜卷
厚度<40 mm，疏松的	$N_F=2$	10	14	24	29	40	包括塑料颗粒、支架、木材平板架类粗粒状材料，以及聚苯乙烯类不起尘的粉尘物料等
泡沫材料、纤维、粉状物等	$N_F=3$	16	16	24	29	40	包括轮胎、胶靴类橡胶制品等

物质、混合物的反应性等级 N_R 根据其在环境温度条件下的不稳定性（或与水反应的剧烈程度），按 NFPA704 确定。

a. $N_R=0$。在燃烧条件下仍保持稳定的物质。

该等级通常包括以下物质：

（a）不与水反应的物质。

（b）在温度高于 300 ℃但低于或等于 500 ℃时用差热扫描量热计（DSC）测量显示温升的物质。

（c）用 DSC 试验时，在温度不超过 500 ℃时不显示温升的物质。

b. $N_R=1$。稳定，但在加温加压条件下成为不稳定的物质。

该等级一般包括以下物质：

（a）接触空气、受光照射或受潮时发生变化或分解的物质。

（b）在温度高于 150 ℃但低于或等于 300 ℃时显示温升的物质。

c. $N_R=2$。在加温加压条件下发生剧烈化学变化的物质。

该等级一般包括以下物质：

（a）用DSC试验，在温度低于或等于150 ℃时显示温升的物质。

（b）与水剧烈反应或与水形成潜在爆炸性混合物的物质。

d. $N_R=3$。本身能发生爆炸分解或爆炸反应，但需要强引发源或引发前必须在密闭状态下加热的物质。

该等级一般包括以下物质：

（a）加温加热时对热机械冲击敏感的物质。

（b）加温加热时或密闭即与水发生爆炸反应的物质。

e. $N_R=4$。在常温常压下易于引爆分解或发生爆炸反应的物质。

注意：反应性包括自身反应性（不稳定性）和与水反应性。物质的 N_R 指标由差热分析仪（DTA）或差热扫描量热计（DSC）分析其温升的最低峰值温度来判断，按表10-10分类。

表10-10　物质的 N_R 指标

温升/℃	N_R
300~500	0
150~300	1
≤150	2、3、4

附加限制条件：若该物质为氧化剂，则 N_R 再加1（但不超过4）；对冲击敏感的物质，N_R 为3或4；如得出的 N_R 值与物质的特性不相符，则应补做化学品反应性试验。

一旦求出并确定 N_F、N_R，就可以用表10-9确定物质系数。

②混合物。工艺单元内混合物质应按“在实际操作过程中所存在的最危险物质”原则来确定。发生剧烈反应的物质，如氢气和氯气在人工条件下混合反应，反应持续而快速，生成物为非燃烧性、稳定的产物，则其物质系数应根据初始混合状态来确定。

混合溶剂或含有反应性物质溶剂的物质系数，可通过反应性化学试验数据求得；若无法取得时，则应取组分中最大的MF作为混合物MF的近似值（最大组分浓度≥5%）。

在空气中能形成爆炸性混合物的可燃粉尘和易燃气体，其物质系数必须用反应性化学品试验数据来确定。

③烟雾。易燃或可燃液体的微粒悬浮于空气中能形成易燃的混合物，它具有易燃气体与空气混合物的一些特性。易燃或可燃液体的雾滴在远远低于其闪点的温度

下，能像易燃蒸气与空气的混合物那样具有爆炸性。因此，防止烟雾爆炸的最佳有效防护措施是避免烟雾形成，特别是不要在封闭的工艺单元内使可燃液体形成烟雾。如果会形成烟雾，则应将物质系数提高 1 级，并请教有关专家。

④物质系数的温度修正。如果物质闪点低于 60 ℃或反应活性温度低于 60 ℃，该物质系数不需要修正；若工艺单元温度超过 60 ℃，则应对 MF 作出修正，见表 10-11。

表 10-11　　物质温度系数修正

MF 温度修正	N_F	S_t	N_R	备注
1. 填入 N_F（粉尘为 S_t）、N_R				（1）储藏物由于层叠放置和阳光照射，温度可达到 60 ℃ （2）若工艺单元是反应器，则不必考虑温度修正
2. 若温度低于 60 ℃，则转至“5”项				
3. 若温度高于闪点，或高于 60 ℃，则在 N_F 栏内填“1”				
4. 若温度高于放热起始温度或自燃点，则在 N_R 栏内填“1”				
5. 各竖行数字相加，当和大于或等于 5 时，填“4”				
6. 用“5”栏数和表 10-10 确定 MF				

3）确定工艺单元危险系数（F_3）。工艺单元危险系数（F_3）包括一般工艺危险系数（F_1）和特殊工艺危险系数（F_2），对每项系数都要恰当地进行评价。

计算工艺单元危险系数（F_3）中各项系数时，应选择物质在工艺单元中最危险的状态，可以考虑的操作状态有：开车、连续操作和停车。

计算 F&EI 时，一次只评价一种危险。如果 MF 是按照工艺单元中的易燃液体来确定的，就不要选择与可燃性粉尘有关的系数，即使粉尘可能存在于过程中的另一段时间内。合理的计算方法是先用易燃液体的物质系数进行评价，然后再用可燃性粉尘的物质系数进行评价，只有导致最高的 F&EI 和实际可能的最大财产损失的计算结果才需要报告。

一个重要的例外是混合物，如果混合物被视作最高危险物质的代表，则计算工艺单元危险系数时，可燃性粉尘和易燃蒸气的系数都要考虑。

①一般工艺危险性。一般工艺危险是确定事故损害大小的主要因素，共有 6 项，根据实际情况，并不是每项系数都采用。各项系数的具体取值如下：

a. 放热化学反应。若所分析的工艺单元有化学反应过程，则选取此项危险系数，所评价物质的反应性危险已经为物质系数所包括。

（a）轻微放热反应的危险系数为 0.3，包括加氢、水合、异构化、磺化、中和等反应。

（b）中等放热反应的危险系数为 0.5，包括以下反应：

a）烷基化——引入烷基形成各种有机化合物的反应。

b）酯化——有机酸和醇生成酯的反应。

c）加成——不饱和碳氢化合物和无机酸的反应，无机酸为强酸时系数增加到 0.75。

d）氧化——物质在氧中燃烧生成 CO_2、H_2O 的反应，或者在控制条件下物质与氧反应不生成 CO_2、H_2O。对于燃烧过程及使用氯酸盐、硝酸、次氯酸、次氯酸盐类强氧化剂时，系数增加到 1.00。

e）聚合——将分子连接成链状物或其他大分子的反应。

f）缩合——两个或多个有机化合物分子连接在一起形成较大分子的化合物，并放出 H_2O 和 HCl 的反应。

（c）剧烈反应指一旦反应失控有严重火灾、爆炸危险的反应，如卤化反应，其危险系数取 1.00。

（d）特别剧烈反应指相当危险的放热反应，危险系数取 1.25。

b. 吸热反应。反应器中所发生的任何吸热反应，危险系数均取 0.25。

（a）煅烧——加热物质除去结合水或易挥发性物质的过程，危险系数取 0.40。

（b）电解——用电流离解离子的过程，危险系数取 0.20。

（c）热解或裂化——在高温、高压和触媒作用下，将大分子裂解成小分子的过程。当用电加热或高温气体间接加热时，危险系数取 0.20；直接用火加热时，危险系数取 0.40。

c. 物料处理与输送。本项目用于评价工艺单元在处理、输送和储存物料时潜在的火灾危险性。

（a）所有Ⅰ类易燃或液化石油气类物料在连接或未连接的管线上装卸时，危险系数取 0.5。

（b）采用人工加料且空气可随加料进入离心机、间歇式反应器、间歇式混料器设备内，并且能引起燃烧或发生反应的危险，不论是否采用惰性气体置换，危险系数均取 0.5。

（c）可燃性物质存放于库房或露天存放时的危险系数如下：

a）对 $N_F=3$ 或 $N_F=4$ 的易燃液体或气体，危险系数取 0.85，包括桶装、罐装、可移动挠性容器和气溶胶罐装。

b）对表 10-9 中所列 $N_F=3$ 的可燃固体，危险系数取 0.5。

c）对表 10-9 中所列 $N_F=2$ 的可燃固体，危险系数取 0.4。

d）对闭杯闪点高于 37.8 ℃并低于 60 ℃的可燃性液体，危险系数取 0.25。

若上述物质存放于货架上且未装设洒水装置时，危险系数要加 0.20。

此处考虑的范围不适合于一般储存容器。

d. 封闭式或室内工艺单元。处理易燃液体和气体的场所应为敞开式，有良好的通风，以便能迅速排除泄漏的气体和蒸气，减少潜在的爆炸危险。粉尘捕集器和过滤器也应放置在敞开区域并远离其他设备。

封闭区域定义为有顶且三面或多面有墙壁的区域，或无顶但四周有墙封闭的区域。封闭单元内即使专门设计有机械通风系统，其效果也不如敞开式结构，但如果机械通风系统能收集所有的气体并排出去的话，则危险系数可以降低。

危险系数选取原则如下：

（a）粉尘过滤器或捕集器安置在封闭区域内时，危险系数取 0.50。

（b）在封闭区域内，在闪点以上处理易燃液体时，危险系数取 0.3。如果处理易燃液体的量大于 4 540 kg，危险系数取 0.45。

（c）在封闭区域内，在沸点以上处理液化石油气或任何易燃液体时，危险系数取 0.6；若易燃液体的量大于 4 540 kg，则危险系数取 0.90。

（d）若已安装了合理的通风装置时，（a）和（c）两项系数减 50%。

e. 通道。生产装置周围必须有紧急救援车辆的通道，最低要求是至少在两个方向上设有通道，至少有一条通道必须是通向公路的，火灾时消防道路可以看作是第二条通道，其中设置的监控水枪处于待用状态。

（a）整个操作区面积大于 925 m^2 且通道不符合要求时，危险系数取 0.35。

（b）整个库区面积大于 2 315 m^2 且通道不符合要求时，危险系数取 0.35。

（c）面积小于上述数值时，要分析它对通道的要求，危险如果通道不符合要求，影响消防活动时，危险系数取 0.20。

f. 排放和泄漏控制。此项内容是针对大量易燃、可燃液体溢出会危及周围设备的情况，不合理的排放设计已成为造成重大损失的原因。

该项系数仅适用于工艺单元内物料闪点小于 60 ℃或操作温度高于其闪点的场合。为了评价排放和泄漏控制是否合理，必须估算易燃、可燃物总量以及消防水能否在事故时得到及时排放。

（a）F&EI 计算表中排放量按以下原则确定：

a）对工艺和储存设备，取单元中最大储罐的储量加上第二大储罐10%的储量。

b）采用30 min的消防水量（如：每分钟水升数×30 min=消防水升数）。

上述两项之和即可作为排放量计算危险系数。

（b）危险系数选取的原则如下：

a）设有堤坝防止泄漏液流入其他区域，但堤坝内所有设备露天放置时，危险系数取0.50。

b）单元周围为可排放泄漏液的平坦地，一旦失火会引起火灾，危险系数取0.50。

c）单元的三面有堤坝，能将泄漏液引至蓄液池的地沟，并满足以下条件，不取危险系数：

ⓐ蓄液池或地沟的地面斜度不得小于下列数值：土质地面为2%，硬质地面为1%。

ⓑ蓄液池或地沟的最外缘与设备之间的距离不小于15 m，如果设有防火墙，可以减少其距离。

ⓒ液池的储液能力至少等于（a）中a）和b）两项计算液量之和。

d）如蓄液池或地沟处设有公用工程管线，或管线的距离不符合要求，危险系数取0.50。

简言之，有良好的排放设施才可以不取危险系数。

评价了所有的一般工艺危险之后，计算基本系数和所有选取系数之和，将其数值填入火灾、爆炸指数（F&EI）表中的“一般工艺危险系数（F_1）”栏中。

②特殊工艺危险性。特殊工艺危险是影响事故发生概率的主要因素，特定的工艺条件是导致火灾、爆炸事故的主要原因。特殊工艺危险有如下所列12项：

a. 毒性物质。毒性物质能够扰乱人机体的正常反应，因而降低人们在事故中的决策能力。毒性物质的危险系数为0.2N_H；对于混合物，取其中最高的N_H。

N_H是美国消防协会在NFPA704中定义的物质毒性系数，其值在NFPA325M或NFPA49中已列出。附录中给出了许多物质的N_H。对于新物质，可请工业卫生专家帮助确定。

NFPA704对物质的N_H分类如下：

（a）$N_H=0$。火灾时除一般可燃物的危险外，短期接触没有其他危险的物质。

（b）$N_H=1$。与火短期接触可引起刺激，致人轻微伤害的物质，包括要求使用适当的空气净化呼吸器的物质。

（c）$N_H=2$。高浓度或短期接触可致人暂时失去能力或残留伤害的物质，包括要求使用单独供给空气的呼吸器的物质。

（d）$N_H=3$。短期接触可致人严重伤害、暂时失去能力或残留伤害的物质，包括要求全身防护的物质。

（e）$N_H=4$。短暂接触能致人死亡或严重伤害的物质。

注：上述毒性系数 N_H 只是用来表示人体受伤害的程度，它可导致额外损失。该值不能用于职业卫生和环境评价。

b. 负压操作。本项内容适用于空气泄入系统会引起危险的场合。当空气与湿度敏感性物质或氧敏感性物质接触时可能引起危险，在易燃混合物中引入空气也会导致危险。该系数只用于绝对压力小于 500 mmHg 的情况，危险系数取 0.50。

如果采用了本项系数，就不要再采用“接近燃烧范围的操作”“释放压力”中的危险系数，以免重复。

大多数汽提操作、一些压缩过程和少许蒸馏操作都属于本项内容（表压=绝对压力-大气压）。

c. 接近燃烧范围的操作。某些操作导致空气引入并夹带进入系统，使系统内形成易燃混合物，进而导致危险。本项内容涉及以下有关情况：

（a）$N_F=3$ 或 $N_F=4$ 的易燃液体储罐，在储罐泵出物料或者突然冷却时可能吸入空气，危险系统取 0.50。打开放气阀或在吸—压操作中未采用惰性气体保护时，危险系数取 0.50。储有可燃液体，其温度在闭杯闪点以上且无惰性气体保护时，危险系数取 0.50。如果使用了惰性化的密闭蒸气回收系统，且能保证其气密性，则不用选取危险系数。

（b）只有当仪表或装置失灵时，工艺设备或储罐才处于燃烧范围内或其附近，危险系数取 0.30。任何靠惰性气体吹扫，使其处于燃烧范围之外的操作，危险系数取 0.30，该系数也适用于装载可燃物的船舶和槽车。若已按“负压操作”选取危险系数，此处不再选取。

（c）由于惰性气体吹扫系统不实用或者未采取惰性气体吹扫，使操作总是处于燃烧范围内或其附近时，危险系数取 0.80。

d. 粉尘爆炸。粉尘最大压力上升速度和最大压力值主要受其粒径大小的影响。通常，粉尘越细，危险性越大。这是由于细尘具有很高的压力上升速度和极大的压力伴生。本项系数用于含有粉尘处理的单元，如粉体输送、混合粉碎和包装等。

所有粉尘都有一定的粒径分布范围。为了确定系数，采用10%粒径的概念，也就是在这个粒径处有 90%粗粒子，其余 10%为细粒子。根据表 10-12 确定合理的危险系数。除非粉尘爆炸试验已经证明没有粉尘爆炸危险，否则都要考虑粉尘爆炸危险系数。

表 10-12　　粉尘爆炸危险系数

粉尘粒径/μm	泰勒筛/目	危险系数
>175	60~80	0.25
150~175	80~100	0.50
100~150	100~150	0.75
75~100	150~200	1.25
<75	>200	2.00

注：在惰性气体保护中操作时，上述系数减半。

e. 压力。操作压力高于大气压时，由于高压可能会引起高速率的泄漏，因此要采用危险系数。是否采用危险系数，取决于单元中某些导致易燃物料泄漏的构件是否会发生故障。

例如，己烷液体通过 6.5 cm^2 的小孔泄漏，当压力为 517 kPa（表压）时，泄漏量为 272 kg/min；压力为 2 069 kPa（表压）时，泄漏量为上述的 2.5 倍，即 680 kg/min。

释放压力决定不同压力下的特殊泄漏危险潜能，同时还影响扩散特性。高压使泄漏的可能性大大增加，所以随着操作压力的升高，设备的设计和保养就变得更为重要。

系统操作压力在 20 685 kPa（表压）以上时，超出标准规范的范围，对于这样的系统，在法兰设计中必须采用透镜垫圈、圆锥密封或类似的密封结构。

参见图 10-4，可根据操作压力确定初始压力危险系数。下列方程适用于压力为 0~6 895 kPa（表压）时压力危险系数的确定（注：直接引用原文公式，故公式中的压力即 X 的单位应为 lb/in^2）：

$$Y=0.16109+1.61503\times(X/1000)-1.42879(X/1000)^2+0.5172(X/1000)^3 \tag{10-5}$$

注：1 lb/in^2 = 6 894.76 Pa。

易燃、可燃液体的压力危险系数见表 10-13。

用图 10-4 中的曲线能直接确定闪点低于 60 ℃的易燃、可燃液体的压力危险系数。对其他物质，可先由曲线查出初始系数值，再用下列方法加以修正：

（a）焦油、沥青、重润滑油和柏油等高黏性物质，用初始系数乘以 0.7，作为危险系数。

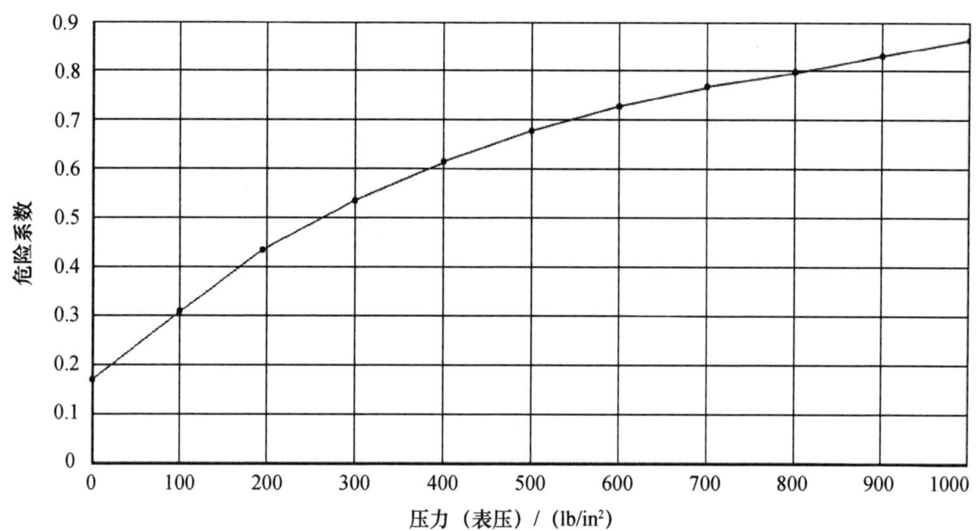

图 10-4　易燃、可燃液体的压力危险系数

表 10-13　　易燃、可燃液体的压力危险系数

压力/kPa（表压）	危险系数
6 895	0.86
10 343	0.92
13 790	0.96
17 238	0.98
68 950	1.00
>68 950	1.50

（b）单独使用压缩气体或利用气体使易燃液体压力增至 10^3 kPa（表压）以上时，用初始系数值乘以 1.2 作为危险系数。

（c）液化的易燃气体（包括所有在其沸点以上储存的易燃物料）用初始系数值乘以 1.3 作为危险系数。

确定实际压力危险系数时，首先由图 10-4 查出操作压力危险系数，然后求出释放装置设定压力危险系数，用操作压力危险系数除以设定压力危险系数得出实际压力危险系数调整系数，再用该调整系数乘以操作压力危险系数求得实际压力危险系数。这样，就对那些具有较高设定压力和设计压力的情况给予了补偿。

调节释放压力使之接近于容器设计压力通常是有利的。例如，对于使用易挥发溶剂，特别是气态的反应，可以通过调节释放的高温反应，一般是根据反应物质及有关动力学数据，用计算机模拟来确定是否需要低释放压力。但是在一些反应系统中并不总需要低释放压力。

在一些特定场合，增加压力容器的设计压力以降低泄放的可能性是有利的，有时能达到容器的最大允许压力。

对盛放黏性物质容器的计算，参见以下乳液聚合反应器的例子，比例显示低设计压力和高设计压力的差别。

反应器设计压力为 1 034 kPa（表压），正常操作压力为 827 kPa（表压），释放装置设定压力为 1 034 kPa（表压）。由图 10-4 查得，操作压力危险系数为 0.34，设定压力危险系数为 0.37，压力调整系数为 0.34/0.37，则实际系数为 0.34×（0.34/0.37）= 0.312。

f. 低温。本项主要考虑碳钢或其他金属在其展延或脆化转变温度以下时可能存在的脆性问题。如经过认真评价，确认在正常操作和异常情况下均不会低于转变温度，则不用系数。

测定转变温度的一般方法是对加工单元中设备所用的金属小样进行标准摆锤式冲击试验，然后进行设计使操作温度高于转变温度。正确设计应避免采用低温工艺条件。

系数给定原则如下：

（a）采用碳钢结构的工艺装置，操作温度等于或低于转变温度时，危险系数取 0.30。如果没有转变温度数据，则可假定转变温度为 10 ℃。

（b）装置为碳钢以外的其他材质，操作温度等于或低于转变温度时，危险系数取 0.20。切记，如果材质适于最低可能的操作温度，则不用给危险系数。

g. 易燃和不稳定物质的数量。本项主要讨论单元中易燃物和不稳定物质的数量与危险性的关系，分为 3 种类型，用各自的系数曲线分别评价。对每个单元而言，只能选取一个系数，依据是已确定为单元物质系数代表的物质。

（a）工艺中的液体或气体。该危险系数主要考虑可能泄漏并引起火灾危险的物质数量或因暴露在火中可能导致化学反应事故的物质数量。它应用于任何工艺操作，包括用泵向储罐送料的操作。该危险系数适用于下列已确定作为单元物质系数代表的物质：

a）易燃液体和闪点低于 60 ℃的可燃液体。

b）易燃气体。

c）液化易燃气。

d）闭杯闪点高于60 ℃的可燃液体，且操作温度高于其闪点时。

e）化学活性物质，不论其可燃性大小（$N_R=2$、3或4）。

确定该项危险系数时，首先要估算工艺中物质的数量（kg）。这里所说的物质的数量是在10 min内从单元中或相连的管道中可能泄漏出来的可燃物的量。在判断可能有多少物质泄漏时要借助于一般常识。经验表明，取工艺单元中的物料量和相连单元中的最大物料量中的较大值作为可能泄漏量是合理的。

紧急情况时，通过遥控关闭阀门使得相连单元与之隔离的情况不在考虑之列。

在正确估计工艺中物质数量之前，要回答的问题是："什么是最大可能的泄漏量?"当熟悉了工艺后作出良好判断的结果与上述估算有较大差异时，只要确信结果可靠，就应当采用它。记住：凭借对工艺的熟悉和良好的判断，总能得到更为符合实际的估算值。但要注意：如果泄漏物具有不稳定性（化学反应性）时，泄漏量一般以工艺单元内的物料量为准。

例如，加料槽、缓冲罐和回流罐是与单元相连的一类设备，它们可能装有比评价单元更多的物料。可是，如果这些容器都配备遥控切断阀，则不能把它们看作是"与工艺单元相连的设备"。

在火灾、爆炸指数（F&EI）表的特殊工艺危险的"g"栏中的有关空格中填写易燃和不稳定物质的合适数量。

将求出的工艺中易燃和不稳定物质的数量乘以燃烧热H_c（J/kg），可得到总能量（J）。燃烧热H_c可从附录或化学反应试验数据中查得。

对于$N_R=2$或N_R值更大的不稳定物质，其H_c值可取6倍于分解热或燃烧热中的较大值。分解热也可从化学反应试验数据中查得。

在火灾、爆炸指数（F&EI）表的特殊工艺危险"g"栏有关空格处填入燃烧热H_c值。

根据图10-5，由工艺单元总能量（J）查得所对应的危险系数，总能量值与曲线的相交点代表系数值。该曲线中总能量值X与危险系数Y的曲线方程（注：从原文直接引用公式，故计算时式中的能量即X的单位应为英热单位×10^9。本节以下各公式与此注相同）为：

$$\lg Y=0.171\,79+0.429\,88(\lg X)-0.372\,44(\lg X)^2+0.177\,12(\lg X)^3-0.029\,984(\lg X)^4 \quad (10-6)$$

（b）储存中的液体及气体（工艺操作场所之外）。操作场所之外储存的易燃和可燃液体、气体或液化气的危险系数比"工艺中的"要小，这是因为它不包含工艺过程，而工艺过程有产生事故的可能。本项包括桶或储罐中的原料、罐区中的物

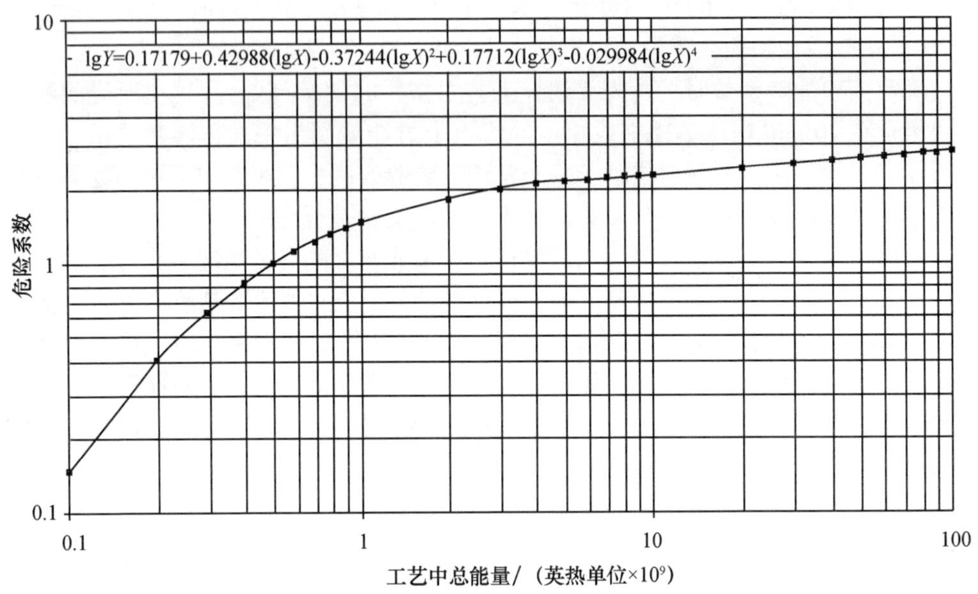

注：1 英热单位 = 1. 055×10^3 J。

图 10-5　工艺中的液体和气体

料以及可移动式容器和桶中的物料。

对单个储存容器可用总能量值（储存物料量乘以燃烧热而得）查图 10-6 确定其危险系数。对于若干个可移动容器，用所有容器中的物料总量。

对于不稳定的物质，采取和火灾、爆炸指数（F&EI）表 10-5 相同的方法进行计算，即取分解热或燃烧热中较大值的 6 倍作为 H_c。

340 100 kg 苯乙烯的燃烧热为 340 100 kg×40. 5×10^6 J/kg = 13. 8×10^{12} J。

340 100 kg 二乙基苯的燃烧热为 340 100 kg×41. 9×10^6 J/kg = 14. 3×10^{12} J。

272 100 kg 丙烯腈的燃烧热为 272 100 kg×31. 9×10^6 J/kg = 8. 7×10^{12} J。

总能量为 36. 8×10^{12} J。

根据物质种类确定曲线：苯乙烯为Ⅰ类易燃液体（图 10-6 曲线 B），丙烯腈为Ⅰ类易燃液体（图 10-6 曲线 B），二乙基苯为Ⅱ类可燃液体（图 10-6 曲线 C）。

如果单元中的物质有多种，则查图 10-6 时，要找出总能量与每种物质对应的曲线中最高的一条曲线的交点，然后再查出与交点对应的系数值，即为所求系数。

在本例中，总能量与各物质对应的最高曲线是曲线 B，其对应的系数是 1. 00

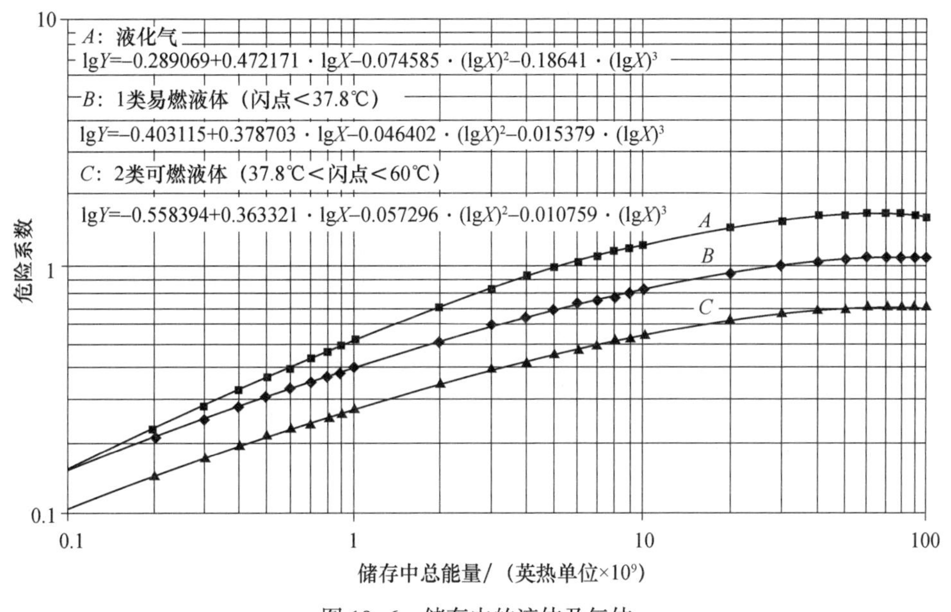

图 10-6　储存中的液体及气体

（注：引用原文算式查图 10-6 时，需先将“J”换算成“英热单位×10^9”）。

美国消防协会 NFPA30 要求用堤坝将这些易燃物质分开存放。

图 10-6 中曲线 A、B 和 C 的总能量值（X）与系数（Y）的对应方程分别如下（注：公式中 X 的单位为“英热单位×10^9”）：

曲线 A：

$$\lg Y=-0.289\,069+0.472\,171(\lg X)-0.074\,585(\lg X)^2-0.018\,641(\lg X)^3 \tag{10-7}$$

曲线 B：

$$\lg Y=-0.403\,115+0.378\,703(\lg X)-0.464\,02(\lg X)^2-0.015\,379(\lg X)^3 \tag{10-8}$$

曲线 C：

$$\lg Y=-0.558\,394+0.363\,321(\lg X)-0.057\,296(\lg X)^2-0.010\,759(\lg X)^3 \tag{10-9}$$

（c）储存中的可燃固体和工艺中的粉尘。本项包括了储存中的可燃固体和工艺中的粉尘的危险系数，涉及的固体或粉尘即是确定物质系数的那些基本物质。根据物质密度、点火难易程度以及维持燃烧的能力来确定危险系数。

根据储存固体总量（kg）或工艺单元中粉尘总量（kg），由图 10-7 查取危险系数。如果物质的松密度小于 160. 2 kg/m^3，用曲线 A；松密度大于 160. 2 kg/m^3，用曲线 B。

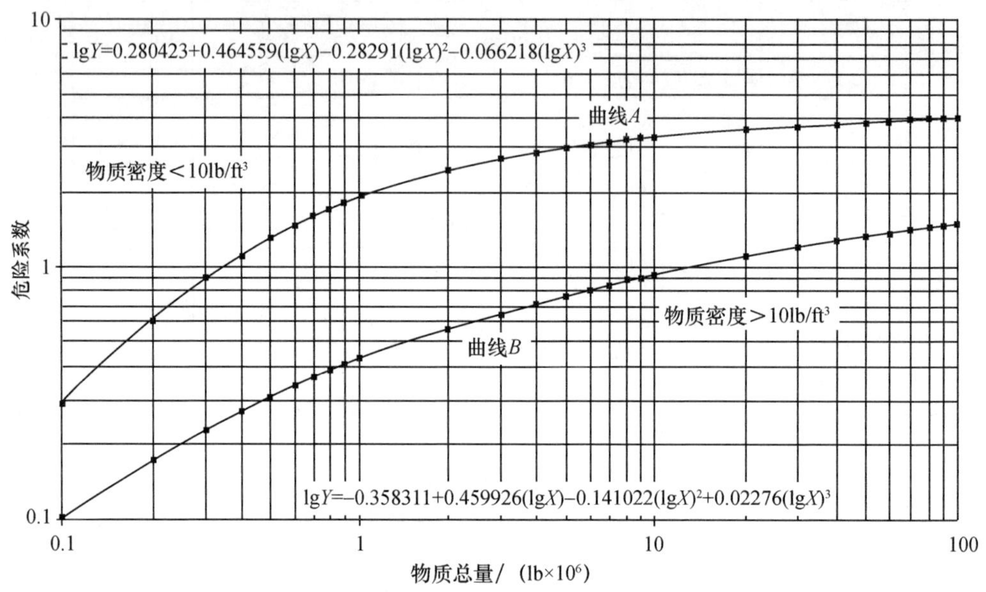

注：1 lb = 0. 453 6 kg。

图 10-7　储存中的可燃固体和工艺中的粉尘

对于 $N_R = 2$ 或更高的不稳定物质，用单元中的物质实际质量的 6 倍，查曲线 A 来确定危险系数。

例如，一座仓库，不计通道时面积为 1 860 m^2，货物堆放高度为 4. 6 m，即容积为 8 500 m^3。若储存物品（苯乙烯桶装的多孔泡沫材料和纸板箱）的平均密度为 35. 2 kg/m^3，则总质量为：

$$35.2\ \text{kg/m}^3 \times 8\ 500\ \text{m}^3 = 299\ 200\ \text{kg}$$

由于平均密度小于 160. 2 kg/m^3，故查曲线 A，得危险系数为 1. 54。

假如在此场所存放的货物是袋装的聚乙烯颗粒或甲基纤维素粉末（其平均密度为 449 kg/m^3），则总质量为：

$$449\ \text{kg/m}^3 \times 8\ 500\ \text{m}^3 = 3\ 820\ 000\ \text{kg}$$

由于平均密度大于 160. 2 kg/m^3，故用曲线 B，查得危险系数为 0. 92。

泡沫或纸箱的火灾负荷（依据总热量和密度）比袋装聚乙烯颗粒和甲基纤维素粉末要小得多，但与较重的物质相比，它们更容易被点燃并维持燃烧。总之，较轻物质比较重物质具有更大的火灾危险，即使是存储量较小，也应有较大的系数。

图 10-7 危险系数曲线 A、B 的方程式（直接引用原文公式，式中 X 的单位为 lb）分别如下：

曲线 A：

$$\lg Y=0.280\,423+0.464\,559\,(\lg X)-0.282\,91\,(\lg X)^2+0.066\,218\,(\lg X)^3 \tag{10-10}$$

曲线 B：

$$\lg Y=-0.358\,311+0.459\,926\,(\lg X)-0.141\,022\,(\lg X)^2+0.022\,76\,(\lg X)^3 \tag{10-11}$$

h. 腐蚀。虽然正规的设计留有腐蚀和侵蚀余量，但腐蚀或侵蚀问题仍可能在某些工艺中发生。此处的腐蚀速率被认为是外部腐蚀速率和内部腐蚀速率之和。切不可忽视工艺物流中少量腐蚀可能产生的影响，它可能比正常的内部腐蚀和由于油漆破坏造成的外部腐蚀强得多。砖的多孔性和塑料衬里的缺陷都可能加速腐蚀。

腐蚀危险系数按以下规定选取：

（a）腐蚀速率（包括点腐蚀和局部腐蚀）小于 0.127 mm/年时，危险系数取 0.10。

（b）腐蚀速率大于 0.127 mm/年但小于 0.254 mm/年时，危险系数取 0.20。

（c）腐蚀速率大于 0.254 mm/年时，危险系数取 0.50。

（d）如果应力腐蚀裂纹有扩大的危险，危险系数取 0.75，这一般是氯气长期作用的结果。

（e）要求用防腐衬里时，危险系数取 0.20；但如果衬里仅仅是为了防止产品污染，则不取危险系数。

i. 泄漏——接头和填料处。垫片、接头或轴的密封处及填料处可能是易燃、可燃物质的泄漏源，尤其是在热和压力周期性变化的场所，应该按工艺设计情况和采用的物质选取危险系数。

（a）泵和压盖密封处可能产生轻微泄漏时，危险系数取 0.10。

（b）泵、压缩机和法兰连接处产生正常的一般泄漏时，危险系数取 0.30。

（c）承受热和压力周期性变化的场合，危险系数取 0.30。

（d）如果工艺单元的物料是有渗透性或磨蚀性的浆液，可能引起密封失效，或者工艺单元使用转动轴封或填料函时，危险系数取 0.40。

（e）单元中有玻璃视镜、波纹管或膨胀节时，危险系数取 1.50。

j. 使用明火设备。当易燃液体、蒸气或可燃性粉尘泄漏时，工艺中明火设备的存在额外增加了引燃的可能性。

明火设备的使用分以下两种情况取危险系数：一是明火设备设置在评价单元中，二是明火设备附近有各种工艺单元。从评价单元可能发生泄漏的点到明火设备空气进口的距离就是图 10-8 中所采取的距离，单位用英尺（ft）表示，1 ft=0. 304 8 m。

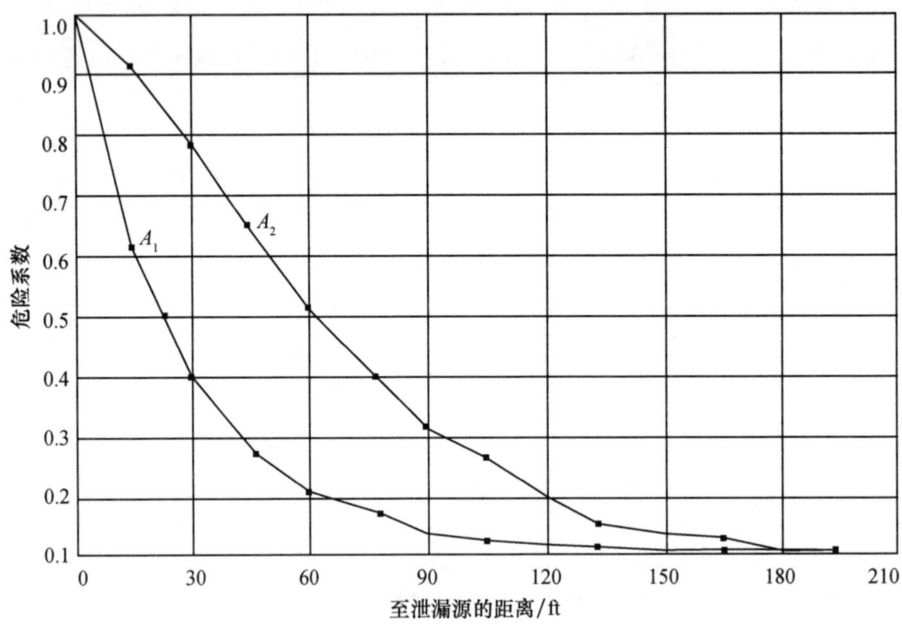

图 10-8 明火设备的危险系数

（a）图 10-8 中曲线 A_1 用于以下情况：

a）确定物质系数的物质可能在其闪点以上泄漏的任何工艺单元。

b）确定物质系数的物质是可燃性粉尘的任何工艺单元。

（b）图 10-8 中曲线 A_2 用于确定物质系数的物质可能在其沸点以上泄漏的任何工艺单元。

危险系数确定的方法：按照图 10-8，用潜在泄漏源到明火设备空气进口的距离与相对应曲线（A_1 或 A_2）的交点即可得到危险系数值。

曲线 A_1、A_2 中，到潜在泄漏源的距离（X）与系数（Y）对应的方程［式中 X 的单元为英尺（ft）］如下：

曲线 A_1：

$$\lg Y=-3.3243\left(\lg \frac{X}{210}\right)+3.75127\left(\lg \frac{X}{210}\right)^2-1.43523\left(\lg \frac{X}{210}\right)^3 \quad (10-12)$$

曲线 A_2：

$$\lg Y = -0.3745\left(\lg\frac{X}{210}\right) - 2.70212\left(\lg\frac{X}{210}\right)^2 + 2.09171\left(\lg\frac{X}{210}\right)^3 \quad (10\text{-}13)$$

如果明火设备本身就是评价工艺单元，则到潜在泄漏源的距离为 0。如果明火设备加热易燃或可燃物质，即使物质的温度不高于其闪点，危险系数也取 1.00。

该项危险系数不适用于明火炉。

本项所涉及的任何其他情况，包括所处理的物质低于其闪点时，都不用取危险系数。

如果明火设备在工艺单元内，并且单元中选作物质系数的物质的泄漏温度可能高于其闪点，则不管距离多少，危险系数至少取 0.10。

对于带有“压力燃烧器”的明火设备，若空气进气孔直径为 3 m 或更大且不靠近排放口之类的潜在的泄漏源时，危险系数取标准燃烧器所确定危险系数的 50%。但是，当明火加热器本身就是评价单元时，则危险系数不能乘 50%。

k. 热油、热交换系统。大多数交换介质可燃且操作温度经常在闪点或沸点之上，因此增加了危险性。此项危险系数是根据热交换介质的使用温度和数量来确定的。热交换介质为不可燃物或虽为可燃物但使用温度总是低于闪点时不用考虑这个危险系数，但应对生成油雾的可能性加以考虑（详见物质系数的相关介绍）。

按照表 10-14 确定危险系数时，其油量可取下列二者中较小者：

（a）油管破裂后 15 min 的泄漏量。

（b）热油循环系统中的总油量。

热交换系统中储备的油量不计入，除非它在大部分时间里与单元保持着联系。

建议计算热油循环系统的火灾、爆炸指数时，应包含运行状态下的油罐（不是油储罐）、泵、输油管及回流油管。根据经验，这样做的结果会使火灾、爆炸指数增大。热油循环系统作为评价热油系统时，则按“明火设备的使用”的规定选取危险系数。

表 10-14　　热油交换系统危险系数

油量/m^3	危险系数	
	大于闪点	等于或大于沸点
<18.9	0.15	0.25
18.9~37.9	0.30	0.45
37.9~94.6	0.50	0.75
>94.6	0.75	1.15

l. 转动设备。单元内大容量的转动设备会带来危险，虽然还没有明确的公式来表征各种类型和尺寸转动设备的危险性，但统计资料表明，超过一定规格的泵和压缩机很可能引起事故。

评价单元中使用或评价单元本身是如下转动设备的，可选取危险系数 0.5：

（a）大于 442 kW 的压缩机。

（b）大于 55 kW 的泵。

（c）发生故障后因混合不均、冷却不足或终止等原因引起反应温度升高的搅拌器和循环泵。

（d）其他曾发生过事故的大型高速转动设备，如离心机等。

评价了所有的特殊工艺危险之后，计算基本系数与所涉及的特殊工艺危险系数的总和，并将它填入火灾、爆炸指数（F&EI）表中的“特殊工艺危险系数（F_2）”栏中。

③工艺单元危险系数的确定。计算工艺单元危险系数：

特殊工艺危险系数（F_2）= 基本系数+所有选取的特殊工艺危险系数之和

工艺单元危险系数（F_3）= 一般工艺危险系数（F_1）×特殊工艺危险系数（F_2）

F_3 值范围为 1~8。若 $F_3>8$，则按 8 计。

4）计算火灾、爆炸指数（F&EI）。火灾、爆炸指数被用来估计生产过程中事故可能造成的破坏后果。各种危险因素如反应类型、操作温度、压力和可燃物的数量等，表征了事故发生概率、可燃物的潜能以及由工艺控制故障、设备故障、振动或应力疲劳等导致的潜能释放的大小。

根据直接原因，易燃物泄漏并点燃后引起的火灾或燃料混合物爆炸的破坏情况分为如下几类：

①冲击波或燃爆。

②初始泄漏引起的火灾或爆炸。

③容器爆炸引起的对管道与设备的撞击。

④引起二次事故——其他可燃物的释放。

随着单元危险系数和物质系数的增大，二次事故变得愈加严重。

火灾、爆炸指数（F&EI）是单元危险系数（F_3）和物质系数（MF）的乘积。

表 10-15 是 F&EI 值与危险等级之间的关系，它使人们对火灾、爆炸的严重程度有了一个相对的认识。

表 10-15　　F&EI 值与危险等级

F&EI 值	危险等级
1~60	最轻
61~96	较轻
97~127	中等
128~158	很大
>159	非常大

F&EI 被汇总记入火灾、爆炸指数（F&EI）表中。建议保存有关 F&EI 的计算和文件，以备日后检查和核对。

5）安全措施补偿系数。建造任何一个化工装置（或化工厂）时，应该考虑一些基本设计要点，使其符合各种规范，如建筑规范、国家标准、行业标准以及地方政府的要求。

除了这些基本的设计要求之外，根据经验提出的安全措施也已证明是有效的，它不仅能预防严重事故的发生，也能降低事故的发生概率和危害。安全措施可以分为以下三类：C_1（工艺控制）、C_2（物质隔离）、C_3（防火设施）。

安全措施补偿系数按下列程序进行计算并汇总于安全措施补偿系数表中：直接把合适的系数填入该安全措施的右边；没有采取的安全措施，系数记为 1；每一类安全措施的补偿系数是该类别中所有选取系数的乘积；计算 $C_1 \times C_2 \times C_3$，得到总补偿系数；将补偿系数填入工艺单元危险分析汇总表中。

所选择的安全措施应能切实地减少或控制评价单元的危险。选择安全措施以提高安全可靠性不是本危险分析方法的最终结果，其最终结果是确定损失减少的数量或使最大可能财产损失降至一个更为实际的数值。当地的损失预防专家能选择各种合适的安全措施。下面列出安全措施及相应的补偿系数并加以说明。

①工艺控制补偿系数（C_1），具体如下：

a. 应急电源（0.98）。本补偿系数适用于基本设施（仪表电源、控制仪表、搅拌器和泵等）具有应急电源且能从正常状态自动切换到应急状态的情况。只有应急电源与评价单元事故的控制有关时，才考虑这个系数。例如，在某一反应过程中，维持正常搅拌是避免失控反应的重要手段，若为搅拌器配备应急电源就有明显的保护功能，因此，应予以补偿。

在另一种情况下，如聚苯乙烯生产中胶浆罐的搅拌，就不必设置应急电源来防止或控制可能出现的火灾、爆炸事故。即使它能在正常电源中断时保证连续作业，也不给予补偿。

b. 冷却装置（0.97~0.99）。如果难以保证在出现故障时维持正常冷却 10 分钟以上，补偿系数取 0.99；如果有备用冷却系统，冷却能力为正常需要量的 1.5 倍且至少维持 10 分钟时，系数取 0.97。

c. 抑爆装置（0.84~0.98）。粉体设备或蒸气处理设备上装有抑爆装置或设备本身有抑爆作用时，系数取 0.84；采用防爆膜或泄爆口防止设备发生意外时，系数取 0.98。只有那些在突然超压（如燃爆）时能防止设备或建筑物遭受破坏的释放装置才能给予补偿系数。对于那些在所有压力窗口器上都配备的安全阀、储罐的紧急排放口等常规超压释放装置，则不考虑补偿系数。

d. 紧急停车装置（0.96~0.99）。情况出现异常时能紧急停车并转换到备用系统时，补偿系数取 0.98。重要的转动设备如压缩机、涡轮和鼓风机等装有振动测定仪时，若振动仪只能报警，系数取 0.99；若振动仪能使设备自动停车，系数取 0.96。

e. 计算机控制（0.93~0.99）。设置了在线计算机以帮助操作人员，但它不直接控制关键设备或经常不用计算机操作时，系数取 0.99；具有失效保护功能的计算机直接控制工艺操作时，系数取 0.97；采用下列三项措施之一者，系数取 0.93：关键现场数据输入的冗余技术、关键输入的异常中止功能、备用的控制系统。

f. 惰性气体保护（0.94~0.96）。盛装易燃气体的设备有连续的惰性气体保护时，系数取 0.96；如果惰性气体系统有足够的容量并自动吹扫整个单元时，系数取 0.94。但是，惰性气体系统必须人工启动或控制时，不取系数。

g. 操作指南或操作规程（0.91~0.99）。正常的操作指南、完整的操作规程是保证正常作业的重要因素。下面列出最重要的条款并规定分值：

（a）开车——0.5。

（b）正常停车——0.5。

（c）正常操作条件——0.5。

（d）低负荷操作条件——0.5。

（e）备用装置启动条件（单元循环或全回流）——0.5。

（f）超负荷操作条件——1.0。

（g）短时间停车后再开车规程——1.0。

（h）检修后重新开车——1.0。

（i）检修程序（批准手续、清除污物、隔离、系统清扫）——1.5。

（j）紧急停车——1.5。

(k) 设备、管线的更换和增加——2.0。

(l) 发生故障时的应急方案——3.0。

可以根据操作规程的完善程度，在0.91~0.99的范围内确定补偿系数。

h. 化学活性物质检查（0.91~0.98）。用化学活性物质大纲检查现行工艺和新工艺（包括工艺条件的改变、化学物质的储存和处理等），是一项重要的安全措施。

如果按大纲进行检查是整个操作的一部分，系数为0.91；如果只是在需要时才进行检查，系数为0.98。

采用此项补偿系数的最低要求是操作人员至少每年应获得一份应用于本职工作的化学活性物质指南，如不能定期地提供则不能选取补偿系数。

i. 其他工艺过程危险分析（0.91~0.98）。几种其他的工艺过程危险分析工具也可用来评价火灾、爆炸危险。这些方法是定量风险评价（QRA），详尽的后果分析，事故树分析，危险和可操作性研究，故障模式和影响分析，环境、健康、安全和损失预防审查，“如果……怎么样”分析，检查表评价以及工艺、物质等变更的审查管理。相应的补偿系数见表10-16。

表10-16　其他工艺过程危险分析的补偿系数

其他工艺过程危险分析	补偿系数
定量风险评价	0.91
详尽的后果分析	0.93
事故树分析	0.93
危险和可操作性研究	0.94
故障模式和影响分析	0.94
环境、健康、安全和损失预防审查	0.96
“如果……怎么样”分析	0.96
检查表评价	0.98
工艺、物质等变更的审查管理	0.98

定期开展上面所列的任一危险分析时，均可按规定取相应的补偿系数。如果只是在必要时才进行一些危险分析，可仔细斟酌后取较高一些的补偿系数。若总补偿系数确切，皆可利用。

②物质隔离补偿系数（C_2），具体如下：

a. 遥控阀（0.96~0.98）。如果单元备有遥控的切断阀，在紧急情况下能迅速地将储罐、容器及主要输送管线隔离时，系数取 0.98；如果阀门至少每年更换一次，则系数取 0.96。

b. 卸料/排空装置（0.96~0.98）。如果备用储槽能安全地（有适当的冷却和通风）直接接受单元内的物料时，补偿系数取 0.98；如果备用储槽安置在单元外，则系数取 0.96。对于应急通风系统，如果应急通风管能将气体、蒸气排放至火炬系统或密闭的受槽，系数取 0.96。正常的排气系统减少了周围设备暴露于泄漏出的气体、液体中的可能性，因而也给予补偿。与火炬系统或受槽连接的正常排气系统的补偿系数取 0.98。连接聚苯乙烯反应器和储槽的排风系统即为一例。

c. 排放系统（0.91~0.97）。为了从生产和储存单元中移走大量的泄漏物，地面斜度至少为 2%（硬质地面为 1%），以便使泄漏物流至尺寸合适的排放沟。排放沟应能容纳最大储罐内所有的物料再加上第二大储罐 10%的物料以及消防水 1 小时的喷洒量。满足上述条件时，补偿系数取 0.91。

只要排放设施完善，能把储罐和设备下以及附近的泄漏物排净，就可采用补偿系数 0.91。

如果排放装置能汇集大量泄漏物料，但只能处理少量物料（约为最大储罐容量的一半）时，系数取 0.97；如果排放装置能处理中等数量的物料时，则系数取 0.95。

储罐四周有堤以容纳泄漏物时不予补偿。倘若能将泄漏物引至一蓄液池，蓄液池的距离至少要大于 15 m，蓄液池要能容纳区域内最大储罐的所有物料再加上第二大储罐盛装物料的 10%以及消防水，此时补偿系数取 0.95。倘若地面斜度不理想或蓄液池距离小于 15 m 时，则不予补偿。

d. 联锁装置（0.98）。装有联锁系统以避免出现错误的物料流向以及由此引起的不需要的反应时，系数取 0.98。此系数也适用于符合标准的燃烧器。

③防火设施补偿系数（C_3），具体如下：

a. 泄漏检测装置（0.94~0.98）。安装了可燃气体泄漏检测器，但只能报警和确定危险范围时，系数取 0.98；若它既能报警又能在达到燃烧下限之前使保护系统动作，系数取 0.94。

b. 钢结构（0.95~0.98）。防火涂层应达到的耐火时间取决于可燃物的数量及排放装置的设计情况。

如果采用防火涂层，则所有的承重钢结构都要涂覆，且涂覆高度至少为 5 m，这时补偿系数取 0.98；涂覆高度大于 5 m 但小于 10 m 时，系数取 0.97；如果有必要，涂覆高度大于 10 m 时，系数取 0.95。防火涂层必须及时维护，否则不能取补偿系数。

钢筋混凝土结构采用和防火涂层一样的系数。从防火角度出发，应优先考虑钢筋混凝土结构。此外，单独安装大容量水喷洒系统来冷却钢结构时，补偿系数取0.98，而不是按照“洒水灭火系统”项的规定取0.97。

c. 消防水供应系统（0.94~0.97）。消防水压力为690 kPa（表压）或更高时，补偿系数取0.94；消防水压力低于690 kPa（表压）时，系数取0.97。

工厂消防水的供应要保证按计算的最大需水量连续供应4小时。对危险不大的装置，供水时间少于4小时可能是合适的。满足上述条件的话，补偿系数取0.97。

在保证消防水的供应上，除非有独立正常电源之外的其他能源且能提供最大水量（按计算结果），否则不取补偿系数。柴油机驱动的消防水泵即为一例。

d. 特殊灭火系统（0.91）。特殊灭火系统包括二氧化碳、卤代烷灭火及烟火探测器、防爆墙或水层等。由于对环境存在潜在的危害，不推荐安装新的卤代烷灭火设施。对现有的卤代烷灭火设施，如认为它适合于某些特定的场所或有助于保障生命安全，可以取补偿系数。

对于特殊灭火系统，重要的是确保为评价单元选择的安全措施适合于该单元的具体情况。特殊灭火系统的补偿系数取0.91。

地上储罐如果设计成夹层壁结构，当内壁发生泄漏时外壁能承受所有的负荷，此时采用补偿系数0.91。可是，夹层壁结构常常不是最为有效的，减小风险的最好办法是设法加固内壁。

以往，地下埋藏储罐和夹层储罐都给予补偿系数。从防火的观点看，地下储罐更安全。但是，地下储罐可能泄漏，而且对泄漏的检测和控制都有困难。出于保护环境的考虑，不推荐设置新的地下储罐。

e. 洒水灭火系统（0.74~0.97）。洒水灭火系统的补偿系数取0.97。对洒水灭火系统给予最小的补偿是由于它由许多部件组成，其中任一部件的故障都可能完全或部分地影响整个系统的功能。洒水灭火系统常与其他损失预防措施结合起来应用于较危险的场合，这就意味着单独的洒水灭火系统的效果欠佳。

室内生产区和仓库使用的湿管、干管洒水灭火系统的补偿系数按表10-17选取。

湿管、干管洒水灭火系统（闭式喷头）的可靠性高达99.9%以上，很少采用易发生故障的调节阀。

面积增大时，会有更多的机会暴露在燃烧环境中，使最大可能财产损失增大。因此，可用适当的面积修正系数（按防火墙内的面积计）乘以上述的补偿系数。

表 10-17　室内生产区和仓库使用的湿管、干管洒水灭火系统的补偿系数

危险等级	设计参数/［L/（min·m^2）］	补偿系数	
		湿管	干管
低危险	6.11~8.15	0.87	0.87
中等危险	8.56~13.6	0.81	0.84
非常危险	>14.3	0.74	0.81

f. 水幕（0.97~0.98）。在点火源和可能泄漏的气体之间设置自动喷水幕，可以有效地减少可燃气体的燃烧和爆炸危险。为保证良好的效果，水幕到泄漏源之间的距离至少要为 23 m，以便有充裕的时间检测并自动启动水幕。最大高度为 5 m 的单排喷嘴，补偿系数取 0.98；在第一层喷嘴之上 2 m 内设置第二层喷嘴的双排喷嘴，其补偿系数取 0.97。

g. 泡沫灭火装置（0.92~0.97）。如果设置了远距离手动控制的将泡沫注入标准喷洒系统的装置，补偿系数取 0.94，这个系数是对洒水灭火系统补偿系数的补充；全自动泡沫喷射系统的补偿系数取 0.92，所谓全自动意味着当检测到着火后泡沫阀自动开启。

为保护浮顶罐的密封圈而设置的手动泡沫灭火装置的补偿系数取 0.97；当采用火焰探测器控制泡沫灭火装置时，补偿系数取 0.94。

锥形顶罐配备有地下泡沫灭火装置和泡沫室时，补偿系数取 0.95；可燃液体储罐的外壁配有泡沫灭火装置时，如为手动控制补偿系数取 0.97，如为自动控制则系数取 0.94。

h. 手提式灭火器和喷水枪（0.93~0.98）。如果配备了与火灾危险相适应的手提式或移动式灭火器，补偿系数取 0.98。如果单元内有泄漏大量可燃物的可能，而手提式灭火器又不可能有效地控制时，不取补偿系数。

如果安装了喷水枪，补偿系数取 0.97；如果能在安全地点远距离控制它，系数取 0.95；带有泡沫喷射能力的喷水枪，补偿系数取 0.93。

i. 电缆防护（0.94~0.98）。仪表和电缆支架均为火灾时非常容易受到损坏的部件。如带有喷水装置，其下有钢板（金属罩）加以保护时，系数取 0.98；如钢板上涂以耐火涂料以取代喷水装置时，其系数也是 0.98。若电缆管埋在地下的电缆沟内（不管沟内是否干燥），补偿系数取 0.94。

C_1、C_2、C_3 的乘积 $C_1 \times C_2 \times C_3$ 即为单元的安全补偿系数，记入工艺单元分析汇

总表中。

6）工艺单元危险分析汇总。工艺单元危险分析汇总表汇集了所有重要的单元危险分析资料。它首先列出了 F&EI 及由 F&EI 确定的数据、单元的安全补偿系数、暴露区域、危害系数及累计生产总值等。

工艺单元危险分析汇总表以及 F&EI 是用来制定生产单元风险管理程序的有效工具。

本评价法提供了一种识别单元中其他危险因素的方法，可辨识所有单元的危险因素。

①火灾、爆炸指数（F&EI）。火灾、爆炸指数被用来估计生产事故可能造成的破坏。有关火灾、爆炸指数的内容已在前面给出，表 10-15 还给出了按不同的火灾、爆炸指数值划分危险等级的规定。确定 F&EI 的所有关键数据和计算均列在图 10-3 中。F&EI 值填入工艺单元危险分析汇总表 10-7 和生产单元危险分析汇总表 10-8 相应的栏目中。

②暴露半径。对已经计算出来的 F&EI，用它乘以 0.84 或按图 10-9 转换成暴露半径，单位可以是 ft 或 m。暴露区域表明了生产单元危险区域的平面分布，它是一个以工艺设备的关键部位为中心，以暴露半径为半径的圆。每一个被评价的生产单元都可画出这样一个圆。暴露半径的值填入工艺单元危险分析汇总表中。

如果被评价工艺单元是一个小设备，就可以该设备的中心为圆心，以暴露半径为半径画圆。如果设备较大，则应从设备表面向外量取暴露半径，暴露区域加上评价单元的面积才是实际暴露区域的面积。在实际情况下，暴露区域的中心常常是泄漏点，经常发生泄漏的点是排气口、膨胀节和装卸料连接处等部位，它们均可作为暴露区域的圆心。

③暴露区域。暴露半径决定了暴露区域的大小。按下式计算暴露区域面积：暴露区域面积 $=\pi R^2$。

暴露区域的数值填入工艺单元危险分析汇总表中。

暴露区域意味着其内的设备将会暴露在本单元发生的火灾或爆炸环境中。为了评价这些设备在火灾、爆炸中遭受的损坏，要考虑实际影响的体积。该体积是一个围绕着工艺单元的圆柱体的体积，其面积是暴露区域，高度相当于暴露半径。有时用球体的体积来表示也是合理的。该体积表征了发生火灾、爆炸事故时生产单元所承受风险的大小。

以图 10-9 为例：单元是立式储罐，图中显示了暴露半径、暴露区域及影响体积。

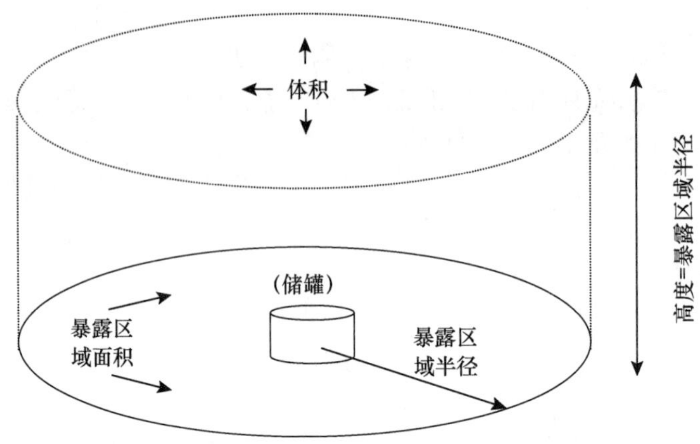

图 10-9　立式储罐暴露区域示例

火灾、爆炸指数为 100，暴露区域半径为 25.6 m，暴露区域面积为 2 060 m^2，圆柱体高度为 25.6 m。

众所周知，火灾、爆炸的蔓延并不是一个理想的圆，故不会在各个方向造成同等的破坏。实际破坏情况受设备位置、风向及排放装置等情况的影响，这些都是影响损失预防设计的重要因素。不管怎样，“圆”提供了赖以计算的基本依据。

有趣的是，在早期的 F&EI 研究中，计算暴露半径时要考虑各种易燃物泄漏量达 8 cm 深时可能造成的后果以及爆炸性气体混合物和火灾的影响，同时还要考虑几种不同的环境状况。

如果暴露区域内有建筑物，但该建筑物的墙耐火或防爆或二者兼而有之，此时该建筑物没有危险因而不应计入暴露区域内。如果暴露区域内设有防火墙或防爆墙，则墙后的面积也不算作暴露面积。

如果物料储存在仓库或其他建筑物内，基于上述理由可以得到如下结论：处于危险状态的仅是建筑物本身的容积，可能的危险是燃烧而不是爆炸，建筑物的墙和顶棚应不能传播火焰。假若这个建筑物不耐火或至少是由可燃物建造的，则影响区域就延伸到墙壁之外。

另外还要考虑以下几点：

a. 包含评价单元的单层建筑物的全部面积可以看作暴露区域，除非它用耐火墙分隔成几个独立的部分。如果有爆炸危险，即使各部分用防火墙隔开，整个建筑面积都要看成是暴露区域。

b. 多层建筑具有耐火楼板时，其暴露区域按楼层划分。

c. 如果火源在建筑物的外部，则防火墙具有良好的防止建筑物暴露于火灾危险中的作用；但若有爆炸危险，它就丧失了隔离功能。

d. 防爆墙可以看作暴露区域的界限。

F&EI 对最终评价结果的影响可以从下例看出：

单元 A	单元 B
单元危险系数=4.0	单元危险系数=4.0
物质系数=16	物质系数=24
危害系数=0.45	危害系数=0.74
F&EI=64	F&EI=96
暴露半径=16.4 m	暴露半径=24.6 m
暴露区域面积=845 m^2	暴露区域面积=1 901 m^2

虽然上述两个单元的单元危险系数均为 4.0，但其最终的可能损失必须考虑所处理物料的危险性。

单元 A 的情况表明周围 845 m^2 的区域将有 45%遭到破坏，而单元 B 的情况则表明周围 1 901 m^2 的区域将有 74%遭到破坏。

如果单元 B 的危险系数是 2.7 而不是 4.0，则它和单元 A 将有相同的 F&EI 值（64），可是单元 B 的危害系数将变为 0.64（根据物质系数 24 来确定），而单元 A 的危害系数为 0.45（根据物质系数 16 而确定）。

④暴露区域内财产价值。暴露区域内财产价值可由区域内含有的财产（包括在存的物料）的更换价值来确定：

$$更换价值=0.82\times原来成本\times增长系数 \tag{10-14}$$

上式中的系数 0.82 是考虑到事故发生时有些成本不会遭受损失或有些设备设施不需要更换，如能做更精确的计算，这个系数可以改变。

增长系数由工程预算专家确定，他们掌握着最新的公认数据。

暴露区域内财产价值填入工艺单元危险分析汇总表及生产单元危险分析汇总表中。

更换价值可按以下几种方法计算：

a. 采用暴露区域内设备的更换价值。现行价值可按上述原则确定。在理想情况下，财务的统计资料可提供这些信息。

注意：财务统计中可能有保险金额或实际的现金值，它们是由现行的更换价值算出的。若赔偿金额是按保险值来确定的，估计风险的最好办法是依据现行的更换价值。

b. 用现行的工程成本来估算暴露区域内所有财产的更换价值（地基和其他一些不会遭受损失的项目除外），这几乎像估算一个新装置那样费时。为简化起见，可只用主要设备的成本来估算，然后用工程预算安装系数核定安装费用。工艺技术中心可以提供已有装置和新建装置的最新成本数据。

c. 从整个装置的更换价值推算每平方米的设备费，再用暴露区域的面积与之相乘就得到更换价值。这种方法的精确度可能最差，但对老厂最适用。

计算暴露区域内财产的更换价值时，必须采用在存物料的价值及设备价值。对于储罐的物料量可按其容量的80%计算；对于塔器、泵、反应器等采用在存量或与之相连的物料储罐的物料量，也可采用15分钟物流量或其有效容积。

物料的价值要根据制造成本、可销售产品的销售价及废料的损失等来确定。暴露区域内所有的物料都要包括在内。

注意：当一个暴露区域包含另一暴露区域的一部分时，不能重复计算。

⑤危害系数的确定。危害系数是由单元危险系数（F_3）和物质系数（MF）按图10-10来确定的，它代表了单元中物料泄漏或反应能量释放所引起的火灾、爆炸事故的综合效应。确定危害系数时，如果 F_3 数值超过8.0，不能按图10-10外推，应按 $F_3=8.0$ 来确定危害系数。

随着物质系数（MF）和单元危险系数（F_3）的增加，单元危害系数从0.01

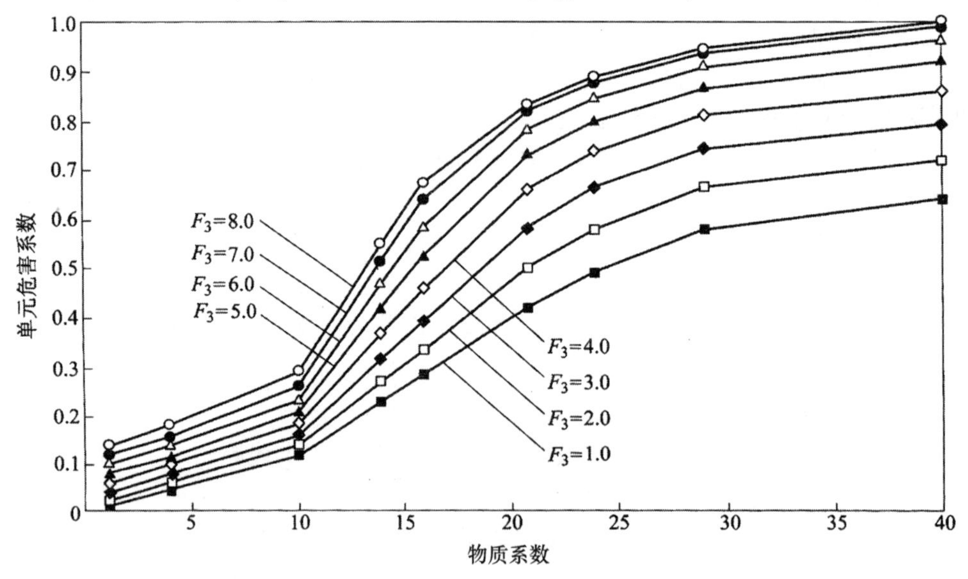

图10-10 单元危害系数计算

增至1.00。危害系数填入工艺单元危险分析汇总表中。

例如，有两个单元A和B，它们的单元危险系数（F_3）均为4.0，单元A的物质系数为16，而单元B的物质系数为24，根据图10-10可以得到单元A的危害系数为0.45，单元B的危害系数为0.74。

⑥基本最大可能财产损失（Base MPPD）。确定了暴露区域、暴露区域内财产和危害系数之后，有必要计算按理论推断的暴露面积（实质上是暴露体积）内有关设备价值的数据。暴露面积代表了基本最大可能财产损失。基本最大可能财产损失是根据多年来开展损失预防积累的数据确定的，由工艺单元危险分析汇总表（见表10-7）中的第5行和第6行的数据相乘得到。基本最大可能财产损失填入工艺单元危险分析汇总表中第7行和生产单元危险分析汇总表（见表10-8）中。基本最大可能财产损失是假定没有任何一种安全措施来降低损失。

⑦安全措施补偿系数。安全措施补偿系数是若干项目的乘积，有关具体内容在前面已经说明。安全措施补偿系数也填入生产单元危险分析汇总表10-8相应的栏目中。

⑧实际最大可能财产损失（Actual MPPD）。基本最大可能财产损失与安全措施补偿系数的乘积就是实际最大可能财产损失。它表示在采取适当的（但不完全理想）防护措施后事故造成的财产损失。如果防护装置出现故障，其损失值应接近于基本最大可能财产损失。

实际最大可能财产损失填入工艺单元危险分析汇总表及生产单元危险分析汇总表相应的栏目中。

⑨最大可能工作日损失（MPDO）。估算最大可能工作日损失是评价停产损失（BI）必需的一个步骤。停产损失常常等于或超过财产损失，这取决于物料储量和产品的需求状况。下列情况可能导致最大可能工作日损失与财产损失的关系发生变化：

a. 修理电缆支架上损坏的电缆所花费的时间与修理或更换小型电动机、泵及仪表的时间差不多，但其财产损失要小得多。

b. 关键原料供应管故障（如盐水管、碳氢化合物输送管等）的财产损失小，但最大可能工作日损失大。

c. 需要更换部件或是单机系统难以买到，对停工天数有影响，会拖延修复日期。

d. 需要从遥远的生产厂家购置损失的产品。

e. 工厂之间的依赖关系。由于原材料生产厂的问题而导致原材料供应困难，使收益和连续成本受到损失。

为了求得 MPDO，必须首先确定 MPPD，然后按图 10-11 查取 MPDO。

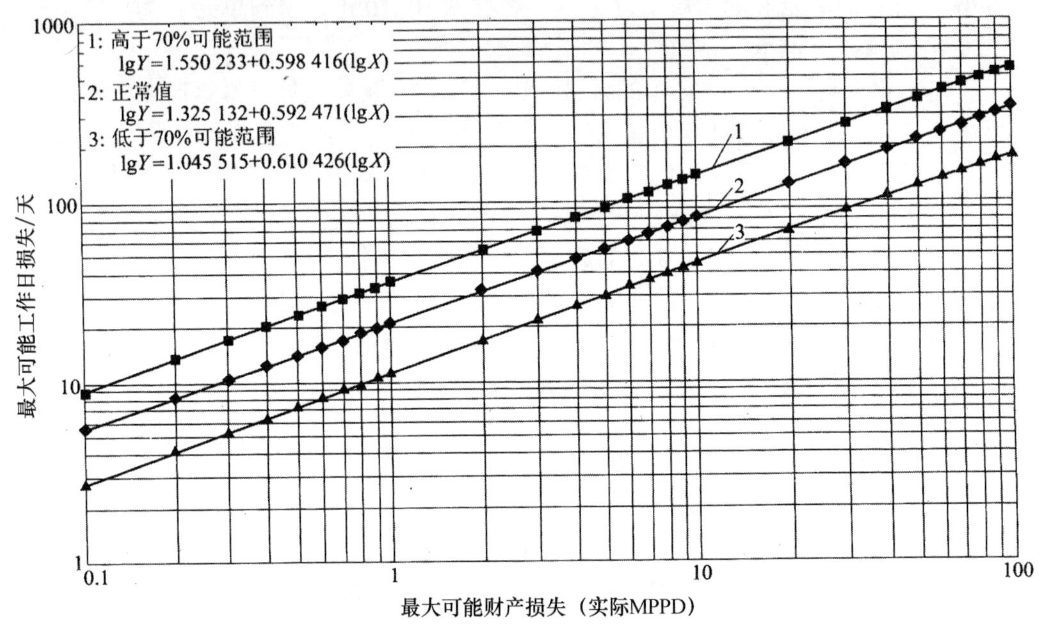

图 10-11　最大可能停工天数（MPDO）计算

图 10-11 表明了 MPDO 与实际 MPPD 之间的关系。以往的火灾、爆炸事故得到的数据，为确定危害系数提供了计算基础。由于对数据做了大量的推演，MPDO 与 MPPD 之间的关系是不够精确的。在许多情况下，可以直接从第 2 条线读出 MP-DO 的值。值得注意的是，在确定 MPDO 时要做恰当的判断，如果不能作出精确的判断，MPDO 的值可能在 70%上下波动。可是，如有确凿的证据，MPDO 的值也可远远偏离 70%，如果根据供应时间和工程进度较精确地确定停产日期，就可采用该数据而不用按图 10-11 来确定。

有些情况下，MPDO 值可能与实际情况不符合。例如，压缩机的关键部件可能有备品，备用泵和整流器也有储备，在这种情况下利用图 10-11 中第 3 条线来查取 MP-DO 是合理的；反之，部件采购困难或单机系统时，一般就要利用图 10-11 中第 1 条线来确定 MPDO。专门的火灾、爆炸后果分析可用来代替图 10-11 以确定 MPDO。

图 10-11 中列出的实际 MPPD 是按 1986 年的美元价格给出的，因涨价因素应将其进行转换。化学工程装置价格指数的相对值如表 10-18。

表 10-18　　化学工程装置价格指数的相对值

年份	价格指数的相对值	年份	价格指数的相对值
1986 年	318.4	1991 年	361.3
1987 年	323.8	1992 年	358.2
1988 年	342.5	1993 年	359.9
1989 年	355.4	1994 年	368.4
1990 年	357.6	1995 年	378.3

这样一来，由于价格上涨，1986 年至 1994 年的增长系数为：368.4/318.4 = 1.157。

上述数值需要进一步调整，以便尽可能精确地估计实际最大可能财产损失。

图 10-11 中 MPPD（X）与 MPDO（Y）之间的方程式如下：

上限 70%的斜线：

$$\lg Y = 1.550\,233 + 0.598\,416\ (\lg X) \tag{10-15}$$

正常值的斜线：

$$\lg Y = 1.325\,132 + 0.592\,471\ (\lg X) \tag{10-16}$$

下限 70%的斜线为：

$$\lg Y = 1.045\,515 + 0.610\,426\ (\lg X) \tag{10-17}$$

得到的 MPDO 值填入工艺单元危险分析汇总表及生产单元危险分析汇总表中。

⑩停产损失（BI）。按货币计，停产损失（BI）按式（10-18）计算：

$$BI = MPDO/30 \times VPM \times 0.7 \tag{10-18}$$

式中　VPM——每月产值；

0.7——固定成本和利润。

停产损失（BI）填入工艺单元危险分析汇总表及生产单元危险分析汇总表中。

7）最大可能财产损失、停产损失和工厂平面布置。可以接受的最大可能财产损失和停产损失的风险值为多大？这是一个不容易回答的问题，它取决于不同的工厂类型。例如，烃类加工厂的潜在损失总是要超过泡沫聚苯乙烯工厂。最好的办法是与技术领域类似的工厂进行比较，一个新装置的损失风险预测值不应超过具有同样技术的类似装置。另一种确定可以接受的最大可能财产损失的办法是采用生产单元（工厂）更换价值的 10%。

另外一个问题是市场情况及一旦工厂停产，其产品的供应情况如何。如果许多工厂生产同一种产品，则其停产损失可能最小。如果停产的工厂是某种产品的唯一生产厂家，市场供应很脆弱，这时遭受的潜在损失就很大。

如果发生重大的财产损失事故，关键的单元操作如废水处理、热氧化等也对停产损失有较大影响。

如果最大可能损失是不可接受的，应尽可能采取措施予以降低。

①风险分析应在重大新建项目的设计阶段进行，这是采取措施减少 MPPD 的好机会。达到上述目的的最有效方法是改变平面布置、增大间距以及减少暴露区域内的总投资。在一些情况下，物料在存量是影响 F&EI 的主要因素，这时减少物料在存量可能是最容易而又有效的。针对具体情况，还可以找到其他一些行之有效的措施。显而易见，采取消除或减少危险的预防措施比增加更多的安全措施对最大可能财产损失有更大的影响。

②对现有生产装置进行检查时，改变平面布置或物料在存量在经济上是很难接受的，明显减少 MPPD 有一定的限度，这时重点就应该放在增加安全措施上。

火灾、爆炸指数（F&EI）评价在规划新厂的平面布置或在现有生产装置增加设备和构筑物时是非常有用的。火灾、爆炸指数评价与损失预防原则结合，能确保工艺单元和重要的建筑物、设备间有合适的间距。F&EI 数值越大，装置之间的间距就越大。

另外，可将火灾、爆炸指数评价反复应用于初步方案设计阶段，以评价相邻建筑物和设备之间火灾、爆炸的潜在影响。假若评价结果表明风险不能接受，则应增大间距或采取更为先进的工程措施并估算其后果。评价 F&EI 并在平面布置上采取措施，将使设备与建筑物比较安全、易于维修、方便操作，且能使成本与效益兼顾。

8）生产单元危险分析汇总。生产单元危险分析汇总记录了评价单元基本的和实际的最大可能财产损失以及停产损失。

汇总表的第一栏填单元名称，名称之下填主要物质名称，由此可确定物质系数。例如胶乳生产装置，该栏填“反应单元/丁二烯”。表中其他数据如 F&EI、暴露面积、基本 MPPD、实际 MPPD、MPDO 以及 BI，根据“火灾、爆炸指数（F&EI）表”和“工艺单元危险分析汇总表”填写。

所有有关的工艺单元都要单独列出“火灾、爆炸指数（F&EI）表”“安全措施补偿系数表”及“工艺单元危险分析汇总表”，“生产单元危险分析汇总表”则集中了这些表格中的关键信息并被收入“风险分析数据包”中。

应为火灾保险提供生产单元的事故损失情况及采取安全措施的汇总表，即风险分析数据包。该数据包应包括如下内容：

①生产单元危险分析汇总。

②为确定下列各项而完成的 F&EI 表格：

a. 最大的实际 MPPD。

b. 最大的 MPDO 和 BI。

c. 最大的 F&EI。

③简化的方框式工艺流程图。

④标有暴露面积、气体检测、消防设备、紧急切断阀等的地图。

⑤有关停产损失的数据：

a. 原料或代用物的来源。

b. 产品的包装和运输。

c. 基本的公用设施及可靠性。

d. 关键设备及损坏时的对策。

e. 安全措施如消防、供水、水喷洒设备、抑爆装置及消防部门应急响应的能力。

f. 道化学公司设施与非道化学公司设施之间的依赖关系。

⑥化学物质暴露指数汇总。

⑦现场损失预防安全措施报告书。

⑧单元损失预防安全措施报告书。

每套装置都要有关于各生产单元的最新的风险分析数据包。风险分析数据包被许多部门作为综合审查的一部分。

2. ICI 蒙德火灾、爆炸、毒性指标评价法

（1）概述。道化学火灾、爆炸指数评价法是以物质系数为基础，并对特殊物质、一般工艺及特殊工艺的危险性进行修正，求出火灾、爆炸的危险系数，再根据指数大小分成 5 个等级，按等级要求采取相应对策的一种评价方法。1974 年英国帝国化学工业公司（ICI）蒙德（Mond）部在道化学火灾、爆炸指数评价法的基础上引进了毒性的概念，并发展了某些补偿系数，提出了“蒙德火灾、爆炸、毒性指标评价法”（以下称“ICI 蒙德法”）。

ICI 蒙德法将现有装置及计划建设装置的危险性研究作为总体研究的一部分，认为道化学公司在工程设计的开始阶段，对装置潜在的危险性评价是相当有意义的。ICI 蒙德法评价新设计项目的潜在危险时，以下几方面作了重要的改进和补充：

1）可对较广范围的工程及设备进行研究。

2）考虑了爆炸性化学物质的影响。

3）根据对事故案例的研究，考虑了对危险度影响较大的几种特殊工艺类型的危险性。

4）采用毒性的观点。

5）完善安全仪表控制系统的某些补偿系数。

其中最重要的是两个方面：第一，引进了毒性的概念，将道化学公司的“火灾、爆炸指数”扩展到包括物质毒性在内的“火灾、爆炸、毒性指标”的初期评价，使表示装置潜在危险性的初期评价更切合实际；第二，发展了某些补偿系数（补偿系数小于 1），进行装置现实危险性水平再评价，即采取安全对策加以补偿后进行最终评价，从而使评价较为恰当，也使预测定量化更具有实用意义。

（2）ICI 蒙德法的特点和适用范围。ICI 蒙德法突出了毒性对评价单元的影响，在考虑火灾、爆炸、毒性危险方面的影响范围及安全补偿措施等方面都较道化学火灾、爆炸指数评价法更为全面。在安全措施补偿方面强调了工程管理和安全态度，突出了企业管理的重要性。因此，可以较广范围地进行全面、有效、更为接近实际的评价。

ICI 蒙德法与道化学火灾、爆炸指数评价法一样在各种评价中都可以使用，评价人员可以根据经验和实际的需要选择相关的评价方法。特别是针对有毒性指标的装置，应用 ICI 蒙德法对装置潜在的危险性初期评价比道化学火灾、爆炸指数评价法更切合实际。

（3）ICI 蒙德法的评价程序。ICI 蒙德法的评价程序如图 10-12 所示。

（4）ICI 蒙德法的评价步骤。ICI 蒙德法首先将评价系统划分成单元，选择有代表性的单元进行评价。评价过程分两个阶段：第一阶段是初期危险度评价，第二阶段是最终危险度评价。

1）评价单元的确定。“单元”是装置的一个独立部分。布置上的独立性（相互间有一定的安全距离或由防火墙或防火堤隔开）和工艺上的不同性，是将装置分割成评价单元的两个基本原则。装置中具有代表性的单元类型有原料储区、反应区、产品蒸馏区、吸收或洗涤区、中间产品储区、运输装卸区、催化剂处理区、副产品处理区、废液处理区、通入装置区的主要配管桥区。此外，还有过滤、干燥、固体处理、气体压缩等，合适时也常常作为单元处理。

将装置划分为不同类型的单元，就能针对装置不同单元的不同危险性特点分别进行评价。根据评价结果，可以有针对性地采取不同的安全对策措施。否则，整个装置或装置的大部分会带有装置中最危险单元的特征。为了降低它们的危险性，就必须增加安全设施，其结果是投资增大。当然，在不增加单元危险性的情况下，也可将具有类似危险性的单元合并为一个较大的单元。

评价存储区时，单元通常由一个堤坝内的全部储罐组成。其他堤坝分开的区

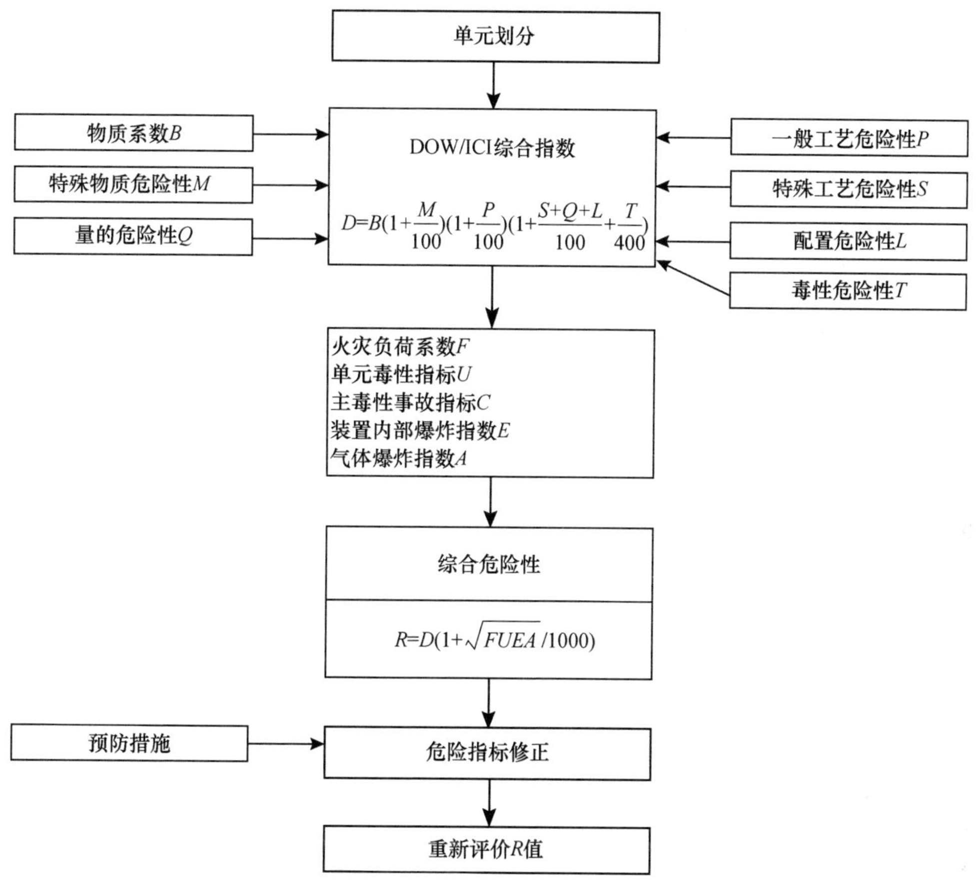

图 10-12　ICI 蒙德法的评价程序

域，如液化气和有自聚危险性、可能产生过氧化物、有凝聚相爆炸危险等的特殊危险物质，可作为不同单元处理，以便能正确识别其相对危险性。

装置区中主要配管桥，不同于装置工艺或储存单元，应作为一个单元考虑，其危险性主要是支柱或架设在架台间的管桥及在其上支撑的钢管。

2）初期危险度评价。初期危险度评价是不考虑任何安全措施，评价单元潜在危险性的大小。初期危险度评价的项目包括：物质系数 B、特殊物质危险性 M、一般工艺危险性 P、特殊工艺危险性 S、量的危险性 Q、配置危险性 L、毒性危险性 T。在每个项目中又包括一些要考虑的要素，见表 10-19。将各种危险系数汇总填入表中，计算出各项的合计值，得到几项初期评价结果。

表 10-19　初期危险度评价项目及各项要考虑的要素

场所：		装置：	
单元：		物质：	
反应：			
指标项	指标内容	建议系数	使用系数
物质系数	燃烧热 ΔH_c/（kJ/kg）		
	物质系数 B（$B=\Delta H_c \times 1.8/100$）		
特殊物质危险性	（1）氧化物性质	0~20	
	（2）与水反应生成可燃气体	0~30	
	（3）混合及扩散特性	−60~60	
	（4）自然发热性	30~250	
	（5）自然聚合性	25~75	
	（6）着火敏感性	−75~75	
	（7）爆炸的分解性	125	
	（8）气体的爆炸性	150	
	（9）凝缩层爆炸性	200~1 500	
	（10）其他性质	0~150	
特殊物质危险性合计 M=			
一般工艺危险性	（1）适用于仅物理变化	10~50	
	（2）单一连续反应	0~50	
	（3）单一间断反应	10~60	
	（4）同一装置内的重复反应	0~75	
	（5）物质移动	0~75	
	（6）可能输送的容器	10~100	
一般工艺危险性合计 P=			
特殊工艺危险性	（1）低压（<103 kPa 绝对压力）	0~100	
	（2）高压	0~150	
	（3）低温　1）碳钢−10~10 ℃	15	
	（3）低温　2）碳钢−10 ℃	30~100	
	（3）低温　3）其他物质	0~100	

续表

指标项	指标内容		建议系数	使用系数
特殊工艺危险性	（4）高温	1）引火性	0~40	
		2）构造物质	0~25	
	（5）腐蚀与侵蚀		0~150	
	（6）接头与垫圈泄漏		0~60	
	（7）振动、负荷、循环等		0~50	
	（8）难控制的工艺或反应		20~300	
	（9）在燃烧范围或其附近条件下操作		0~150	
	（10）平均爆炸危险性以上		40~100	
	（11）粉尘或烟雾危险性		30~70	
	（12）强氧化剂		0~300	
	（13）工艺着火敏感度		0~75	
	（14）静电危险性		0~200	
特殊工艺危险性合计 $S=$				
量的危险性	物质合计/m^3			
	密度/（$kg \cdot m^{-3}$）			
	量系数		1~1 000	
量的危险性合计 $Q=$				
配置危险性	单元详细配置			
	高度 H/m			
	通常作业区域/m^2			
	（1）构造设计		0~200	
	（2）多米诺效应		0~250	
	（3）地下		0~150	
	（4）地面排水沟		0~100	
	（5）其他		0~250	
配置危险性合计 $L=$				
毒性危险性	（1）TLV 值		0~300	
	（2）物质类型		25~200	
	（3）短期暴露危险		100~150	
	（4）皮肤吸收		0~300	
	（5）物理性因素		0~50	
毒性危险性合计 $T=$				

注①：TLV 值指化学物质在空气中的浓度限值。

①DOW/ICI 综合指数 D。D 值用来表示火灾、爆炸潜在危险性的大小，按式（10–19）计算：

$$D=B\left(1+\frac{M}{100}\right)\left(1+\frac{P}{100}\right)\left(1+\frac{S+Q+L}{100}+\frac{T}{400}\right) \tag{10–19}$$

根据计算结果，将 DOW/ICI 综合指数 D 划分为 9 个等级，见表 10–20。

表 10–20　　DOW/ICI 综合指数 D 等级

D 的范围	等级	D 的范围	等级	D 的范围	等级
0~20	缓和的	60~75	稍重的	115~150	非常极端的
20~40	轻度的	75~90	重的	150~200	潜在灾难性的
40~60	中等的	90~115	极端的	>200	高度灾难性的

②火灾负荷系数 F。F 表示火灾潜在危险性，是单位面积内的燃烧热值。根据其值的大小可以预测火灾发生时火灾的持续时间。发生火灾时，单元内全部可燃物料燃烧是罕见的，考虑有 10%的物料燃烧是比较接近实际的。火灾负荷系数 F 用式（10–20）计算：

$$F=B\times\frac{K}{N}\times 20\ 500 \tag{10–20}$$

式中　K——单元内可燃物料的总量，t；

N——单元的通常作业区域，m^2。

根据计算结果，将火灾负荷系数 F 分为 8 个等级，见表 10–21。

表 10–21　　火灾负荷系数等级

火灾负荷系数 F/（Btu/ft^2）	等级	预计火灾持续时间/h	备注
$0\sim5\times10^4$	轻	1/4~1/2	
$5\times10^4\sim1\times10^5$	低	1/2~1	
$1\times10^5\sim2\times10^5$	中等	1~2	住宅
$2\times10^5\sim4\times10^5$	高	2~4	工厂
$4\times10^5\sim1\times10^6$	非常高	4~10	工厂
$1\times10^6\sim2\times10^6$	强的	10~20	大型建筑物
$2\times10^6\sim5\times10^6$	极端的	20~50	橡胶仓库
$5\times10^6\sim1\times10^7$	非常极端的	50~100	

注：1 Btu/ft^2 = 11. 356 kJ/m^2。

③装置内部爆炸指标 E。装置内部爆炸的危险性与装置内物料的危险性和工艺条件有关，故指标 E 计算式如式（10-21）：

$$E=1+\frac{M+P+S}{100} \tag{10-21}$$

根据计算结果，将装置内部爆炸危险性分为 5 个等级，见表 10-22。

表 10-22　装置内部爆炸危险性等级

装置内部爆炸指标 E	等级	装置内部爆炸指标 E	等级
0~1	轻微	4~6	高
1~2.5	低	>6	非常高
2.5~4	中等		

④气体爆炸指标 A。气体爆炸指标 A 的计算式为：

$$A=B\left(1+\frac{m}{100}\right)\times QHE\,\frac{t}{300}\times\left(\frac{1+P}{1\ 000}\right) \tag{10-22}$$

式中　m——物质的混合与扩散特性系数；

H——单元高度，m；

t——工程温度（绝对温度），K。

将计算结果按表 10-23 分为 5 个等级。

表 10-23　环境气体爆炸指标等级

环境气体爆炸指标 A	等级	环境气体爆炸指标 A	等级
0~10	轻微	100~500	高
10~30	低	>500	非常高
30~100	中等		

⑤单元毒性指标 U。单元毒性指标 U 按式（10-23）计算：

$$U=\frac{TE}{100} \tag{10-23}$$

将计算结果按表 10-24 分为 5 个等级。

表 10-24　单元毒性指标等级

单元毒性指标 U	等级	单元毒性指标 U	等级
0~1	轻微	6~10	高
1~3	低	>10	非常高
3~6	中等		

⑥主毒性事故指标 C。主毒性事故指标 C 按式（10–24）计算：

$$C=Q\times U \tag{10–24}$$

将计算结果按表 10–25 分为 5 个等级。

表 10–25　主毒性事故指标等级

主毒性事故指标 C	等级	主毒性事故指标 C	等级
0~20	轻微	200~500	高
20~50	低	>500	非常高
50~200	中等		

⑦综合危险性评分 R。综合危险性评分是以 DOW/ICI 综合指数 D 为主，并考虑火灾负荷系数 F、单元毒性指标 U、装置内部爆炸指标 E 和气体爆炸指标 A 的强烈影响而提出来的，其计算式如下：

$$R=D\left(1+\frac{\sqrt{FUEA}}{1\ 000}\right) \tag{10–25}$$

式中，F、U、E、A 的最小值为 1。

将计算结果按表 10–26 分为 8 个等级。

表 10–26　综合危险性评价等级

综合危险性评价等级 R	等级	综合危险性评价等级 R	等级
0~20	轻微	1 100~2 500	高（2 类）
20~100	低	2 500~12 500	非常高
100~500	中等	12 500~65 000	极端
500~1 100	高（1 类）	>65 000	非常极端

可以接受的危险度很难有一个统一的标准，往往与所使用的物质类型（如毒性、腐蚀性等）和工厂周围环境（如距居民区、学校、医院的距离等）有关。通常情况下，综合危险性评分 R 值在 100 以下是能够接受的；R 值在 100~1 100 视为可以有条件接受；对于 R 值在 1 100 以上的单元，必须考虑采取安全措施，并进一步做安全对策措施的补偿计算。

3）最终危险度评价。初期危险度评价主要是了解单元潜在的危险程度。单元潜在危险性一般都比较高，因此需要采取安全措施，以降低危险性，使之达到人们可以接受的水平。ICI 蒙德法将实际生产过程中采取的安全措施分为两个方面：一方面是降低事故发生的概率，即预防事故的发生；另一方面是减小事故的规模，即发生事故以后，将其影响控制在最小限度。降低事故频率的安全措施包括容器系统（K_1）、工艺管理（K_2）、安全态度（K_3）3类，减小事故规模的安全措施包括防火（K_4）、物质隔离（K_5）、消防活动（K_6）3类。这6类安全措施每类又包括数项安全措施，每项安全措施根据其在降低危险的过程中所起的作用给予一个小于1的补偿系数。各类安全措施总的补偿系数等于该类安全措施各项系数取值之积。各类安全措施的具体内容见表10-27。

表10-27　各类安全措施的具体内容

<table>
<tr><th>措施项</th><th colspan="2">措施内容</th><th>补偿系数</th></tr>
<tr><td rowspan="7">容器系统</td><td colspan="2">（1）压力容器</td><td></td></tr>
<tr><td colspan="2">（2）非压力立式储罐</td><td></td></tr>
<tr><td rowspan="2">（3）输送配管</td><td>1）设计应变</td><td></td></tr>
<tr><td>2）接头与垫圈</td><td></td></tr>
<tr><td colspan="2">（4）附加的容器及防护堤</td><td></td></tr>
<tr><td colspan="2">（5）泄漏检测与响应</td><td></td></tr>
<tr><td colspan="2">（6）排放的废气物质</td><td></td></tr>
<tr><td colspan="4">容器系统补偿系数之积 K_1 =</td></tr>
<tr><td rowspan="10">工艺管理</td><td colspan="2">（1）压力容器</td><td></td></tr>
<tr><td colspan="2">（2）非压力立式储罐</td><td></td></tr>
<tr><td colspan="2">（3）工程冷却系统</td><td></td></tr>
<tr><td colspan="2">（4）惰性气体系统</td><td></td></tr>
<tr><td colspan="2">（5）危险性研究活动</td><td></td></tr>
<tr><td colspan="2">（6）安全停止系统</td><td></td></tr>
<tr><td colspan="2">（7）计算机管理</td><td></td></tr>
<tr><td colspan="2">（8）爆炸及不正常反应的预防</td><td></td></tr>
<tr><td colspan="2">（9）操作指南</td><td></td></tr>
<tr><td colspan="2">（10）装置监督</td><td></td></tr>
<tr><td colspan="4">工艺管理补偿系数之积 K_2 =</td></tr>
<tr><td rowspan="3">安全态度</td><td colspan="2">（1）管理者参加</td><td></td></tr>
<tr><td colspan="2">（2）安全培训</td><td></td></tr>
<tr><td colspan="2">（3）维修及安全程序</td><td></td></tr>
<tr><td colspan="4">安全态度补偿系数之积 K_3 =</td></tr>
</table>

续表

措施项	措施内容	补偿系数
防火	（1）检查结构的防火	
	（2）防火墙、障壁等	
	（3）装置火灾的预防	
防火补偿系数之积 K_4 =		
物质隔离	（1）阀门系统	
	（2）通风	
物质隔离补偿系数之积 K_5 =		
消防活动	（1）压力容器	
	（2）非压力立式储罐	
	（3）工程冷却系统	
	（4）惰性气体系统	
	（5）危险性研究活动	
	（6）安全停止系统	
	（7）计算机管理	
	（8）爆炸及不正常反应的预防	
消防活动补偿系数之积 K_6 =		

将各项补偿系数汇总填入表中，并计算出各项补偿系数之积，得到各类安全措施的补偿系数。根据补偿系数，可以求出补偿后的评价结果，它表示实际生产过程中的危险程度。

补偿后评价结果的计算式如下：

①补偿火灾负荷系数 F_2：

$$F_2=F\times K_1\times K_4\times K_5 \tag{10-26}$$

②补偿装置内部爆炸指标 E_2：

$$E_2=E\times K_2\times K_3 \tag{10-27}$$

③补偿气体爆炸指标 A_2：

$$A_2=A\times K_1\times K_5\times K_6 \tag{10-28}$$

④补偿综合危险性评分 R_2：

$$R_2=R\times K_1\times K_2\times K_3\times K_4\times K_{5\times}K_6 \tag{10-29}$$

补偿后，如果评价单元的危险性降低到可以接受的程度，则评价工作可以继续下去；否则，就要更改设计或增加安全措施，然后重新进行评价计算，直至符合安全要求为止。

（5）ICI 蒙德法应用示例。应用 ICI 蒙德法对某煤气发生系统进行安全评价。

1）单元主要已知参数。

评价单元：造气车间的煤气发生系统（包括煤气炉、集气罐等）。

单元内主要物质：一氧化碳（CO）。

煤气炉发生气量：492 kg。

煤气炉内压力、温度：700~800 Pa，800 ℃。

评价单元高度：15 m。

单位作业区域：1 200 m^2。

2）评价计算结果。煤气发生系统 ICI 蒙德法评价计算结果见表 10-28。

表 10-28　　煤气发生系统 ICI 蒙德法评价计算结果

单元：煤气发生系统		装置：煤气发生炉、集气罐	
主要物质：CO		反应：$C+H_2O=CO+H_2$	
指标项	指标内容	使用系数	危险性合计
物质系数		2. 12	$B=2.12$
特殊物质危险性	（1）混合及扩散特性	-5	$M=220$
	（2）着火敏感性	75	
	（3）气体的爆炸性	150	
一般工艺危险性	（1）单一连续反应		$P=100$
	（2）物质移动		
特殊工艺危险性	（1）高压	75	$S=210$
	（2）高温、引火性	35	
	（3）接头与垫圈泄漏	20	
	（4）烟雾危险性	60	
	（5）工艺着火敏感度	20	
量的危险性			$Q=3$

续表

指标项	指标内容	使用系数	危险性合计
配置危险性	（1）高度 $H=15$ m		$L=85$
	（2）通常作业区域		
	（3）构造设计	10	
	（4）多米诺效应	25	
	（5）其他	50	
毒性危险性	（1）TLV 值	100	$T=225$
	（2）物质类型	75	
	（3）短期暴露危险	50	

评价结果：DOW/ICI 综合指数 D　61.63
火灾负荷系数 F　17.82
单元毒性指标 U　14.18
主毒性事故指标 C　42.54
装置内爆炸指标 E　6.30
气体爆炸指标 A　206.26
综合危险性评分 R　96.94

3）结论。采取补偿措施后，该评价单元的火灾负荷系数 F、装置内部爆炸指标 E、气体爆炸指标 A 及综合危险性评分 R 等项安全指标值都有所下降，说明该单元的危险性降到了较安全的级别。

3. 概率危险评价技术

（1）概述。概率危险评价方法通过综合分析单个元件（如管路、泵、阀门、压力容器、控制装置、操作人员等）的设计和操作性能来估计整个系统发生事故的概率。

（2）应用范围。作为危险分析的一部分，概率危险评价包括辨识与公众健康、安全和环境有关的危险并估计危险发生的概率和严重度。自 20 世纪 60 年代末概率危险评价方法问世以来，主要应用于下述 3 个方面：

1）提供某种技术的危险分析情况，用于制定政策、答复公众咨询、评价环境影响等。

2）提供危险定量分析值及减小危险的措施，帮助建立有关法律和操作程序。

3）在工厂设计、运行、质量管理、改造及维修时提出安全改进措施。

概率危险评价是评价和改善技术安全性的一种方法。用这种方法可用于事件树或事故树分析，以分析事故原因。通过估算事件发生概率或事故率以及损失值，可定量表示危险性大小。损失值通常用死亡人数、受伤人数、设备和财产损失表示，有时也用生态危害来表示。

（3）评价步骤。在核工业中，概率危险评价方法用来替代传统的决定论方法评价工厂的安全性。使用概率危险评价方法便于设计冗余安全系统和高度防护装置。概率危险评价通常由以下 3 个步骤组成：

1）辨识引发事件。

2）对已辨识事件发生的后果及概率建模。

3）对危险性进行量化分析。

概率危险评价可进行不同层次的分析。核工业中有三级概率危险评价方法：一级评价仅考虑反应堆芯熔化的概率，二级评价分析释放到环境中的放射性物质的浓度，三级评价分析事故产生的个体和群体危险。三级评价常称作综合性或大规模危险评价。

（4）应用分析。概率危险评价对安全评价起了很大的促进作用。但是，该方法的一些不足之处影响了它的应用范围。

1）完整性和失效数据。概率危险评价要求分析完整和数据充足，这意味着概率危险评价必须考虑可能导致异常的所有事件。此外，完整性还包括人的作用和一般失效事件的建模。然而，完整的分析是不可能的，因为疏忽总是不可避免的，所以完整性是概率危险评价最关键的问题。

实际工作中必须忽略低概率事件，这意味着评价人员必须确定哪些事件发生的概率低到可忽略不计的程度。如果这类低概率事件确实不可能发生，则结果误差不大。然而，如果确实发生了低概率事件，会使估计的概率值相差几个数量级，因此这样的简化未必是合理的。

地震、洪涝、恶劣气候条件、飞机坠毁等外因也能导致事故发生。由于外部环境因素比工厂内部因素更复杂，结构不清楚，因此，这类危险评价常常是不准确的。此外，在这类危险评价中，一般假设工厂都是按设计建造和维修的，评价过程中很少考虑违反安全技术规定等方面的因素。

限制概率危险评价方法广泛应用的另一个因素是人与技术系统的相互作用，三哩岛核电站事故、印度博帕尔毒气泄漏事故等都证明人的因素影响非常大。对事故致因中人的因素的研究已进行了几十年，但除专家判断法外，还没有任何实用的方法来辨识人因失误并确定其概率值。

数据的准确性也是限制因素之一。元件失效的经验可用来进行统计外推，计算失效率，但这种失效率是否能够从一种情形借鉴到另一种情形还值得考虑。

2）假设和专家判断法。分析结果与假设条件、系统建模以及将历史数据代入模型所作的判断等一系列因素有关。概率危险评价的整个分析过程都要进行假设，所有的假设都要求判断是否合适。在进行概率危险评价过程中，如描述危险特性、选择如何来填补不足的数据、什么样的事件可忽略不计、模拟复杂的物理现象、描述分析结果的可信度、选择表述方式，会使用各种各样的判断方法，其中使用较多的是专家判断法。如果专家判断法已被认可，那么分析结果是有效的。但实际上，专家会陷入自己的分析思路中，难以按科学的标准鉴别分歧。

由于专家判断法固有的主观性，评价人员对同一工厂进行评价时，评价结果相差很大。可靠性计算的经验表明，概率评价能产生两个数量级的误差。早期用概率危险评价方法评价液化天然气储罐的危险性也出现了类似的误差。当用个体危险性表示工厂附近居民的危险性时，不同概率危险评价的结果也有几个数量级的误差。这类误差并非由分析方法上的缺陷引起，而是由对评价对象的描述、假设和使用模式方面存在的差异引起的。

核工业部门累积了概率危险评价结果的差异性。目前，美国核反应堆芯熔化损失的概率估计为10^{-5}/年～10^{-3}/年。这一差别并非仅仅是设计和场所不同，正如权威评价专家指出的那样，研究的范围、使用的概率危险评价方法、分析时所作的假设等因素都会影响分析结果。瑞典的研究表明，建模不同也会产生较大的误差。在一份概率危险评价现状的研究材料中，美国政府统计办公室认为概率危险评价结果的差异性限制了它们之间的比较，这也是该方法最致命的问题。

3）表达不确定性。在很大程度上，概率危险评价方法的不确定性取决于分析的完整性、建模的准确性以及参数估计的充分性。由参数估计引起的不确定性可通过分析扩展数据的概率分布进行计算而得出（假设分析数据充足）。解决由分析方法本身和建模引起的不确定性问题是很困难的。这些因素常用敏感度分析方法来解决。

类似的问题在早期的液化石油气储存装置的概率危险评价中已有报道。由于不了解专家的不同看法和不同的评价模型，评价人员总是过高地估计分析结果的可信度。评价人员的判断虽然减少了一些事故，但掩盖了这种判断本身可能存在的不足，有时选择参数与定性讨论的结果相差几个数量级。在有害化学物质的危险评价中，不能直接说明不确定性也是一个很大的障碍。

4）复杂性。技术系统日趋复杂和相互渗透产生了一系列有待解决的问题。例如，大规模的核安全评价包含了无数个不同的系数，要求不同领域的专家参与。计算的数据量惊人，一座核电站进行一次概率危险评价要求估计成千上万个参数，报告长达几千页。这阻碍了研究结果的应用交流。然而，核电站危险评价还是一个相对简单且已为人们了解的技术，许多化工厂比核电站要复杂得多，人们了解得也较少。尽管概率危险评价采用“各个击破”的方法较适用于评价复杂系统的危险性，但它只适合结构和定义都明确的系统。

（5）应用实例——Canvey 岛危险评价。

1）概述。1976 年，英国卫生与安全管理局（HSE）对 Canvey 岛 Thurrock 地区工业设施的危险性进行了评价。该项研究源于公众质询是否允许在这一地区建炼油厂，研究的目的是了解现有工业设施及建成炼油厂后对居民造成的危险性。

Canvey 岛位于英国伦敦，居民 3 万人，有 7 座工厂，雇工 3 200 人。这些工厂主要储存、运输、生产汽油和石油产品，约储存 10 万 t 液化天然气、1 800 万 t 石油产品。

2）引发事件及其发生概率。

①引发事件。该项研究系统分析了各工厂火灾、爆炸、毒物泄漏事故发生的条件，重点研究了储存和运输过程能引发事故的下列事件：

a. 管道和储罐破裂（自发或疲劳）。

b. 泵壳破裂。

c. 控制过程失控（压力、温度、流量等）。

此外，爆炸冲击波、爆炸碎片以及储罐过热等火灾、爆炸事故也会对附近的设施造成损失。

②发生概率。引发事件发生的概率以及后续事件发生的条件概率，主要通过分析统计资料和技术判断获得。为获得定量的数值和结果，主要采用了下述方法：

a. 分析统计资料。

b. 在统计分析基础上，对个别缺项进行判断补充。

c. 通过已做事故树分析的类似案例，分析估计得出定量数值和结果。

d. 对一些无法获得的数据进行主观判断。

e. 通过分析文献资料获取数据。

3）事故影响。研究对象中可能发生爆炸事故的工业设施距离居民区 1 km 以上。如果这些设施就地爆炸，则后果不太严重；但若是爆炸性蒸气飘向居民区而发生爆炸，则可能发生下列事故：

①直接的爆炸压力伤害。

②冲击波伤害。

③爆炸热伤害（在爆炸火球范围内）。

④由爆炸引起的火灾伤害。

⑤窒息伤害。

⑥爆炸火球的热辐射伤害。

Canvey 岛地区的平均人口密度为 4 000 人/km^2，通过估算得出了厂区蒸气云爆炸的条件概率和伤亡人数（死亡人数按总伤亡人数的一半计），结果见表 10-29。

表 10-29　蒸气云爆炸的条件概率和伤亡人数

伤亡人数/人	>0	1 500	3 000	4 500
死亡人数/人	>0	750	1 500	2 250
条件概率	1	0.64	0.35	0.14

应该注意的是，为计算蒸气云在居民区爆炸的概率，必须了解爆炸性蒸气云的形成概率、爆炸概率以及飘向居民区的概率和在该地区被引爆的概率。

假设压力储罐爆炸后形成了 1 000 t 的无水氨蒸气云（20%蒸气，80%液体），在当地气象条件下，风速为 6 m/s，危险的氨气沿风向分布，形成一个半轴为 2.5 km 和 3 km 的椭球形区域。考虑人口分布及气象条件，得到 1 000 t 氨泄漏后的伤亡人数及条件概率，结果见表 10-30。

表 10-30　1 000 t 氨泄漏后的伤亡人数及条件概率

伤亡人数/人	<100	100~1 000	1 000~2 000	2 000~5 000	5 000~10 000	10 000~20 000	20 000~30 000
条件概率	0.59	0.11	0.02	0.03	0.07	0.12	0.14

该研究分析了可能出现的 38 种情况，得出了 Canvey 岛现有工业设施以及扩建后和采取安全改善措施前后 4 种条件下的风险。社会风险概率和伤亡人数见表 10-31。最大个人风险率见表 10-32。

表 10-31　　社会风险概率和伤亡人数

伤亡人数/人	现有设施社会风险概率/（10^{-4} 次/年）		在现有设施基础上再扩建的社会风险概率/（10^{-4} 次/年）	
	改善前	改善后	改善前	改善后
10	31.4	8.6	47.5	10.8
1 500	17	4.2	29.1	5.7
3 000	10.8	2.9	17.7	3.8
4 500	6.1	2	9.3	2.6
6 000	3	1	4.4	1.3
12 000	1.7	0.6	2.7	0.8
18 000	1	0.3	1.8	0.5

表 10-32　　最大个人风险率

阶段	现有设施社会风险概率/（10^{-4} 次/年）	在现有设施基础上再扩建的社会风险概率/（10^{-4} 次/年）
改善前	13	26.3
改善后	6.1	7.7

4. 日本劳动省六阶段安全评价方法

（1）概述。安全评价的方法有多种，角度不同、评价目的不同，选取的安全评价方法可以有所不同。例如，在评价时可能从传统的管理角度出发提出安全检查表法，从系统安全的角度出发提出系统安全工程方法。根据生产特点和场所的情况提出的评价方法，往往可以反映其特点。但是，每种安全评价方法往往只适合用于一定的场合和一定的对象，具有一定的局限性，因此，在评价中将几种方法结合起来，可以取得相对满意的效果。

目前国内外均有一些综合性的安全评价方法，具有代表性的有日本劳动省六阶段安全评价方法、美国杜邦公司三阶段安全评价方法（安全检查表—故障模式和影响分析—事故树、事件树）以及我国光气三阶段安全评价方法（安全检查表—危险指数评价—系统安全评价）等。以下详细介绍日本劳动省六阶段安全评价方法。

日本劳动省六阶段安全评价是最早的一种综合型安全评价模式。在此模式中，既有定性的安全评价方法，又有定量的安全评价方法，考虑较为周到。

在这一综合的评价模式中，应用了定性评价（安全检查表）、定量评价、按事故信息评价和系统安全评价（事故树分析、事件树分析）等评价方法，分为 6 个阶段，采取逐步深入、定性和定量结合、层层筛选的方式对危险进行识别、分析和评价，并采取措施修改设计消除危险。

（2）评价程序。六阶段安全评价法的评价程序如图 10-13 所示。图中用虚线隔开的部分，分别为评价的 6 个步骤。

1）第一阶段——资料准备。首先要准备下述资料：

①建厂条件，如地理环境、气象及周边关系图。

②装置平面图。

③构筑物平面、断面、立面图。

④仪表室和配电室平面、断面、立面图。

⑤原材料、中间体、产品等物理化学性质及对人的影响。

⑥反应过程。

⑦制造工程概要。

⑧流程图。

⑨设备表。

⑩配管、仪表系统图。

⑪安全设备的种类及设置地点。

⑫安全教育培训计划。

⑬人员配置。

⑭操作要点。

⑮其他有关资料。

2）第二阶段——定性评价（安全检查表检查）。主要针对厂址选择、工厂内部布置、设备选择、建筑物、原材料、中间体、产品、工艺过程及管理、输送储存系统、消防设施等方面用安全检查表进行检查。

①厂址选择检查，具体包括以下内容：

a. 地形是否合适？地基是否软？排水情况如何？

b. 对地震、台风、海啸等准备是否充分？

c. 水、电、煤气等公用设施是否有保障？

d. 是否考虑了铁路、航空港、市街、公共设施等方面的安全？

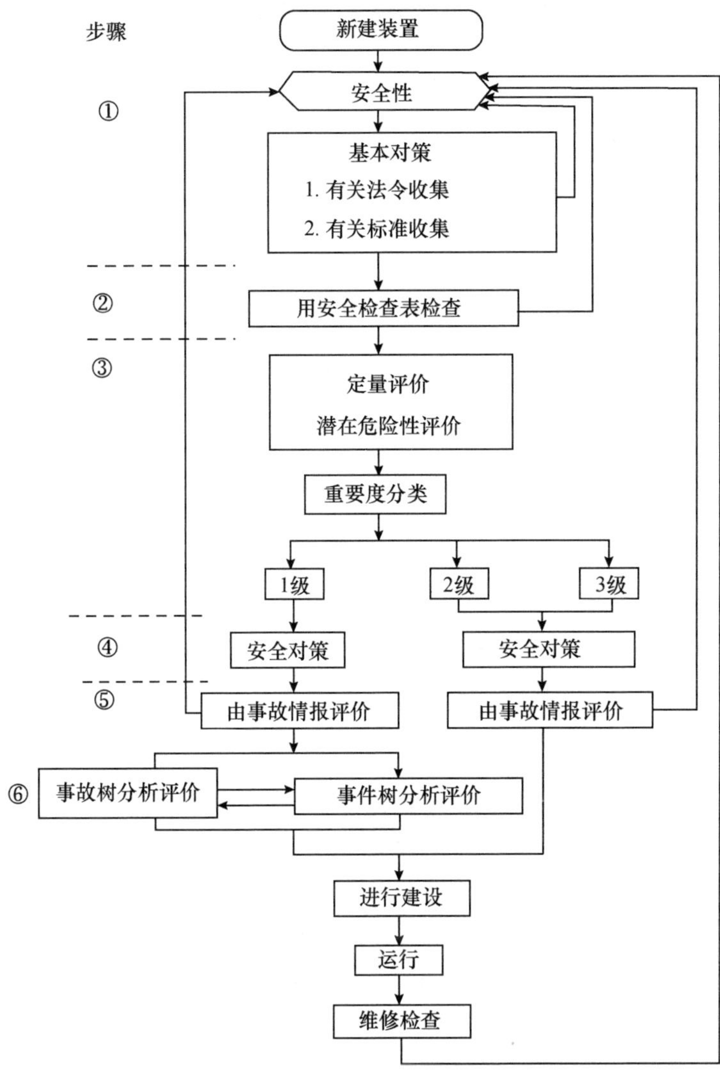

图 10-13　六阶段安全评价法的评价程序

e. 紧急情况时，是否考虑了消防、医院等防灾支援体系？

f. 附近工厂发生事故时能否波及？

②工厂内部布置检查，具体包括以下内容：

a. 工厂内部布置是否设立了适当的封闭管理系统？

b. 从厂界到最近的装置安全距离是否得到保证？

c. 生产区和居民区、仓库、办公室、研究室等是否有足够的间距？离火源有无足够的距离？

d. 仪表室的安全有无保障？

e. 车间的空间是否按照物质的性质、数量、操作条件、紧急措施和消防活动加以考虑？

f. 装卸区域是否加以有效隔离？是否与火源隔开？

g. 储罐是否和厂界有充分的距离？储罐周围是否设计了防液堤？液体泄出后能否掩埋？

h. “三废”处理设备和居民区是否充分分开？风向是否考虑？

i. 紧急时，车辆是否有充足的出入口通道？

③建筑物检查，具体包括以下内容：

a. 是否有耐震设计？

b. 基础和地基能否承受全部载荷？

c. 建筑物的材料和支柱强度够不够？

d. 地板和墙壁是否用不燃性的材料制成？

e. 电梯、空调设备和换气通道的开口部分对火灾蔓延的影响是否降至最低限度？

f. 危险的工艺过程是否用防火墙或隔爆墙隔开？

g. 室内有可能发生危险物质泄漏的情况时，通风换气是否良好？

h. 避难口和疏散通道的标志是否明显？

i. 建筑物中的排水设备是否足够？

④设备选择检查，具体包括以下内容：

a. 选择工艺设备时，在安全方面是否进行了充分的讨论？

b. 工艺设备是否容易进行操作和监视？

c. 对工艺设备，是否从人机工程的角度考虑防止误操作的问题？

d. 是否对工艺设备制定了各种详细的诊断项目？

e. 工艺设备是否设计了充分的安全控制项目？

f. 当设计或布置工艺设备时，是否考虑了检查和维修的方便？

g. 工艺设备发生异常时能否加以控制？

h. 检查和维修计划是否充分、适当？

i. 备品、备件和修理人员是否充分？

j. 安全装置能否充分防止危险？

k. 重要设备的照明是否充分？停电时是否有备用设备？

l. 是否充分考虑了管道中流体的速度？

⑤原材料、中间体、产品检查，具体包括以下内容：

a. 原材料是否从工厂最安全的处所进入厂内？

b. 原材料进厂是否有操作规程？

c. 原材料、中间体、产品等物理化学性质是否正确掌握？

d. 原材料、中间体、产品等的爆炸性、着火性及其对人体的影响如何？

e. 原材料、中间体、产品是否有杂质？是否影响安全？

f. 原材料、中间体、产品是否有腐蚀性？

g. 危险性高的物质的储存地点和数量是否确切掌握？

⑥工艺过程及管理检查，具体包括以下内容：

a. 是否充分了解所处理物质的潜在危害？

b. 危险性高的物质是否控制在最少？

c. 是否明确可能发生的不稳定反应？

d. 从研究阶段到投产出现问题时是否进行调查并加以改进？

e. 是否用正确的化学反应方程式和流程图反映工艺流程？

f. 是否有操作规程？

g. 温度、压力、反应、振动冲击、原材料供应、原材料输送、水或杂质混入、物料从装置泄漏或溢出、静电等发生问题或异常时，是否有预防措施？

h. 使用不稳定物质时，对热源、压力、摩擦等刺激因素是否控制在最小的限度？

i. 对废渣和废液是否进行了妥善处理？

j. 对随时可能排出的危险物质，是否有预防措施？

k. 发生泄漏时被污染的范围是否清楚？

⑦输送储存系统检查，具体包括以下内容：

a. 输送的安全注意事项是否有具体规定？

b. 能否确保运输操作安全？

c. 在装卸设备场所附近，是否设置了淋浴器、洗眼设备？

⑧消防设施检查，具体包括以下内容：

a. 消防用水能否得到保障？

b. 喷水设备等功能及配置是否适当？

c. 是否考虑了喷水设备的检查和维修？

d. 消防活动组织机构、规章制度是否健全？

e. 消防人员编制是否足够？

3）第三阶段——定量评价。危险度的定量评价，是将装置分为几个单元，对各单元的物料、容量、温度、压力和操作进行评定，每一项分为 A、B、C、D4 种类别，分别表示 10 分、5 分、2 分和 0 分，最后按照这些分数之和来评定该单元的危险度等级。16 分以上为Ⅰ级，属高度危险；11～15 分为Ⅱ级，须同周围情况及其他设备联系起来进行评价；1～10 分为Ⅲ级，属低度危险。

4）第四阶段——安全措施。评出危险度等级之后，就要在设备、组织管理等方面采取相应的措施。

①按危险度等级采取安全措施。

②管理措施主要包括以下方面：

a. 人员配备。化工装置的人员配备不能采用随劳动量增加而增加人员的方式，而是要以技术、经验和知识等为基础，编成小组，按相关标准配备。

b. 教育培训。为确保化工装置安全，须提高知识和判断力，为此要确定指挥联络的体制，必须分工明确，要规定一定的教育培训内容，在一定的时间内反复操作，在工作中应进行实际技能的训练，以提高应变能力。

主要的教育内容有危险物品及化学反应的有关知识，化工设备的构造及使用方法，化工设备操作及维修方法、操作规程、事故案例，有关法律法规。

c. 维修。须按照规定定期维修，并做相应的记录并保存。对以前的维修记录或操作时的事故记录，也要充分利用。

维修时需要注明的问题有：维修体制是否健全？试运转时有无操作规程？停止运转时是否进行检查？有无紧急停车工程表？是否有补修记录？有无定期修理计划表？

5）第五阶段——根据过去的事故情况进行再评价。第四阶段以后，再根据设计内容参照过去同类设备和装置的事故情况进行再评价，如果有应改进之处，需要参照前四阶段重复进行讨论。

对于危险度为Ⅱ和Ⅲ的装置，在以上的评价完成后，即可进行装置和工厂的建设。

6）第六阶段——事故树、事件树分析进行再评价。对危险度为Ⅰ的装置，用事故树、事件树分析进行再评价。评价后如果发现需要改进的地方，要对设计内容进行修改，然后才能建厂。

5. 模糊综合评价法

模糊论首先是由美国控制论专家扎德（L. A. Zadeh）于 1965 年提出的，现已广泛应用于科学技术和实际生活中。它的指导思想是尽可能全面地考虑影响因素，同时也考虑这些因素所起作用的大小（即权重），通过模糊合成关系得出明确的结论。

（1）模糊数学的基础知识。

1）模糊集合的定义及表示。

定义 10-1　设论域为 X，x 为 X 中的元素。对于任意的 $x\in X$，给定了如下的映射：

$$X \rightarrow [0,\ 1]$$
$$x \mapsto \underset{\sim}{A}(x)\ \in\ [0,\ 1]$$

则称如下的“序偶”组成的集合 $\underset{\sim}{\boldsymbol{A}}=\{(x|\underset{\sim}{A}(x))\}$，$\forall x\in X$ 为 X 上的模糊子集合，简称模糊集合。称 $\underset{\sim}{A}$（x）为 x 对 $\underset{\sim}{\boldsymbol{A}}$ 的隶属函数，对某个具体的 x 而言，$\underset{\sim}{A}$（x）称为 x 对 $\underset{\sim}{A}$ 的隶属度。

定义 10-2　设 X 是论域，映射

$$\mu A(\cdot):\ X \rightarrow [0,\ 1]$$
$$x \mapsto \mu_{\underset{\sim}{A}}(x)$$

称为 X 的模糊子集（合）$\underset{\sim}{\boldsymbol{A}}$（Fuzzy Set），简称 F 集（合）。对 $x\in X$，$\mu_{\underset{\sim}{A}}$（x）称为 x 对 $\underset{\sim}{A}$ 的隶属度，$\mu_{\underset{\sim}{A}}$ 称为 F 集的隶属函数。

模糊集可以用以下几种方法表示：

$$\underset{\sim}{\boldsymbol{A}}=\{(x,\ \underset{\sim}{A}(x))\ |\ x\in X\}$$

$$\underset{\sim}{\boldsymbol{A}}=\left\{\frac{\underset{\sim}{A}(x)}{x}\ |\ x\in X\right\}$$

$\underset{\sim}{\boldsymbol{A}}=\int_X \frac{\underset{\sim}{A}(x)}{x}$（“∫ ”在这里不表示积分）

当 $X=\{x_1,\ x_2,\ \cdots,\ x_n\}$ 为有限集时，也可以表示为

$\underset{\sim}{\boldsymbol{A}}=\frac{\underset{\sim}{A}(x_1)}{x_1}+\frac{\underset{\sim}{A}(x_2)}{x_2}+\cdots+\frac{\underset{\sim}{A}(x_n)}{x_n}$（这里“+”不是求和）

$\underset{\sim}{\boldsymbol{A}}=(\underset{\sim}{A}(x_1),\ \underset{\sim}{A}(x_2),\ \cdots,\ \underset{\sim}{A}(x_n))$（向量表示式，$\underset{\sim}{A}(x)=0$ 的项不可略去）

2）模糊集合的运算。

定义 10-3 设$\underset{\sim}{A}$、$\underset{\sim}{B}\in F(X)$：若$\forall x\in X$，有$\underset{\sim}{A}(x)\leqslant\underset{\sim}{B}(x)$，称$\underset{\sim}{A}$含于$\underset{\sim}{B}$或$\underset{\sim}{B}$包含$\underset{\sim}{A}$，记为$\underset{\sim}{A}\subset\underset{\sim}{B}$；若$\forall x\in X$，有$\underset{\sim}{A}(x)=\underset{\sim}{B}(x)$，称$\underset{\sim}{A}$与$\underset{\sim}{B}$相等，记为$\underset{\sim}{A}=\underset{\sim}{B}$。

命题 $F(X)$上的包含关系"$\subset$"有以下性质：

①$\forall\underset{\sim}{A}\in F(X)$，$\varnothing\subset\underset{\sim}{A}\subset X$。

②自反性：$\forall\underset{\sim}{A}\in F(X)$，$\underset{\sim}{A}\subset\underset{\sim}{A}$。

③反对称性：$\forall\underset{\sim}{A}$、$\underset{\sim}{B}\in F(X)$，若$\underset{\sim}{A}\subset\underset{\sim}{B}$且$\underset{\sim}{B}\subset\underset{\sim}{A}$，则$\underset{\sim}{A}=\underset{\sim}{B}$。

④传递性：$\forall\underset{\sim}{A}$、$\underset{\sim}{B}$、$\underset{\sim}{C}\in F(X)$，若$\underset{\sim}{A}\subset\underset{\sim}{B}$且$\underset{\sim}{B}\subset\underset{\sim}{C}$，则$\underset{\sim}{A}\subset\underset{\sim}{C}$。

定义 10-4 设$\underset{\sim}{A}$、$\underset{\sim}{B}\in F(X)$，则它们的交、并、补运算可定义如下：

①$\underset{\sim}{A}$与$\underset{\sim}{B}$的并集，记为$\underset{\sim}{A}\cup\underset{\sim}{B}$，其隶属函数为

$$(\underset{\sim}{A}\cup\underset{\sim}{B})(x)=\underset{\sim}{A}(x)\vee\underset{\sim}{B}(x),\quad\forall x\in X$$

其中，"$\vee$"表示取上确界。

②$\underset{\sim}{A}$与$\underset{\sim}{B}$的交集，记为$\underset{\sim}{A}\cap\underset{\sim}{B}$，其隶属函数为

$(\underset{\sim}{A}\cap\underset{\sim}{B})(x)=\underset{\sim}{A}(x)\wedge\underset{\sim}{B}(x)$，$\forall x\in X$

其中，"$\wedge$"表示取下确界。

③$\underset{\sim}{A}$的余模糊集，记为$\underset{\sim}{A}^c$，其隶属函数为

$\underset{\sim}{A}^c(x)=1-\underset{\sim}{A}(x)$，$\forall x\in X$。

设T为任意指标集，$\{\underset{\sim}{A}_t\mid t\in T\}\subset F(X)$，其并和交运算分别定义为：

$$\underset{\sim}{A}=\bigcup_{t\in T}\underset{\sim}{A}_t\quad\Leftrightarrow\quad\forall x\in X,\quad\underset{\sim}{A}(x)=\bigvee_{t\in T}\underset{\sim}{A}_t(x)$$

$$\underset{\sim}{B}=\bigcap_{t\in T}\underset{\sim}{A}_t\quad\Leftrightarrow\quad\forall x\in X,\quad\underset{\sim}{B}(x)=\bigwedge_{t\in T}\underset{\sim}{A}_t(x)$$

（2）模糊综合评价模型。模糊综合评价的数学模型可分为一级综合评价模型和多级综合评价模型两类。

1）一级综合评价模型。

①建立因素集。因素就是评价对象的各种属性或性能，在不同场合，也称为参数指标或质量指标，它们综合地反映出对象的质量，人们就是根据这些因素进行评价的。所谓因素集，就是影响评价对象的各种因素组成的一个普通集合，即$\boldsymbol{U}=\{u_1,u_2,\cdots,u_n\}$。这些因素通常都具有不同程度的模糊性，但也可以是非模糊的。各因素与因素集的关系，或者u_i属于U，或者u_i不属于U，二者必居其一。因此，因素集本身是一个普通集合。

②建立备择集。备择集又称为评价集，是评价者对评价对象可能作出的各种总

的评价结果所组成的集合，即 $V=\{v_1, v_2, \cdots, v_m\}$。各元素 v_i 代表各种可能的总评价结果。模糊综合评价的目的，就是在综合考虑所有影响因素的基础上，从备择集中得出一最佳的评价结果。

显然，v_i 与 V 的关系也是普通集合关系，因此，备择集也是一个普通集合。

③建立权重集。在因素集中，各因素的重要程度是不一样的。为了反映各因素的重要程度，对各个因素 u_i 应赋予一相应的权数 a_i（$i=1, 2, \cdots, n$）。由各权数所组成的集合 $\underset{\sim}{\boldsymbol{A}}=(a_1, a_2, \cdots, a_n)$ 称为因素权重集，简称权重集。

通常各权数 a_i 应满足归一性和非负性条件，即：

$$\sum_{i=1}^{n} a_i = 1(a_i \geqslant 0) \tag{10-30}$$

各因素的权数一般由人们根据实际问题的需要主观地确定，没有统一的格式可以遵循。常用的方法有：统计实验法、分析推理法、专家评分法、层次分析法、熵权法等。

④单因素模糊评价。单独从一个因素出发进行评价，以确定评价对象对备择集元素的隶属度，称为单因素模糊评价。

单因素模糊评价，即建立一个从 U 到 $F(V)$ 的模糊映射：

$$\underset{\sim}{f}: U \rightarrow F(V),\ \forall u_i \in U,\ u_i \mapsto \underset{\sim}{f}(u_i) = \frac{r_{i1}}{v_1} + \frac{r_{i2}}{v_2} + \cdots + \frac{r_{im}}{v_m} \tag{10-31}$$

式中　r_{ij}——u_i 属于 v_j 的隶属度。

由 $\underset{\sim}{f}(u_i)$ 可得到单因素评价集 $\underset{\sim}{\boldsymbol{R}}_i=(r_{i1}, r_{i2}, \cdots, r_{im})$。

以单因素评价集为行组成的矩阵称为单因素评价矩阵。该矩阵为一模糊矩阵。

$$\underset{\sim}{R} = \begin{bmatrix} r_{11} & r_{12} & \cdots & r_{1m} \\ r_{21} & r_{22} & \cdots & r_{2m} \\ \vdots & \vdots & & \vdots \\ r_{n1} & r_{n2} & \cdots & r_{nm} \end{bmatrix}$$

⑤模糊综合评价。单因素模糊评价仅反映了一个因素对评价对象的影响，这显然是不够的。要综合考虑所有因素的影响，便是模糊综合评价。

由单因素评价矩阵可以看出，$\underset{\sim}{R}$ 的第 i 行反映了第 i 个因素影响评价对象取备择集中各个元素的程度，$\underset{\sim}{R}$ 的第 j 列则反映了所有因素影响评价对象取第 j 个备择元素的程度。如果对各因素作用以相应的权数 a_i，便能合理地反映所有因素的综合影响。因此，模糊综合评价可以表示为

$$\underset{\sim}{B}=\underset{\sim}{A}\circ\underset{\sim}{R}=(a_1, a_2, \cdots, a_n)\begin{bmatrix} r_{11} & r_{12} & \cdots & r_{1m} \\ r_{21} & r_{22} & \cdots & r_{2m} \\ \vdots & \vdots & & \vdots \\ r_{n1} & r_{n2} & \cdots & r_{nm} \end{bmatrix}=(b_1, b_2, \cdots, b_m) \tag{10-32}$$

式中，b_j 为模糊综合评价指标，简称评价指标。其含义为：综合考虑所有因素的影响时，评价对象对备择集中第 j 个元素的隶属度。权重矩阵与单因素评价在合成时，可以选用下述几种评价模型之一。

模型Ⅰ：M（∧，∨）　即

$$b_j=\bigvee_{i=1}^{n}(a_i \wedge r_{ij}) \tag{10-33}$$

由于取小运算使得 $r_{ij}>a_i$ 的 r_{ij} 均不考虑，a_i 成了 r_{ij} 的上限，当因素较多时，权数 a_i 很小，因此将丢失大量的单因素评价信息。相反，因素较少时，a_i 可能较大，取小运算使得 $a_i>r_{ij}$ 的 a_i 均不考虑，r_{ij} 成了 a_i 的上限，因此，将丢失主要因素的影响。取大运算均是在 a_i 和 r_{ij} 的小中取其最大者，这又要丢失大量信息。所以，该模型不宜用于因素太多或太少的情形。

模型Ⅱ：M（·，∨），即

$$b_j=\bigvee_{i=1}^{n}(a_i \cdot r_{ij}) \tag{10-34}$$

a_i 和 r_{ij} 为普通乘法运算，不会丢失任何信息，但取大运算仍将丢失大量有用信息。

模型Ⅲ：M（∧，⊕），即

$$b_j=\sum_{i=1}^{n}(a_i \wedge r_{ij}) \tag{10-35}$$

该模型在进行取小运算时，仍会丢失大量有价值的信息，以致得不出有意义的评价结果。

模型Ⅳ：M（·，⊕），即

$$b_j=\sum_{i=1}^{n}(a_i \cdot r_{ij}) \tag{10-36}$$

该模型不仅考虑了所有因素的影响，而且保留了单因素评价的全部信息，适用于需要全面考虑各个因素的影响和全面考虑单因素评价结果的情况。

⑥评价指标的处理。得到评价指标之后，可以按最大隶属原则确定评价对象的具体结果，即取与最大的评价指标 $\max b_j$ 相对应的备择元素 v_j 为评价结果。

2）多级综合评价模型。将因素集 U 按属性的类型划分成 s 个子集，记作 U_1，U_2，…，U_s，根据问题的需要，每一个子集还可以进一步划分。对每一个子集 U_i，按一级评价模型进行评价。将每一个 U_i 作为一个因素，用 $\underset{\sim}{B}_i$ 作为它的单因素评价集，又可构成评价矩阵：

$$\underset{\sim}{\boldsymbol{R}}=\begin{bmatrix}\underset{\sim}{B}_1\\ \underset{\sim}{B}_2\\ \vdots\\ \underset{\sim}{B}_s\end{bmatrix}$$

于是有第二级综合评价：

$$\underset{\sim}{B}=\underset{\sim}{A}\circ\underset{\sim}{R} \tag{10-37}$$

二级综合评价的模型如图 10-14 所示。

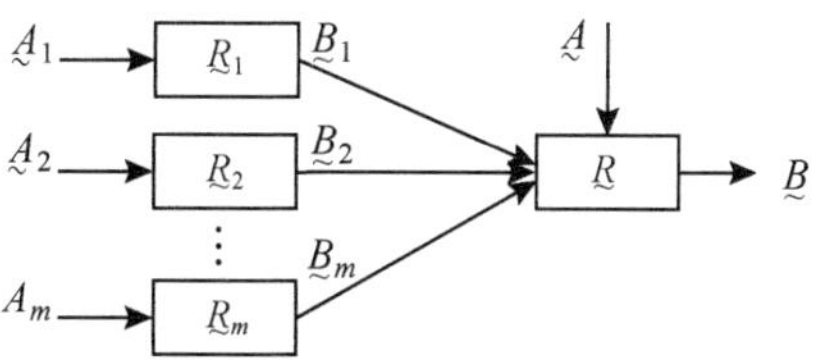

图 10-14　二级模糊综合评价模型图

（3）模糊综合评价模型的应用。以某矿胶带运输系统为例，对其安全性进行模糊综合评价。该矿胶带运输系统的人、机、环境各因素的原始数据见表 10-33 至表 10-35。

表 10-33　人的因素的原始数据

平均年龄/a	平均工龄/a	平均受教育年限/a	平均专业培训时间/d
29.4	9.06	9.75	89

表 10-34　机的因素的原始数据

完好率/%	待修率/%	故障率/%
92.01	2.30	0.162

表 10-35　　环境因素的原始数据

温度/℃	湿度/%	照度/lx	噪声/dB（A）
22.4	92.4	119	78

1）建立因素集。影响胶带运输系统安全性的因素很多，从人-机-环境系统工程的角度可以分为人、机、环境三大因素，即因素集 $U=\{U_1,\ U_2,\ U_3\}$，此为第一层次的因素。影响人、机、环境的因素为第二层次的因素。影响人的因素很多，主要考虑人的生理、基本素质、技术熟练程度等，因此选取平均年龄 u_{11}、平均工龄 u_{12}、平均受教育年限 u_{13} 和平均专业培训时间 u_{14}，即 $U_1=\{u_{11},\ u_{12},\ u_{13},\ u_{14}\}$；影响机的因素选取完好率 u_{21}、待修率 u_{22} 和故障率 u_{23}，即 $U_2=\{u_{21},\ u_{22},\ u_{23}\}$；影响环境的因素选取温度 u_{31}、湿度 u_{32}、照度 u_{33} 和噪声 u_{34}，即 $U_3=\{u_{31},\ u_{32},\ u_{33},\ u_{34}\}$。

2）建立备择集。对运输系统的安全性进行综合评价，就是要指出该系统的安全状况如何，即好、一般、差。故备择集为：$V=\{$好，一般，差$\}=\{v_1,\ v_2,\ v_3\}$。

3）建立权重集。权重的确定没有统一的方法。此处权重的确定采用层次分析法。第一层次因素的权重集为 $\underset{\sim}{A}=(0.65,\ 0.25,\ 0.10)$；第二层次中人的因素的权重集为 $\underset{\sim}{A}_1=(0.10,\ 0.25,\ 0.37,\ 0.28)$，机的因素的权重集为 $\underset{\sim}{A}_2=(0.35,\ 0.20,\ 0.45)$，环境因素的权重集为 $\underset{\sim}{A}_3=(0.24,\ 0.20,\ 0.26,\ 0.30)$。

4）单因素模糊评价。单因素模糊评价，就是建立从 U_i 到 $F(V)$ 的模糊映射，即建立 U_i 中的每个因素对备择集 V 的隶属函数，以确定其隶属于每个备择元素的隶属度。隶属函数的建立没有统一的方法，根据对人、机、环境方面的分析，建立了各因素对备择集的隶属函数：

$$\underset{\sim}{f}_{111}=\begin{cases}0 & u_{11}<18\\ e^{-(\frac{u_{11}-25}{10})^2} & u_{11}\geqslant 18\end{cases}\qquad \underset{\sim}{f}_{112}=\begin{cases}0 & u_{11}<18\\ e^{-(\frac{u_{11}-35}{10})^2} & u_{11}\geqslant 18\end{cases}\qquad \underset{\sim}{f}_{113}=\begin{cases}0 & u_{11}<18\\ e^{-(\frac{u_{11}-50}{10})^2} & u_{11}\geqslant 18\end{cases}$$

$$\underset{\sim}{f}_{121}=\begin{cases}1 & u_{12}>10\\ \dfrac{u_{12}}{10} & u_{12}\leqslant 10\end{cases}\qquad \underset{\sim}{f}_{122}=\begin{cases}\dfrac{u_{12}}{5} & u_{12}\leqslant 5\\ \dfrac{40-u_{12}}{35} & u_{12}>5\end{cases}\qquad \underset{\sim}{f}_{123}=\begin{cases}0 & u_{12}>10\\ \dfrac{10-u_{12}}{10} & u_{12}\leqslant 10\end{cases}$$

$$f_{\underset{\sim}{131}} = \begin{cases} \dfrac{u_{13}}{15} & u_{13} < 15 \\ 1 & u_{13} \geqslant 15 \end{cases} \qquad f_{\underset{\sim}{132}} = \begin{cases} \dfrac{u_{13}}{8} & 0 < u_{13} \leqslant 8 \\ \dfrac{21 - u_{13}}{13} & 8 < u_{13} \leqslant 21 \\ 0 & u_{13} > 21 \end{cases}$$

$$f_{\underset{\sim}{133}} = \begin{cases} \dfrac{10 - u_{13}}{10} & 0 < u_{13} \leqslant 8 \\ \dfrac{4.2 - 0.2u_{13}}{13} & 8 < u_{13} \leqslant 21 \\ 0 & u_{13} > 21 \end{cases}$$

$$f_{\underset{\sim}{141}} = \begin{cases} \dfrac{u_{14}}{100} & u_{14} < 100 \\ 1 & u_{14} \geqslant 100 \end{cases} \qquad f_{\underset{\sim}{142}} = \begin{cases} \dfrac{u_{14}}{60} & 0 < u_{14} \leqslant 60 \\ \dfrac{180 - u_{14}}{120} & 60 < u_{14} \leqslant 180 \\ 0 & u_{14} > 180 \end{cases}$$

$$f_{\underset{\sim}{143}} = \begin{cases} \dfrac{45 - u_{14}}{45} & 0 < u_{14} \leqslant 30 \\ \dfrac{60 - 0.33u_{14}}{150} & 30 < u_{14} \leqslant 180 \\ 0 & u_{14} > 180 \end{cases}$$

$$f_{\underset{\sim}{211}} = \begin{cases} 0.3 & u_{21} < 0.9 \\ 2.5u_{21} - 1.5 & 0.9 \leqslant u_{21} \leqslant 1 \end{cases} \qquad f_{\underset{\sim}{212}} = \begin{cases} 0.3 & u_{21} < 0.75 \\ e^{-\left(\frac{u_{21} - 75\%}{0.25}\right)^2} & 0.75 \leqslant u_{21} \leqslant 1 \end{cases}$$

$$\underset{\sim}{f_{213}} = \begin{cases} 1 & u_{21} \leqslant 60\% \\ \dfrac{10 - 10u_{21}}{4} & 60\% < u_{21} \leqslant 1 \end{cases}$$

$$\underset{\sim}{f_{221}} = \begin{cases} 1 - 5u_{22} & u_{22} \leqslant 5\% \\ 0.3 & 5\% < u_{22} \leqslant 1 \end{cases} \quad \underset{\sim}{f_{222}} = \begin{cases} 12.5u_{22} & u_{22} \leqslant 8\% \\ 0.3 & 8\% < u_{22} \leqslant 1 \end{cases}$$

$$\underset{\sim}{f_{223}} = \begin{cases} 10u_{22} & 0 < u_{22} \leqslant 10\% \\ 0.3 & 10\% < u_{22} \leqslant 1 \end{cases}$$

$$\underset{\sim}{f_{231}} = \begin{cases} 1 - 25u_{23} & u_{23} \leqslant 1\% \\ 0.3 & 1\% < u_{23} \leqslant 1 \end{cases} \quad \underset{\sim}{f_{232}} = \begin{cases} 50u_{23} & u_{23} \leqslant 2\% \\ 0.3 & 2\% < u_{23} \leqslant 1 \end{cases}$$

$$\underset{\sim}{f_{233}} = \begin{cases} 25u_{23} & u_{23} \leqslant 4\% \\ 0.3 & 4\% < u_{23} \leqslant 1 \end{cases}$$

$$\underset{\sim}{f_{311}} = \begin{cases} \dfrac{u_{31}}{20} & u_{31} \leqslant 20 \\ \dfrac{40 - u_{31}}{20} & 20 < u_{31} \leqslant 40 \end{cases} \quad \underset{\sim}{f_{312}} = \begin{cases} \dfrac{u_{31}}{16} & u_{31} \leqslant 16 \\ \dfrac{24 - u_{31}}{8} & 16 < u_{31} \leqslant 20 \\ \dfrac{u_{31} - 16}{8} & 20 < u_{31} \leqslant 24 \\ \dfrac{40 - u_{31}}{16} & 24 < u_{31} \leqslant 40 \end{cases}$$

$$\underset{\sim}{f_{313}} = \begin{cases} 1 & u_{31} < 5 \\ \dfrac{u_{31}}{12} & 5 \leqslant u_{31} \leqslant 12 \\ \dfrac{22 - u_{31}}{10} & 12 < u_{31} \leqslant 20 \\ \dfrac{2u_{31} - 37}{15} & 20 < u_{31} \leqslant 26 \\ 1 & u_{31} > 26 \end{cases}$$

$$\underset{\sim}{f}_{321}=\begin{cases}2.5u_{32} & u_{32}<40\% \\ 1 & 40\%\leqslant u_{32}\leqslant 60\% \\ \dfrac{5-5u_{32}}{2} & 60\%<u_{32}\leqslant 1\end{cases}\qquad \underset{\sim}{f}_{322}=\begin{cases}3.33u_{32} & u_{32}\leqslant 30\% \\ 1.75-2.5u_{32} & 30\%<u_{32}\leqslant 40\% \\ 0.75 & 40\%<u_{32}\leqslant 60\% \\ 1.25u_{32} & 60\%<u_{32}\leqslant 80\% \\ 5-5u_{32} & 80\%<u_{32}\leqslant 100\%\end{cases}$$

$$\underset{\sim}{f}_{323}=\begin{cases}5u_{32} & u_{32}\leqslant 20\% \\ 1.8-4u_{32} & 20\%<u_{32}\leqslant 40\% \\ 0.2 & 40\%<u_{32}\leqslant 60\% \\ 2.67u_{32}-1.4 & 60\%<u_{32}\leqslant 90\% \\ 1 & 90\%<u_{32}\leqslant 100\%\end{cases}$$

$$\underset{\sim}{f}_{331}=\begin{cases}\dfrac{u_{33}}{140} & u_{33}\leqslant 140 \\ 1 & u_{33}>140\end{cases}\qquad \underset{\sim}{f}_{332}=\begin{cases}\dfrac{u_{33}}{100} & u_{33}\leqslant 100 \\ \dfrac{1\,100-7u_{33}}{400} & 100<u_{33}\leqslant 140 \\ 0.2 & u_{33}>140\end{cases}$$

$$\underset{\sim}{f}_{333}=\begin{cases}\dfrac{u_{33}}{80} & u_{33}\leqslant 80 \\ \dfrac{155-u_{33}}{75} & 80<u_{33}\leqslant 140 \\ 0.2 & u_{33}>140\end{cases}$$

$$\underset{\sim}{f}_{341}=\begin{cases}1 & u_{34}\leqslant 60 \\ \dfrac{100-u_{34}}{40} & 60<u_{34}\leqslant 100 \\ 0 & u_{34}>100\end{cases}\qquad \underset{\sim}{f}_{342}=\begin{cases}0.3 & u_{34}\leqslant 60 \\ \dfrac{7u_{34}-375}{150} & 60<u_{34}\leqslant 75 \\ \dfrac{100-u_{34}}{25} & 75<u_{34}\leqslant 100\end{cases}$$

$$\underset{\sim}{f}_{343} = \begin{cases} 0.2 & u_{34} \leqslant 60 \\ \dfrac{2u_{34} - 105}{75} & 60 < u_{34} \leqslant 90 \\ 1 & u_{34} > 90 \end{cases}$$

将胶带运输的各影响因素的数据代入对应的隶属函数，计算出其对备择元素的隶属度，组成该因素的单因素评价集。各因素的单因素评价集构成单因素评价矩阵，分别为

$$\underset{\sim}{R}_1 = \begin{bmatrix} 0.83 & 0.73 & 0.02 \\ 0.91 & 0.88 & 0.10 \\ 0.98 & 0.87 & 0.18 \\ 0.89 & 0.76 & 0.20 \end{bmatrix} \quad \underset{\sim}{R}_2 = \begin{bmatrix} 0.81 & 0.63 & 0.20 \\ 0.89 & 0.29 & 0.23 \\ 0.96 & 0.08 & 0.04 \end{bmatrix} \quad \underset{\sim}{R}_3 = \begin{bmatrix} 0.88 & 0.80 & 0.52 \\ 0.19 & 0.38 & 1.00 \\ 0.85 & 0.67 & 0.48 \\ 0.55 & 0.88 & 0.68 \end{bmatrix}$$

5）一级模糊综合评价

①人的模糊综合评价。由前面确定出的单因素评价矩阵 $\underset{\sim}{R}_1$ 和权重集 $\underset{\sim}{A}_1$，根据式（10-32），可得出人的模糊综合评价为：

$$\underset{\sim}{B}_1 = \underset{\sim}{A}_1 \circ \underset{\sim}{R}_1 = (0.10 \quad 0.25 \quad 0.37 \quad 0.28) \begin{bmatrix} 0.83 & 0.73 & 0.02 \\ 0.91 & 0.88 & 0.10 \\ 0.98 & 0.87 & 0.18 \\ 0.89 & 0.76 & 0.20 \end{bmatrix} = (0.92 \quad 0.83 \quad 0.15)$$

②机的模糊综合评价。由前面确定出的单因素评价矩阵 $\underset{\sim}{R}_2$ 和权重集 $\underset{\sim}{A}_2$，根据式（10-32），可得出机的模糊综合评价为：

$$\underset{\sim}{B}_2 = \underset{\sim}{A}_2 \circ \underset{\sim}{R}_2 = (0.35 \quad 0.20 \quad 0.45) \begin{bmatrix} 0.81 & 0.63 & 0.20 \\ 0.89 & 0.29 & 0.23 \\ 0.96 & 0.08 & 0.04 \end{bmatrix} = (0.89 \quad 0.32 \quad 0.14)$$

③环境因素的模糊综合评价。由前面确定出的单因素评价矩阵 $\underset{\sim}{R}_3$ 和权重集 $\underset{\sim}{A}_3$，根据式（10-32），可得出环境的模糊综合评价为：

$$\underset{\sim}{B}_3 = \underset{\sim}{A}_3 \circ \underset{\sim}{R}_3 = (0.24 \quad 0.20 \quad 0.26 \quad 0.3) \begin{bmatrix} 0.88 & 0.80 & 0.52 \\ 0.19 & 0.38 & 1.00 \\ 0.85 & 0.67 & 0.48 \\ 0.55 & 0.88 & 0.68 \end{bmatrix} = (0.64 \quad 0.71 \quad 0.65)$$

6）二级模糊综合评价。将人、机、环境看作单一因素，人、机、环境的一级评价结果可视为单因素评价集，组成二级模糊综合评价的单因素评价矩阵：

$$\underset{\sim}{R}=\begin{bmatrix}\underset{\sim}{B}_1\\ \underset{\sim}{B}_2\\ \underset{\sim}{B}_3\end{bmatrix}=\begin{bmatrix}0.92 & 0.83 & 0.15\\ 0.89 & 0.32 & 0.14\\ 0.64 & 0.71 & 0.65\end{bmatrix}$$

由单因素评价矩阵 $\underset{\sim}{R}$ 和权重集 $\underset{\sim}{A}$，根据式（10-37），可得出二级模糊综合评价为：

$$\underset{\sim}{B}=\underset{\sim}{A}\circ\underset{\sim}{R}=(0.65\quad 0.25\quad 0.10)\begin{bmatrix}0.92 & 0.83 & 0.15\\ 0.89 & 0.32 & 0.14\\ 0.64 & 0.71 & 0.65\end{bmatrix}=(0.89\quad 0.69\quad 0.20)$$

根据最大隶属原则，胶带运输系统的安全性模糊综合评价结果为：安全性好。

6. TOPSIS 评价法

（1）TOPSIS 方法概述。TOPSIS（technique for order preference by similarity to ideal solution，TOPSIS）是逼近理想解的排序方法的英文缩写，是一种统计分析方法，它借助多属性（指标）问题的理想解和负理想解对评价对象进行排序。理想解是一个虚拟的最优解，它的各个指标值都达到评价对象中的最优值；而负理想解是虚拟的最差解，它的各个指标都达到评价对象中的最差值。

用理想解求解多属性评价问题的概念简单，只要在属性空间定义适当的距离测度就能计算备选方案与理想解。TOPSIS 法所用的是欧氏距离。至于既用理想解又用负理想解，是因为在仅仅使用理想解时有时会出现某两个评价对象与理想解的距离相同的情况，为了区分这两个评价对象的优劣，引入负理想解并计算这两个评价对象与负理想解的距离，与理想解的距离相同的评价对象离负理想解远者为优。TOPSIS 法的思路可以用图 10-15 来说明。图 10-15 表示两个属性的评价问题，f_1 和 f_2 为加权的规范化属性，均为效益型；评价对象集 X 中的 6 个对象 x_1 到 x_6，根据它们的加权规范化属性值标出了在图中的位置，并确定理想解 x^* 和负理想解 x^0。图中的 x_4 和 x_5 与理想解 x^* 的距离相同，引入它们与负理想解 x^0 的距离后，由于 x_4 比 x_5 离负理想解 x^0 远，就可以区分两者的优劣了。

（2）基于熵权的 TOPSIS 方法。设有 m 个评价对象，n 个评价指标，各评价对象的评价指标值组成矩阵 $\boldsymbol{X}$，x_{ij} 表示第 i 个评价对象的第 j 个指标的指标值。

1）数据的规范化。因为各指标通常具有不同的量纲，无法直接进行比较，所以必须对指标值矩阵进行规范化。规范化的方法很多，这里仅给出常用的标准化方法：

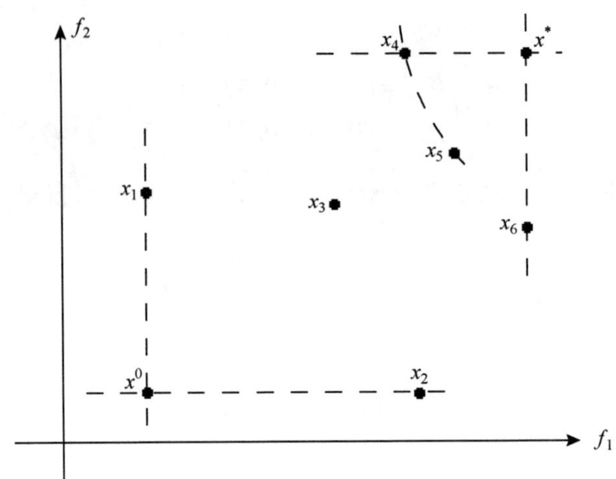

图 10-15　理想解和负理想解示意图

$$y_{ij} = x_{ij} / \sum_{i=1}^{m} x_{ij} (j = 1, 2, \cdots, n) \tag{10-38}$$

式中　y_{ij}——第 i 个评价对象的第 j 个指标的规范化值。

2）确定评价指标的熵权。在信息论中，信息熵是系统无序程度的度量。信息熵定义为

$$H(y_j) = -\sum_{i=1}^{m} y_{ij} \ln y_{ij} (\text{其中：} 0\ln 0 \equiv 0) \tag{10-39}$$

式中　m——评价对象的个数。

一般来说，综合评价中某项指标的指标值变异程度越大，信息熵 $H(y_j)$ 越小，该指标提供的信息量越大，该指标的权重也应越大；反之，该指标的权重也应越小。因此，可以根据各项指标值的变异程度，利用信息熵这个工具，计算出各指标的权重——熵权。

首先求解输出熵 E_j：

$$E_j = H(y_j) / \ln m \tag{10-40}$$

其次求解指标的差异度 G_j，即

$$G_j = 1 - E_j \quad (1 \leqslant j \leqslant n) \tag{10-41}$$

最后计算熵权

$$a_j = G_j / \sum_{i=1}^{n} G_i \quad (j = 1, 2, \cdots, n) \tag{10-42}$$

3）构造加权规范化矩阵。因为各因素的重要程度不同，所以应考虑各因素的熵权，将规范化数据加权，构成加权规范化矩阵。

$$\boldsymbol{V}=(v_{ij})_{m\times n}=\begin{bmatrix} a_1y_{11} & a_2y_{12} & \cdots & a_ny_{1n} \\ a_1y_{21} & a_2y_{22} & \cdots & a_ny_{2n} \\ \vdots & \vdots & & \vdots \\ a_1y_{m1} & a_2y_{m2} & \cdots & a_ny_{mn} \end{bmatrix} \tag{10-43}$$

4）确定理想解和负理想解。

$$\boldsymbol{V}^{+}=\{(\max_i v_{ij} \mid j\in J_1),\ (\min_i v_{ij} \mid j\in J_2) \mid i=1,\ 2,\ \cdots,\ m\} \tag{10-44}$$

$$\boldsymbol{V}^{-}=\{(\min_i v_{ij} \mid j\in J_1),\ (\max_i v_{ij} \mid j\in J_2) \mid i=1,\ 2,\ \cdots,\ m\} \tag{10-45}$$

式中　J_1——效益型指标集；

J_2——成本型指标集。

5）计算距离。各评价对象与理想解和负理想解的距离分别为

$$d_i^{+}=\sqrt{\sum_{j=1}^{n}(v_{ij}-v_j^{+})^2}\quad d_i^{-}=\sqrt{\sum_{j=1}^{n}(v_{ij}-v_j^{-})^2},\ (i=1,\ 2,\ \cdots,\ m) \tag{10-46}$$

6）确定相对接近度。评价对象与理想解的相对接近度为

$$C_i=\frac{d_i^{-}}{d_i^{+}+d_i^{-}}\quad (i=1,\ 2,\ \cdots,\ m) \tag{10-47}$$

根据相对接近度大小，就可以对评价对象的优劣进行排序。

当评价对象的指标划分成不同层次时，需要利用多层次评价模型进行评价。多层次评价模型是在单层次评价基础上进行的，单层次评价的结果，即各评价对象的相对接近度组成上一层次的评价矩阵 $\boldsymbol{C}_2$，此时考虑各因素的权重 $\boldsymbol{A}$，评价矩阵和权重向量合成为评价结果向量。

$$\boldsymbol{C}=\boldsymbol{A}\cdot\boldsymbol{C}_2 \tag{10-48}$$

根据加权相对接近度的大小即可确定评价对象的优劣。

（3）基于熵权的 TOPSIS 方法的应用。

1）通风系统的评价指标体系。矿井通风系统是一个动态的、随机的、复杂的大系统，影响因素很多。不同学者从不同角度提出了通风系统的评价指标体系，但到目前为止，仍然没有一套通用的评价指标体系。从通风系统的评价标准出发，充分考虑各指标间的相对独立性和可比较性，提出如下三类指标组成的指标体系：

①技术可行性指标。技术可行主要是指在技术先进的前提下，通风系统的各项技术指标均达到煤矿安全生产的有关规定，这是通风系统运行的基本前提。这类指标主要包括矿井总风阻、等积孔、矿井风量供需比、矿井通风方式、矿井有效风量率等。

②经济合理性指标。经济合理是指在技术可行的前提下，通风系统的运行费用比较合理，不超过本行业的平均费用。这类指标主要包括矿井主要通风机的功率、主要通风机的效率、矿井外部漏风率、吨煤主要通风机耗电量和通风井巷工程费等。

③安全可靠性指标。安全可靠是指通风系统不仅能保证矿井的正常生产，而且能预防和控制灾害事故的发生，这是煤矿安全生产的基本要求。这类指标主要包括主要通风机运转稳定性、风流稳定性、矿井抗灾能力等。

矿井通风系统各评价指标间的层次结构关系如图 10-16 所示。

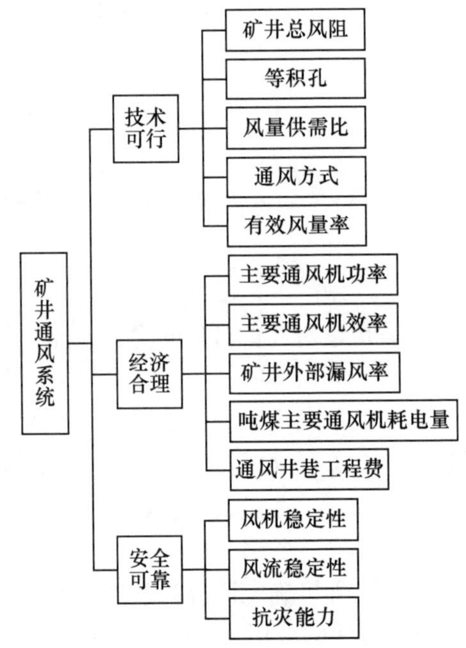

图 10-16　通风系统评价指标体系

2）评价实例。以某集团公司下属的规模相当的四矿、五矿、六矿为例，应用基于熵权的 TOPSIS 方法对其通风系统进行评价。各矿井通风系统原始数据见表 10-36。

表 10-36 各矿井通风系统原始数据

评价对象	技术可行性					经济合理性					安全可靠性		
	矿井总风阻/(Ns^2/m^8)	等积孔/m^2	风量供需比	通风方式	有效风量率	通风机的功率/kW	通风机的效率	外部漏风率/%	吨煤风耗电量/(kWh/t)	井巷工程费/万元	风机稳定性	风流稳定性	抗灾能力
四矿 e_1	0.378	4.32	1.15	9.4	0.877	1 180	0.82	3.1	4.31	27 896	9.2	9.4	9.3
五矿 e_2	0.342	4.86	1.08	9.3	0.856	980	0.85	2.9	4.12	29 124	9.4	9.1	9.5
六矿 e_3	0.289	5.23	1.12	9.8	0.894	1 080	0.88	2.8	3.96	28 356	9.6	9.3	9.8

注：通风方式和安全可靠性指标为专家评分值。

①第二层次综合评价。

a. 技术可行性评价。

(a) 数据的规范化。根据式 (10-38)，规范化后的矩阵为：

$$\boldsymbol{Y}=\begin{bmatrix}0.375 & 0.300 & 0.343 & 0.330 & 0.334\\ 0.339 & 0.337 & 0.322 & 0.326 & 0.326\\ 0.286 & 0.363 & 0.334 & 0.344 & 0.340\end{bmatrix}$$

(b) 计算各指标的熵权。根据式 (10-39) ~式 (10-42)，可计算出各指标的熵权为：$\boldsymbol{A}_1=$ (0.612，0.312，0.034，0.026，0.016)。

(c) 构造加权规范化矩阵。根据式 (10-43)，得加权规范化矩阵：

$$\boldsymbol{A}=\begin{bmatrix}0.229 & 0.094 & 0.0116 & 0.0087 & 0.0054\\ 0.207 & 0.105 & 0.0109 & 0.0086 & 0.0053\\ 0.175 & 0.113 & 0.0113 & 0.0091 & 0.0055\end{bmatrix}$$

(d) 确定理想解和负理想解。技术可行性指标中，总风阻反映矿井通风难易程度，越小越好；等积孔越大越好；风量供需比在 [1, 1.2] 的区间内越大越好；通风方式评分越大越好；有效风量率越大越好。所以理想解和负理想解分别为：

$$\boldsymbol{V}^{+}=\{0.175,\ 0.113,\ 0.0116,\ 0.0091,\ 0.0055\},$$

$$\boldsymbol{V}^{-}=\{0.229,\ 0.094,\ 0.0109,\ 0.0086,\ 0.0053\}$$

(e) 计算距离。根据式 (10-19)，分别计算各评价对象与理想解和负理想解的距离：

$d_1^+=0.0574$，$d_1^-=0.0007$；$d_2^+=0.0331$，$d_2^-=0.0248$；$d_3^+=0.0003$，$d_3^-=0.0574$

（f）确定相对接近度。根据式（10-47），各评价对象与理想解的相对接近度分别为：$C_{11}=0.012$，$C_{12}=0.428$，$C_{13}=0.995$。根据判断准则可知，$e_3>e_2>e_1$。

b. 经济合理性评价。类似于技术可行性评价过程，可以得到各评价对象与理想解的相对接近度分别为：$C_{21}=0.012$，$C_{22}=0.928$，$C_{23}=0.520$。根据判断准则可知，$e_2>e_3>e_1$。

c. 安全可靠性评价。类似于技术可行性评价过程，可以得到各评价对象与理想解的相对接近度分别为：$C_{31}=0.176$，$C_{32}=0.407$，$C_{33}=0.934$。根据判断准则可知，$e_3>e_2>e_1$。

②第一层次综合评价。第二层次的评价结果组成第一层次的评价矩阵，此时考虑第一层次各因素的权重，权重的确定采用层次分析法（计算过程略），$\boldsymbol{A}=\{0.343, 0.243, 0.414\}$，则第一层次的综合评价为

$$\boldsymbol{C}=\boldsymbol{A}\cdot\boldsymbol{C}_2=(0.343\quad 0.243\quad 0.414)\begin{bmatrix}0.012 & 0.428 & 0.995\\0.012 & 0.928 & 0.520\\0.176 & 0.407 & 0.934\end{bmatrix}=(0.080\ 0.541\ 0.854)$$

根据判断准则可知，$e_3>e_2>e_1$。即六矿的通风系统最好，其次是五矿，四矿最差。

7. 可拓综合评价法

（1）可拓理论概述。可拓理论是广东工业大学的蔡文研究员于 1983 年首次将物元理论和可拓集合理论相结合提出的一门新兴学科，它用形式化工具，从定性和定量的角度研究解决复杂问题的规律和方法。

可拓理论的理论基础有 3 个：一个是研究基元（包括物元、事元和关系元）及其变换的基元理论，二是作为定量化工具的可拓集合理论，三是可拓逻辑，它们共同构成了可拓论的理论内涵。这三个理论与其他领域的理论相结合产生了相应的新知识，形成了可拓论的应用外延。以可拓论为基础，发展了一批特有的方法，如物元可拓方法、物元变换方法和优度评价方法等。这些方法与其他领域的方法相结合，产生了相应的可拓工程方法。可拓论与管理科学、控制论、信息论以及计算机科学相结合，使可拓工程方法开始应用于经济、管理、决策、评价和过程控制中。

可拓理论中的物元模型是一个动态模型，参变量既可以是时间，也可以是其他变量，如压力、速度等。动态模型能够很好地拟合现实系统，尤其是复杂的、动态变化的过程。下面介绍几个涉及的可拓理论的基本概念。

1）物元。在可拓学中，物元是以事物、特征及事物关于该特征的量值三者所组成的有序三元组，记为 R=（事物，特征，量值）=（N，C，V）。物元是可拓学的逻辑细胞。

事物 N，n 个特征（c_1，c_2，…，c_n），以及 N 关于特征 c_i（i=1，2，…，n）对应的量值 v_i（i=1，2，…，n）所构成的阵列

$$\boldsymbol{R}=(N,\ \boldsymbol{C},\ \boldsymbol{V})=\begin{bmatrix} N, & c_1, & v_1 \\ & c_2, & v_2 \\ & \vdots & \vdots \\ & c_n, & v_n \end{bmatrix}$$

称为 n 维物元。

在物元 $\boldsymbol{R}$=（N，$\boldsymbol{C}$，$\boldsymbol{V}$）中，若 N，V 是参数 t 的函数，称 $\boldsymbol{R}$ 为参变量物元，记作：

$$\boldsymbol{R}(t)=(N(t),\ \boldsymbol{C},\ v(t))$$

2）可拓集合。设 $\boldsymbol{U}$ 为论域，K 是 $\boldsymbol{U}$ 到实域（$-\infty$，$+\infty$）的一个映射，T 为给定的对 $\boldsymbol{U}$ 中元素的变换，称

$$\tilde{A}(T)=\{(u,\ y,\ y')\mid u\in U,\ y=K(u)\in(-\infty,\ +\infty),\ y'=K(Tu)\in(-\infty,\ +\infty)\}$$

为论域 $\boldsymbol{U}$ 上关于元素变换 T 的一个可拓集合，$y=K(u)$ 为 $\tilde{A}(T)$ 的关联函数。

3）距。为了描述类间事物的区别，在建立关联函数之前，规定了点 x 与区间 $X_0=\langle a,\ b\rangle$ 的距为

$$\rho(x,\ X_0)=\left|x-\frac{a+b}{2}\right|-\frac{b-a}{2}$$

4）关联函数。设 $X_0=\langle a,\ b\rangle$，$X=\langle c,\ d\rangle$，$X_0\subset X$，且无公共端点，令

$$K(x)=\frac{\rho(x,\ X_0)}{D(x,\ X_0,\ X)}$$

则：

①$x\in X_0$，且 $x\neq a$，$b\leftrightarrow K(x)>0$

②$x=a$ 或 $x=b\leftrightarrow K(x)=0$

③$x\notin X_0$，$x\in X$，且 $x\neq a$，b，c，$d\leftrightarrow -1<K(x)<0$

④$x=c$ 或 $x=d\leftrightarrow K(x)=-1$

⑤$x \notin X$，且 $x \neq c$，$d \leftrightarrow K(x) < -1$

称 $K(x)$ 为 x 关于区间 X_0，X 的关联函数。

式中，$D(x, X_0, X)$ 为点 x 关于区间套的位值。

$$D(x, X_0, X) = \begin{cases} \rho(x, X) - \rho(x, X_0), & x \notin X_0 \\ 1, & x \in X_0 \end{cases}$$

（2）安全性综合评价的物元模型。设安全性综合评价问题为 P，共有 m 个评价对象（$\boldsymbol{R}_1$，$\boldsymbol{R}_2$，…，$\boldsymbol{R}_m$），n 个评价指标（c_1，c_2，…，c_n），则此问题可以利用物元表示为

$$P = \boldsymbol{R}_i \times \boldsymbol{r}, \ \boldsymbol{R}_i \in (\boldsymbol{R}_1, \boldsymbol{R}_2, \cdots, \boldsymbol{R}_m)$$

$\boldsymbol{R}_i$ 为评价对象，$\boldsymbol{R}_i = (N_i, \boldsymbol{C}, \boldsymbol{V}_i) = \begin{bmatrix} N_i, & c_1, & v_{i1} \\ & c_2, & v_{i2} \\ & \vdots & \vdots \\ & c_n, & v_{in} \end{bmatrix}$；$\boldsymbol{r}$ 为条件物元，$\boldsymbol{r} = \begin{bmatrix} N, & c_1, & V_1 \\ & c_2, & V_2 \\ & \vdots & \vdots \\ & c_n, & V_n \end{bmatrix}$。

（3）可拓综合评价模型。可拓综合评价的基本思想是：根据日常管理中积累的数据资料，把评价对象的优劣划分为若干等级，由数据库或专家意见给出各等级的数据范围，再将评价对象的指标代入各等级的集合中进行多指标评定，评定结果按其与各等级集合的综合关联度大小进行比较，综合关联度越大，就说明评价对象与该等级集合的符合程度愈佳。

1）确定经典域与节域

令

$$\boldsymbol{R}_{0j} = (N_{0j}, C, V_{0j}) = \begin{bmatrix} N_{0j}, & c_1, & V_{0j1} \\ & c_2, & V_{0j2} \\ & \vdots & \vdots \\ & c_n, & V_{0jn} \end{bmatrix} = \begin{bmatrix} N_{0j}, & c_1, & \langle a_{0j1}, b_{0j1} \rangle \\ & c_2, & \langle a_{0j2}, b_{0j2} \rangle \\ & \vdots & \vdots \\ & c_n, & \langle a_{0jn}, b_{0jn} \rangle \end{bmatrix}$$

其中 N_{0j} 表示所划分的第 j 个等级，c_i（$i=1, 2, \cdots, n$）表示第 j 个等级 N_{0j} 的特征（即评价指标），V_{0ji} 表示 N_{0j} 关于特征 c_i 的量值范围，即评价对象各优劣等级关于对应的特征所取的数据范围，此为一经典域。

令

$$\boldsymbol{R}_D=(D,\ C,V_D)=\begin{bmatrix} D, & c_1, & V_{D1} \\ & c_2, & V_{D2} \\ & \vdots & \vdots \\ & c_n, & V_{Dn} \end{bmatrix}=\begin{bmatrix} D, & c_1, & <a_{D1},\ b_{D1}> \\ & c_2, & <a_{D2},\ b_{D2}> \\ & \vdots & \vdots \\ & c_n, & <a_{Dn},\ b_{Dn}> \end{bmatrix}$$

其中 D 表示优劣等级的全体，V_{Di} 为 D 关于 c_i 所取的量值的范围，即 D 的节域。

2）确定待评物元。对评价对象 p_i，把测量所得到的数据或分析结果用物元表示，称为评价对象的待评物元。

$$\boldsymbol{R}_i=(p_i,\ C,V_i)=\begin{bmatrix} p_i, & c_1, & v_{i1} \\ & c_2, & v_{i2} \\ & \vdots & \vdots \\ & c_n, & v_{in} \end{bmatrix}\quad i=1,\ 2,\ \cdots,\ m$$

式中 p_i——第 i 个评价对象；

v_{ij}——p_i 关于 c_j 的量值，即评价对象的评价指标值。

3）首次评价。对评价对象 p_i，首先用非满足不可的特征 c_k 的量值 v_{ik} 评价。若 $v_{ik}\notin V_{0jk}$，则认为评价对象 p_i 不满足“非满足不可的条件”，不予评价；否则进入下一步骤。

4）确定各特征的权重。权重的确定可以采用多种方法，如 AHP 方法、熵权、专家评分等。

5）建立关联函数，确定评价对象关于各安全等级的关联度

$$K_j(v_{ki})=\begin{cases}\dfrac{\rho(v_{ki},\ V_{0ji})}{\rho(v_{ki},\ V_{0pi})-\rho(v_{ki},\ V_{0ji})} & v_{ki}\notin V_{0ji} \\ \rho(v_{ki},\ V_{0ji}) & v_{ki}\in V_{0ji}\end{cases}\tag{10-49}$$

式中 $\rho(v_{ki},\ V_{0ji})$ ——点 v_{ki} 与区间 V_{0ji} 的距。

$$\rho(v_{ki},\ V_{0ji})=\left|v_{ki}-\frac{a_{0ji}+b_{0ji}}{2}\right|-\frac{1}{2}(b_{0ji}-a_{0ji})\tag{10-50}$$

6）关联度的规范化。关联度的取值是整个实数域，为了便于分析和比较，将关联度进行规范化。

$$K'_j(v_{ki})=\frac{K_j(v_{ki})}{\max\limits_{1\leqslant i\leqslant m}|K_j(v_{ki})|}\tag{10-51}$$

7）计算评价对象的综合关联度。考虑各特征的权系数，将规范化的关联度和权系数合成为综合关联度。

$$K_j(p_k) = \sum_{i=1}^{n} \alpha_i K'_j(v_{ki}) \tag{10-52}$$

式中 p_k——第 k 个评价对象。

8）安全性等级评定。若 $K_k(p) = \max\limits_{k \in (1,2,\cdots,m)} K_j(p_i)$，则评价对象 p 的安全性属于等级 k。

当评价对象的各指标间分为不同层次或评价指标较多而使权系数过小时，需要采用多层次综合评价模型。多层次综合评价是在单层次综合评价的基础上进行的，评价方法与单层次相似。第二层次评价结果组成第一层次的评价矩阵 $\boldsymbol{K}_1$，然后考虑第一层次各因素的权系数 $\boldsymbol{A}$，权系数矩阵和综合关联度矩阵合成为评价结果矩阵。

$$\boldsymbol{K} = \boldsymbol{A} \cdot \boldsymbol{K}_1 \tag{10-53}$$

（4）可拓综合评价的应用。某矿的煤炭开采方式以综合机械化采煤为主，目前主要有三个主采面，利用基于熵权的可拓方法对这三个主采工作面的安全性进行评价，评价对象集为 $\boldsymbol{E} = \{R_1, R_2, R_3\}$。其中：$R_1$ 为戊$_{22060}$ 综采面，R_2 为戊$_{21091}$ 综采面，R_3 为戊$_{22040}$ 综采面。

1）建立评价指标集。影响综采面安全性的因素很多，从人-机-环境系统工程的角度可以分为人、机、环境三大因素，此为第一层次的因素。影响人、机、环境的因素为第二层次的因素。影响人的因素很多，主要选取平均年龄、平均工龄、平均受教育年限、平均专业培训时间和作业人员的“三违”率；影响机的因素选取完好率、待修率、故障率、设备带病作业率、设备更新率和安全防护设施合格率；影响环境的因素选取温度、湿度、照度、噪声和瓦斯浓度。指标体系层次结构关系如图 10-17 所示。

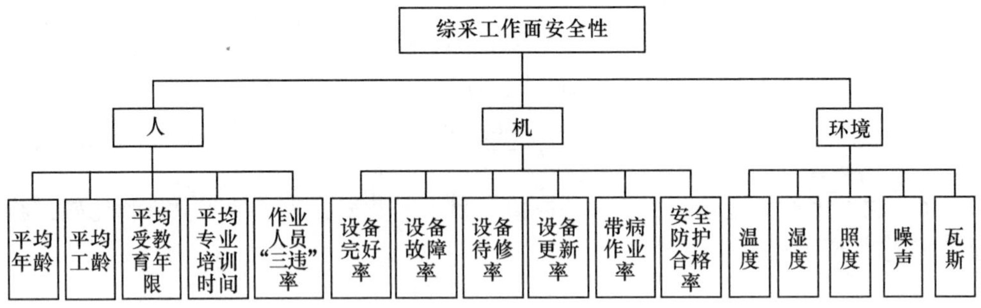

图 10-17 综采面安全性评价指标体系

各评价对象的人、机、环境各指标的原始数据见表 10-37。

表 10-37　　综采工作面人—机—环境的原始数据

评价对象	人的因素					机的因素						环境因素				
	平均年龄/a	平均工龄/a	平均受教育年限/a	平均专业培训时间/d	“三违”率/%	设备完好率/%	设备待修率/%	设备故障率/%	设备更新率/%	带病作业率/%	安全防护合格率/%	温度/℃	湿度/%	噪声/dB	照度/lx	瓦斯/%
R_1	26.5	6.7	9.3	112	45.6	97.9	2.0	8.1	8.6	13.6	94.6	27.6	92	90	102	0.5
R_2	29.3	5.9	8.8	115	43.3	98.1	2.3	9.4	9.1	11.8	93.1	26.2	95	95	115	0.3
R_3	28.6	5.4	7.6	98	51.4	96.9	1.8	6.5	10.5	10.4	94.2	28.1	94	92	96	0.4

2）第二层次可拓综合评价。

①人的因素可拓评价。

a. 确定经典域和节域。综采工作面的安全性等级可以划分为 4 级：优、良、一般、差。根据煤矿安全规程和该矿的实际情况，各等级的经典域物元分别为：

$$R_{01}=\begin{bmatrix} N_{01}, & 平均年龄, & \langle 22,26\rangle \\ & 平均工龄, & \langle 10,15\rangle \\ & 教育年限, & \langle 14,19\rangle \\ & 培训时间, & \langle 120,180\rangle \\ & “三违”率, & \langle 0,30\rangle \end{bmatrix},\quad R_{02}=\begin{bmatrix} N_{02}, & 平均年龄, & \langle 26,30\rangle \\ & 平均工龄, & \langle 5,10\rangle \\ & 教育年限, & \langle 9,14\rangle \\ & 培训时间, & \langle 100,120\rangle \\ & “三违”率, & \langle 30,50\rangle \end{bmatrix},$$

$$R_{03}=\begin{bmatrix} N_{03}, & 平均年龄, & \langle 30,40\rangle \\ & 平均工龄, & \langle 1,5\rangle \\ & 教育年限, & \langle 6,9\rangle \\ & 培训时间, & \langle 80,100\rangle \\ & “三违”率, & \langle 50,60\rangle \end{bmatrix},\quad R_{04}=\begin{bmatrix} N_{04}, & 平均年龄, & \langle 40,55\rangle \\ & 平均工龄, & \langle 0,1\rangle \\ & 教育年限, & \langle 0,6\rangle \\ & 培训时间, & \langle 60,80\rangle \\ & “三违”率, & \langle 60,80\rangle \end{bmatrix}$$

节域物元为：

$$R_D=\begin{bmatrix} D, & 平均年龄, & \langle 20,60\rangle \\ & 平均工龄, & \langle 0,20\rangle \\ & 教育年限, & \langle 0,19\rangle \\ & 培训时间, & \langle 30,200\rangle \\ & “三违”率, & \langle 0,90\rangle \end{bmatrix}$$

b. 确定待评物元。待评物元为

$$R_1=\begin{bmatrix} p_1, & 平均年龄, & 26.5 \\ & 平均工龄, & 6.7 \\ & 教育年限, & 9.3 \\ & 培训时间, & 112 \\ & “三违”率, & 45.6 \end{bmatrix},\ R_2=\begin{bmatrix} p_2, & 平均年龄, & 29.3 \\ & 平均工龄, & 5.9 \\ & 教育年限, & 8.8 \\ & 培训时间, & 115 \\ & “三违”率, & 43.3 \end{bmatrix},$$

$$R_3=\begin{bmatrix} p_3, & 平均年龄, & 28.6 \\ & 平均工龄, & 5.4 \\ & 教育年限, & 7.6 \\ & 培训时间, & 98 \\ & “三违”率, & 51.4 \end{bmatrix}$$

c. 首次评价。在该评价指标体系中，没有非满足不可的指标（特征），故该步可省略。

d. 确定各特征的熵权。根据式（10-38）~式（10-42），可计算出各特征的熵权（计算过程略），$\boldsymbol{A}_1=\{0.067,\ 0.296,\ 0.263,\ 0.178,\ 0.196\}$。

e. 建立关联函数，计算关联度。根据式（10-49）和（10-50）可计算各评价对象与各等级的关联度。

$$\boldsymbol{K}_{p1}=\begin{bmatrix} -0.071 & 0.083 & -0.35 & -0.675 \\ -0.330 & 0.340 & -0.202 & -0.460 \\ -0.336 & 0.033 & -0.031 & -0.262 \\ -0.089 & 0.108 & -0.128 & -0.281 \\ -0.260 & 0.110 & -0.090 & -0.245 \end{bmatrix},$$

$$\boldsymbol{K}_{p2}=\begin{bmatrix} -0.262 & 0.081 & -0.070 & -0.535 \\ -0.41 & 0.180 & -0.132 & -0.454 \\ -0.371 & -0.022 & 0.023 & -0.241 \\ -0.056 & 0.063 & -0.150 & -0.292 \\ -0.235 & 0.183 & -0.134 & -0.278 \end{bmatrix},$$

$$\boldsymbol{K}_{p3}=\begin{bmatrix} -0.232 & 0.194 & -0.140 & -0.570 \\ -0.460 & 0.080 & -0.069 & -0.449 \\ -0.457 & -0.156 & 0.226 & -0.174 \\ -0.244 & -0.029 & 0.030 & -0.209 \\ -0.357 & -0.035 & 0.038 & -0.182 \end{bmatrix}$$

f. 关联度的规范化。根据式（10-51）可将关联度规范化为

$$\boldsymbol{K}'_{p1}=\begin{bmatrix}-0.273 & 0.429 & -1 & -1\\ -0.717 & 1 & -1 & -1\\ -0.734 & 0.214 & -0.138 & -1\\ -0.364 & 1 & -0.851 & -0.962\\ -0.729 & 0.601 & -0.673 & -0.880\end{bmatrix},$$

$$\boldsymbol{K}'_{p2}=\begin{bmatrix}-1 & 0.419 & -0.200 & -0.793\\ -0.891 & 0.529 & -0.654 & -0.987\\ -0.813 & -0.143 & 0.103 & -0.922\\ -0.227 & 0.578 & -1 & -1\\ -0.659 & 1 & -1 & -1\end{bmatrix},$$

$$\boldsymbol{K}'_{p3}=\begin{bmatrix}-0.886 & 1 & -0.400 & -0.844\\ -1 & 0.235 & -0.341 & -0.977\\ -1 & -1 & 1 & -0.664\\ -1 & -0.264 & 0.202 & -0.718\\ -1 & -0.191 & 0.281 & -0.655\end{bmatrix}$$

g. 计算评价对象的综合关联度。根据式（10-52），可得各评价对象的综合关联度：

$\boldsymbol{K}_{p1}=A_1\cdot\boldsymbol{K}'_{p1}=(-0.631,\ 0.677,\ -0.683,\ -0.97)$，$\boldsymbol{K}_{p2}=(-0.714,\ 0.446,\ -0.554,\ -0.962)$，$\boldsymbol{K}_{p3}=(-0.992,\ -0.21,\ 0.226,\ -0.776)$

②机的因素的可拓综合评价。类似于人的因素的可拓评价过程，可以得到各评价对象的综合关联度：

$\boldsymbol{K}_{p1}=(-0.899,\ 0.337,\ -0.144,\ -0.693)$，$\boldsymbol{K}_{p2}=(-0.916,\ -0.132,\ 0.239,\ -0.629)$，$\boldsymbol{K}_{p3}=(-0.501,\ 0.55,\ -0.716,\ -0.999)$。

③环境因素的可拓综合评价。类似于人的因素的可拓评价过程，可以得到各评价对象的综合关联度：

$\boldsymbol{K}_{p1}=(-0.951,\ 0.017,\ 0.004,\ -0.506)$，$\boldsymbol{K}_{p2}=(0.06,\ -0.131,\ -0.976,\ -0.973)$，$\boldsymbol{K}_{p3}=(-0.743,\ 0.75,\ -0.4,\ -0.694)$。

3）第一层次可拓综合评价。第二层次的评价结果组成第一层次的关联度矩阵，此时考虑人、机、环境的权系数，权系数由层次分析法计算得出：$\boldsymbol{A}=\{0.682,\ 0.103,\ 0.215\}$。则根据式（10-26），各评价对象第一层次的综合评价为

$$K_1 = A \cdot K_{p1} = (0.682 \quad 0.103 \quad 0.215)\begin{bmatrix} -0.631 & 0.677 & -0.683 & -0.970 \\ -0.899 & 0.337 & -0.144 & -0.693 \\ -0.951 & 0.017 & 0.004 & -0.506 \end{bmatrix}$$

$$= (-0.728 \quad 0.5 \quad -0.48 \quad -0.842)$$

$$K_2 = A \cdot K_{p2} = (-0.569 \quad 0.263 \quad -0.563 \quad -0.93)$$

$$K_3 = A \cdot K_{p3} = (-0.888 \quad 0.074 \quad -0.001 \quad -0.782)$$

由评价结果可以看出，三个综采面的安全性均属于良等级，但戊$_{22060}$综采面的安全性最好，其次是戊$_{21091}$综采面，戊$_{22040}$综采面的安全性最差。

8. 改进的灰色关联法

（1）灰色理论概述。1982 年，我国学者邓聚龙教授创立的灰色系统理论，是一种研究少数据、贫信息不确定性问题的新方法。灰色系统是一门研究信息部分清楚、部分不清楚并带有不确定性现象的应用数学学科。它以“部分信息已知，部分信息未知”的“小样本”“贫信息”不确定性系统为研究对象，主要通过对“部分”已知信息的生成、开发，提取有价值的信息，实现对系统运行行为、演化规律的正确描述和有效监控。在客观世界中，大量存在的不是白色系统（信息完全明确），也不是黑色系统（信息完全不明确），而是灰色系统。因此，灰色系统理论以这种大量存在的灰色系统为研究对象而获得进一步发展。

灰色系统理论经过多年的发展，现已基本建立起一门新兴学科的结构体系。其主要内容包括以灰色代数系统、灰色方程、灰色矩阵等为基础的理论体系，以灰色序列生成为基础的方法体系，以灰色关联空间为依托的分析体系，以灰色模型（GM）为核心的模型体系，以系统分析、评估、建模、预测、决策、控制、优化为主体的技术体系。

灰色系统关联分析是实际应用较多的一种分析方法，是对系统所包含的相互联系、相互影响、相互制约的因素之间的关联程度进行定量比较的一种研究方法，其实质就是对关联序列进行相似或相异程度的分析计算。序列所表达的对象发展变化态势越一致，关联度越大；反之，关联度越小。

（2）改进的灰色关联法。改进的灰色关联法可以分为单层次灰色关联评价和多层次灰色关联评价。

1）熵与熵增定理。设有限离散序列 $X = \{x_i \mid i = 1, 2, \cdots, n\}$，$\forall i$，$x_i \geqslant 0$，且 $\sum_{i=1}^{n} x_i = 1$，称

$$H(\boldsymbol{X}) = -\sum_{i=1}^{n} x_i \ln x_i (\text{其中：} 0\ln 0 \equiv 0) \tag{10-54}$$

为序列 $\boldsymbol{X}$ 的熵。

熵增定理　设 $\boldsymbol{X}$ 为有限离散序列 $\boldsymbol{X}=(x_i \mid i=1, 2, \cdots, n)$，$\forall i$，$x_i \geqslant 0$，且 $\sum_{i=1}^{n} x_i = 1$，$H(\boldsymbol{X})$ 为序列 $\boldsymbol{X}$ 的熵，则任何趋于使 x_1，x_2，…，x_n 均等的变动，即使序列 $\boldsymbol{X}$ 趋于常数列的变动都会使熵增加。

2）均衡度。由熵增定理可知，熵是离散序列 $\boldsymbol{X}$ 的分量值均衡程度的测度，熵越大序列就越均衡。对于元素个数为 n 的离散序列 $\boldsymbol{X}$ 而言，序列的极大熵是当序列中的各元素均相等时，只与元素个数有关的常数 $\ln n$。因此，序列的均衡度 B 就可以定义为：

$$B=H(\boldsymbol{X})/H_m \text{（其中 } H_m \text{ 为序列极大熵）} \tag{10-55}$$

显然，B 越大序列就越均衡。特别地，当 $B=1$ 时，$H(\boldsymbol{X})=H_m$，序列为一个常数列。

3）加权灰色关联度。灰色关联度是参考序列和比较序列接近程度的测度。关联度由关联系数计算得出，关联系数的计算式为：

$$L_i(k) = \frac{\min\limits_i \min\limits_k |v_k^* - v_k^i| + \rho \max\limits_i \max\limits_k |v_k^* - v_k^i|}{|v_k^* - v_k^i| + \rho \max\limits_i \max\limits_k |v_k^* - v_k^i|} \tag{10-56}$$

式中：ρ 为分辨系数，在［0，1］中取值，通常取 0.5；v_k^* 为参考序列的第 k 个值；v_k^i 为第 i 个比较序列的第 k 个值；$\min\limits_i \min\limits_k |v_k^* - v_k^i|$ 为两级最小差；$\max\limits_i \max\limits_k |v_k^* - v_k^i|$ 为两级最大差。

因为关联系数列中数据很多，信息过于分散，所以有必要将各个时刻关联系数集中为一个值。将关联系数集中处理的常用方法是求平均值，但此种处理方法没有考虑各因素的重要性差别，所以结果可能出现较大的偏差。因此，将关联系数加权，得到加权灰色关联度，其计算式可表示为：

$$r_{oi} = \sum_{k=1}^{n} a_k L_i(k) \tag{10-57}$$

式中：r_{oi} 为参考序列与第 i 个比较序列的关联度，a_k 为第 k 个因素的熵权，其计算方法见参考文献［31］。

4）单层次灰色关联评价。设 $\boldsymbol{E}=\{e_i \mid i=1, \cdots, m\}$ 为评价对象的集合，$S=\{s_j \mid j=1, \cdots, n\}$ 为评价指标的集合，不同评价对象的不同指标值矩阵 $\boldsymbol{V}=\{v_{ij} \mid$

$i=1, \cdots, m;\ j=1, \cdots, n\}$，$e^*$ 为由评价对象集 E 构成的理想对象，$e^*=\{v_j^* \mid v_j^*=\max\limits_i v_{ij}$ 或 $\min\limits_i v_{ij}$ 或实际理想值$\}$。评价的具体步骤如下。

①确定理想对象 e^*。

$e^*=\{v_j^* \mid v_j^*=\max\limits_i v_{ij}$ 或 $\min\limits_i v_{ij}$ 或实际理想值$\}$。

②各评价对象与理想对象指标值的预处理。数据预处理的方法很多，常用的有线性变换、数据的初值化和数据的均值化三种。

a. 线性变换。线性变换就是将原始数据中同一指标的数据除以该指标中的最优值，以得到一个相对于最优值的百分比的新数据列，其计算式为

$$\boldsymbol{V}'=\{v_{ij}' \mid v_{ij}'=v_{ij}/v_j^*\} \tag{10-58}$$

b. 数据初值化。数据初值化就是原始数据中同一指标的数据都除以该指标的第一个数据，以得到一个相对于第一个数据的百分比的新数据列，其计算式为

$$\boldsymbol{V}'=\{v_{ij}' \mid v_{ij}'=v_{ij}/v_{i1}\} \tag{10-59}$$

c. 数据均值化。数据均值化就是原始数据中同一指标的数据都除以该指标所有数据的平均值，以得到一个相对于平均值的百分比的新数据列，其计算式为

$$\boldsymbol{V}'=\left\{v'_{ij} \mid v'_{ij}=\frac{v_{ij}}{\frac{1}{m}\sum_{j=1}^{m} v_{ij}}\right\} \tag{10-60}$$

③计算评价对象与理想对象的差值。

$\boldsymbol{C}_i=\{c_{ij} \mid c_{ij}=|v_j^*-v_{ij}'|\}$，即某一评价对象的差值是一个序列。

④计算加权灰色关联度。首先计算各特征的熵权，然后以理想对象 e^* 为参考序列，各评价对象为比较序列，由式（10-56）和式（10-57）计算理想对象与各评价对象的加权灰色关联度。

⑤对各评价对象的差值序列归一化。归一化后的序列为

$$\boldsymbol{C}'_i=\{c'_{ij} \mid c'_{ij}=c_{ij}/\sum_{k=1}^{n} c_{ik},\ j=1, 2, \cdots, n\} \tag{10-61}$$

⑥计算序列 C_i' 的熵及均衡度。

由式（10-54），$H(\boldsymbol{C}'_i)=-\sum\limits_{j=1}^{n} c'_{ij}\ln c'_{ij}$，$H_m=\ln n$，$B_i=H(\boldsymbol{C}'_i)/H_m$

虽然加权灰色关联度考虑了各因素的重要性差异，但不能完全避免由少数几个关联系数较大的点决定关联度的倾向。如图 10-18 所示，若只考虑加权灰色关联度，则曲线 A 更接近于曲线 B，但得出这样的结论显然是不合理的。而均衡度可以测度各评价对象与理想对象接近的均衡程度，因此考虑均衡度就可以避免这种倾向。

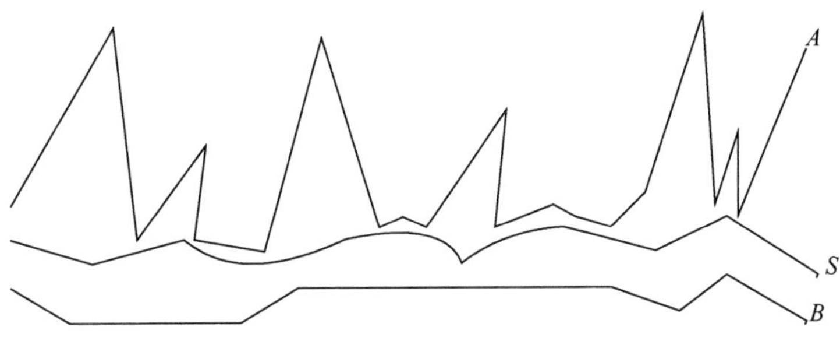

图 10-18　离散序列接近程度示意图

⑦计算均衡接近度并进行评价。灰色关联度是序列接近程度的测度，均衡度是序列均衡程度的测度，所以就可以由关联度和均衡度的乘积构造出评价的均衡接近度准则。

$$\boldsymbol{w}=\boldsymbol{B}\times\boldsymbol{r} \tag{10-62}$$

w 值越大的评价对象越均衡接近理想对象，该评价对象就越好。这样就可以根据 **w** 值的大小来评价不同评价对象的优劣程度。称按 **w** 值的方法评价对象的准则称为均衡接近度准则。

5）多层次灰色关联评价。当评价对象的各指标间分为不同层次或指标过多而使得权重过小时，需要采用多层次综合评价模型。多层次综合评价是在单层次综合评价的基础上进行的，评价方法与单层次相似。第二层次评价结果组成第一层次的评价矩阵，然后考虑第一层次各因素的权重，权重矩阵和均衡接近度矩阵合成为评价结果矩阵。

$$\boldsymbol{W}=\boldsymbol{A}\cdot\boldsymbol{W}_2 \tag{10-63}$$

式中　$\boldsymbol{W}_2$ 为第二层次评价结果组成的均衡接近度矩阵。

由式（10-63）可计算出各评价对象的均衡接近度。多层次综合评价模型如图 10-19 所示。

（3）改进的灰色关联法的应用。以可拓综合评价中某矿综采工作面的数据为例进行评价，原始数据见表 10-36。

1）确定评价对象集。某矿以综采为主，所以安全性评价就是对三个主采工作面的安全性进行评价。故评价对象集为 $\boldsymbol{E}=\{e_1, e_2, e_3\}$。其中，$e_1$ 为戊$_{22060}$ 综采面，e_2 为戊$_{21091}$ 综采面，e_3 为戊$_{22040}$ 综采面。

2）建立评价指标集。影响综采面安全性的因素很多，从人—机—环境系统工程的角度可以分为人、机、环境三大因素，此为第一层次的因素。影响人、机、环

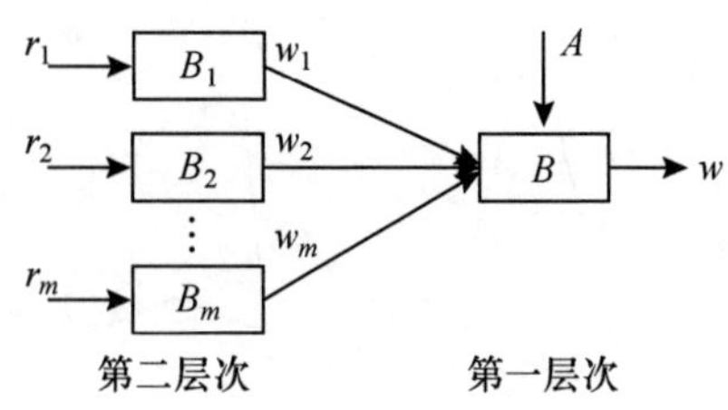

图 10-19 改进的多层次灰色关联评价模型

境的因素为第二层次的因素。影响人的因素选取平均年龄、平均工龄、平均受教育年限、平均专业培训时间和作业人员的“三违”率，影响机的因素选取完好率、待修率、故障率、设备带病作业率、设备更新率和安全防护设施合格率，影响环境的因素选取温度、湿度、照度、噪声和瓦斯浓度。

3）第 2 层次综合评价。以人的因素评价为例。

①确定理想对象。反映人的因素的各指标中：年龄越接近 25 岁越好；平均工龄、平均受教育年限、平均专业培训时间属于效益型指标，越大越好；“三违”率属于成本型指标，越小越好。所以理想对象为 $e^*=\{25, 7, 10, 120, 40\%\}$。

②计算各指标的熵权。确定出各指标的熵权系数为：$\boldsymbol{A}_1=\{0.067, 0.296, 0.263, 0.177, 0.197\}$。

③各评价对象与理想对象指标值的预处理。根据式（10-58）对原始数据进行预处理，处理后的结果为

$$V'=\begin{bmatrix} 1 & 1 & 1 & 1 & 1 \\ 1.060 & 0.957 & 0.93 & 0.933 & 1.140 \\ 1.172 & 0.843 & 0.88 & 0.958 & 1.083 \\ 1.144 & 0.771 & 0.76 & 0.817 & 1.285 \end{bmatrix}$$

④计算评价对象与理想对象的差值。计算各评价对象与理想对象的差值，组成差值矩阵为

$$C=\begin{bmatrix} 0.060 & 0.043 & 0.07 & 0.067 & 0.140 \\ 0.172 & 0.157 & 0.12 & 0.042 & 0.083 \\ 0.144 & 0.229 & 0.24 & 0.183 & 0.285 \end{bmatrix}$$

⑤计算加权灰色关联度。以理想对象 e^* 为参考序列，各评价对象为比较序列，由式（10-56）和式（10-57）计算理想对象与各评价对象的加权灰色关联度。

$$\boldsymbol{R}=\{0.867, 0.744, 0.502\}$$

⑥各评价对象的差值序列归一化。由式（10-61）对差值序列归一化，结果为

$$C'=\begin{bmatrix}0.158 & 0.113 & 0.184 & 0.176 & 0.369\\0.300 & 0.274 & 0.209 & 0.073 & 0.144\\0.133 & 0.211 & 0.222 & 0.170 & 0.264\end{bmatrix}$$

⑦计算序列 C_i'的熵及均衡度。由式（10-54）和式（10-55）计算出各评价对象的均衡度分别为：$B_1=H(C'_1)/H_m=0.946$，$B_2=0.940$，$B_3=0.984$。

⑧计算均衡接近度并进行评价。由式（10-62）可计算出各评价对象与理想对象的均衡接近度分别为：$w_1=0.820$，$w_2=0.699$，$w_3=0.494$。根据评价准则可知，e_1f e_2f e_3。

类似的，分别对机的因素和环境因素进行评价，评价结果为：

机的因素：$w_1=0.402$，$w_2=0.356$，$w_3=0.667$。根据评价准则可知，$e_3>e_1>e_2$。

环境因素：$w_1=0.097$，$w_2=0.182$，$w_3=0.165$。根据评价准则可知，$e_2>e_3>e_1$。

4）第一层次综合评价。第二层次综合评价的结果组成第一层次评价的均衡接近度矩阵，此时考虑第一层次各因素的权重，权重的确定采用层次分析法，$A=\{0.682,\ 0.103,\ 0.215\}$。根据式（10-63），可得最终评价结果为：

$$W=A\cdot W_2=(0.622\quad 0.553\quad 0.441)$$

根据评价准则可知，$e_1>e_2>e_3$。

5）结果分析。综合考虑人、机和环境三方面的因素，综采面戊$_{22060}$的安全性最好，其次是戊$_{21091}$，戊$_{22040}$的安全性最差。

从第二层次的评价结果可以看出各综采面人、机、环境的综合状况。综采面戊$_{22060}$作业人员的整体素质要远远好于另外两个综采面，但其机的整体状况远不如戊$_{22040}$综采面，环境状况在三个综采面中最差。因此该工作面安全管理的重点应是降低故障率、待修率和设备带病作业率，提高机器设备的完好率和更新率，大力改善环境状况。综采面戊$_{21091}$的环境状况最好，但其机的整体状况最差，作业人员的素质介于另外两个综采面之间，所以其安全管理的重点应是降低设备的故障率、待修率和带病作业率，加强对工人的专业培训，提高工人的素质，减少人为失误。戊$_{22040}$综采面机的整体状况最好，但人员素质最差，环境介于另外两者之间，所以其安全管理的重点应是大力提高工人的技术水平，加强对工人的业务培训和安全培训，提高工人的整体素质。

第二节　事故预警和应急系统

一、事故预警的准备

事故预警离不开必要的物质条件。一般需要准备的条件可以分为3类。

1. 经费

管理离不开经费的支持。在预防管理阶段，一般应有日常的经费预算。

2. 设施

在预防管理阶段，一般应有开展危机监测和危机信息处理的各种工具。在危机事件处理中，所需的设施也是比较多的，这些设施平时就要有所准备，并要安排有关人员学会其使用和操作。

3. 信息资料

企业需要有下列能随时取用的书面材料：

（1）对每一位利害攸关者要明确紧急情况下的联系方式，包括电子邮件、电话、地址等。主要利害攸关者包括企业负责人，工会领导，法律顾问、外部审计员等相关合作单位人员，分支机构负责人、公安、消防、医疗部门相关人员，社区和各企业的负责人，主要的传媒联系人。

（2）详细描述所有设备及布局、面积和单位面积人数的材料。

（3）所有职工的传记性资料，主要负责人的资料要详尽一些。

（4）所有设备及其负责人的照片。

（5）设备和机构统计资料。现有职工人数；建筑物和设备费用；年净收入；产品和服务的描述；与团体和供应商的主要合同，以及正在进行的诉讼和费用；一些常设机构和派出机构的资料。

（6）历史情况。企业发生的主要事件的情况，用记事卡加以记录。

二、预警系统的建立

1. 要求

（1）能采集到预警所需要的信息。

（2）能准确预警危机，既不会发出错误的预警，也不会忽视危机发生的征兆。

（3）危机警报能被应该接收警报的人接收，并能被接收者正确地理解。

（4）各种危机警报之间不会相互干扰而影响危机警报的接收。

（5）系统的建立和使用要经济、合理。

2. 要解决的问题

对危险进行分类并评估其特点，再确定应采取的措施。进行危险分类之后，要考虑如下问题：

（1）企业是否有阻止危险变成危机的方针或工作程序？

（2）一旦危机发生，是否有应对方案？

（3）方案是否经过模拟性演习，以确保能达到满意的效果？

（4）企业是否了解危机突发时将要影响的用户是谁？

（5）用户将受到怎样的影响？

（6）方案是否包括了与受影响用户进行有效沟通的工作程序，以使他们了解事情的发生与处理情况？

（7）方案中信息传播工作以及企业的反应性行动设计是否经过模拟性演习？

3. 建立程序

第一步，确定企业需要对哪些危机建立预警系统。

第二步，评估危机风险源、危机征兆、危机征兆与危机发生之间的关系。这时需要企业内外的专家和企业内受危机影响的部门成员一起参与评估，如有必要也可以邀请企业外的受危机影响者参与评估。

第三步，根据评估结果确定危机监测的内容和指标，并确定预警的临界点。

第四步，确定建立什么样的预警系统，采用什么样的技术、设备、程序，需要为预警系统配备哪些资源。

第五步，评估预警系统的性能，了解系统的特性，如系统的误差、系统的准确性、系统的可信度、系统的稳定性、系统需要什么样的维护措施、系统的连续性、系统可能受到什么样的干扰等。

第六步，为预警系统的使用和维护配备人员，并制定相应的规章制度，确定使用和维护人员的责任、权利和义务。

第七步，向需要接收警报的人们（不一定只是企业成员，如果危机会影响企业外部人员，应该包括企业外部人员）说明预警系统，使他们能理解警报，并在收到警报时能做出正确的反应。

三、预警系统的行动实施

1. 预测

由于对危机事件的预测水平直接影响和制约着危机预警系统运作的水平，加之预测本身具有不确定性和风险性，这就决定了危机预测的重要性和困难程度。为增强预测的准确性，应当在把握事物发展内在规律的基础上，采取科学的预测方法。具体方法如下：

（1）直观预测法。即以专家的知识、经验和综合分析能力为基础进行预测。

（2）探索预测法。即对未来环境做具体规定，假定未来仍然按照过去的趋向发展。

（3）规范预测法。将未来的状况作为限制条件并与目前的现实状态进行比较，从而推测未来。

（4）反馈预测法。将探索预测法和规范预测法结合起来，使两者相互补充，同处于一个不断反馈的统一体中。

通过科学预测，不仅要预见危机发生的可能性，还要进一步分析引起危机的原因，以便针对可能出现的危机事件制定预防措施。

2. 识别隐患

在管理过程中，有部分事故隐患是完全可以依靠从业经验、专业技术水平等来预先识别的，其识别过程大体可以分解为以下步骤：

（1）摸底。即由相关专业人员按计划分别对管理区域里相应专业范围内可能存在的隐患进行摸底，实现隐患初步识别。

（2）清查。即由管理人员会同各专业人员对管理区域内的隐患进行更加全面细致的清查，从不同角度出发尽可能找出各种潜在隐患，并尽力消除能够处理的隐患。

（3）整理。即对清查出且无法消除的隐患进行最后的确认识别。

（4）分类。即根据隐患的属性进行分类，并编辑成册备用。

当然，隐患识别工作不是就此完结。随着周围环境的变化，还需要企业在日常运营中继续加以关注，不断识别新的事故隐患。

3. 进行防范

为确保危机不发生，应该针对企业存在的危险情况，制定涉及全公司的对策措施，并确保企业各部门不仅有实施这些对策的资金和其他资源，而且还有明确的责任。尽管这种做法花费较高，但若不制定全面的对策，就很可能出现灾难性的后果。在制定对策时，可参照企业已有的准则，以便把握对策的框架和深度。在制定具体对策时，应考虑以下问题：

（1）这种危险是否真正影响企业的最终目的？

（2）所识别出的潜在危机真实性如何？

（3）企业现有的行为是否能阻止或遏制危机？

（4）所制定的对策是否经得住考验？

（5）企业是否具备行动所需的资源？

（6）这种资源耗费对于企业来说是否能接受？

（7）是否有采取行动的决心？

（8）不采取行动的结果将会怎样？

此外，还要对所制定的对策措施的贯彻落实情况进行定期检查。此工作可指定由管理小组来做，也可另指定险情审核小组来做。审核小组人员构成应至少有一名危机预警管理小组成员、一名所审核部门的专家和一名称职的外聘顾问，以便提供客观的看法。

四、事故应急救援系统

1. 事故应急救援的基本原则与任务

事故应急救援工作是在预防为主的前提下，贯彻“统一指挥、分级负责、区域为主、单位自救和社会救援相结合”的原则。预防工作是事故应急救援工作的基础。除了平时做好事故的预防工作，避免或减少事故的发生外，还应落实好救援工作的各项准备措施，做到预先准备，一旦发生事故就能及时实施救援。重大事故所具有的发生突然、扩散迅速、危害范围广的特点，也决定了救援行动必须迅速、准确和有效。因此，救援工作只能实行统一指挥下的分级负责制，以区域为主，并根据事故的发展情况，采取单位自救和社会救援相结合的形式，充分发挥事故单位及地区的优势和作用。

事故应急救援是一项涉及面广、专业性强的工作，靠某一个部门是很难完成的，必须把各方面的力量组织起来，形成集中的救援队伍，在指挥部的统一指挥下，安全、救护、公安、消防、环保、卫生、质检等部门密切配合、协同作战，迅速、有效地组织和实施应急救援，尽可能避免和减少损失。

事故应急救援的基本任务包括下述几个方面：

（1）立即组织营救受害人员，组织撤离或者采取其他措施保护危害区域内的其他人员。抢救受害人员是应急救援的首要任务，在应急救援行动中，快速、有序、有效地实施现场急救与安全转送伤员，是降低伤亡率、减少事故损失的关键。在指导群众防护、组织群众撤离方面，由于重大事故发生突然、扩散迅速、涉及范围广、危害大，应及时指导和组织群众采取各种措施进行自身防护，并迅速撤离出危险区或可能受到危害的区域。在撤离过程中，应积极组织群众开展自救和互救工作。

（2）迅速控制危险源，并对事故造成的危害进行检验、监测，确定事故的危险区域、危害性质及危害程度。及时控制造成事故的危险源是应急救援工作的重要任务，只有及时控制住危险源，防止事故继续扩大，才能及时有效地进行救援。特别是对发生在城市或人口稠密地区的化学事故，应尽快组织工程抢险队与事故单位技术人员一起及时控制事故继续扩大。

（3）做好现场清洁，消除危害后果。针对事故对人体、动植物、土壤、水源、空气造成的现实危害和可能的危害，迅速采取封闭、隔离、洗消等措施。对事故外溢的有毒有害物质和可能对人和环境继续造成危害的物质，应及时组织人员予以清除，消除危害后果，防止对人的继续危害和对环境的污染。对危险化学品事故造成的危害进行监测、处置，直至符合国家环境保护标准。

（4）查清事故原因，评估危害程度。事故发生后，应及时查清事故发生原因和性质，评估出事故危害范围和危险程度，查明人员伤亡情况，做好事故调查工作。

2. 事故应急救援系统

由于自然灾害或人为原因，当事故或灾害不可避免的时候，有效的应急救援行动是唯一可以抵御事故或灾害蔓延并减轻危害后果的有力措施。因此，在事故或灾害发生前建立完善的应急救援系统，制订周密的救援计划，在事故发生时采取及时有效的应急救援行动，以及做好事故后的系统恢复和善后处理，才有可能拯救生命、保护财产、保护环境。

（1）应急救援组织机构。应急救援系统组织机构如图 10-20 所示。

1）应急指挥机构。协调应急组织各个机构的运作和关系。

2）事故现场指挥机构。负责事故现场的应急指挥工作、人员调度、资源的有效利用。

3）支持保障机构。提供应急物质资源和人员支持等后方保障。

4）媒体机构。安排媒体报道、采访、新闻发布会。

5）信息管理机构。负责信息管理、信息服务。

各机构要不断调整运行状态，协调关系，形成整体，使系统快速、有序、高效地开展现场应急救援行动。

（2）应急救援预案。要保证应急救援系统的正常运行，必须事先制订一个应急救援预案（又称应急计划），用计划指导应急准备、训练和演习，乃至迅速高效的应急救援行动。

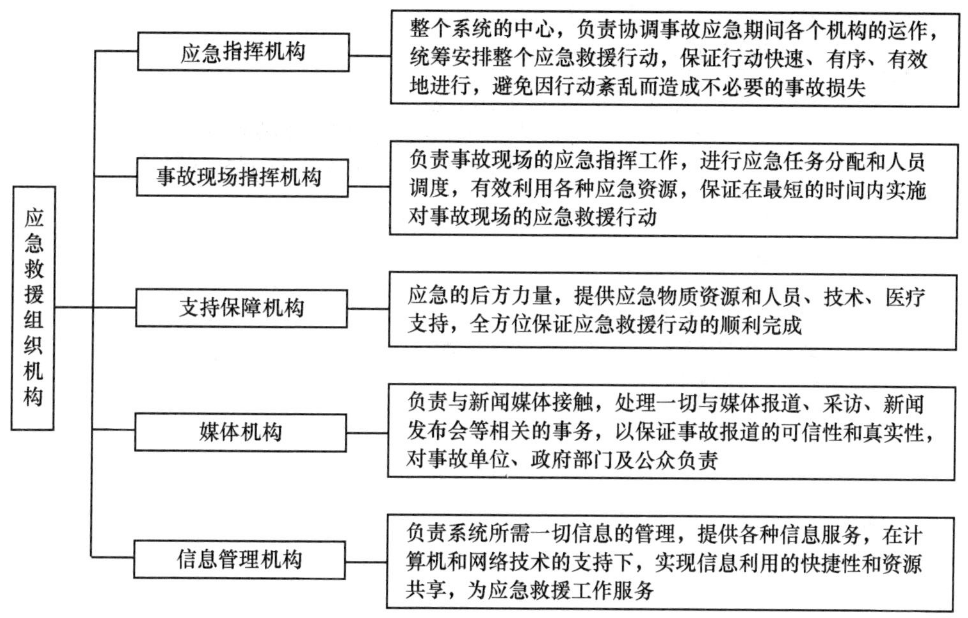

图 10-20　应急救援系统组织机构

1）对可能发生的事故进行预测和评价。

2）人力、物资等资源的确定与准备。

3）明确应急组织和人员的职责。

4）设计行动战术和程序。

5）制订训练和演习计划。

6）制订专项应急计划。

7）确定事故后清除和恢复程序。

（3）应急培训和演习。培训和演习可以看作应急预案的一部分或继续。它是通过培训和演练，对应急预案加以验证和完善，确保事故发生时应急预案得以实施和贯彻。应急培训和演习的主要目的如下：

1）测试预案和程序的充分程度。

2）测试紧急装置、设备及物质资源供应。

3）提高现场内、外应急部门的协调能力。

4）判别和改正预案的缺陷。

5）提高公众应急意识。

（4）应急救援行动。发生火灾、爆炸和有毒物质泄漏等紧急情况时，所采取的营救与疏散、减缓与控制、清洁与净化等一系列行动都是应急救援行动。应急救援行动需要以下资源的支持和保障：人力资源、物资与设备、个人防护装备。

首要的应急救援行动是确定现场对策，即明确应急行动方案，具体包括以下内容：

1）现场初始评估。

2）危险物质探测。

3）建立现场工作区域。

4）确定重点保护区域。

5）明确行动的优先原则。

6）确定增援梯队。

（5）事故现场的清洁与净化。对现场中接触污染的职工和应急队员必须进行清洁，如对化学品及放射性物质污染的清洁与净化。净化的方法主要是稀释、处理、物理去除、中和、吸附和隔离等。此外，还要考虑伤害和医疗前的净化、分类及处理等。

设备的清洁也是应急救援行动的一个环节，在事故发生后要对被污染的仪器和设备进行清洁、清理。

（6）事故后的恢复。在应急救援行动结束后，必须对系统进行恢复，而且尽快恢复最重要。恢复工作主要包括以下内容：

1）现场警戒和安全。

2）清洁。

3）对职工提供帮助。

4）对破坏损失的评估。

5）保险索赔。

6）事故调查。

3. 应急救援系统的运作

应急救援系统内各个机构的协调努力是圆满处理各种事故的基本条件。当发生事故时，由信息管理机构首先接收报警信息，并立刻通知应急指挥机构和事故现场指挥机构的工作人员在最短时间内赶赴事故现场，投入应急工作，并对现场实施必要的交通管制。如有必要，应急指挥机构应通知媒体和支持保障机构进入工作状态，并协调各机构的运作，保证整个应急救援行动有序、高效地进行。同时，事故现场指挥机构在现场开展应急指挥工作，并保持与应急指挥机构的联系，从支持保障机构调用应急所需的人员和物资投入事故现场。信息管理机构为其他各单位提供信息服务。这种应急救援运作能使各机构明确自己的职责，统一管理，从而满足事故应急救援快速、有效的需要。

上述应急救援系统是以模块化设计为主进行的，通过对系统内五个方面机构的设计和建立，实现机构的快速反应、整体行动、信息共享，尽可能提高应急救援的速度，缩短救援作业时间，降低事故灾害后果。该系统能够动态调整应急救援行动，最大限度地完成最优化的应急救援。在该系统的建设中，应尽可能注意各机构的优势和能力的协调，强调一体化管理，步调要一致，行动要迅速，配备训练有素的救援人员和必要的设备等，从而保证应急救援系统有效运转。

4. 应急救援的组织准备与基本程序

（1）应急救援的组织准备。应急救援准备工作，主要抓好组织机构、人员、装备三落实，并制定切实可行的工作制度，使救援的各项工作达到规范化管理。

目前，我国各大中城市和政府有关部门已经建立了事故应急救援机构。例如，上海市人民政府明确上海市化学事故应急救援工作由市和区、县人民防空（抗震）委员会领导，日常工作由市和区、县民防办公室负责，组建起化学事故应急救援专家委员会和救援专业队伍。

2002 年 5 月 1 日发布实施的《南宁市社会应急联动规定（试行）》是我国第一个多部门、多警种应急联动地方政府法规。南宁市社会应急联动中心的地理信息系统是由公安、交警、消防、急救、防洪、护林防火、防震、防空、水、电、气等 56 类应急救助资源和经济社会发展信息构建而成的信息化、数字化“南宁”平台，覆盖市辖区 10 092 平方公里。南宁市 110 报警服务台、火警 119、急救 120、交警 122 等报警救助系统、市长公开电话 12345，以及水、电、管道燃气、防洪、护林防火、防震、防空等应急救助系统，均纳入统一的指挥调度系统。公安部 2002 年 6 月向全国公安系统正式推广南宁市社会应急联动中心的社会应急联动工作模式。

2003 年 2 月国家安全生产监督管理局（国家煤矿安全监察局）成立了矿山救援指挥中心和国家矿山应急救援委员会，并着手国家矿山应急救援体系建设。

国家矿山应急救援体系建设方案是根据原国家安全生产监督管理局（国家煤矿安全监察局）关于建立国家矿山应急救援体系的工作部署，依据《安全生产法》《中华人民共和国矿山安全法》《煤矿安全监察条例》及其他法律法规和矿山应急救援工作发展的客观需要制定的，该方案由矿山应急救援管理系统、组织系统、技术支持系统、装备保障系统、通信信息系统五部分组成。

1）矿山应急救援管理系统由国家矿山应急救援委员会、原国家安全生产监督管理局矿山救援指挥中心、省级矿山救援指挥中心、市级及县级矿山应急救援指挥部门及矿山企业应急救援管理部门等组织（机构）组成。国家矿山应急救援委员会是在原国家安全生产监督管理局领导下负责矿山应急救援决策和协调的组织。国家安全生产监督管理局矿山救援指挥中心是国家安全生产监督管理局直属的事业单位，受国家安全生产监督管理局的委托，负责组织协调全国矿山救护及其应急救援工作。

2）矿山应急救援组织系统分为救护队伍和医疗队伍两部分。救护队伍由国家级救援基地、区域矿山救援基地、重点矿山救护队和矿山救护队组成。急救医疗队伍包括原国家安全生产监督管理局矿山医疗救护中心、区域和重点医疗救护中心及企业医疗救护站，负责矿山重大事故的救护及医疗。

3）矿山救援技术支持系统包括国家矿山应急救援专家组、国家安全生产监督管理局矿山救援技术研究实验中心、国家安全生产监督管理局矿山救援技术培训中心，负责为矿山应急救援工作提供技术和培训服务。

4）矿山应急救援装备保障系统的基本框架：国家安全生产监督管理局矿山救援指挥中心购置先进的、具备较高技术含量的救灾装备与仪器仪表，储存在区域矿山救援基地，用于支援重大、复杂灾害的抢险救灾；区域矿山救援基地要按规定加快现有救护装备更新改造，配备较先进、关键性的救灾技术装备，用于区域内或跨区域矿山灾害的应急救援；重点矿山救护队负责省（市、自治区）内重大、特大矿山事故的应急救援，按规定配齐常规救援装备并保持装备的完好性。

5）矿山应急救援通信信息系统以国家安全生产监督管理局中心网站为中心点，建立完善的矿山抢险救灾通信信息网络，使国家安全生产监督管理局矿山救援指挥中心，省级矿山救援指挥中心，各级矿山救护队，各级矿山医疗救护中心，各矿山救援技术研究、实验、培训中心，市及县（区）应急救援管理部门和矿山企业之间，建立并保持畅通的通信信息通道，并逐步建立起救灾远程会商视频系统。矿山应急救援通信信息系统在国家安全生产监督管理局矿山救援指挥中心与国家安全生产监督管理局调度中心之间实现电话、信息直通。

（2）矿山应急救援的基本程序。当矿山发生重大事故时，应以企业自救为主。企业救护队和医院在进行救助的同时，上报上一级矿山救援指挥中心（部门）及政府有关部门；救援能力不足以有效抢险救灾时，立即向上一级矿山救援指挥中心提出救援要求；各级矿山救援指挥中心对得到的事故报告要迅速向上一级报告，并根据事故的大小、处理的难易程度等决定调用重点矿山救护队或区域矿山救援基地以及矿山医疗救护中心实施应急救援。省内发生重特大矿山事故时，省内区域矿山救援基地和重点矿山救护队的调动由省级矿山救援指挥中心负责；国家安全生产监督管理局矿山救援指挥中心负责调动区域矿山救援队伍实施跨省区应急救援。

第三节　系统危险控制的技术措施

一、降低事故发生概率的措施

影响事故发生概率的因素很多，如系统的可靠性、系统的抗灾能力、人因失误和违章等。在生产作业过程中，既存在自然的危险因素，也存在人为的生产技术方面的危险因素。这些因素能否转化为事故，不仅取决于组成系统各要素的可靠性，而且还受到企业管理水平和物质条件的限制。因此，降低系统事故的发生概率，最根本的措施是设法使系统达到本质安全化，即系统中的人、物、环境和管理安全化。

1. 提高设备的可靠性

要控制事故的发生概率，提高设备的可靠性是基础。为此，应采取以下措施。

（1）提高元件的可靠性。设备的可靠性取决于组成元件的可靠性。要提高设备的可靠性，必须加强对元件的质量控制和维修检查。一般可采取以下措施：

1）使元件的结构和性能符合设计要求和技术条件，选用可靠性高的元件代替可靠性低的元件。

2）合理规定元件的使用周期，严格检查维修，定期更换或重建。

（2）增加备用系统。在一定条件下，增加备用系统，当发生意外事件时可随时启用，不致中断正常运行，也有利于抗灾救灾。例如，对矿井的一些关键性设备，如供电线路、通风机、水泵等均配置一定量的备用设备，以提高矿井的抗灾能力。

（3）利用平行冗余系统。实际上，平行冗余系统也是一种备用系统，即在系统中选用多台单元设备，每台单元设备都能完成同样的功能，一旦其中一台或几台设备发生故障，系统仍能正常运转。只有当平行冗余系统的全部设备都发生故障，系统才可能发生故障。在规定的时间内，多台设备同时全部发生故障的概率等于每台设备单独发生故障的概率之积。显然，平行冗余系统发生故障的概率是相当低的，可使系统的可靠性大大增加。

（4）对处于恶劣环境下运行的设备采取安全保护措施。煤矿井下环境较差，应采取有效措施控制温度、湿度和风速，改善设备周围的环境条件。对于磨损、腐蚀、浸蚀等条件下的设备，应采取相应的防护措施。对振动大的设备，应加强防振、减振和隔振等措施。

（5）加强预防性维修。预防性维修是排除事故隐患、消除潜在危险、提高设备可靠性的重要手段。为此，应制定相应的维修制度，并认真贯彻执行。

2. 选用可靠的工艺技术，降低危险因素的感度

危险因素的存在是事故发生的必要条件。危险因素的感度是指危险因素转化为事故的难易程度。虽然物质本身所具有的能量和性质不可改变，但危险因素的感度是可以控制的，其关键是选用可靠的工艺技术。例如，在煤矿用火药中加入消焰剂等安全成分，爆破时使用水炮泥，井巷工程中采用湿式打眼，清扫巷道煤尘等，都是降低危险因素感度的措施。

3. 提高系统的抗灾能力

系统的抗灾能力是指系统受到自然灾害和外界事物干扰时，自动抵抗灾害和干扰而不发生事故的能力；或者指系统中出现某种危险事件时，系统自动将事态控制在一定范围的能力。提高煤矿生产系统的抗灾能力，应该建立健全通风系统，实行独立通风；建立防爆水棚；采用安全防护装置，如风电联锁装置、漏电保护装置、提升保护装置、斜井防跑车装置、安全监测监控装置等；矿井主要设备实行双回路供电，选择备用设备（备用主要通风机、备用水泵等）。

4. 减少人因失误

由于人在生产过程中的可靠性远比机电设备差，很多事故都是由人因失误造成的。要降低事故发生概率，必须减少人因失误。

5. 加强监督检查

建立健全各种自动制约机制，加强专职与兼职、专管与群管相结合的安全检查工作。对系统中的人、事、物进行严格的监督检查，在各种劳动生产过程中都是必不可少的。

二、降低事故严重度的措施

事故严重度是指因事故造成的财产损失和人员伤亡的严重程度。事故是由系统中的能量失控造成的。事故的严重度与系统中危险因素转化为事故时释放的能量有关，能量越高，事故的严重度越大；事故的严重度也与系统本身的抗灾能力有关，抗灾能力越大，事故的严重程度越小。因此，降低事故严重程度可采取如下措施：

1. 限制能量或分散风险的措施

为了减少事故损失，必须对危险因素的能量进行限制。例如，对煤矿井下火药

库爆破材料储存量的限制，井下各种限流、限压、限速设备等，都是对危险因素的能量进行限制。

分散风险的办法是把大的事故损失化为小的事故损失。例如，在煤矿把“一条龙”通风方法改造成并联通风，每一矿井、采区和工作面均实行独立通风，可达到分散风险的效果。

2. 防止能量逸散的措施

防止能量逸散就是设法把有毒、有害、有危险的能量源储存在有限允许范围，而不影响其他区域的安全，如井下防爆设备的外壳、井下堵水、密闭墙、密闭火区、采空区密闭等。

3. 加装缓冲能量装置

在生产中，设法使危险源能量释放的速度减慢，可大大降低事故的严重程度。使能量释放减慢的装置称为缓冲能量装置。煤矿生产中使用的缓冲能量装置较多，如矿车上装置的缓冲碰头、缓冲阻车器以及为缓和矿山压力对支架的破坏而采用的摩擦金属支柱或可压缩性 U 形支架等。

4. 避免人身伤亡的措施

避免人身伤亡的措施包括两方面：一是防止发生人身伤害；二是一旦发生人身伤害时，采取相应的急救措施。采用遥控操作，提高机械化程度，使用整体或局部的个体防护都是避免人身伤害的措施。在生产过程中及时注意观察各种灾害预兆，以便采取有效措施，防止发生事故；即使不能防止事故发生，也可以及时撤离人员，避免人员伤亡。做好生产救护和人工自救准备，对降低事故严重度也有重要意义。

三、加强安全管理的措施

安全管理是用现代科学知识，根据安全生产的目标要求，对生产过程中的各种事故及其隐患进行控制、处理，以便把安全工作提高到一个新水平。要控制事故发生概率和事故后果的严重度，必须以最优化安全管理作保证。控制事故的各种技术措施的制定与实施，也必须以合理的安全管理措施为前提。

1. 建立健全安全管理机制

应依法建立健全各级安全管理机构，配备足够的精明强干、技术过硬的安全管理人员。要充分发挥安全管理机构的作用，并使其与设计、生产、人力资源等职能部门密切配合，形成一个有机的安全管理机制，全面贯彻落实“安全第一、预防为主、综合治理”的安全生产方针。

2. 建立健全安全生产责任制

责任制是根据管生产必须管安全的原则，明确规定各级领导和各类人员在生产中应负的安全责任。它是职业岗位责任制的一个组成部分，是企业中最基本的一项安全措施，是安全管理规则制定的核心。应根据各企业的实际情况，建立健全这种责任制，并在生产中不断加以完善。特别应当指出的是，厂（矿）长要对本企业的安全生产负责，厂（矿）长落实好安全生产责任制是搞好安全生产的关键。

3. 编制安全技术措施计划，制定安全操作规程

编制和实施安全技术措施计划，有利于有计划、有步骤地解决重大安全问题，合理使用资金。也可以吸收职工群众参加安全管理工作。制定安全操作规程是安全管理的一个重要方面，是事故预防措施的一个重要环节，也可以限制职工在作业环境中的违规行为，调整人与自然的关系。

4. 加强安全监督和检查

各厂（矿）应建立安全信息管理系统，加快安全信息的传递速度，以便对安全生产进行经常性的“动态”检查，对系统中的人、事、物进行严格控制。经常性的安全检查是劳动生产过程中必不可少的基础性工作，是发现和消除隐患、交流经验、推动安全工作的有效措施。

5. 加强职工安全教育

职工安全教育的内容，主要包括政治思想教育、劳动纪律教育、方针政策教育、法制教育、安全技术培训以及典型经验和事故教育等。职工安全教育不仅可以提高企业各级领导和职工搞好安全生产的责任感和自觉性，而且能普及安全技术知识，使职工掌握不安全因素的客观规律，提高安全操作水平，掌握检测技术和控制技术的科学知识，学会消除工伤事故和职业病的本领。

职工安全教育的形式主要有三种，即三级教育［入厂（矿）教育、车间（区队）教育、岗位教育］、经常性教育和特殊工种教育。三级教育是对新职工的教育，内容主要是基本安全知识，包括入厂（矿）一般安全知识和预防事故方面的基本知识。经常性教育是职工业务学习的内容，也是安全管理中经常性的工作，方式多种多样，如班会、安全月、广播、黑板报、看录像等。特殊工种教育是对那些技术比较复杂、岗位比较特殊的职工，如绞车司机、通风员、瓦斯检查员、电工等进行的专门教育和训练。按照《中华人民共和国安全生产法》规定，特种作业人员必须接受专门培训，经考试合格，取得操作资格证书后，方可上岗作业。

四、人、机、环境匹配

1. 合理进行人机功能分配，建立高效可靠的人机系统

（1）对部件等系统宜选用并联组装。

（2）形成冗余的人机系统。系统在运行中应让其有充足的多余时间，不能使系统无暇顾及运行中的错误情形，杜绝其失误运行。

（3）系统运行时其运行频率应适度。

（4）系统运行时应设置纠错装置（如电脑中的纠错系统等），当出现误操作时，也不致酿成系统事故。

（5）经过上岗前严格培训与考核，允许具有进入“稳定工作期”可靠度的人上岗操作。

2. 减少人因失误

减少人因失误，提高人的可靠性，能使人机系统的安全可靠性大大增加。减少人因失误主要有以下措施：

（1）使职工的意识水平处于良好状态。职工产生操作失误除了机器的原因外，主要是由于职工本身的意识水平（或称觉醒水平）处于Ⅰ级或Ⅳ级低水平状态。所以，为了保证安全操作，首先应使职工的眼、手及脚保持一定的工作量，既不会过分紧张而造成过早疲劳，也不会因工作负荷过低而处于较低的意识状态。应从精神上消除其头脑中一切不正确的思想和情绪等，把职工的兴趣、爱好和注意力都引导到有利于安全生产上来，变“要我安全”为“我要安全”，通过调整人的生理状态，使之始终处于良好的意识状态，有较强的安全意识从事操作工作。

（2）建立合理可行的安全规章制度与规范，并严格执行，以约束不按操作规程操作的人员的行为。

（3）安全教育和培训。安全教育和培训是消除人的不安全行为的最基本措施。对不知者进行安全知识教育，对知而不能者进行安全技能教育，对既知又能而不为者进行安全态度教育。通过安全教育和培训，使职工自觉遵守安全法规，养成正确的作业习惯，提高感觉、识别、判断危险的能力，学会在异常情况下处理意外事件的方法，减少事故的发生。

（4）按照人的生理特点安排工作，充分利用科学技术手段，探索和研究人的生理条件与不安全行为的关系，以便合理安排职工的作息时间，避免频繁倒班或连续上班，防止操作失误。

（5）减少单调作业，避免因单调作业导致人因失误。可从以下几个方面着手：

1）操作设计应充分考虑人的生理和心理特点。作业单调的程度取决于操作的持续时间和作业的复杂性，即组成作业的基本动作数。所谓动作由三类动作因素组成，即第一类的伸手、握取、移动、定位、装配、拆卸、使用、放开、检查，第二类的寻找、发现、选择、思考、预置，第三类的持住、迟延休息等。若要在一定时间内保持较高的工作效率，作业内容应包括 10 项以上基本动作，且不少于 5 项，而且基本动作的操作时间应不少于 30 s。每种基本动作都应留有瞬间的小歇（从零点几秒到几秒），以减轻工作的紧张程度。此外，操作与操作之间还应留有短暂的间歇，这是克服单调和预防疲劳的重要手段。

2）将不同种类的操作加以适当组合，从一种单一的操作变换为另一种虽然单一、但内容不同的操作，也能达到降低单调感觉的目的。这两种操作之间差异越大，降低单调感觉的效果就越好。从单调感比较强的操作变换到单调感比较弱的操作，效果也很明显。在单调感同样强的条件下，从紧张程度较低的操作变换为紧张程度较高的操作，效果也很好。例如，高速公路应有意地设计一定的坡度和高度，以提高驾驶员的紧张程度，这有利于交通安全。

3）改善工作环境，科学安排环境色彩、环境装饰及作业场所布局，可以大大减轻单调感和紧张程度。色彩的运用必须考虑职工的视觉条件、被加工物品的颜色、生产性质与劳动组织形式、职工在工作场所逗留的时间、气候、采光方式、车间污染情况、厂房的形式与大小等。此外，还必须考虑职工的心理特征和民族习惯。作业场所的布局还必须考虑与外界隔离时产生孤独感的问题。在视野范围内若看不到有表情、言语和动作的伙伴，则很容易萌发孤独感。日本一家无线电通信设备厂曾发生过从事传送带作业的 15 名女职工集体擅自缺勤的事件，其直接原因是女职工对每天的单调作业非常厌烦。经采取新的作业布局，包括采用圆形作业台，使女工彼此之间感觉到伙伴们的工作热情，从而消除了单调感，提高了工效。可见，加强团体的凝聚力，改善人际关系，也是克服单调的措施之一。

3. 对机械产品进行可靠性设计

一种可靠性产品的产生，是靠设计师综合制造、安装、使用、维修、管理等多方面反馈回来的有关产品技术、经济、功能与安全信息资料，参考前人的经验、资料，经权衡后设计出来的。所以它是各个领域专家、技术人员的集体成果。作为从事安全科学技术的工程技术人员，应该了解可靠性设计原理及设计要点，以便将设备使用和维修过程中发现的危险与有害因素及零部件的故障数据资料等及时反馈给设计部门，以进行针对性的改进设计。

产品的可靠度分为固有可靠度和使用可靠度，前者主要是由零件的材料、设计及制造等环节决定的达到设计目标所规定的可靠度，后者则是出厂产品经包装、保管、运输、安装、使用和维修等环节在其寿命期内实际使用中所达到的可靠度。当然，重点应放在设计和制造环节，提高固有可靠度，向用户提供本质安全度高的设备。机械产品结构可靠性设计有以下要点：

（1）合理确定零部件的安全系数。

（2）进行合理的冗余设计。

（3）耐环境设计。

（4）简单化和标准化设计。

（5）结构安全设计。

（6）安全装置设计。

（7）结合部的可靠性及其结合面的设计。

（8）维修性设计。

4. 加强机械设备的维护保养

（1）机械设备的维护保养要做到制度化、规范化，不能头痛医头、脚痛医脚。

（2）维护保养要分级分类进行。职工、班组、车间、厂部应分级分工负责，各尽其职。

（3）机械设备在达到原设计规定使用期（即接近或达到固有寿命期）时应予以更换，不得让设备超期带病“服役”。

5. 改善作业环境

（1）安全设施与环境保护设施应与主体工程同时设计、同时施工、同时投产。从本质上做到安全可靠，环境优良。改善作业环境应像安全生产一样列入议事日程。

（2）环境的好坏，不仅影响人们的身心健康，而且还影响产品质量，不良的环境可能损坏设备，甚至诱发事故。因此，应对作业环境有害物进行定期检测、及时治理，特别高科技的发展带来了许多新的危害因素，这些危害因素更要及时治理。因此，提倡建“花园式工厂”“宾馆式车间”，职工在这样的环境中工作，对保障安全生产、提高产品质量、保证身心健康都是有益的。

本章小结

本章主要介绍了系统安全评价的目的、内容、原则和程序，几种常用的定性安全评价方法和定量安全评价方法；分析了事故预警和应急系统；介绍了系统危险控制的技术措施，主要包括降低事故发生概率、降低事故严重度、加强安全管理以及合理地进行人、机、环境匹配等方面的措施与途径。

复习思考题

1. 系统安全评价的目的是什么?
2. 系统安全评价的原则主要有哪些?
3. 简述系统安全评价的程序。
4. 系统安全评价的内容主要包括哪些?
5. 怎样运用作业条件危险性评价法进行系统安全评价?
6. 试述 MES、MLS 评价法的评价原理、特点及适用范围。
7. 简述六阶段安全评价法的评价步骤及评价内容。
8. 模糊综合评价法的评价步骤及内容是什么?
9. 简述道化学火灾、爆炸危险指数评价法（第七版）的优缺点、适用范围及评价程序。
10. TOPSIS 评价法的基本思想是什么?
11. 简述 TOPSIS 评价的基本步骤。
12. 简述可拓综合评价的基本思想和步骤。
13. 简述改进的灰色关联法的基本思想和改进之处。
14. 煤矿运输系统主要由胶带运输、电机车运输和刮板运输三个子系统组成，评价对象为这三个子系统，故选取某矿主斜井胶带运输 $\boldsymbol{R}_1$、二水平大巷电机车运输 $\boldsymbol{R}_2$ 和戊$_{21062}$ 工作面刮板运输 $\boldsymbol{R}_3$ 为评价对象。影响运输系统安全性的因素及原始数据见表 10-38。试利用基于熵权的 TOPSIS 法和可拓综合评价法进行安全性评价。

表 10-38　人-机-环境各因素的原始数据

评价对象	人				机			环境			
	平均年龄/a	平均工龄/a	平均受教育年限/a	平均专业培训时间/d	完好率/%	待修率/%	故障率/%	温度/℃	湿度/%	照度/lx	噪声/dB(A)
$\boldsymbol{R}_1$	29.4	9.06	9.75	89	92.01	2.30	0.36	22.4	92.4	119	78
$\boldsymbol{R}_2$	34.9	13.1	9.2	150	90.02	3.56	0.76	23.3	94.8	137	84
$\boldsymbol{R}_3$	38.5	17.1	8	75	82.98	4.02	0.89	27.5	96.0	82	91

15. 人因失误有哪几种类型？其具体表现形式有哪些？对人、对人机系统可能造成什么影响？

16. 一个完整的事故预警与应急系统包括哪些方面？

17. 提高人机系统安全可靠性有哪些途径？

附录　物质系数和特性

化合物	物质系数 MF	燃烧热 H_c/(Btu/lb×10^3)	NFPA 分级			闪点/℉	沸点/℉
			健康危险 N_H	易燃性 N_F	化学活性 N_R		
乙醛	24	10.5	3	4	2	−36	69
醋酸	14	5.6	3	2	1	103	244
醋酐	14	7.1	3	2	1	126	282
丙酮	16	12.3	1	3	0	−4	133
丙酮合氰化氢	24	11.2	4	2	2	165	203
乙腈	16	12.6	3	3	0	42	179
乙酰氯	24	2.5	3	3	2	40	124
乙炔	29	20.7	0	4	3	气	−118
乙酰基乙醇氨	14	9.4	1	1	1	355	304~308
过氧化乙酰	40	6.4	1	2	4	—	[4]
乙酰水杨酸 [8]	16	8.9	1	1	0	—	—
乙酰基柠檬酸三丁酯	4	10.9	0	1	0	400	343 [1]
丙烯醛	19	11.8	4	3	3	−15	127
丙烯酰胺	24	9.5	3	2	2	—	257 [1]
丙烯酸	24	7.6	3	2	2	124	286
丙烯腈	24	13.7	4	3	2	32	171
烯丙醇	16	13.7	4	3	1	72	207
烯丙胺	16	15.4	4	3	1	−4	128
烯丙基溴	16	5.9	3	3	1	28	160
烯丙基氯	16	9.7	3	3	1	−20	113
烯丙醚	24	16	3	3	2	20	203
氯化铝	24	[2]	3	0	2	—	[3]
氨	4	8	3	1	0	气	−28
硝酸铵	29	12.4 [7]	0	0	3	—	410
醋酸戊酯	16	14.6	1	3	0	60	300

续表

化合物	物质系数 MF	燃烧热 H_c/(Btu/lb×10^3)	NFPA 分级			闪点/℉	沸点/℉
			健康危险 N_H	易燃性 N_F	化学活性 N_R		
硝酸戊酯	10	11.5	2	2	0	118	306~316
苯胺	10	15	3	2	0	158	364
氯酸钡	14	[2]	2	0	1	—	—
硬脂酸钡	4	8.9	0	1	0	—	—
苯甲醛	10	13.7	2	2	0	148	354
苯	16	17.3	2	3	0	12	176
苯甲酸	14	11	2	3	1	250	482
醋酸苄酯	4	12.3	1	1	0	195	417
苄醇	4	13.8	2	1	0	200	403
苄基氯	14	12.6	2	2	1	162	387
过氧化苯甲酰	40	12	1	3	4	—	—
双酚 A	14	14.1	2	1	1	175	428
溴	1	0	3	0	0	—	138
溴苯	10	8.1	2	2	0	124	313
邻-溴甲苯	10	8.5	2	2	0	174	359
1，3-丁二烯	24	19.2	2	4	2	-105	24
丁烷	21	19.7	1	4	0	-76	31
1-丁醇	16	14.3	1	3	0	84	243
1-丁烯	21	19.5	1	4	0	气	21
醋酸丁酯	16	12.2	1	3	0	72	260
丙烯酸丁酯	24	14.2	2	2	2	103	300
(正) 丁胺	16	16.3	3	3	0	10	171
溴代丁烷	16	7.6	2	3	0	65	215
氯丁烷	16	11.4	2	3	0	15	170
2，3-环氧丁烷	24	14.3	2	3	2	5	149

续表

化合物	物质系数 MF	燃烧热 H_c/(Btu/lb×10^3)	NFPA 分级			闪点/℉	沸点/℉
			健康危险 N_H	易燃性 N_F	化学活性 N_R		
丁基醚	16	16.3	2	3	1	92	288
特丁基过氧化氢	40	11.9	1	4	4	<80 或更高	[9]
硝酸丁酯	29	11.1	1	3	3	97	277
过氧化乙酸特丁酯	40	10.6	2	3	4	<80	[4]
过氧化苯甲酸特丁酯	40	12.2	1	3	4	>190	[4]
过氧化特丁酯	29	14.5	1	3	3	64	176
碳化钙	24	9.1	3	3	2	—	—
硬脂酸钙 [6]	4	-	0	1	0	—	—
二硫化碳	21	6.1	3	4	0	-22	115
一氧化碳	21	4.3	3	4	0	气	-313
氯气	1	0	4	0	0	气	-29
二氧化氯	40	0.7	3	1	4	气	50
氯乙酰氯	14	2.5	3	0	1	—	223
氯苯	16	10.9	2	3	0	84	270
三氯甲烷	1	1.5	2	0	0	—	143
氯甲基乙基醚	14	5.7	2	1	1	—	—
1-氯-1-硝基乙烷	29	3.5	3	2	3	133	344
邻-氯酚	10	9.2	3	2	0	147	47
三氯硝基甲烷	29	5.8 [7]	4	0	3	—	234
2-氯丙烷	21	10.1	2	4	0	-25	95
氯苯乙烯	24	12.5	2	1	2	165	372
氧杂萘邻酮	24	12	2	1	2	—	554
异丙基苯	16	18	2	3	1	96	306
异丙基过氧化氢	40	13.7	1	2	4	175	[4]
氨基氰	29	7	4	1	3	286	500

续表

化合物	物质系数 MF	燃烧热 H_c/(Btu/lb×10^3)	NFPA 分级			闪点/℉	沸点/℉
			健康危险 N_H	易燃性 N_F	化学活性 N_R		
环丁烷	21	19.1	1	4	0	气	55
环己烷	16	18.7	1	3	0	-4	179
环己醇	10	15	1	2	0	154	322
环丙烷	21	21.3	1	4	0	气	-29
DER * 331	14	13.7	1	1	1	485	878
二氯苯	10	8.1	2	2	0	151	357
1，2-二氯乙烯	24	6.9	2	3	2	36~39	140
1，3-二氯丙烯	16	6	3	3	0	95	219
2，3-二氯丙烯	16	5.9	2	3	0	59	201
3，5-二氯代水杨酸	24	5.3	0	1	2	—	—
二氯苯乙烯	24	9.3	2	1	2	225	—
过氧化二枯基	29	15.4	0	1	3	—	—
二聚环戊二烯	16	17.9	1	3	1	90	342
柴油	10	18.7	0	2	0	100~130	315
二乙醇胺	4	10	1	1	0	342	514
二乙胺	16	16.5	3	3	0	-18	132
间-二乙基苯	10	18	2	2	0	133	358
碳酸二乙酯	16	9.1	2	3	1	77	259
二甘醇	4	8.7	1	1	0	255	472
二乙醚	21	14.5	2	4	1	-49	94
二乙基过氧化物	40	12.2	—	4	4	[4]	[4]
二异丁烯	16	19	1	3	0	23	214
二异丙基苯	10	17.9	0	2	0	170	401
二甲胺	21	15.2	3	4	0	气	44
2，2-二甲基-1-丙醇	16	14.8	2	3	0	98	237

续表

化合物	物质系数 MF	燃烧热 H_c/(Btu/lb×10^3)	NFPA 分级			闪点/℉	沸点/℉
			健康危险 N_H	易燃性 N_F	化学活性 N_R		
1，2-二硝基苯	40	7.2	3	1	4	302	606
2，4-二硝基苯酚	40	6.1	3	1	4	—	—
1，4-二恶烷	16	10.5	2	3	1	54	214
二氧戊环	24	9.1	2	3	2	35	165
二苯醚	4	14.9	1	1	0	239	496
二丙二醇	4	10.8	0	1	0	250	449
二特丁基过氧化物	40	14.5	3	2	4	65	231
二乙烯基乙炔	29	18.2	—	3	3	<-4	183
二乙烯基苯	24	17.4	2	2	2	157	392
二乙烯基醚	24	14.5	2	3	2	<-22	102
DOWANOL * DM	10	10	2	2	0	197 [Seta]	381
DOWANOL * EB	10	12.9	1	2	0	150	340
DOWANOL * PM	16	11.1	0	3	0	90 [Seta]	248
DOWANOL * PnB	10	—	0	2	0	138	338
DOWICIL * 75	24	7	2	2	2	—	—
DOWICIL * 200	24	9.3	2	2	2	—	—
DOWFROST *	4	9.1	0	1	0	215 [TOC]	370
DOWFROST * HD	1	—	0	0	0	None	—
DOWFROST * 250	1	—	0	0	0	300 [Seta]	—
DOWTHERM * 4000	4	7	1	1	0	252 [Seta]	—
DOWTHERM * A	4	15.5	2	1	0	232	495
DOWTHERM * G	4	15.5	1	1	0	266 [Seta]	551
DOWTHERM * HT	4	—	1	1	0	322 [TOC]	650
DOWTHERM * J	10	17.8	1	2	0	136 [Seta]	358
DOWTHERM * LF	4	16	1	1	0	240	550~558

续表

化合物	物质系数 MF	燃烧热 H_c/(Btu/lb×10^3)	NFPA 分级			闪点/℉	沸点/℉
			健康危险 N_H	易燃性 N_F	化学活性 N_R		
DOWTHERM * Q	4	17.3	1	1	0	249 [Seta]	513
DOWTHERM * SR-1	4	7	1	1	0	232	325
DURSBAN *	14	19.8	1	2	1	81~110	—
3-氯-1，2-环氧丙烷	24	7.2	3	3	2	88	241
烷乙烷	21	20.4	1	4	0	气	-128
乙醇胺	10	9.5	2	2	0	185	339
醋酸乙酯	16	10.1	1	3	0	24	171
丙烯酸乙酯	24	11	2	3	2	48	211
乙醇	16	11.5	0	3	0	55	173
乙胺	21	16.3	3	4	0	<0	62
乙苯	16	17.6	2	3	0	70	277
苯甲酸乙酯	4	12.2	1	1	0	190	414
溴乙烷	4	5.6	2	1	0	None	100
乙基丁基胺	16	17	3	3	0	64	232
乙基丁基碳酸脂	14	10.6	2	2	1	122	275
丁酸乙酯	16	12.2	0	3	0	75	248
氯乙烷	21	8.2	1	4	0	-58	54
氯甲酸乙酯	16	5.2	3	3	1	61	203
乙烯	24	20.8	1	4	2	气	-155
碳酸乙酯	14	5.3	2	1	1	290	351
乙二胺	10	12.4	3	2	0	110	239
1，2-二氯乙烷	16	4.6	2	3	0	56	181~183
乙二醇	4	7.3	1	1	0	232	387
乙二醇二甲醚	10	11.6	2	2	0	29	174
乙二醇单醋酸酯	4	8	0	1	0	215	347

续表

化合物	物质系数 MF	燃烧热 H_c/(Btu/lb×10^3)	NFPA 分级			闪点/℉	沸点/℉
			健康危险 N_H	易燃性 N_F	化学活性 N_R		
氮丙啶	29	13	4	3	3	12	135
环氧乙烷	29	11.7	3	4	3	−4	51
乙醚	21	14.4	2	4	1	−49	94
甲酸乙酯	16	8.7	2	3	0	−4	130
2-乙基己醛	14	16.2	2	2	1	112	325
1，1-二氯乙烷	16	4.5	2	3	0	2	135~138
乙硫醇	21	12.7	2	4	0	<0	95
硝酸乙酯	40	6.4	2	3	4	50	190
乙氧基丙烷	16	15.2	1	3	0	<−4	147
对-乙基甲苯	10	17.7	3	2	0	887	324
氟	40	—	4	0	0	气	−307
氟（代）苯	16	13.4	3	3	0	5	185
甲醛（无水气体）	21	8	3	4	0	气	−6
甲醛，液体（37%~56%）	10	—	3	2	0	140~181	206~212
甲酸	10	3	3	2	0	122	213
#1 燃料油	10	18.7	0	2	0	100~162	304~574
#2 燃料油	10	18.7	0	2	0	162~204	—
#4 燃料油	10	18.7	0	2	0	142~204	—
#6 燃料油	10	18.7	0	2	0	150~270	—
呋喃	21	12.6	1	4	1	<32	88
汽油	16	18.8	1	3	0	−45	100~400
甘油	4	6.9	1	1	0	390	340
乙醇腈	14	7.6	1	1	1	—	—
（正）庚烷	16	19.2	1	3	0	25	209
六氯丁二烯	14	2	2	1	1	—	—
六氯二苯醚	14	5.5	2	1	1	—	—

续表

化合物	物质系数 MF	燃烧热 H_c/(Btu/lb×10^3)	NFPA 分级			闪点/℉	沸点/℉
			健康危险 N_H	易燃性 N_F	化学活性 N_R		
己醛	16	15.5	2	3	1	90	268
己烷	16	19.2	1	3	0	-7	156
无水肼	29	7.7	3	3	3	100	236
氢	21	51.6	0	4	0	气	-423
氰化氢	24	10.3	4	4	2	0	79
过氧化氢(40%~60%)	14	[2]	2	0	1	—	226~237
硫化氢	21	6.5	4	4	0	气	-76
羟胺	29	3.2	2	0	3	[4]	158
2-羟乙基丙烯酸酯	24	8.9	2	1	2	214	410
羟丙基丙烯酸酯	24	10.4	3	1	2	207	410
异丁烷	21	19.4	1	4	0	气	11
异丁醇	16	14.2	1	3	0	82	225
异丁胺	16	16.2	2	3	0	15	150
异丁基氯	16	11.4	2	3	0	<70	156
异戊烷	21	21	1	4	0	<-60	82
异戊间二烯	24	18.9	2	4	2	-65	93
异丙醇	16	13.1	1	3	0	53	181
异丙基乙炔	24	—	2	4	2	<19	92
醋酸异丙酯	16	11.2	1	3	0	34	194
异丙胺	21	15.5	3	4	0	-15	93
异丙基氯	21	10	2	4	0	-26	95
异丙醚	16	15.6	2	3	1	-28	156
喷气式发动机燃料 A&A-1	10	21.7	0	2	0	110~150	400~550
喷气式发动机燃料 B	16	21.7	1	3	0	-10~30	—
煤油	10	18.7	0	2	0	100~162	304~574

续表

化合物	物质系数 MF	燃烧热 H_c/（Btu/lb×10^3）	NFPA 分级			闪点/℉	沸点/℉
			健康危险 N_H	易燃性 N_F	化学活性 N_R		
十二烷基溴	4	12.9	1	1	0	291	356
十二烷基硫醇	4	16.8	2	1	0	262	289
十二烷基过氧化物	40	15	0	1	4	—	—
LORSBAN * 4E	14	3	1	2	1	85	165
润滑油	4	19	0	1	0	300~450	680
镁	14	10.6	0	1	1	—	2025
马来酸酐	14	5.9	3	1	1	215	395
甲基丙烯酸	24	9.3	3	2	2	171	325
甲烷	21	21.5	1	4	0	气	-258
醋酸甲酯	16	8.5	1	3	0	14	140
甲基乙炔	24	20	2	4	2	气	-10
丙烯酸甲酯	24	18.7	3	3	2	27	177
甲醇	16	8.6	1	3	0	52	147
甲胺	21	13.2	3	4	0	气	21
甲基戊基甲酮	10	15.4	1	2	0	102	302
硼酸甲酯	16	—	2	3	1	<80	156
碳酸二甲酯	16	6.2	2	3	1	66	192
甲基纤维素（袋装）	4	6.5	0	1	0	—	—
甲基纤维素粉［8］	16	6.5	0	1	0	—	—
氯甲烷	21	5.5	1	4	0	-50	12
氯醋酸甲酯	14	5.1	2	2	1	135	266
甲基环己烷	16	19	2	3	0	25	214
甲基环戊二烯	14	17.4	1	2	1	120	163
二氯甲烷	4	2.3	2	1	0	—	104
甲撑二苯基二异氰酸盐	14	12.6	2	1	1	460	［9］

续表

化合物	物质系数 MF	燃烧热 H_c/(Btu/lb×10^3)	NFPA 分级 健康危险 N_H	易燃性 N_F	化学活性 N_R	闪点/℉	沸点/℉
甲醚	21	12.4	2	4	1	气	-11
甲基乙基甲酮	16	13.5	1	3	0	16	176
甲酸甲酯	21	6.4	2	4	0	-2	89
甲肼	24	10.9	4	3	2	21	190
甲基乙丁基甲酮	16	16.6	2	3	1	64	242
甲硫醇	21	10	4	4	0	气	43
甲基丙烯酸甲酯	24	11.9	2	3	2	50	213
2-甲基丙烯醛	24	15.4	3	3	2	35	154
甲基乙烯基甲酮	24	13.4	4	3	2	20	179
石油	4	17	0	1	0	380	680
重质灯油	10	17.6	0	2	0	275	480~680
氯苯	16	11.3	2	3	0	84	270
一氨基乙醇	10	9.6	2	2	0	185	339
石脑油	16	18	1	3	0	28	212~320
萘	10	16.7	2	2	0	174	424
硝基苯	14	10.4	3	2	1	190	411
硝基联苯	4	12.7	2	1	0	290	626
硝基氯苯	4	7.8	3	1	0	216	457~475
硝基乙烷	29	7.7	1	3	3	82	237
硝化甘油	40	7.8	2	2	4	[4]	[4]
硝基甲烷	40	5	1	3	4	95	213
硝基丙烷	24	9.7	1	3	2	75~93	249~269
对-硝基甲苯	14	11.2	3	1	1	223	460
N-SERV *	14	15	2	2	1	102	300
(正) 辛烷	16	20.5	0	3	0	56	258

续表

化合物	物质系数 MF	燃烧热 H_c/(Btu/lb×10^3)	NFPA 分级			闪点/℉	沸点/℉
			健康危险 N_H	易燃性 N_F	化学活性 N_R		
辛硫醇	10	16.5	2	2	0	115	318~329
油酸	4	16.8	0	1	0	372	547
氧己环	16	13.7	2	3	1	-4	178
戊烷	21	19.4	1	4	0	<-40	97
过醋酸	40	4.8	3	2	4	105	221
高氯酸	29	[2]	3	0	3	—	66 [9]
原油	16	21.3	1	3	0	20~90	—
苯酚	10	13.4	4	2	0	175	358
2-皮考啉	10	15	2	2	0	102	262
聚乙烯	10	18.7	—	—	—	NA	NA
发泡聚苯乙烯	16	17.1	—	—	—	NA	NA
聚苯乙烯片料	10	—	—	—	—	NA	NA
钾（金属）	24	—	3	3	2	—	1 410
氯酸钾	14	[2]	1	0	1	—	752
硝酸钾	29	[2]	1	0	3	—	752
高氯酸钾	14	—	1	0	1	—	—
过四氧化二钾	14	—	3	0	1	—	[9]
丙醛	16	12.5	2	3	1	-22	120
丙烷	21	19.9	1	4	0	气	-44
1，3-二胺基丙烷	16	13.6	2	3	0	75	276
炔丙醇	29	12.6	4	3	3	97	237~239
炔丙基溴	40	13.7 [7]	4	3	4	50	192
丙腈	16	15	4	3	1	36	207
醋酸丙酯	16	11.2	1	3	0	55	215
丙醇	16	12.4	1	3	0	74	207

续表

化合物	物质系数 MF	燃烧热 H_c/(Btu/lb×10^3)	NFPA 分级 健康危险 N_H	易燃性 N_F	化学活性 N_R	闪点/℉	沸点/℉
正丙胺	16	15.8	3	3	0	-35	120
丙苯	16	17.3	2	3	0	86	319
1-氯丙烷	16	10	2	3	0	<0	115
丙烯	21	19.7	1	4	1	-162	-52
二氯丙烯	16	6.3	2	3	0	60	205
丙二醇	4	9.3	0	1	0	210	370
氧化丙烯	24	13.2	3	4	2	-35	94
n-丙醚	16	15.7	1	3	0	70	194
n-硝酸丙酯	29	7.4	2	3	3	68	230
吡啶	16	5.9	2	3	0	68	240
钠	24	—	3	3	2	—	1 619
氯酸钠	24	—	1	0	2	—	[4]
重铬酸钠	14	—	1	0	1	—	[4]
氢化钠	24	—	3	3	2	—	[4]
次硫酸钠	24	—	2	1	2	—	[4]
高氯酸钠	14		2	0	1	—	[4]
过氧化钾	14	—	3	0	1	—	[4]
硬脂酸	4	15.9	1	1	0	385	726
苯乙烯	24	17.4	2	3	2	88	293
氯化硫	14	1.8	3	1	1 [5]	245	280
二氧化硫	1	0	3	0	0	气	14
SYLTHERM * 800	4	12.3	1	1	0	>320 [10]	398
SYLTHERM * XLT	10	14.1	1	2	0	108	345
TELONE * 11	16	3.2	2	3	0	83	220
TELONE * C-17	16	2.7	3	3	1	79	200

续表

化合物	物质系数 MF	燃烧热 H_c/(Btu/lb×10^3)	NFPA 分级			闪点/℉	沸点/℉
			健康危险 N_H	易燃性 N_F	化学活性 N_R		
甲苯	16	17.4	2	3	0	40	232
甲苯-2，4-二异氰酸盐	24	10.6	3	1	2	270	484
三丁胺	20	17.8	3	2	0	145	417
1，2，4-三氯化苯	4	6.2	2	1	0	222	415
1，1，1-三氯乙烷	4	3.1	2	1	0	None	165
三氯乙烯	10	1.7	2	1	0	None	189
1，2，3-三氯丙烷	10	4.3	3	2	0	160	313
三乙醇胺	14	10.1	2	1	1	354	650
三乙基铝	29	16.9	3	4	3	—	365
三乙胺	16	17.8	3	3	0	16	193
三甘醇	4	9.3	1	1	0	350	546
三异丁基铝	29	18.9	3	4	3	32	414
三异丙基苯	4	18.1	0	1	0	207	495
三甲基铝	29	16.5	—	3	3	—	—
三丙胺	10	17.8	2	2	0	105	313
乙烯基醋酸酯	24	9.7	2	3	2	18	163
乙烯基乙炔	29	19.5	2	4	3	气	41
乙烯基烯丙醚	24	15.5	2	3	2	<68	153
乙基烯丁基醚	24	15.4	2	3	2	15	202
氯乙烯	24	8	2	4	2	-108	7
4-乙烯基环己烯	24	19	0	3	2	61	266
乙烯基乙基醚	24	14	2	4	2	<-50	96
1，1-二氯乙烯	24	4.2	2	4	2	0	86
乙烯基甲苯	24	17.5	2	2	2	125	334
对二甲苯	16	17.6	2	3	0	77	279
氯酸锌	14	[2]	1	0	1	—	—
硬脂酸锌 [8]	4	10.1	0	1	0	530	—

注：燃烧热（H_c）是燃烧所产生的水处于气态时测得的值，当 H_c 以 cal/mol 的形式给出时，可乘以 1 800 除以分子量转换成英热单位/磅（Btu/lb，1 Btu = 252 卡）。

[1] 真空蒸馏。

[2] 具有强氧化性的氧化剂。

[3] 升华。

[4] 加热爆炸。

[5] 在水中分解。

[6] MF 是经过包装的物质的值。

[7] H_c 相当于 6 倍分解热（H_d）的值。

[8] 作为粉尘进行评价。

[9] 分解。

[10] 在高于 600 ℃下长期使用，闪点可能降至 95℉。

Seta——Seta 闪点测定法（参考 NFPA 321）。

NA——不适合。

TOC——由特征闭杯法测得的其他闪点（TOC）。

* 道化学公司的注册商标。

参考文献

[1] 景国勋，杨玉中. 煤矿安全系统工程 [M]. 徐州：中国矿业大学出版社，2009：4.

[2] 景国勋等. 系统安全评价与预测（第二版）[M]. 徐州：中国矿业大学出版社，2016：1.

[3] 景国勋，杨玉中，张明安. 煤矿安全管理 [M]. 徐州：中国矿业大学出版社，2007：11.

[4] 景国勋，杨玉中. 矿山重大危险源辨识、评价及预警技术 [M]. 北京：冶金工业出版社，2008：12.

[5] 崔国璋. 安全管理 [M]. 北京：海洋出版社，1997：5.

[6] 崔政斌，邱成，徐德蜀. 企业安全管理新编 [M]. 北京：化学工业出版社，2004：7.

[7] 罗云，程五一. 现代安全管理 [M]. 北京：化学工业出版社，2004：3.

[8] 袁绪忠. 煤矿系统安全管理 [M]. 徐州：中国矿业大学出版社，1998：3.

[9] 毛海峰. 安全管理心理学 [M]. 北京：化学工业出版社，2004：4.

[10] 古松. 厂长经理安全生产教育读本 [M]. 北京：气象出版社，1998：10.

[11] 隋鹏程，陈宝智等. 安全原理 [M]. 北京：化学工业出版社，2005：4.

[12] 吴穹，许开立. 安全管理学 [M]. 北京：煤炭工业出版社，2002.

[13] 陈森尧. 安全管理学原理 [M]. 北京：航空工业出版社，1996：2.

[14] 欧阳文昭，廖可兵. 安全人机工程学 [M]. 北京：煤炭工业出版社，2002：7.

[15] 张景林，崔国璋. 安全系统工程 [M]. 北京：煤炭工业出版社，2002：8.

[16] 沈斐敏. 安全系统工程理论与应用 [M]. 北京：煤炭工业出版社，2001：6.

［17］陈鸿章．矿山系统工程的基本方法与信息论的应用［M］．北京：煤炭工业出版社，2000：8.

［18］秦书玉，张永吉等．煤矿安全数学分析与预测［M］．北京：煤炭工业出版社，2003：8.

［19］周经纶，龚时雨，颜兆林．系统安全性分析［M］．长沙：中南大学出版社，2003：6.

［20］杨建国，刘怀连，张献民．煤矿安全管理应坚持以人为本［J］．煤矿安全，2005，36（9）：73-76.

［21］吴宗之．工业危险源辨识与评价［M］．北京：气象出版社，2000：4.

［22］宇德明．重大危险源评价及火灾爆炸事故严重度的若干研究［D］．北京：北京理工大学，1996.

［23］杨玉中，吴立云，张强．人—机—环境系统工程在井下运输安全中的应用［J］．工业安全与环保，2005，31（5）：49-51.

［24］杨玉中，吴立云，张强．煤矿人为失误的原因及控制［J］．工业安全与环保，2005，31（11）：55-57.

［25］景国勋，孔留安，杨玉中，等．矿山运输事故人—机—环境致因与控制［M］．北京：煤炭工业出版社，2006：10.

［26］吴立云，杨玉中，张强．矿井通风系统评价的 TOPSIS 法［J］．煤炭学报，2007，32（4）：407-410.

［27］杨玉中，张强．煤矿运输安全性的可拓综合评价［J］．北京理工大学学报，2007，27（2）：184-188.

［28］杨玉中，吴立云，景国勋．基于可拓理论的综采工作面安全性评价［J］．辽宁工程技术大学学报（自然科学版），2008，27（2）：180-183.

［29］杨玉中，吴立云．胶带运输系统安全性的模糊综合评判［J］．数学的实践与认识，2008，38（3）：29-35.

［30］杨玉中，吴立云，丛建春．基于熵权的煤矿运输安全性模糊综合评价［J］．哈尔滨工业大学学报，2009，41（4）：257-259.

［31］杨玉中，吴立云．煤矿运输安全性评价的基于熵权的 TOPSIS 方法［J］．哈尔滨工业大学学报，2009，41（11）：228-231.

［32］杨玉中，吴立云．综采工作面安全性评价的改进灰色关联法［J］．安全与环境学报，2010，10（4）：209-212.

［33］景国勋．安全学原理［M］．北京：国防工业出版社，2014.

[34] 王玉林，杨玉中. 综采工作面人—机—环境系统安全性分析 [M]. 北京：冶金工业出版社，2011.

[35] 蔡文，杨春燕，林伟初. 可拓工程方法 [M]. 北京：科学出版社，2000.

[36] 岳超源. 决策理论与方法 [M]. 北京：科学出版社，2003.

[37] 景国勋. 矿井运输人—机—环境系统安全性分析 [M]. 北京：煤炭工业出版社，1999.